怒發衝冠
憑闌處
瀟瀟雨歇
抬望眼
仰天長嘯
壯懷激烈
三十功名塵與土
八千裏路雲和月
莫等閒
白了少年頭

满江红

[伍] 扬威南北

王曾瑜 著

河南大学出版社

图书在版编目(CIP)数据

满江红.扬威南北/王曾瑜著. — 郑州:河南大学出版社,2014.9
ISBN 978-7-5649-1622-0

Ⅰ.①满… Ⅱ.①王… Ⅲ.①长篇历史小说 – 中国 – 当代
Ⅳ.①I247.5

中国版本图书馆 CIP 数据核字(2014)第 222444 号

责任编辑　陈广胜
责任校对　王四朋
封面设计　王四朋

出　版	河南大学出版社
	地址:郑州市郑东新区商务外环中华大厦 2401 号　邮编:450046
	电话:0371 – 86059701(营销部)
	网址:www.hupress.com
排　版	郑州市今日文教印制有限公司
印　刷	开封智圣印务有限公司
版　次	2014 年 10 月第 1 版　　印　次　2014 年 10 月第 1 次印刷
开　本	710mm×1000mm　1/16　　印　张　19.25
字　数	277 千字　　　　　　　　定　价　229.00 元(7 册)

(本书如有印装质量问题,请与河南大学出版社营销部联系调换)

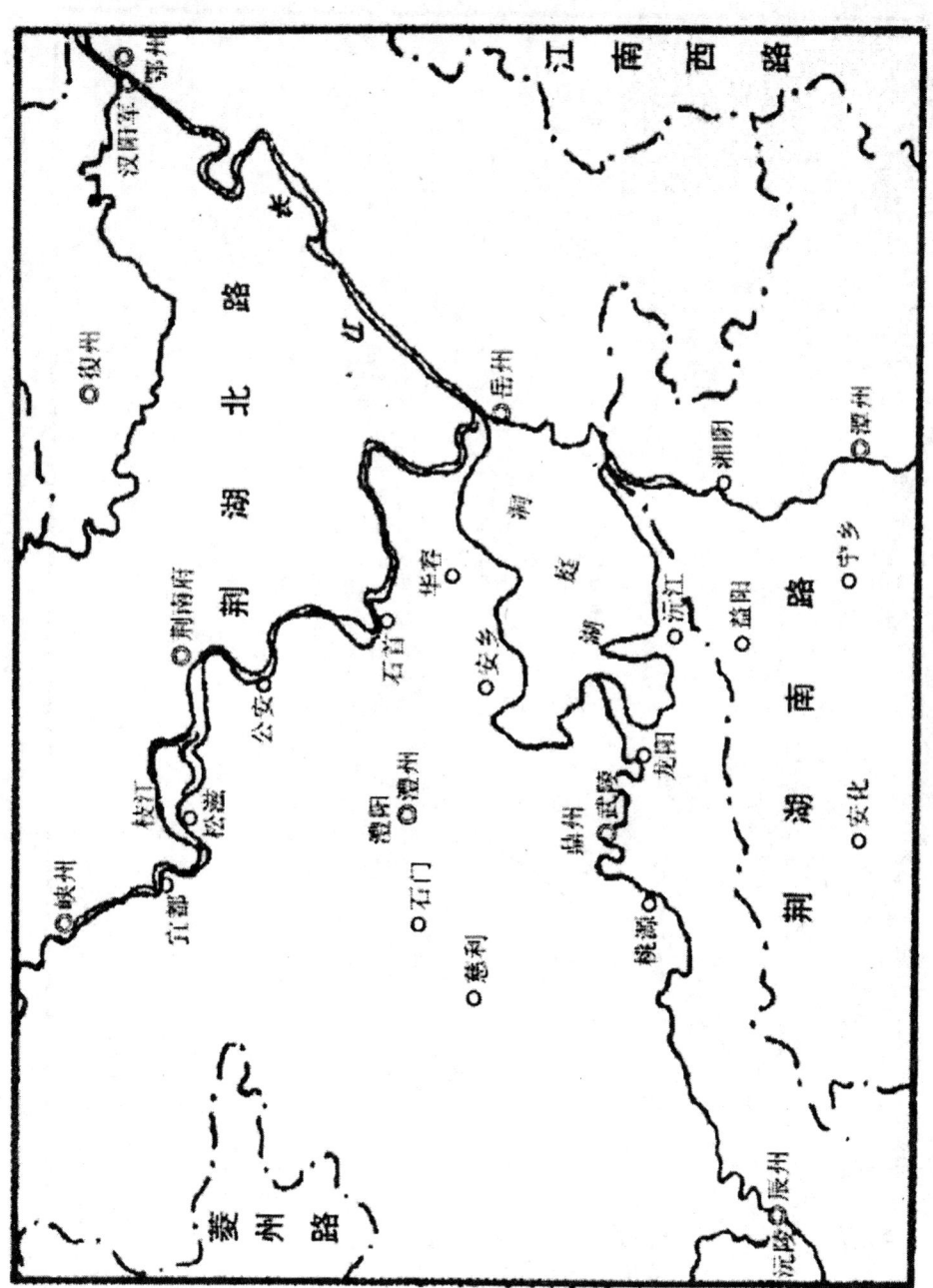

钟相、杨么叛乱地区图

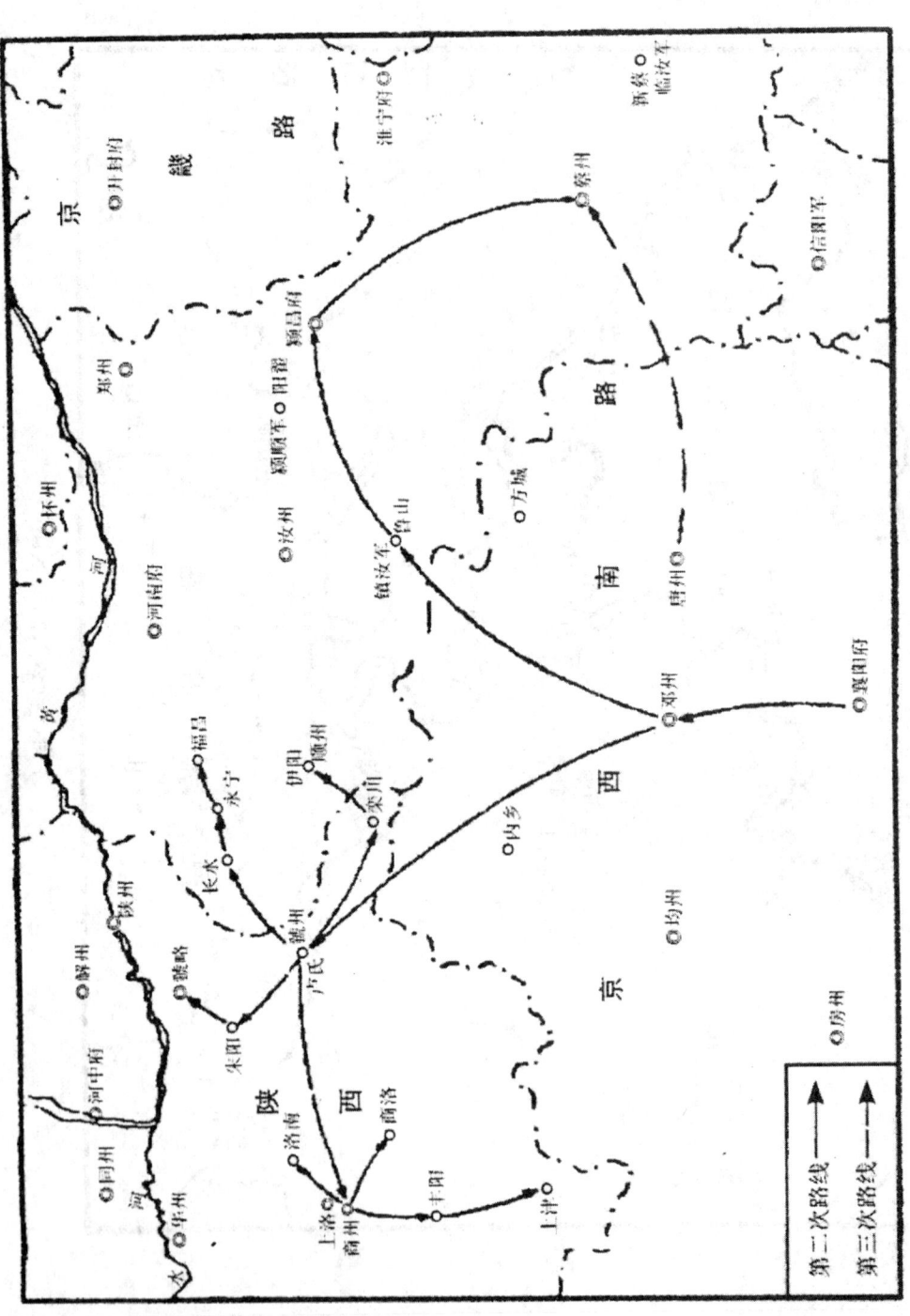

岳家军第二、第三次北伐路线图

重要人物表

金太宗完颜吴乞买　金朝第二代皇帝。
完颜合剌　汉名亶,金太祖嫡长孙,谱班勃堇,后为金朝第三代皇帝,庙号熙宗。
完颜蒲鲁虎　汉名宗磐,金太宗长子,国论忽鲁孛堇。
完颜斡本　汉名宗幹,金太祖庶长子,国论左孛堇。
完颜粘罕　汉名宗翰,金朝国论右孛堇兼都元帅。
完颜讹里朵　汉名宗辅,金太祖子,左副元帅,人称三太子。
完颜挞懒　汉名昌,金朝元帅左监军。
完颜谷神　汉名希尹,金朝元帅右监军。
完颜兀术　汉名宗弼,金太祖子,元帅左都监,人称四太子。
刘　豫　金朝所立伪齐子皇帝和臣皇帝。
刘　麟　伪齐皇子。
刘　復　刘豫弟,淄川郡王。
郑亿年　秦桧亲戚,伪齐尚书右丞。
李　成　伪齐将领。
高庆裔　渤海人,完颜粘罕谋士,后任尚书左丞。
萧　庆　契丹人,完颜粘罕谋士,后任尚书右丞。
王大节　士人。
岳　飞　清远军节度使,荆湖北路、荆、襄、潭州制置使,后任宣抚使,为南宋方面军统帅。

姚　氏　岳飞母。

李　娃　岳飞后妻。

王　贵　提举一行事务、中军统制。

张　宪　同提举一行事务、前军统制。

李若虚　参议官。

于　鹏　干办公事。

孙　革　干办公事。

宋高宗赵构　宋徽宗第九子,南宋开国皇帝。

张莺哥　宋高宗婕妤,后为婉仪。

吴金奴　宋高宗才人,后为皇后。

赵　瑗　宋太祖七世孙,宋高宗养子,后为宋孝宗。

赵　璩　宋太祖七世孙,宋高宗养子。

赵　鼎　宰相。

沈与求　参知政事。

胡松年　签书枢密院事。

王继先　医官。

冯　益　宦官。

张去为　宦官。

黄彦节　宦官。

朱梦说　前岳飞幕僚,泰州军事判官。

张　俊　神武右军都统制,后任宣抚使,为南宋方面军统帅。

韩世忠　宣抚使,为南宋方面军统帅。

梁佛面　韩世忠妻。

茅佛心　韩世忠妾。

周佛迷　韩世忠妾。

张　浚　知枢密院事,后为宰相。

刘光世　宣抚使,为南宋方面军统帅。

岳银铃　岳飞姐。

芮红奴　岳翻妻。

张宗本　张所子。

高芸香　张宪后妻。

岳　雲　岳飞长子,书写机宜文字。

巩岫娟　岳雲妻。

岳　雷　岳飞次子。

徐　庆　右军统制。

牛　皋　左军统制。

寇　成　后军统制。

董　先　踏白军统制。

姚　政　游奕军统制。

李　道　选锋军统制。

王　万　破敌军统制。

郭　青　背嵬军同统制。

傅　选　左军副统制。

李　山　后军副统制。

庞　荣　右军副统制。

苏　坚　中军统领。

韩　清　李娃表弟,左军第一将正将。

李　德　左军第一将副将。

沈　德　右军第一将正将。

姚　侑　右军第一将副将。

赵不尤　宋朝皇族,背嵬军第一将副将。

宇文虚中　宋朝降臣,金人尊为"国师"。

宋徽宗赵佶　被金朝俘虏的北宋皇帝。

宋钦宗赵桓　被金朝俘虏的北宋皇帝。

乔媚媚　宋徽宗贵妃。

韦娇娇　宋徽宗贤妃。

景王赵杞　宋徽宗第六子。

济王赵栩　宋徽宗第七子。

朱慎妃璇　宋钦宗妃。

郑庆雲　宋钦宗才人。

狄玉辉　宋钦宗才人。

白　锷　宦官。

赵　谌　宋钦宗长子。

李清照　女诗人,号易安居士。

薛　弼　荆湖南路转运判官,后任岳家军参谋官。

秦　桧　前任宰相。

王癸癸　秦桧妻。

舒继明　信阳军知军。

赵　雲　太行山忠义保社首领,后为忠义军副统制。

梁　兴　太行山忠义保社首领,后为忠义军统制。

李　进　太行山忠义保社首领,后为忠义军统领。

任士安　荆湖南路安抚司统制。

陈　照　荆湖南路安抚司统领,后为岳家军胜捷军统领。

李　建　荆湖南路安抚司统领,后为岳家军踏白军统领。

马　準　荆湖南路安抚司统领,后为岳家军破敌军统领。

王　俊　荆湖南路安抚司统制,后为岳家军前军副统制。

郝　晸　荆湖南路安抚司统制,后为岳家军中军副统制。

崔邦弼　胜捷军副统制、同统制。

董　荣　岳家军后军第二将正将,后为忠义军同统制。

黄　纵　主管机宜文字。

王敏求　干办公事。

李廷珪　干办公事。

杨　么　名太,当地方言习惯于称排行最幼者为"么"。湖湘叛乱武装首领,自称大圣天王。

钟子义　湖湘叛乱武装首领,称太子。

黄　佐　湖湘叛乱武装头领,后任水军副统制。

杨　钦　湖湘叛乱武装头领,后任水军统制。

张节夫　干办公事。

万俟卨　荆湖北路转运判官。

牛　显　忠义军统领。

张　峪　忠义军统领。

柔福帝姬赵嬛嬛　宋徽宗第二十女,封福国长公主。

高世荣　驸马都尉。

胡　寅　中书舍人。

李　纲　前宰相,江南西路安抚制置大使、兼洪州知州。

慧　海　庐山东林寺住持僧。

高　林　芮红奴后夫,游奕军第二将副将、副都训练。

霍　坚　都训练。

王　彦　行营前护副军都统制。

王　庶　荆南知府,后任枢密副使。

何宗元　左军第一将准备将。

冯　赛　中军第一将正将。

杨再兴　背嵬军第四将副将。

杨　茂　伪齐武义郎、监卢氏县酒税,后为岳家军中军第一将准备将。

高　道　后军第二将正将。

李　通　伪齐修武郎、栾川知县,后为岳家军后军第二将副将。

蒋世雄　背嵬军第四将准备将。

吕　祉　吏部侍郎、兼都督府参议军事,后任兵部尚书、兼都督府参谋军事。

杨沂中　权主管殿前司公事,后升主管殿前司公事。

张　玘　踏白军第一将正将。

边　俊　后军第一将正将。

李　喜　后军第一将副将。

贾　彦　后军第一将准备将。

孙　显　前军统领。

张　应　前军第一将正将。

李　璋　前军第二将正将。

王　兰　前军第一将副将。

马　羽　背嵬军第三将正将。

宋金时代语汇简释

集　英　集英殿修撰简称。

安　抚　安抚使简称。

祠　禄　任宫观闲官而享受俸禄。

希　阔　稀有而特殊。

运　判　转运判官简称。

应　副　供应。

承　信　承信郎简称。

四　厢　北宋禁兵有捧日、天武、龙卫、神卫四军，称上禁兵。每军编制分左、右两厢，设捧日、天武四厢都指挥使和龙卫、神卫四厢都指挥使两个高级军职。南宋初，这两个军职已成虚衔，简称四厢。

当　职　官员对下级或百姓的自称。

机　宜　主管机宜文字简称。

阿　公　对老年男子的称呼。

阿　婆　对老年女子的称呼。

老　爷　老父，与后世称官员为老爷颇异。钟相信徒称"拜爷"与"爷儿"，即是拜父，愿当钟老父的儿子之意。

牢　城　杂役军厢兵的一种名目。

小　分　只能领取一半军饷的低等军士。

武　德　武德郎简称。

生　理　生计。

请 给	军俸。
射粮军	金朝的一种非正规军,又名食粮军,射的词意是申请。类似于宋朝专供杂役的厢兵。
姨 姨	姨母。
郎 曹	尚书省的郎中和员外郎通称。
家 公	丈夫。
臣 药	中医方剂中协助君药的辅药。
佐 药	中医方剂中协助君药,或起抑制君药的毒性等,或起反佐作用者。
使 药	中医方剂中引导各种药直达病灶,或起调和各种药的作用者。

大 事 记

绍兴四年八月,金廷中就支援伪齐发生争议。

九月,金与伪齐联军进犯淮南。

十月,宰相赵鼎宴请王继先和众宦官,劝谕他们赞助皇帝亲征。

宋高宗命魏良臣等出使金军,卑屈求和。

韩世忠军于大仪镇伏击金军。朱梦说死守泰州,身受重创。

宋高宗同意亲征,又安排宫女辈南下泉州避敌。

宋高宗做恶梦,遂下诏祭奠陈东和欧阳澈。

十二月,岳家军救援庐州,败金军。

金与伪齐军退遁淮北。朱梦说临终留绝命诗。

绍兴五年正月,金太宗死,金熙宗即位。

薛弼拜访李清照。

二月,岳飞等四大将到平江府朝见,讨论平杨么事宜,韩世忠为岳飞预设罚酒。

四月,宋徽宗死于五国城。

太行山忠义保社赵雲南下鄂州,与岳飞建立联系。

岳飞兵临潭州,杨么部属黄佐出降。

五月,岳飞严令荆湖统制任士安出战,获胜。

岳飞提出消灭杨么的军事计划。

六月,岳飞迫使杨么部属杨钦出降,最终瓦解杨么叛军。

岳飞返回鄂州,岳雲和巩岫娟成婚。

七月,张浚沿江视师,胡寅向他反映刘光世和张俊军政腐败。

八月,梁佛面病死,柔福帝姬吊唁。

赵雲与董荣等返回太行山,救出母亲张氏。十一月,梁兴、赵雲等破金军,斩金将耶律马五。岳飞拒绝纳妾。

十二月,梁兴和董荣南下鄂州,会见岳飞。

胡寅反对与金议和,被逐出朝廷。李纲朝见,申述雪耻之理。

绍兴六年正月,岳飞到江州,与李纲相遇。岳飞又到镇江府,参加都督府军事会议。

二月,韩世忠军攻淮阳军,不克。

张浚劾奏宦官冯益。

三月,岳飞母姚氏逝世。

四月,宋廷强令岳飞起复,主持军事。

六月,岳飞企图与王彦释嫌言欢,但王彦置之不理。

七月,岳家军第二次北伐,牛皋军破镇汝军。

八月,王贵、董先等军夺取虢州和商州,寇成军突击伊阳县,杨再兴军克复长水县。

九月,宋高宗将行在迁往平江府。岳飞返回鄂州,眼病发作。

九月至十月,伪齐刘豫铤而走险,进攻淮西失败。

十一月至十二月,岳家军第三次北伐,兵临蔡州,又于白塔、牛蹄等战破敌。

目 录

[壹]　急报传江南　1
[贰]　"亲征"议　9
[叁]　伏击大仪镇　21
[肆]　"亲征"前夕　29
[伍]　惊梦和调兵　39
[陆]　救援庐州　44
[柒]　金齐退兵　53
[捌]　金熙宗即位　59
[玖]　龙驭宾天　64
[壹零]　伤恸与觊觎　69
[壹壹]　四大帅朝见　75
[壹贰]　初到潭州　84
[壹叁]　黄佐出降　93
[壹肆]　水陆告捷　101
[壹伍]　进据汜州村水寨　108
[壹陆]　破灭　115
[壹柒]　留刻中兴第二碑　122
[壹捌]　喜事中的恼事　131
[壹玖]　退婚　138

[贰零] 奇袭垣曲与神山　147
[贰壹] 资善堂听读　155
[贰贰] 沿江视师　160
[贰叁] 一生襟抱有谁知　170
[贰肆] 江州行　178
[贰伍] 会商与朝见　184
[贰陆] 淮阳军之战　192
[贰柒] 投鼠忌器　196
[贰捌] 丁忧和起复　202
[贰玖] 旧嫌难释　210
[叁零] 袭破镇汝军　217
[叁壹] 攻占虢州　223
[叁贰] 智取商州　228
[叁叁] 突击伊阳　233
[叁肆] 进军长水　238
[叁伍] 行在迁移平江府　243
[叁陆] 铤而走险　249
[叁柒] 反击的曲折　254
[叁捌] 再援淮西　263
[叁玖] 偏师退敌　268
[肆零] 进军蔡州　281

宋金之间，经历绍兴元年到四年的鏖战，吴玠军在和尚原和仙人关大破金军，岳家军克复襄汉六郡，兵威大振。本书继第四卷《转战湖汉》之后，叙述自绍兴四年到六年，岳家军的东援、南征和北讨，以及宋金双方内部的和战等纷争。

[壹]
急报传江南

　　金朝天会十二年(1134年)八月下旬，东北地区已下了一场雨夹雪，北风凛冽，天气骤寒。然而在金朝御寨的乾元殿里，大土炕烧得很热，金太宗和谙班孛堇完颜合剌，还有完颜粘罕、完颜蒲鲁虎、完颜斡本、完颜讹里朵、完颜挞懒、完颜兀术等重要贵族首领环坐着。金太宗长期酒色过度，气虚力愈，几个月前曾经中风，如今手足无力，身上仍然披着紧身狐皮袍。但其他女真贵族身上只穿高级的左衽木绵布紧身单衣，大家吃着烤兽肉、半生的小米饭和浊糜酒，食具是清一色的宋朝贵重官窑月白色瓷器。他们并不用筷，只是用手撕下一片片围猎得来的兽肉，渍着豆酱、狗血和葱、韭，又用手抓起一团团粟米饭，大吃大嚼，还大口大口地畅饮浊酒，津津有味。唯有十六岁的完颜合剌，却皱着眉头，感到难以下咽。他虽然出生在东北，却愈来愈倾慕中原文明，甚至已经相当讨厌女真人原来的饮食习俗。完颜合剌怯生生地坐在祖辈和父辈之中，更是浑身不自在，议论军国大事，也从来一言不发。

　　完颜挞懒说："刘豫那厮煞是不中用底物事，康王命岳飞占得邓州，他唯是哀求郎主出兵。"自从他认为刘豫对自己无礼以来，就一直嫌恨刘豫。完颜蒲鲁虎与这位族叔的关系愈来愈深，他马上接口说："自家们立刘豫，只为省大金底事力，如今他不能自立，唯是有伤大金底兵威，不如将那厮废罢。"金太宗身为刘豫精心奉承的首要人物，还是对刘豫颇有好感，他用眼色制止儿子的讲话，说："刘豫是自家们所选立，如今有危难，岂得袖手旁观？"

完颜粘罕当然是刘豫在金廷的靠山，他说："近年江南兵势渐振，兀术拥大兵前去，犹自败折了空回，岂得怪罪刘豫。江南有武将徐文投拜刘豫，言道康王住杭州，却在候潮门外底钱塘江上备船二百只，若有缓急，便登船逃入海中。明州有昌国县在海中，是赵氏聚船积粮底所在。刘豫上书元帅府，建请大金与齐国军马先取昌国县，然后自明州直抵钱塘江，夺取康王底御船，占得杭州，便可一举剿灭赵氏遗孽。"完颜谷神补充说："若是大金人马佯攻淮南，教赵氏底大军尽聚江北，然后自密州上船，如是风势顺，五日夜便到昌国县，或是风势稍慢，十日或半月亦可便至，攻其不备，一战可成大功。"他说完，完颜粘罕就瞧着完颜兀术，说："兀术攻四川，损陷了自家底侄儿与女婿，此回可与刘豫会合，自密州出兵，将功折罪。"

完颜兀术却无论如何也不敢领受这个差使，他说："海上不比陆路，顷刻之间，浪涛如山倒。天会八年，自家统兵航海，本意追杀康王，不料讹鲁补的座船一霎时便葬身海底，自家亦是险遭不测。你若是不信，可去问阿里与蒲卢浑。"完颜粘罕立即摆出了都元帅的威风，大吼道："我教你去，你便去，岂得违自家底命令！"完颜兀术万般无奈，只得爬到金太宗面前哀叫："郎主叔父！"

金太宗当然偏袒侄子，就转向完颜谷神说："兀术只是有勇无谋，又连年出兵不利，谷神自来用兵如神，不如自去密州一回。我教讹里朵、挞懒出兵淮上，助你成功。"完颜谷神听后，也面有难色。完颜粘罕又出面帮他说话："谷神须驻守西京，以防西夏与亡辽底耶律大石。"完颜蒲鲁虎因为当不成谙班孛堇，对完颜粘罕和完颜谷神两人一直嫌恶，就乘机说："西夏些少事力，耶律大石又已远走高飞。粘罕、谷神，尔们正可亲去密州，兀术不敢航海，尔们何惧航海。"到此地步，完颜粘罕和完颜谷神也哑口无言。

完颜斡本说："刘豫自是不成人物，然而大金兵威损动，便不是小事，不得教康王因此猖狂。"完颜讹里朵正待附议，金太宗已感体力不支，说："今日且休，待隔日另议。"他由宫奴扶着，气喘吁吁地回后宫休息。其他的女真贵族却余兴未尽，他们不但继续吃喝，而且还召来一批宫婢，寻欢作乐。

翌日，完颜蒲鲁虎找着完颜挞懒，私下商议，他说："阿爹体力不支，今日不得在乾元殿会议，然而取江南底事，亦须及早定议。"完颜挞懒说："自兀术渡江，败了归来，自家便知得，江南不可以力胜，须是以智取。秦桧到江南后，教高益恭回归。自家根问高益恭多时，备悉江南情实，康王是个荒淫孱弱之主，本无与大金决胜负，取赵氏老、少二主归去底大志。唯是缓缓底，以和议取胜，方是上策。"完颜蒲鲁虎说："如今大金兵威损动，斡本底言语，亦是有理。"完颜挞懒说："粘罕狂悖，如今做了都元帅，便似当年底斜也，其实只是亲统些少人马，他唯是依仗谷神守西京。不如以讨伐康王为名，将他们底精兵尽行勾抽。此亦是一计。"完颜蒲鲁虎说："此计煞好！"完颜挞懒说："你可与斡本取郎主底旨意，教讹里朵、兀术与自家同共出征，勾抽各处精兵，并签发汉儿、渤海兵五万人。粘罕与谷神从此便成无脚底蟹，不得横行。"

完颜挞懒的建议当然很快得到金太宗的批准，金太宗还特别将他从元帅左监军升迁右副元帅，以便进一步压制和削弱完颜粘罕和完颜谷神的权势。

金朝的出兵令传到开封的伪齐皇宫，使刘豫为之鼓舞和振奋。刘豫当即召十几个臣僚到文德殿密议。大家传看金朝元帅府的文书，刘豫首先说："大金此回以重臣三太子、挞懒监军与四太子同共统兵，此是自大齐立国以来所未有。朕自当发兵响应，不知以何人为帅？"他说完，还是把目光朝着李成，李成立即说："微臣是败军之将，蒙陛下圣恩，不加罪罚，已是万幸。大金既是以重臣统兵，大齐亦唯有皇子出征，方为得体。"众人异口同声附和说："非皇子统兵，不足以响应大金，当陛下委寄之重。"刘豫又把目光转向刘麟，刘麟并不推辞，说："臣愿代父皇亲征！然而此回出征，须是露布天下，以示王师讨平康王僭窃之意。"郑亿年马上站出来，说："臣愚愿为陛下草檄！"刘豫感到高兴，当即命令宦官搬来桌椅,由郑亿年当场起草。

在郑亿年起草时,大家仍继续议论。刘豫问道:"大金元帅府底札子唯是教大齐以大兵会合,却未言去甚处用兵?依众卿之议,当于甚处?"刘豫的弟弟名叫刘復,封淄川郡王,人称"五大王"。此人长得肥头胖耳,并无才能,但因刘豫的近亲地位,伪齐的臣僚们在表面上不得不恭维他,久而久之,他本人也忘乎所以,自视甚高。刘復说:"岳飞新占襄汉,立足未稳,正宜进兵大江上流,先占鄂州,扫平荆襄,然后顺江东下,一举擒获赵构。"由于刘復的特殊地位,人们即使有不同意见,也不愿发表,唯有李成仗着刘豫父子的信任,出面反对说:"岳飞善于用兵,荆襄未可攻,四川山险,四太子又新败于仙人关,淮南离杭州最近,如是出兵,便须径取淮南。"

刘豫说:"然而如出兵淮南,岳飞乘虚袭击京都,又当怎生抵御?"李成说:"此回用兵,既是以大金兵马为主,陛下须以重兵守卫京城。"郑亿年此时正好起草檄文完毕,他从交椅上站立起来,接口说:"臣在江南数年,备知赵构底为人,唯是苟安目前,毫无远略。依臣所料,便是岳飞意欲攻袭京畿,赵构必不教岳飞如此用兵。"他说完,就把一纸檄文交付宦官,进呈刘豫。刘豫接来一看,感到十分满意,说:"卿委是文笔灿烂,落纸如飞。'直捣僭垒,务使六合混一'一句,尤惬朕意。"话音刚落,有宦官上殿禀报:"今有大金大同高府尹与平阳萧府尹奉命前来,已到宣德门前。"刘豫听说是高庆裔和萧庆前来,急忙带臣僚出宣德门迎接。

在刘豫心里,自己得以当大金的子皇帝,主要有三个恩人,第一自然是大金皇帝,第二是完颜粘罕,第三就是在长河以南直接导演"万姓拥戴"戏剧的高庆裔。他知道高庆裔和萧庆是完颜粘罕的心腹,所以不敢有丝毫怠慢,以隆重的礼节,将两人迎请到文德殿,特别对两人使用"相公"的尊称,并且把仍在开封养伤的金军万夫长尼忙古刘合也接到殿里。

刘豫不敢独坐金龙御榻,而是在殿上分东、西与高庆裔、萧庆、尼忙古刘合三人对坐,伪齐的众臣僚只能在刘豫的交椅后站立。高庆裔开门见山,说:"自家们此回星夜前来,便是与刘殿下商议,在何处用兵。"刘豫认为自己不便首先定议,就把刚才讨论的攻荆襄和攻淮南的两种意见,做没有倾向性的介绍。尼忙古刘合对汉话还是似懂非懂,又由萧庆对他作了翻译，尼忙古刘合听后，连忙说："岳飞用兵，端的是非凡了得。三太子底大兵只宜攻淮南，不可攻荆襄。"有了邓州之战败将的证词，这次用兵的攻击方向就再也没有异议。高庆裔说："如今三太子、挞懒郎君与四太子已到燕京，军务紧切，自家们明日便须启程。"刘豫说："二相公鞍马劳顿，自家当排办薄酒，聊表寸心。"

　　刘豫为表示礼节的隆重，宴会是在原宋宫的集英殿里举行。但宽广的大殿里，只有刘豫父子和两名金使，四个桌椅分东、西向排列，宦官们来回端酒菜，另有十六名宫女分立侍候，二十名宫女在殿南奏乐和歌唱。双方酒兴正浓时，萧庆带着一点醉意，抓住一名宫女的手，一面抚摸，一面说："女娘子贵姓，怎生进宫？"那名女子被问着痛处，只回答了"奴家姓侯"，就流下两行酸楚的眼泪。原来那名宫女姓侯，她的伯父是长葛县令侯湜，是个贪官，被人告发，计赃近万缗，侯湜立即将侄女进献刘豫。勘官实际上已是看刘豫的眼色行事，将侯湜从轻处罚，定为"除名，勒停"。不料刘豫却说："使功不如使过。"竟命侯湜出任陕西五路金牌天使，传宣抚问，出使归来之后，又升为临汝军通判。那名侯姓女子进宫之初，也被宠幸了一阵，却又很快失宠，今天也加入了宫女行列。侯姓女子的啼哭，引起了连锁反应，竟有一半宫女难以克制自己的感情，跟着啼哭起来。

　　宫女们的啼哭，使宴会表面的欢快气氛为之一扫，刘豫父子都感到尴尬，刘麟毕竟年少气盛，他喝令宦官把那些啼哭的宫女全部拖出殿外。高庆裔用调解的口吻说："切望刘殿下且看下官底薄面，将宫女们放出，此亦是殿下底积德。"刘豫立即满脸堆笑，显出一副谄媚相，说："会得！会得！"萧庆说："那个侯姓小娘子既已得罪，不如下官带她去大金快活。"刘豫又是诺诺连声。

　　宴会又继续了一些时候，刘豫等人都有了六、七分的醉意。萧庆突然用手指着刘豫说："自家在北方，闻得刘殿下外示俭朴，而内为淫佚，今日可谓是百闻不如一见。"刘豫也乘着酒兴大笑，说："大丈夫处世，亦是难越酒、色、财三关！"高庆裔却感伤地说："常言道，人无千日好，花无百日红。不知刘殿下快活尚有几日？"刘豫父子听后，大吃一惊，醉意也醒了大半，刘麟焦急地发问："不知高相公是甚意思？"萧庆抢先说："刘殿下栖息河南、陕西一隅，其实是假大金卵翼之恩。赵氏康王虽是荒淫孱懦之主,他底臣僚却有颇思复仇振作底人,近年军威已立,非赵氏昏德公、重昏侯时可比。此回虽是举大兵进讨,如是在淮南杀得一阵,重振兵威,已是大幸。且不论大江天堑,渡不得江,便是过江,直如四太子所言:'切恐自家们与众儿郎死无葬身之地。'"刘豫父子听后,不免打了个寒噤,他们终于明白,"六合混一"的大话,只能是画饼充饥而已。

高庆裔哀叹说:"刘殿下,自家知得,你唯是用心伏侍大金郎主与粘罕国相,而与众郎君伏侍不周,不得他们欢心,又闻得尔无礼于挞懒郎君,便生憎恨。如今郎主得病,粘罕国相底权势,已大不如往时。切恐你便是再做锦被,亦是遮盖不得往时底伏侍不周。"这席话更说得刘豫父子心寒齿冷,刘豫寻思了一下,干脆哀求说:"若得二相公周全,便是自家底再生父母,自当结草衔环,以为报答。"萧庆带着醉后的苦笑说:"若是国相遮护你不得,自家们岂有遮护之力。更说与你,如今国相虽是都元帅,谷神郎君虽是监军,其实已无兵权,便是他们底合扎猛安,亦皆被勾抽,所余唯是老弱阿里喜。大金人马已皆在三太子、挞懒郎君与四太子底掌握之中。"听了两人的酒后真言,刘豫父子简直不知再说什么。其实,高庆裔和萧庆的真心话也只吐露了一小半,两人内心真正感到害怕的是,自己成为政争中的俎上鱼肉。

第二天,刘麟召集皇子府的属官们会商。他想效法战国时的四公子养食客,但前来投奔的士人不多,仅有七十多人。他们大体都想乘着乱世混吃混喝,其实没有什么才干。岳飞所派的四川士人王大节也混杂其中,却自然是鹤立鸡群,得到器重,被授予承务郎的官衔。刘麟摆出礼贤下士的模样,说:"目即大金传檄大齐,同共兴兵,讨伐赵氏,不知众官人有甚征江南之策,当职自当虚伫,洗耳恭听。"于是众人开始七嘴八舌地议论。王大节用心地听,也留神刘麟的言谈和表情,但众人说来说去,却没有人反对出征,大家无非是讲一些吹牛拍马的空话、大话和废话,讨主人的喜欢而已。

刘麟渐渐面露不耐烦的神色,他把目光投向王大节,问道:"王承务有甚高见?"王大节说:"依下官之见,休兵息民,培育国力,暂缓出征,此是上策。若欲出征,先取四川,顺江东下,乃是上策。"刘麟说:"既是大金传檄,便须出兵。然而何谓先取四川便是上策?"王大节说:"四川虽有蜀道天险，近年百姓苦于供亿军须，下官所亲知。若得大兵突破天险，占取天府之国，然后沿江东下，此是万全之策。"刘麟说："如是自淮南进攻东南，又有何不可？"王大节说："大江自古号称天堑，便是大军济渡，赵氏据坚城固守，又以水师拦截于江上，断我粮草后援，便是危道。"刘麟立即联想到两天前萧庆的谈话，心中不由一怔，他说："然而大金已有成命，须是会师淮南。"王大节说："攻四川虽是迂迟，大功可以必成。如今既有定议，下官人微言轻，自不便异论。"会议结束后，王大节决定逃出开封，南下报信。

按照金朝元帅府的命令，金军专攻淮东，而伪齐军专攻淮西。刘豫与臣僚商讨后，决定由刘麟统率一半兵力进攻淮西，另由李成率一半兵力守卫开封。依照李成的提议，伪齐军尽可能远避岳家军的防区，进攻淮西寿春府（治今安徽凤台）和首府庐州（治今安徽合肥）。

在鄂州城的制置使司里，岳飞和部将、幕僚们近来一直在商讨剿灭杨么叛军，即当时所谓"湖寇"的军事计划。原来宋廷认为神武前军统制王𤫊讨杨么无功，反而损兵折将，故特别下令，撤销王𤫊的职务，改命岳飞出任荆湖北路、荆、襄、潭州制置使，负责此项任务。

九月中旬的一个夜晚，岳飞和张宪并没有与家人一起用餐，直到姚氏入寝，岳飞和张宪方才匆匆回家。岳飞先到母亲卧室外，有女使在门外拦阻，说："太淑人已是安寝，教相公不须行昏定之礼，且回自家底卧室歇息。"原来自岳飞官封节度使后，由宋廷特命，将姚氏和李娃的外命妇封号升格为淑人。岳家向来不雇婢仆，但自从到鄂州后，由于感到家务人手不够，才雇了几名婢仆。岳飞宽阔的眉宇微皱，稍稍想了一下，就不再说什么，径回自己的卧室。李娃还是按惯例，在油灯下等待丈夫，尽管岳飞的俸禄增加许多，但平时仍然不用作为奢侈品的蜡烛，她行礼道"万福"后，岳飞首先说："妈妈已自安卧，然而自家明日须是率轻骑先去潭州，观察形势。"李娃虽然只管家务，也多少明白丈夫目前的军务，她说："鹏举且安心前去，阿姑自有奴家与众人伏侍。"

岳飞夫妇睡不多时，却有女使叩门，说："今有王秀才自江北归来，言道有紧切军机，求见岳相公。"岳飞急忙起身，穿戴整齐，一面赶往书房，一面吩咐召集王贵、张宪和参议官李若虚、干办公事于鹏、孙革。大家在那里连夜会见王大节,互相行礼寒暄毕,岳飞深情地握着王大节的手,望着他疲劳消瘦的面容,说:"王秀才单身入虎穴,尽心国事,而又冒险千里奔波跋涉,极是辛苦,请受下官一拜。"说完,又毕恭毕敬地长揖,以示敬意。王大节也深受感动,说:"贱子一介书生,难得岳相公如此恩义,便是肝脑涂地,亦是快意!"他向众人介绍了最新的军事情报,岳飞当机立断,说:"王秀才且请安卧,明日可与于干办坐船,不分昼夜,前去行在,面奏主上。下官自当与洵卿、孙干办连夜草奏,条具管见,乞朝廷采纳。"大家明白,岳飞特别命令王大节乘船沿江东下,是为让他可以在沿途休养体力。

于鹏陪王大节走后,岳飞先对李若虚说:"洵卿,明日自家们不得再去潭州。"李若虚微微点头,表示同意,岳飞又用征询的目光瞧着众人,张宪首先说:"正宜乘虏人与伪齐兵犯淮南底机会,直捣东京。"王贵说:"此是人同此心,心同此理。"岳飞又望着李若虚和孙革,两人也表示完全赞同。于是岳飞请王贵和张宪回去休息,自己和李若虚、孙革彻夜起草奏文。

夜深人静,门上却传来了轻轻的叩击声,接着,只见李娃手托木盘进屋,盘里有一盏油灯,供走路照明,另外盛放了一壶热茶,一盆热气腾腾的炊饼。她把木盘放在一个小几案上,先行礼道"万福",然后说:"奴家知得你们有军机,然深秋夜寒,岂得空腹劳作。"李若虚和孙革还礼说:"感荷淑人底盛情!"岳飞见到妻子半夜送点心,真有一种难以言喻的心疼,原来李娃又怀了身孕,但他嘴上却又不便说什么体贴的话。李娃走后不久,孙革草奏完毕,岳飞和李若虚作了一些推敲和修改。岳飞又让李若虚和孙革回去休息,自己用正楷誊录奏文,直到天色微明。他下令找来本军新任的进奏官刘康年,吩咐说:"此是紧切军机,须以急递速报行在!"

早饭过后,于鹏和王大节前来会见岳飞,岳飞又对他们详细介绍奏文内容。他亲自送两人登船,然后才回家休息。

[贰]
"亲征"议

绍兴四年九月二十六日,金军与伪齐军分道渡过淮水,开始攻击淮东和淮西。临安的南宋行朝在十月上旬,同时接到了淮南的急报和岳飞的急奏。当时,左相朱胜非因母亲病故,连上十二章,恳请为亡母守孝,宋高宗最后允准,于是朱胜非已经辞职丁忧,由知枢密院事赵鼎继任右相。在两个宰相交替之前,按宋高宗的旨意,宋廷已经确定文官魏良臣和武官王绘出任大金军前奉表通问使和副使。

初冬时节,已经颇有寒意,行宫的殿上生起了炭火,赵鼎和新任参知政事沈与求、签书枢密院事胡松年上殿面对。宋高宗愁容满面,首先发话:"不料虏人与刘豫新败之余,便出兵攻犯淮甸,亦足以见其军力颇为有余。或建议朕解散百司,泛海避敌,以免蹈靖康之辱,卿等以为如何?"胡松年首先回答:"臣以为此是下之下策,陛下若行此策,江山危矣!"沈与求说:"不知甚人为陛下出此下策,臣以为可先斩此人,以谢天下,然后方得激励军心斗志,与虏人在淮甸一决胜负。"

宋高宗并不回答是谁建议,因为建议者正是他宠信的医官王继先和冯益、张去为等众宦官,他反问说:"卿等有何退敌良策?"赵鼎以宰相的身份进言:"臣等以为战而未捷,方得另谋避敌之策。如今已非建炎航海时可比,养育精甲二、三十万,正当用于此时。"宋高宗说:"朕唯是忧东南军力单薄。"胡松年说:"如今数大将之兵,四川吴玠有兵四、五万,荆襄岳飞有兵三万,而东南刘光世、韩世忠、张俊三大将,另有杨沂中等将,拥兵十五万。"宋高宗说:"然而朕终是忧不济事,刘光世与韩世忠底计议亦是有异。"

当时韩世忠任建康、镇江府、淮东宣抚使,刘光世任江东、淮西宣抚使,两人所辖的战区正当敌冲,而张俊和杨沂中分别以神武右军都统制和神武中军统制的头衔,率军护卫皇帝。胡松年说:"韩世忠已是上奏,又命属官传语臣等,言道恭请官家入福建稳坐,他当率本军效力,在江北一战,如是不利,自可暂时退兵江南,俟明年春,必可退敌。此亦是一说。刘光世只是张大敌势,言道已率大兵退却,欲与虏、伪隔江相持。唯有岳飞建议乘虚直捣京师。"宋高宗从胡松年的口气已经明白,他是倾向岳飞的建议,沈与求补充说:"岳飞底建议便是围魏救赵之计,臣等以为此计可行。"宋高宗把眼光转向赵鼎,赵鼎说:"岳飞新复襄汉,锐气方张,然而用兵当以持重为上,不得行险道。"宋高宗不说什么,但内心还是同意赵鼎的主张。赵鼎还准备继续发表己见,宦官黄彦节上殿下跪叩头,说:"今有李纲急奏。"冯益不等皇帝盼咐,就上前从黄彦节手里取过竹筒递角,开拆以后,将奏疏摊在御案上,宋高宗只见李纲奏中写道:

> 岳飞新立功于襄汉,其威名已振,亦既班师,屯于武昌,伪齐必不虞其再至也。陛下倘降明诏,遣岳飞以全军间道疾趋襄阳,更摘湖南、北骁将锐兵为之继援,命信臣总统,乘此机会,捣颍昌以临畿甸,电发霆击,出其不意;则伪齐必大震惧,呼还丑类,以自营救,王师追蹑,必有可胜之理。此举非惟牵制南牧之兵,亦有恢复中原之兆,此上策也。朝廷或以兹事体大,馈饷之费,调发之烦,仓猝未能办集。则銮舆驻跸江上,势须号召上流之兵,如岳飞、王㒟及湖南、北诸将部曲。除留屯外,各摘精锐军马,尽集官私舟船,逐路应副钱粮,命将统率,顺流而下,旌旗金鼓,千里相望,以助声势,则敌人虽众,岂敢南渡。

宋高宗不免感叹一句:"李纲煞是有忧国爱君之心!"说完,就命冯益把这份奏疏递给三名宰执传阅。沈与求首先说:"臣以为李纲底上策可行,如是岳飞间道出兵,虏、伪必有反顾之忧。"胡松年也马上附议。赵鼎却说:"臣以为诚如李纲所言,'兹事体大',未可轻举。"他接着就提出四条建议:"臣以为张浚锐于功名,在川陕经营,虽有失措,却是过不掩功。陛下若不终弃,今日正宜教他当大任,此其一。伪齐鸱张,以臣犯君,朝廷隐忍未发,如今刘豫乱臣贼子公然出榜文指斥,是可忍,孰不可忍？陛下当下诏声讨,明正其罪,此其二。如今两军相持,陛下如是稍有退沮,则人心涣散,便是大江天堑,亦难以恃守,臣以为陛下当下诏亲征,以激励军心民心,此其三。命使通问,本已定议,然而依目今事势,自当缓遣,此其四。"知枢密院事、宣抚处置使张浚因在川陕的许多失误和乖谬措置,遭受弹劾,被宋廷召还,罢官已半年有余。

宋高宗说:"卿等可下省札与岳飞,教他照应荆、襄,控扼武昌一带,严密防备杨么与番人相应,不得轻率北向,用兵行师,须候朝廷指挥。岳飞虽是锐气甚盛,勇于立功,须教他知为将之道,第一便是尊奉朝命。"赵鼎连忙说:"臣领圣旨。"沈与求和胡松年也只能说:"臣等领旨。"

宋高宗又说:"张浚忠荩有素,真是社稷之臣,朕一日未忘。朕既罚其过,讵忘其功,召他知枢密院,不知卿等以为如何？"赵鼎说:"陛下幸听臣言,直是社稷之福。然而如是骤用,切恐台谏官未能体察圣意,必至弹章交攻。不如先召张浚到行朝,然后断自宸衷,以平息众议。"其他两执政也不发表异议,此事就算决定。

宋高宗再针对赵鼎的其他三条建议说:"刘豫大逆不道,若不明诏声讨,大宋又何以立国？胡卿退殿之后,可为朕起草手诏,待朕亲书,公告天下,然而诏中不得有冒犯大金言语。亲征底事,待朕与众臣熟议利害。虏人自来一面举兵,一面和议,朕亦当一面抵御,一面遣使,魏良臣与王绘出使,宜速不宜迟。朕明日当亲自召对。"

赵鼎等再也无话可说,只能领旨下殿。他们走到近丽正门,只见黄彦节迎面过来,显出口欲言而嗫嚅的模样,赵鼎说:"黄阁长,有甚事宜,不妨直言。"黄彦节说:"小底须守祖宗之法,不得乱道。"胡松年说:"如今军情紧切,不得拘以常法,便直道来。"黄彦节说:"官家欲解散百司,航海避虏,此是王医官与众大官底建议。相公们若不得说服他们,切恐官家难以下旨亲征。"三名宰执听后,不免都抽了口寒气,却又不能公开发表议论和感慨,胡松年还是忍不住说:"黄阁长忧国之心,极是难得。"

三名宰执回到政事堂,只是沉默对坐,长吁短叹。突然,赵鼎说:"圣上亲征,事关大宋底安危存亡,不可不据理力争。"沈与求说:"主上龙飞,一退于南京,二退于维扬,三退于建康,四退于临安,揆情度理,八年之前,便应有亲征之举,以鼓舞天下忠臣义士之气。然而宵小之辈,蒙蔽圣聪,便是苏秦、张仪辈再生,亦是无计可施。"赵鼎说:"下官以为,此回须是说服王医官与众宦官,方得恭请主上亲征。"胡松年作为士人,实在耻于同医官、宦官们打交道,说:"赵相公,你是首揆,此事悉听主张,然而下官与他们周旋不得。"沈与求也说:"下官亦是难与他们言谈。"赵鼎苦笑一下,说:"江山社稷患难,下官亦只得忍辱负重,唯求二相公理会自家底苦衷。"

出使通和的魏良臣和王绘奉召上殿,叩见和辞别皇帝。宋高宗为了保持皇帝的尊严,尽量强打精神,却仍然无法掩饰惴恐不安、忧心忡忡的心理。自从接到金军与伪齐军进犯淮南的消息以来,王继先和众宦官不但纷纷进言,还打通了张婕妤和吴才人的关节。张婕妤和吴才人虽然正进行明争暗斗,但在劝说皇帝逃难方面,却是完全一致。宫中一切逃难的行李物件已经收拾完毕,只等皇帝一声令下,就可以立即出候潮门登船。宋高宗对两名臣僚首先表示慰问,说:"目即虏、伪大举进犯,卿等不惮出使,志节可嘉,待归朝之后,朕岂得吝于封赏。"

魏良臣和王绘也是满腹牢骚,他们曾去政事堂求见新任宰相赵鼎,希望得到他的指示,赵鼎却推说公务太忙,不予接见,只是命吏胥安排他们朝辞。魏良臣说:"食君之禄,忠君之事,臣等敢不勉竭驽钝。赵鼎唯是教臣等朝辞,并未面授机宜,臣等唯求于面对之际,恭听陛下圣旨。"他的话当然是含蓄地表示对赵鼎的不满和气愤。宋高宗却没有体会到对方的深意,他说:"朕自即位以来,朝夕以和好为念,故不惮卑辞厚礼。粘罕教朕不得在淮南屯驻兵马,朕以和好为重,淮甸虽系拱护行在底要害之地,朕亦当明令将臣,不得屯驻兵马。此足以见朕求和之诚。卿等此行,须以朕底至意晓谕虏人。"

魏良臣说:"陛下苦心焦虑,唯是以迎还二圣,爱养百姓为重,臣等已是理会得。"宋高宗说:"唯其如此,卿等此行,切不须与虏人计较言语轻重,亦不须使用'大宋'国号。如岁币、岁贡之类,亦是不须计较。"王绘说:"然而虏人若是邀索过重,切恐亦是难以应付。"宋高宗想了一下,说:"岁币、岁贡之数,待朕与大臣商议,然后宣谕卿等。"在辽宋金代,岁币和岁贡的含义差别颇大,宋每年送辽的银绢称岁币,算是较为平等的赠礼,而岁贡当然是以小事大或以臣事君的赠礼。

魏良臣说:"淮南不屯兵,臣当以陛下圣意晓谕虏人,然而虏人若是问及岳飞出兵取襄汉,又当怎生回覆?"宋高宗说:"襄阳诸郡皆是故地,便是王伦回归时,亦属大宋所有,只因李成侵犯不已,遂命岳飞收复。此自与淮甸底事有异,难以相提并论。"

魏良臣说:"臣等检阅所携礼物,合计六份,自粘罕以下皆有,独不及虏酋,如是到东北虏庭,便无礼物。"宋高宗的脸上顿时显现十二分的盛怒,说:"通和大事,措置竟是如此灭裂!社稷江山,岂得作儿戏!误国之深,莫甚于此!卿等退殿之后,可传朕旨,教大臣亲自排办与虏主底厚礼,将措办乖谬底人,皆与惩处,以儆效尤!"魏良臣所以提出这件事,其实是指望皇帝迁怒于赵鼎等人,如今看到皇帝只是迁怒于办礼品的官员,也就再无话说。

魏良臣和王绘退殿后,宋高宗就回到后宫张婕妤阁。经过两三年的大兴土木,后宫的安乐窝已经竣工,虽然难以与开封后宫的规模相比,但在财政十分紧张的情势下,已完全可算是超等的精致和豪华。张婕妤阁经过她本人的精心设计和布置,更有一种特别的典雅情调,她特别请皇帝亲书两个条幅的御诗:"艰难务遵养,圣贤有屈伸。"作为全部陈设的中心。这种纯粹是出于为"中兴之主"涂脂抹粉、装潢门面的陈设,果然使皇帝龙颜大悦,他夸赞说:"张娘子煞是别具匠心,深体朕意。"张婕妤的做法当然立即招致吴才人的忌妒,她也选择一个恰当的机会,请求宋高宗恩赐御书,于是皇帝又为吴才人亲书御诗的另两句:"愿同越勾践,焦思先吾身。"两个女子的争宠战,至此又打了个平手。

张婕妤的内心其实早有很深的怨情,她埋怨皇帝不给自己封妃,仍然维持婕妤的低等内命妇封号,更埋怨皇帝又另外在吴才人那里养育赵璩,但表面上绝不敢有丝毫流露。她也一直担心随着岁月的流逝,自己年老色衰,终究有失宠的时候。但使她暗自庆幸的,是皇帝目前还没有网罗到后来居上的新宠。张婕妤内心的各种复杂感情,只是发泄为对赵瑗无比的疼爱和精心的抚育。

今天,八岁的赵瑗撒娇地坐在张婕妤的怀里,亲昵地搂住养母的脖子,凑在耳边低声叫着"妈妈"。赵瑗小小年纪,已经完全懂得,在正式场合绝对不能使用这种称呼,只能叫"张娘子",唯有在两人单独相处时,为表示特别的亲热,才使用这种他心目中最神圣、最亲切的称呼。张婕妤每次听到孩子叫"妈妈",总有一种难以形容的舒心快意。赵瑗说:"妈妈,孩儿今日学得一阕新词,当唱与妈妈。"张婕妤说:"甚底新词,且唱来。"赵瑗依偎着养母,在她耳边轻轻地唱起了文臣向子諲所写《秦楼月》,这阕词最近颇为流行,以至传入宋宫:

芳菲歇,故园目断伤心切,伤心切。无边烟水,无穷山色。

可堪更近乾龙节,眼中泪尽空啼血,空啼血。子规声外,晓风残月。

乾龙节是宋钦宗的生日。张婕妤听后,立即眉头紧蹙,她洞悉皇帝的心理,料想皇帝必定讨厌这阕词,非常担心皇帝会因此厌恶赵瑗,甚至牵连自己,连忙低声地告诫赵瑗说:"自今而后切不可再唱此曲。"赵瑗不解地发问:"渊圣皇帝北狩,官家常言道,欲迎还二圣,此词正合官家底意思,何以不得唱?"张婕妤当然不能回答这个问题,她说:"五八郎年幼,不得问此等事。妈妈教你不得唱,你便不得唱。"赵瑗进宫三年,已经完全习惯了张婕妤的调教,他说:"既是如此,孩儿自今便不唱此曲。"张婕妤只是亲昵地抚摸孩子的脸蛋,不再说什么。

宋高宗来到阁中,张婕妤带赵瑗跪拜。宋高宗虽然心境不佳,见到宫中的第一佳丽,不知怎么,又性欲勃发。他命赵瑗出寝阁读书,自己和张婕妤上床。自从扬州逃难,丧失生育能力以来,宋高宗再也不敢纵欲无度,但是,与女子有肌肤之亲,还是一件乐事,也能稍为满足自己的色欲狂。张婕妤选择了最恰当的火候和时机,用最柔美的娇声软语说:"闻得福建山水甚是秀美,荔枝尤是天下无双,当年杨贵妃吃底,原是四川底下品,非福建荔枝可比。官家不如依韩世忠底建请,南下巡幸一回。臣妾等亦得稍沾圣恩。"原来她经过与吴才人、众宦官等反复商量,认为海上漂泊,不免有惊涛骇浪之险,不如由陆路去福建安全。宋高宗叹息一声,说:"常言道,身在官场不自由,朕贵为天子,亦是不得自由!"张婕妤说:"唯是官家宸衷圣断,大臣们便难以异论。"宋高宗说:"朕身为九重之主,若是决断,自可力排众议。然而依目即事势,决断甚难,且看淮上形势如何。"张婕妤懂得,自己的枕席之言,也只能到此为止,她立即改口说:"官家天纵圣明,臣妾无知无识,唯是爱君心切,妄进狂瞽底言语。"

于鹏和王大节乘船顺流而下,他们到达运河口的镇江府,又嫌运河的舟船通行不畅,改骑驿马,飞驰临安府。时近傍晚,他们等不及找馆舍安顿,而径赴都堂,于鹏算是熟门熟路,他向吏胥通报,简单说明情况,请求拜见宰执。

赵鼎今晚已安排了一个重要活动,就是宴请王继先和众宦官。他听了吏胥的报告后,就对胡松年说:"下官料得岳飞命人专程前来,必是请求出兵东京,此事主上已有圣断。然而王大节自伪地来,必知刘豫情实,胡相公莫须召见一回。今日夜宴,事关圣上亲征大计,下官须自去理会。"尽管官场里不免有崇文抑武的风尚,而胡松年对岳飞还是相当器重,认为他是难能可贵的将才,就说:"既是恁地,政事堂须排办夜宴,待下官自去枢府召见。"

胡松年于是就在枢密院接待于鹏和王大节。他身为执政,还是显示了礼贤下士的风度,与两人客气和寒暄一番,请他们就座叙话。于鹏首先说明来意,胡松年尽管同意岳飞的主张,也只能说:"主上与众大臣已知得岳太尉上奏,自家们遵奉圣旨,下省札去鄂州,教岳太尉严密把截,听候朝廷指挥。"他的回答当然使于鹏和王大节感到失望和扫兴,王大节起立,用激昂的口吻说:"贱子不才,奉岳相公之命,深入伪齐巢穴,备知刘豫色厉内荏底情实。岳相公大兵复襄汉时,刘豫父子惊恐万状,已是收拾珍宝细软,准备逃往河北。不料岳相公得旨班师,遂使刘豫父子得以鼎鱼假息。此回虏、伪兵犯淮南,直是良机天授,不于此时出兵取旧京,又更待甚时?"接着,他就以在伪齐的亲身经历,叙述了刘豫政权的苛政毒刑、横征暴敛、人心思宋等各种情况。

胡松年望着王大节过于激动的言谈和神情,真是别有一番滋味在心头。但他按向来的施政规矩,绝不能向对方泄漏廷议的内幕,只能用尽量平缓的语调说:"岳太尉与于干办、王秀才底忠忱,下官岂得不理会。然而事体颇大,朝廷亦须审议。"王大节说:"胡相公既掌军务,须知兵机底得失,间不容髪。苟且度日,迁延岁月,便是传子传孙,亦是取不得中原,徒然教中原遗民怅望大宋底霓旌龙旆。"

王大节的言辞,使胡松年的心境也愈来愈无法平静。他自从执政以来,也渐渐摸索到皇帝的脾胃,不管宋高宗嘴上怎么说,凡是真正有利于战胜仇敌、收复故土的事,皇帝其实没有兴趣,皇帝念念不忘的,只是一个"和"字。胡松年最后只能说:"于干办与王秀才千里奔波,赴国难、平仇寇底意思,下官已是备悉。然而下官身为执政,自不得独断专行。且待明日面对,详述利害曲折,恭请圣断。"他望着对方多少显得饥疲的脸色,决定亲自设宴招待。

胡松年以执政的身份为两个布衣和普通武官设宴,也是借以表示自己的敬意。在筵席上,胡松年问王大节:"王秀才在伪皇子府得甚阶官?"王大节说:"为承务郎。"承务郎是从九品文官,胡松年说:"王秀才冒险深入僭垒,为国立功,下官借补秀才为承事郎。"承事郎已是正九品文官,比承务郎高出两阶。王大节说:"贱子感荷胡相公提挈。然而当国步维艰之际,朝廷底爵赏财物,左支右绌,岂得滥授滥支。唯愿朝廷重赏冲锋陷阵底将士,为国捐躯底英雄,贱子便是依旧白身,亦何足挂怀,敢请胡相公收回成命。"胡松年明白,王大节的话绝非是虚情假意,心中不由倍加尊敬。

于鹏和王大节饱食之后,由吏胥安排馆舍休息。两人的心情都非常焦急,于鹏通过各种关系,打听朝廷的动向和底细。几天之后,一名吏胥送来了胡松年的一封短简和王大节的承事郎官告,短简中告知朝廷并无奇袭开封的打算,请他们返回鄂州,转达对岳飞的问候。王大节看后,长叹一声,激愤地说:"自家行数千里,方自四川到得行在,如今方知宫闱以声色禽鸟为重,而以江山中兴为轻!此承事郎告,直是与粪土无异!"他将承事郎官告交还那名吏胥,说:"请传语胡相公,贱子感荷相公恩德,然而既不出兵开封,贱子便无寸功可言,岂得滥受官告,见讥清议,恭请胡相公收还恩命。"

吏胥走后,王大节就向于鹏告辞,说:"自家愿归故乡,不欲去鄂州见岳相公。"于鹏感到惊诧,说:"岳相公急盼王秀才回归,何以便不去鄂州?"王大节长叹一声,说:"岳相公底深情,贱子岂得不理会?然而行在所见所闻,煞是教人伤心,朝廷徒有思贤纳谏底声名,却是不能容得一个忠直底朱干办。自家便是去岳相公军中,又有甚用?贱子亦是粗知礼义,岂不知用行舍藏、韬光养晦底道理。既是大宋中兴无望,不如归家养亲,明哲保身。"于鹏听对方提到了皇帝强迫岳飞辞退的朱梦说,也不免叹息,他说:"王秀才归乡,便可途经鄂州,何不与自家同行?与岳相公一见,亦是尽礼而别。"王大节说:"若是见得岳相公,唯恐他盛情挽留,便难以归乡,不如忍痛不见。岳相公忠荩,决然是名标青史底贤将,然而贱子切恐他难以成就功名。"

于鹏再三苦劝无效,只能送王大节出城西涌金门。两人在西湖边漫步,徘徊在明媚的山光水色之中,却是长久地沉默不语。王大节最后激愤地说:"如此佳丽山水,若是养得苟安之志,不思进取,便不如将西湖填平!"他向于鹏作一长揖,说:"传语岳相公,贱子感戴他底厚谊,没齿不忘,唯愿他早日了得平定中原底大志。"于鹏也含泪说:"王秀才前途珍重!"两天之后,于鹏也带着朝廷的命令返回鄂州。

再说赵鼎在都堂安排特殊的夜宴,专门宴请王继先和冯益、张去为等一批宦官中的头面人物。堂堂宰相,居然需要宴请这批小人,赵鼎的心里也感到很不是滋味,但只是用一句话暗自宽慰自己:"自家亦唯是为社稷而忍辱负重!"赵鼎处在一种相当尴尬的境地,他向来自视甚高,面对这批皇帝的宠幸人物,当然不能有丝毫的卑屈,以免降低宰相的身价,却也不能显示丝毫的倨傲,摆出居高临下的架势,如果引起对方的反感,劝皇帝亲征的计划岂不成了画饼充饥,这次夜宴也就变为无谓之举。

第一个赴宴的是王继先,他面露几分踌躇满志之色。尽管王继先已经拥有相当大的势力,但他本人也完全明白,自己在文士眼中,不过是个以方技左道得幸的人,并无资格登大雅之堂。过去的宰执中,唯有秦桧与他相好,然而也只是通过王癸癸私下交结,今天宰相居然公开在都堂宴请,还是破天荒的一次。王继先也多少知道赵鼎的秉性,所以刚进入政事堂,就首先向赵鼎长揖,说:"下官拜见赵相公。"赵鼎也客气地还礼,说:"王防御侍奉官家辛劳,下官谨表慰问之意。"并且亲自引他入座。王继先当时官居从五品的荣州防御使,他完全懂得,赵鼎的亲切接待,无论如何是对自己的破格礼遇。

王继先就座,由一名吏胥呈上一张茶单,请他点名要茶。王继先一看,茶单上有十种建州御苑名茶,供自己挑选。聪明的王继先感到,此时必须谦退一番,就说:"此是官家底御茶,下官是何等人,敢用御茶。"赵鼎说:"此是圣上恩赐都堂,今日既是请王防御到此,尤须体念圣恩,同共为官家效力。此便是下官请王防御品茶底本意,王防御不需谦逊辞避。"王继先明白,今天的盛宴绝不可能是无代价的白吃,极品的御茶不乘机品尝,更待何时,就点了其中的白茶。他久闻白茶之名,却还不曾见过。吏胥立即为王继先取来一团一寸五分的饼状白茶,王继先拿在手里,欣赏了一下,说:"久闻白茶与常茶不同,其叶莹薄,制成团茶,表里昭澈,如玉之在璞。今日蒙赵相公底盛意,方得在都堂一见。"吏胥当场为他碾茶点茶。

王继先才呷了两口,冯益、张去为等十三名宦官也一同来到政事堂,赵鼎还是按王继先的规格接待。彼此寒暄过后,先是点茶,接着就是开宴。赵鼎保持宰相的尊严,一直居中而坐,在本人面前安放一张食桌,而王继先与众宦官分坐两旁,十四人共用六张食桌。宴会完全按照宋时的最高规格,先进时新果品、干果、雕花蜜煎、砌香咸酸之类,接着又进菜劝盏,吏胥们共进二十道佳肴,为每位客人敬本地雪醅名酒十盏,一盏酒,两道菜。但宴会上不设妓乐。

赵鼎等到向客人劝第五盏酒时,才开始了早已准备的实质性谈话,他说:"今日请王防御与众大官到此,只是为社稷安危大计。虏、伪进犯,声势嚣张,目即唯有圣上下亲征之诏,激励六军斗志,逐退虏、伪军,你们亦方得伏侍官家,长享富贵。若是解散百司,恭请圣上再次航海,切恐江山危殆,你们亦保不得富贵。"

冯益对待每个宰执的态度,完全是因人而异。他曾经轻侮黄潜善和汪伯彦,但面对赵鼎,却不敢放肆。他在建炎三年与张俊恶语争吵,当时赵鼎不过是侍御史,却凭借台官之威,将双方喝退。虽然事隔多年,冯益还是记忆犹新,他特别用尊重的口吻说:"赵相公为国忠勤,天下共闻。然而战事瞬息万变,第一便是官家须驻跸稳便去处。韩宣抚相公忠勇,深知兵机,他亦是建请官家去福建。"赵鼎说:"韩宣抚虽是爱君,然而武夫粗人,不识大体。如今事势,已非建炎航海时可比,唯有迎头痛击,方得增重立足东南之势。如是主上南巡,便是长敌人底威风,灭自家底锐气,又怎生教将士们效力?"

张去为说:"张节使言道,东南军力,全不济事,若要破敌,须召岳飞一军东下,聚大兵于平江府,方保无虞。待来春虏、伪退兵,徐谋收复。"赵鼎听对方提到张俊,不由产生一股怒意。原来宰执们曾召护卫皇帝的将领会商,张俊身为地位最高的大帅,一直是含糊其辞,模棱两可,使人猜不透他的用意,不料却私自对宦官们和盘托出。但他还是尽量克制自己,用平缓稳重的语调说:"天下正兵,东南居大半,兵势最为厚重。养兵千日,正须用于紧切底时机。如是聚大兵保守一郡,听任虏、伪蹂践东南各地,大宋便难以立国,不知张节使建请圣上驻跸甚处?"张去为说:"张节使以为,神武右军与中军护卫官家大驾,南下福建,最是上策。"

赵鼎到此方才明白,原来还有张俊这个有力人物,也在背地里怂恿皇帝南逃避敌。他想了一下,又用恳切的语气说:"当年真宗皇帝北征澶渊,寇莱公言道:'寇已迫近,四方人心危惧,陛下惟可进尺,不可退寸。'真宗皇帝用寇莱公底计议,终成大功。今日形势,亦与此相仿。王防御与众大官若能赞助亲征之议,不惟永保富贵,亦当有功于社稷,名垂青史。请王防御与众大官三思。"寇準是北宋的名相,封莱国公,人们为表示敬意,避免直呼名讳,而称莱公。

尽管赵鼎苦劝多时,但王继先与众宦官却面面相觑,谁也不愿表态附和。赵鼎眼看十盏酒,二十道菜将要用完,干脆命令吏胥加酒加菜,摆出了得不到满意的表态,谁也别想离席的架势。赵鼎是陕西人,酒量很大,他为保持尊严,也懒得再费唇舌,只是一盏又一盏地痛饮大嚼。狡黠的王继先感到,再也不能不给宰相面子了,就说:"赵相公底奇谋远识,岂是凡夫俗子辈所得领会。然而自家们唯是忧心孤注一掷,胜负难卜。"赵鼎带着醉意说:"亲征必胜,巡幸必败,下官岂得以自家底头颅孤注一掷!以大宋底江山社稷孤注一掷!"冯益仍然忧心忡忡地说:"然而东南底大兵若是难以抵御,赵相公尚需及早调遣岳节使底兵马。"赵鼎把手一挥,用决断的口吻说:"王防御与众大官安心便是!军机要务,自当及时处分。你们赞助官家亲征,下官日后自当为你们排办庆功酒宴!"王继先与众宦官离开政事堂时,已近五更时分。

赵鼎费了九牛二虎之力,总算使宋高宗同意亲征。所谓亲征,当然不是渡江亲临前沿,与敌人对垒,而是从临安乘船,沿运河北上,到平江府暂住,就算是亲征。宰执又与词臣们商量,以皇帝手诏的形式声讨刘豫,将"大齐"正式改称"伪齐",手诏中强调"朕不敢复蹈前辙,为退避自安之计,而重贻江、浙赤子流离屠戮之祸"。

　　胡松年奉命到江岸视师,在临行之前,宰执们又再次召集武将们会商。宰执们特别注意的当然是张俊。张俊如今一改以往的神态,他激昂地说:"今年王师一胜于仙人关,二胜于襄汉,岂得畏敌。若是退避,又有甚处可退避?唯有勇往直前,便可操胜券。"胡松年问:"依张节使之见,当如何用兵?"张俊说:"既是官家决计亲征,驻跸平江,须是聚天下大军,坚守府城,置主上于万全之地,然后徐议退敌之策。"他的话增加了赵鼎的厌恶感,赵鼎厉声说:"张节使言道,退避非计,此是正理。然而以天下之兵,守一州之地,煞是无理。张节使如能言必信,行必果,坚持勇往直前,方得成大功,不负圣上底委寄。"张俊再也无话可说。

[叁]
伏击大仪镇

左副元帅完颜讹里朵、右副元帅完颜挞懒和元帅左都监完颜兀术率金军来到汴、淮交汇的泗州,从城南渡淮水,驻兵盱眙镇。经过仙人关之战和襄汉之战的损兵折将,金朝虽然再次竭力征发壮丁,强行签军,而出征的兵力也只能勉强拼凑近八万人,其中包括女真骑兵两万三千,分隶韩常、完颜聂耳、斜卯阿里、兀林答泰欲、高召和式、大挞不野、王伯龙、乌延蒲卢浑、完颜阿离补和尼忙古刘合十名万夫长。尼忙古刘合的箭伤方愈,完颜兀术特别建议将他调遣出征。

完颜讹里朵在镇上召集众万夫长会议,担任前锋的完颜聂耳报告军情说:"我命儿郎们南下硬探,到得承、楚二州,并无南虏人马。"完颜讹里朵问道:"二州可有粮草等积聚?"完颜聂耳回答:"并无粮草积聚,唯是两座空城。"完颜兀术说:"此当是赵氏怯战,不敢与大金军马交锋。"完颜讹里朵说:"如是康王在江北无兵马,可占据淮东,与江南军马隔江相持,日后徐议怎生渡江。"在他的军事盘算里,显然根本不想再次渡江冒险。

完颜挞懒说:"南虏近年用兵,亦甚是狡诈。淮东屡经兵火,赤地千里,若粮草接济不足,大兵便难以久驻。来年炎夏,大军须北归避暑,南虏又得乘虚再占淮东。不如且将大兵屯驻泗州,命聂耳与阿里两军抄掠淮东,千方百计,诱南虏渡江厮杀,教他们片甲不留。便是大军北归避暑,康王亦不敢轻易出兵,再犯淮东。"完颜讹里朵实在也没有更高明的策略,就说:"便依挞懒底计议。"完颜兀术却说:"盱眙镇离江北甚远,自家愿分兵屯竹墼镇,以便策应聂耳、阿里或刘麟人马。"

完颜讹里朵总是对兄弟十分偏心,他马上分拨韩常、大挞不野和尼忙古刘合三部,归完颜兀术指挥,并且委派龙虎大王完颜突合速充当完颜兀术的助手。完颜兀术在翌日就统兵出屯泗州南部的竹墪镇。完颜聂耳一军也同时出发,南下扬州,斜卯阿里一军则进攻泰州和通州。

斜卯阿里得到前哨硬探报告,说宋方在泰州城有守备,就率本部人马直抵城北。原来朱梦说前后两次在泰州任职,力主修建城池,如今州城已是城高濠阔,非四年前岳飞驻守时可比。在得到金军进犯的消息后,知州、通判等官员都已渡江南逃,惟有身为军事判官的朱梦说留守。泰州城并无军队,朱梦说临时将城郊的乡民全部收容入城,组织民兵,部署城防。他本人就日夜住在城上,不断环城巡视。金军的一谋克游骑抵达泰州城下,沿护城濠侦察。朱梦说在城上监视敌人的行踪,他看到敌骑距离稍近,就下令放射炮石和弩箭,金军死伤了八人,仓皇逃离。朱梦说派民兵出城,收拾战利品,并且抓住两名受伤的汉儿和渤海人战俘。朱梦说亲自审讯后,立即将得到的金军情报上申宋廷和宣抚使韩世忠,并且请求援兵。

宋廷和韩世忠的回报尚未到达,斜卯阿里已率七千人马兵临城下。他先派遣汉人通事到城下劝降。朱梦说命令两名战俘和一批民兵对城下大喊:"朱判官已备知尔们底虚实,如今金国人马屡战屡败,若来攻城,唯是死无葬身之地!"通事向斜卯阿里回报后,斜卯阿里就下令全军打造和准备攻具。

他的部队中只有一千八百女真兵,大半是新征的汉儿和渤海壮丁,根本没有战斗力。斜卯阿里自然是一员宿将,懂得如何节约兵力,保存实力。他驱使本军的汉儿、渤海人、契丹人、奚人等偏攻北城,接连三天,都被守城者打退。到第四天,他只能动员和指挥一千二百名女真兵,发动猛烈的进攻。

朱梦说本是一介书生,但多年以来,他一直阅读兵法,研究战争,所以将泰州的城防部署得井井有条。朱梦说站在城头上,不断激励守城的民兵说:"如是被虏人攻破,全城老小便当玉石俱焚,唯有死战,方得求生,我誓与你们共存亡!"他本人也以身作则,经常置身最危险的所在,执剑督战。头戴厚重兜鍪,身披重甲的女真兵几次乘云梯冲上城头,他们的三角白日皂旗有一次也接近女墙,却都被拼死奋战的民兵杀退。战斗持续到正午,斜卯阿里已经十分焦躁,他将剩余的六百女真兵也全部投入攻城。朱梦说身中三箭,却不顾伤痛,命令吏胥扶掖着,继续在城上指挥。

阴冷的天气开始下起了愈来愈稠密的冻雨,很快将金军将士浑身淋透,彻骨的冷意,连颇喜酷寒的斜卯阿里,也忍不住在马上打寒战。他眼看攻城无望,只能下令收兵。连宵的冻雨,使住在简陋营寨中的金军叫苦不迭,汉儿、渤海人等更是叫骂不绝。延挨到后半夜,斜卯阿里不得不下令冒雨撤兵。

朱梦说在箭伤之后,仍继续冒雨指挥,直到金军停止攻击,才由吏胥扶他进城楼,用铁钳在身上拔箭,箭镞被连皮带肉地拔出,流血很多。朱梦说强忍痛楚,他的牙齿竟将嘴唇咬出血来。吏胥们用丝绵擦去血污,为他敷上伤药,并且更换干衣,让他躺在柴草上休息。当天半夜,他开始发高烧,而城里一时竟缺乏医药。不久,传来了敌军撤退的消息,守城的民兵、吏胥等人纷纷相劝,说:"虏人既已退兵,朱判官自当回州廨安歇。"朱梦说烧得满脸通红,他强打精神说:"虏人狡黠,岂知不是用计,守御万万不可稍懈。我且在此歇泊,便是回州廨,亦终不安心。"直至打听到金军撤退的确讯,朱梦说方才回州廨养病,而病势却是日益沉重。

再说身任建康、镇江府、淮东宣抚使的韩世忠拥兵四万,屯驻镇江府。他向来对朝廷以"通问"为名派遣使节十分不满,并且屡次命幕僚起草奏疏,强调"遣使议和非计,臣乞厉兵恢复"。宋高宗为此下诏奖谕韩世忠,但又辩解说"二圣在远,当不时遣使通问"。十月初的一个夜晚,韩世忠和梁佛面、茅佛心、周佛迷等妻妾饭后谈心,说:"自家两日后便须出兵江北,抵御虏人,你们且住本府,等候捷音。"妻妾们正准备为丈夫出征说些吉利话,有亲校耿著进入报告:"启禀韩相公,今有急递传到紧切省札。"韩世忠不识字,他习惯性地吐了吐舌头,说:"你且开拆,为我诵读。"耿著办事干练,口齿清楚,他拆开皮筒递角,取出公文,就为韩世忠朗读。原来这份省札是通知魏良臣等出使的事,命令韩世忠沿途关照。

韩世忠听后,生气地骂道:"朝中皆是不中用底子曰,虏人已见侵逼,尚要舞文弄墨,教我厚待使节,遣使岂能救得二圣?"韩世忠素来把"子曰诗云"中的前两个字,作为对文官和文士的蔑称。众人见到韩世忠生气,都不敢说话,惟有梁佛面以家中特别的权威身份劝诫说:"此是圣上底旨意,宰执们遵旨行事,相公不得放肆。"韩世忠听后,沉默片刻,吩咐耿著说:"待魏子曰前来,你便以酒菜接待。"耿著明白韩世忠的意思,就是命他代替主将,接待魏良臣一行,当即遵命退出。

梁佛面却特别把韩世忠拉到自己的卧室里,私下传授机宜。韩世忠高兴地说:"国夫人煞是智多星,若教虏人杀了魏子曰,从此朝廷便不得遣使。"梁佛面嘱咐说:"此事你知奴知,切不可泄漏。"韩世忠说:"会得!"梁佛面又说:"若是虏人杀了他们,亦须为他们做道场。"韩世忠说:"我自当与国夫人同去做道场。"他第二天又吩咐耿著,说是魏良臣等前来,自己要亲自接待。

韩世忠率领本部神武左军三万人马渡江,来到扬州。魏良臣和王绘一行到达后,韩世忠就亲自在州衙设宴招待。当时文官对东南的三大将的评价是:撞着张俊,虚情假意;撞着刘光世,假儒酸气;撞着韩世忠,斯文扫地。张俊对文官比较客气,但根本没有真诚。刘光世喜欢穿戴儒巾儒服,效法文人学士的风度,但接触不用多久,其胸无点墨的真相就必然暴露,一股假儒生的酸气令人难受。惟有韩世忠最喜轻侮文士,所以大家最怕与他接触。魏良臣其实很不愿与韩世忠相见,但耿著传达了韩世忠的邀请,又不得不硬着头皮一见。

双方在州衙的厅堂里互相作揖,分宾主坐下。韩世忠客套地慰问一番,说:"魏侍郎、王团练,尔们此回正当与虏人交兵之际出使,端的是不辞辛苦凶险。"根据宋廷的命令,魏良臣暂假工部侍郎,王绘暂假右武大夫、果州团练使,以提高出使的规格。魏良臣说:"下官等唯知有君父之命,岂敢辞难。"韩世忠说:"朝廷与虏人底使节,已是往返数回,全不曾见得有甚眉目。尔们此回前去,又有甚底新旨?"魏良臣说:"恭依圣旨,朝廷许虏人岁币银二十五万两、绢二十五万匹。"魏良臣知道韩世忠厌恶和议,所以特别把圣旨抬出来。韩世忠听后,不由勃然大怒,但他还是按捺怒火,说:"虏人进犯,便与他们岁币,切恐滋长虏人底傲气。尔们出使,亦须见机行事,不得轻易依允岁币。"魏良臣不作回答,只是王绘低声说:"会得!"韩世忠当夜用好酒好菜招待两人,并且有意向两人出示宋高宗命令他撤回镇江府的手诏。

翌日，韩世忠亲自送一行使节出城北镇淮门。双方分手时，韩世忠说："你们既是出使议和，自家即日便遵圣旨收兵，渡江回镇江府歇泊，专候你们底佳音。"魏良臣和王绘带着随从四十八人北行，其中大部分人挑着礼品扁担。魏良臣和王绘并马走在最前，王绘评论说："久闻韩宣抚相公轻慢儒士，然而此回见魏侍郎，亦颇有礼意。"魏良臣说："我亦甚是奇怪，他虽有不通文墨底粗豪之气，尚非是不可亲近底武夫。"两人边说边走，由于负担者的拖累，到傍晚时分，才走到位于州城外西北方的大仪镇。大仪镇是通往泗州的必经之地，这个平时相当热闹的市镇，如今竟没有一个居民。众人只能在空荡荡的残破民房中夜宿。多数人只得临时找来一些柴草，作为铺垫，唯有魏良臣和王绘还能在一间稍为像样的房间里，睡上两张破床。

漆黑的寒夜，不时传来一阵阵狼嚎和鸮鸣，令人毛骨悚然。魏良臣和王绘都无法入睡，王绘在黑暗中感叹说："自家亦曾到此镇数回，战乱之余，竟是如此荒残，委是不类人境。"魏良臣说："自家们奉命出使，已是万般无奈，唯愿早日了却使事，便得回朝复命。"王绘又感叹说："虏人凶残，不知此回出使，可得归朝否？"魏良臣说："自家已是定议，既是圣上不惮卑辞厚礼，自家们又何须与虏人相抗，计较短长，若非卑躬屈节，岂得归朝，与家人团聚。"王绘又叹息一声，说："亦只得依魏侍郎底计议。"

天明以后，一行使节和随从又离开大仪镇，继续北行。时近中午，他们遇到了一谋克女真等骑兵，其实只有七、八十人。金军见到宋人，就立即飞驰而来，开始放箭。顿时有十多人中箭，魏良臣和王绘急忙下马，大喊道："不要放箭，是来讲和！"这群敌骑算是听懂了汉话，他们收敛了弓矢。一名契丹骑兵奉命驰马上前，问道："你们是甚人？"魏良臣回答："自家们是江南皇帝遣来奉使，欲要讲和罢兵，且各休息。"他一开始就避免使用"大宋"的国号，以免使敌人不快。那名契丹骑兵回报之后，金军就一拥而上。

魏良臣害怕他们把礼品抢劫一空，就抢先说："自家们所携底物事，皆是奉献大金国郎主、国相等人。何人是你们底孛堇？"他问明了谁是百夫长，就先塞给百夫长一个银锭，谦卑地说："只因出使所携物事甚少，此些少银锭,奉献字堇,仅供点心之用。"魏良臣估算自己所带的银锭有限,往后还必定要见地位更高的金方官员,所以行贿数目决不能多,并且只能限于百夫长一人。但一个银锭也果然起了作用,那名女真百夫长脸上露出了微笑。

　　魏良臣和王绘此时方才点检死伤的随从,计有两人死亡,一人重伤,其余都是轻伤。魏良臣吩咐把两具死尸和一个重伤者扔弃路边,其他轻伤者仍然一同随行。那名重伤者在路边绝望地哀叫:"魏侍郎,常言道,救人一命,胜造七级浮屠。"有三个随从也看不下去,他们下跪在地,说:"魏侍郎,自家们愿负他北上。"魏良臣厉声喝道:"大金国岂有金镞伤药,便是负他北上,亦难免一死。"他用脚踢倒三人,然后向金军借了一把刀,向重伤者当胸刺去,那名重伤者当即发出一声惨叫。

　　魏良臣和王绘一行被金军押往天长县城。离城数里,只见有一百余骑,重铠全装,举着几面黑旗,簇拥着一个将领,此人正是完颜聂耳。女真百夫长用生硬的汉语向两名宋使介绍:"此便是大金国底聂耳忒母字堇。"魏良臣和王绘急忙下马,迎上前去,在完颜聂耳的马前长揖,说:"江南使节魏良臣、王绘参拜大金万夫长。"完颜聂耳下马,脱去只露双眼的铁兜鍪,用汉语说:"少礼。"魏良臣和王绘此时方才见到完颜聂耳的长相,都不免暗自惊奇:"不意这厮老番人底容貌竟恁地秀整!"他们吩咐随从献上十个银锭,并解释说:"江南国小民贫,自家们奉皇帝底命令,所携些少财物,又须敬献大金国郎主、国相、三太子、四太子、挞懒郎君等。此十个银锭,委是些少薄礼,乞万夫长笑纳。"虽然礼品不多,完颜聂耳还是比较高兴,但他又吩咐通事、奚人萧褐禄再向宋使索取了十个银锭。

　　大家进入天长县城,在县衙坐定。完颜聂耳开始通过萧褐禄盘问宋使:"康王在甚处?"魏良臣回答:"皇帝今驻跸杭州。"又问:"如今大金兴兵,康王意欲何为?"魏良臣说:"皇帝不愿与大金交战,唯欲求和,迎还太上皇、渊圣皇帝与天眷皇族。佳兵不祥,和是大金与下国之利,战是大金与下国之害。"金方再问:"韩家在甚处?有多少兵马?"王绘说:"韩世忠军马在扬州,自家们来时,已退回镇江府,不知有多少人马。"魏良臣补充说:"下国遵大金国相底惠书,不敢于淮南屯驻军马。如今皇帝亲札,勾回韩世忠军马,亦以见江南奉承大国之命,不敢有违。"

完颜聂耳听说韩世忠的军队已经撤回江南,感到兴奋,他停止向宋使盘问,召来千夫长温敦挞孛耶,命令他立即率本部军马,急驰扬州,进行军事侦察。温敦挞孛耶是完颜聂耳部下第一员骁将,完颜聂耳特别从各部为他抽调,共凑足一千精骑,其中多数是女真人,也有少数契丹、奚人等,饱餐一顿,就立即出发。

这支急驰的金兵离大仪镇仅有五宋里,时值午时,前面有十多骑宋军拦路,为首者正是韩世忠麾下猛将呼延通。原来韩世忠等魏良臣一行走后,立即下令:"全军随自家底马鞭所向!"他亲自统兵前来大仪镇一带设伏。呼延通首先上前挑战,他大声呼喝:"自家便是大宋呼延赞底远孙呼延通,番人可速来就死!"他引弓一发,最前面的一名金军应声落马。另一名金军十夫长拍马抢刀,冲上前去,呼延通挥舞破阵刀,将他劈于马下。

立马高阜的韩世忠见到呼延通初战获胜,下令举旗摇鼓,一面宋高宗亲笔的"忠勇韩世忠"的大纛马上树立起来。这面旗的规格与赐岳飞的"精忠岳飞"旗一样,是用红绸做旗,其上用紫丝线刺绣皇帝书写的五个大字。于是,韩世忠原先部署的二十多支伏兵同时出击。宋军几乎是清一色的步兵,他们手持大斧等以步击骑的锐器,与敌人进行近距离搏战,上砍人胸,下斫马足。金军的战马无法驰突,弓箭也无法发射,顿时乱成一团。一部分金骑遭受攻击后,又陷入一片泥淖之中。他们披戴累赘的重甲,在泥泞中挣扎。轻装的宋军则乘势突入,挥舞大斧等兵刃,向敌人乱劈乱砍。

金军千夫长温敦挞孛耶不愧是一员悍将,他在混乱之中,重整部分军伍,率三百余骑,向插着大纛的高阜发起冲击。韩世忠骑着一匹黑马,双手舞动七宋斤的大青刀和六宋斤的小青刀,身先士卒,驰下高阜,率亲军迎战。在混战中,韩世忠抡刀接连劈死三名金军。温敦挞孛耶见到这个敌人特别勇猛,就手持眉尖刀,上前搏战。战不多时,温敦挞孛耶竟用刀杆将韩世忠打落马下,他正准备举刀劈死韩世忠,幸好呼延通及时赶到,他抡动破阵刀格开敌人的刀,又一刀劈断温敦挞孛耶坐骑的两条前腿。温敦挞孛耶跌倒后,被宋军生擒。一场激战结束了,金军被杀近六百人,被俘四十多人,三百余骑逃回天长县。

次日,韩世忠的前军统制解元率军在承州一带伏击两谋克金军,俘敌一百四十八人。提举一行事务董旼又率军前往天长县,在鸦口桥一带袭击金军,杀敌四十多人。

韩世忠亲自审问俘虏后,对众将说:"虏人此回有兵八万,兵势厚重。官军如今已是三战三捷,大挫虏人兵锋,正宜乘胜收兵回江南。虏人粮草不济,必不能持久,待他们兵疲意沮,然后再行渡江扫荡。"众将都表示同意,于是韩世忠所率神武左军三万人又全师退回江南。

胡松年正好到镇江府视师,得知韩世忠得胜的消息,就以执政的身份,设宴招待韩世忠和众将、属官,依次为众人斟酒和敬酒。他特别为呼延通斟酒和敬酒三盏,抚摸着他的背部说:"呼延太尉能征惯战,煞是名将有后,无愧祖宗!"呼延通虽是武夫,却还是善于言词,他说:"小将唯是受韩相公驱策,粗立薄效。"韩世忠兴奋地说:"呼延太尉此回便是自家底救命恩人!"他也亲自为呼延通敬酒三盏,并且命令耿著取来一套白银酒器。这套酒器重三百两,打造得十分精致。韩世忠说:"此是自家底国夫人所赠。"呼延通说:"小将谢韩相公与国夫人底恩赐!"

胡松年敬酒之后,不由激动地说:"下官曾奉命出使仇寇,备见虏人骄横之气。如今韩相公三战三捷,亦少抒下官愤懑之气!唯愿天道好还,大宋从此中兴!自古文治平世,武救乱世,大宋中兴,唯是仰仗众太尉效命朝廷!"韩世忠听到出使,就说:"出使又济得甚事,救国唯有厮杀!"胡松年只能委婉地说:"自家们身为臣子,须是体念主上底圣孝。虏人自来出使不妨用兵,靖康时,廷臣无能,屡坠虏人奸计。唯是此回魏侍郎出使,韩相公乘机用兵,数日三捷,方得一快人意。下官归朝之后,自当备述韩相公与众将士忠勇立功,官家必是益坚亲征之志。"韩世忠也用坚定的语气说:"请胡相公归奏,如是圣上亲征,下官与众将士必保圣驾万安!"

[肆]
"亲征"前夕

魏良臣和王绘一行由一谋克金军押送,出天长县北门,前去泗州会见金帅。他们走了约三十多宋里,只听得后面的群马奔腾声愈来愈近,最后,完颜聂耳终于率五百多金军追上他们,将宋方一行使人团团包围。愤怒的完颜聂耳将貂帽掷在地上,只是喊一声:"洼勃辣骇!"于是有四名金兵手抡大棒,开始敲杀宋方的随从。魏良臣吓得目瞪口呆,还是王绘较能随机应变,他跪在完颜聂耳的马前,大声喊道:"聂耳孛堇,自家们唯是出使通和,自古两国相争,不斩来使,便是大金国亦未曾杀得江南底使节!"

完颜聂耳通过萧褐禄翻译说:"你们言道,韩家底人马已回江南,却是因甚使人伏击大金底军马?你们却是先来称讲和,暗地与韩家同来算害我。"魏良臣到此方如梦初醒,他抢步跪在完颜聂耳的马前,说:"自家们弃父母,舍性命前来,只为讲和,为国家效力,不意中了韩世忠那厮底奸计。韩世忠既是教自家们做诱饵,岂肯教自家们知得他底奸计。切望聂耳孛堇明察。"王绘说:"若是到得元帅处,纳了国书,便是了得使人事,然后听凭处置。"经过魏良臣和王绘两人反复哀求和解释,完颜聂耳终于下令,停止杀人,然而已经有十二名宋方随从被敲杀,完颜聂耳对宋使说:"且教你们依旧去元帅处。"于是宋方使节仍然由原来的一谋克金军押送北行,而完颜聂耳率部兵返回天长县。

一路上,魏良臣咬牙切齿地对王绘说:"不料韩世忠竟是效法当年底韩信,借齐人底刀杀郦食其。今日自家们险遭不测,日后若是回朝,此仇必报!"王绘感叹说:"魏侍郎是文臣,尚得有报仇之机,下官位卑,岂敢有报仇之念。"魏良臣说:"人生底事难以逆料,韩世忠是勤王救驾底大功臣,自家们目即奈何他不得,且待日后机会。"王绘说:"死生有命,富贵在天。自家们幸脱此回劫难,已是万幸,但不知见大金元帅,又当怎生底?"

金军的大部队集结在泗州,只为便于粮草等后勤供应。完颜讹里朵住在盱眙镇,不料最近得病,腹泻不止,全身无力,于是就只能让完颜挞懒主持军务。完颜挞懒和族侄的关系并不亲密,他干脆在盱眙镇南另扎大寨,免得有事须与完颜讹里朵商量,以便独揽兵权。魏良臣和王绘来到泗州后,就被金人押送到完颜挞懒的寨中。

魏良臣和王绘进入一个大营帐中,只见四周全是芦席,地上也有芦席铺地,坐在居中者面皮微赤,身穿紫色木绵袍,他的座后则张挂一大幅紫麻布。他的两边另坐四人,身穿浑纱短袍,裹着头巾,脚穿一色球头靴。他们是万夫长兀林答泰欲、高召和式、乌延蒲卢浑和完颜阿离补。另有全装甲士十余人站立两边侍候。魏良臣和王绘当即上前,向完颜挞懒长揖,说:"江南使人参拜大金元帅。"完颜挞懒脸上露出一丝微笑,命令萧褐禄传话说:"江南康王安乐。"魏良臣回答:"圣躬万福。"

一方坐着,另一方只能站着,双方开始了一场不平等的外交谈判。完颜挞懒说:"秦中丞在江南安乐么?此人原在自家军中,煞是好人。他虽是不辞而别,我亦是挂念。"他确是牵挂自己放纵的奸细,所以在一开始就对宋使打听。魏良臣说:"秦相公做了二年宰相,今作宫观差遣,在温州居住,不任职事,却是请全俸闲居。"完颜挞懒说:"秦桧备知大金事体,康王欲与大金讲好,却又不用此人,便是可惜了。"他停顿了一下,又说:"此事你们可归告康王。"魏良臣和王绘同声说:"谨遵元帅底吩咐。"

完颜挞懒说:"江南底第一不是处,便是不合教岳飞兴兵,攻犯襄汉,又擅占淮南州县。此皆是刘齐之地,难道不知刘豫是本朝底附庸,受大金底指挥使令?"魏良臣当即按照宋高宗在临行前的吩咐回答:"闻得大齐多是信任李成,如李成是反覆叛逆之人,安可信任?李成教唆刘豫,侵犯襄阳等故地,皇帝被逼无奈,便命岳飞收复,岂敢占刘齐半分之地。江南蒙大金国相惠书,曲赐宏恩,不欲绝本朝祭祀。皇帝便遵国相旨意,不在淮南屯驻兵马。凡此足以见江南皇帝求和底诚心。"

完颜挞懒说:"然而韩世忠却是带兵过江,掩袭大金儿郎,此又当做甚说？韩家有几万人马？岳家又有几万人马？"魏良臣说："此是韩世忠不遵圣旨，擅自用兵，自家们奉命出使通和，岂知韩世忠底奸计？待归朝之后，自当奏禀皇帝，以正韩世忠违旨之罪。自家只是文臣，端的不知韩世忠与岳飞有多少人马。"他取出国书，亲自呈送完颜挞懒。

完颜挞懒命令萧褐禄给自己念了一遍，说："康王底意思煞好，且将他底礼品取来。"金兵押着宋使的随从，把所带的礼品抬进帐中，从金太宗到元帅们，每人一份，多少厚薄，各有等差。完颜挞懒亲自检查后，对宋使说："然而大金兴师动众，三十万儿郎岂得无犒设。"他所谓的三十万兵当然是虚张声势。魏良臣说："江南僻陋，皆是江海陂泽之地，又五年前大金四太子过江，所经无不残破。江南钱物虚竭，此回皇帝只为求和，千方百计搜求，方排办得如此薄礼，唯求大金郎主、国相与元帅体恤下国底至诚。"

完颜挞懒说："若要讲和，岂得无下国奉敬上国底礼数？"魏良臣到此只能和盘托出，说："江南皇帝诚意通好，下国虽是事力单薄，愿奉献大金岁贡银二十五万两、绢二十五万匹。"他为了争取早日归朝，干脆不用"岁币"两字讨价还价，而径直就使用"岁贡"两字，用以表示谦卑之意。完颜挞懒冷笑一声，说："区区银绢，尚不足大金三十万儿郎底一番犒设，又怎生通和？"到此地步，魏良臣已再无让步的余地，他只能哀告说："上国举兵，唯是以生灵为念，则天下受福。江南皇帝所以再三遣使，恳请上国，正是为天下生灵不得休息，唯祈元帅早定和议，则下国蒙福，江南底君臣百姓，当世世代代感念大金底恩德。"完颜挞懒不愿再听宋使的唠叨，就喝令金兵把宋使押出大帐。

魏良臣和王绘在金营中一住十多天，金人不再理睬，只是每天给他们送来两餐薄粥，时间久了，就饥肠辘辘，难以忍耐。魏良臣对王绘说："若是如此延挨时日，自家们终须饿死，须是设计通一线生路。"王绘说："虏人底意思，无非是逼迫自家们依允大金国底议和条款。若是依允，唯是在虏营暂保性命，归国之后，岂不受朝廷重责？"魏良臣说："然而若是不通一线路，自家们旦夕便成异乡底饿鬼。"两人商量了多时，最后决定向金人写一封书信：

  江南使人魏良臣、王绘谨裁书献于元帅节下。某等窃闻自古帝王不得已而用兵,一本于仁义而已。以大国德泽仁厚,丕冒寰宇,凡日月所照,舟车所临,无不沾溉。独江南僻陋,赵氏社稷与一方生灵未蒙加惠。顷者伏蒙大国恻然,有存抚敝邑之意,许通使命。丞相、都元帅赐以书词,许以立国,江南君臣感服至意,誓传子孙,不敢忘怀。古者大国之伐小国也,一欲为其土地,二欲为其臣服。今大国远勤士马,劳费不赀,所得土地,不过付与大齐,而江南之意诚心恳服,且愿臣事大国。某等愿元帅普施矜恻之仁,早得归报江南,庶几速定大计,将见大金六军,兵不血刃,而坐享成功,天下生灵,早得太平,恩沾四表,名垂万世,岂不休哉!

这封书信果然起了灵验,两天之后,萧褐禄来找宋使,他说:"挞懒元帅另作书信,教你们归去回覆康王。若是江南以银、绢三千万犒军,大金国当自建州以南,封赵氏为小国,世世臣服大金,元帅自当罢兵。如其不然,可教岳飞、韩世忠等人马到江北,与大金三十万大兵一决胜负。若是韩家人马小小掩袭,无济于事。当年大金军马到汴京,姚平仲劫寨,又济得甚事?大金底事体,秦桧皆知,康王若是不明,且当问他。"两名宋使听到可以放自己回去,如得大赦一般。

但魏良臣毕竟还多了个心眼,他见到那封书信已经封好,就说:"江南使人感激大金元帅底大恩,然而自家们既是回归覆命,当详知大金元帅惠书底意思,以便通晓情实,奏禀皇帝。"萧褐禄说:"挞懒元帅底覆书,下官亦不曾见得。"魏良臣听后,愈加产生疑惑,说:"既是如此,当恭请元帅施天地之恩,依江南出使底条法,容使人开拆,使人不开拆,便不得奏禀皇帝。"萧褐禄仍不让步,说:"依大金底条法,使人不得开拆,开拆便是有罪。"其实金朝立国之初,法律简单,根本没有此类专法,他也不过是信口开河而已。魏良臣和王绘只得下跪,哀求说:"若是不允使人开拆,自家唯是在此受死,不敢回江南。"

萧褐禄只能把书信带回。他去不多时,回来说:"挞懒元帅开恩,教你们开拆。"魏良臣开拆之后,不由额上冒出了冷汗,原来金人的书信中竟说,他们提出和议条款,"已蒙江南使节依允"。他只能再次向萧褐禄下跪,说:"大金元帅底条件至大,使人官卑职小,唯是归朝回覆,如何敢依允?下官与其归去伏剑而死,便不如死在大金元帅帐前。"王绘也跟着下跪，两人向萧褐禄叩头不止。

金人也不过是要宋使带回书信，他们最后还是依魏良臣的哀求重新改写，发付他们渡江南归。由于沿江的官私舟船被宋军拘收到江南，魏良臣等人好不容易才找到一只破烂小船，冒险摆渡。小船到了江心，遇到一艘神武左军的巡逻船。魏良臣忙命树立起宋使的旗帜。于是，他们就被接应到镇江府。

韩世忠听说魏良臣一行竟平安归来，不由吐了吐舌头，说："此亦是天意！"他只能亲自设宴，为宋使压惊。在筵席上，王绘还是不敢出什么怨言，魏良臣却说："韩相公，不料你此回竟是欲借虏人杀我，下官平日却是与你无冤无仇。"韩世忠今天也多少感到理亏，他说："自家唯是欲杀虏人，别无害魏侍郎与王团练底意思。今日设宴，亦是与魏侍郎、王团练致歉。"他命令耿著取来黄金，送魏良臣和王绘各一百两，随从每人十两，十五名死者每家五十两。魏良臣到此也再无话说，他与王绘第二天就离开镇江府，前往行朝。

韩世忠的捷报传到临安府，使宋高宗君臣得到鼓舞，赵鼎的亲征议才最后得以落实。宋高宗选择了十月二十三日大吉之日启程。他又在后宫召来张婕妤、吴才人等宫女，还有赵瑗和赵璩两个孩子，吩咐说："朕当前去平江府，主持亲征大计，然而后宫不便同行。朕已命冯益排办，教你们前去泉州。泉州是富庶之乡，风光绮丽，所产荔枝，尤以陈家紫，号称天下极品。朕久知你们欲往福建一游，此回正宜乘朕亲征之机，一享眼福，二饱口福。"张婕妤和吴才人急忙下跪，说："官家躬亲甲胄，鞍马劳顿，岂是臣妾等逸乐之时。臣妾愿追随官家，以奉巾栉，一如建炎航海时。"其他宫女也纷纷跟着下跪，叽喳学舌。赵瑗和赵璩也接着跪下，说："臣瑗、臣璩愿执鞭随镫。"

宋高宗命令说："众娘子与五八郎、八一郎且起，亲征教你们扈跸，甚是不便。如今已非是建炎艰难时，张娘子与吴娘子尤须抚育两个孩儿。"宋高宗只是选拔了二十名宫女随行。张婕妤和吴才人怀着复杂的心情，两人既想到福建一游，又害怕二十名宫女中有人得宠，将来不利于自己，因而对她们充满了醋意和敌意。但两人完全谙熟皇帝的脾性，只能再说些奉承、怀恋和保证抚育好两个孩子的话。倒是冯益在旁提醒说:"不知潘娘子甚处安顿?"宋高宗听说潘贤妃,就冷冷地说:"她不需去福建,教她住后宫。"他将后宫出发的日子定于二十一日,比自己早两天。

宋高宗安排了后宫的事务,又与张婕好来到她的阁中,认为临行之前,还须与最宠爱的人亲热一番。不料张去为在阁外奏禀说:"赵、沈二相公有紧切事,须面对官家。"宋高宗又马上感到紧张,不知战事上出了什么问题,他当即动身去前殿,命令张去为引赵鼎和沈与求上殿。

原来宋廷接到韩世忠捷报后,赵鼎、沈与求同皇帝商议,派张俊率本部神武右军马上启程,到淮东支援韩世忠。赵鼎和沈与求在政事堂召见张俊,传达皇帝圣旨,说:"张节使受圣上深恩,又与韩宣抚同袍同泽,正宜去淮东与他并力,共破强虏,立得大功。朝廷日后岂吝重赏。"张俊说:"圣上亲征,须得大兵扈从禁卫。下官带兵去后,唯余杨沂中神武中军等些少人马,禁卫单寡,恐非上策。"赵鼎说:"张节使若与韩宣抚大破虏人,便是置主上于万全之地。"沈与求说:"虏人无船,而平江府已屯泊水军,圣驾决然万安。圣上唯是朝夕等候张节使底捷音。"张俊举手加额,用激昂的语调说:"既有两相公在朝主张国计,下官便当旦夕出兵。"赵鼎说:"胡相公在江上视师,朝廷已与他咨目,他自当专候张节使底大兵。明日便是吉日,正是出兵底良辰,下官当为你饯行。"张俊无话可说,只能向两人告辞,离开政事堂。

沈与求对赵鼎说:"依下官底察颜观色,张俊虽是言语慷慨,其实却是怯敌不肯行,若非严行催逼,切恐难以为朝廷立功。"赵鼎说:"我亦知张俊狡诈,非若韩世忠勇于任事效力。明日为他饯别,便是催逼之意。"沈与求说:"下官料得,明日张俊必是启行,然而离朝之后,却是将在外,而朝命有所不受。"赵鼎说:"莫须教胡相公亲自驱催?"他们当即再写一份咨目,命令急递传送给胡松年。

翌日,赵鼎和沈与求骑马,亲自来到神武右军军营,为张俊饯行。张俊全军有四万人,这次留二千人守护老小,三万八千人出征。神武右军也以步兵为主,由于长期护卫皇帝,行朝军器所制作的兵器甲胄,大都分配给神武右军,所以在各军中装备最好。拥有全装重甲一万五千副,可以遮挡金军骑兵的弓箭。赵鼎和沈与求亲自为张俊敬酒,赵鼎强调说:"朝廷养兵千日,用于一朝。如今张节使底军马器甲完备,足可破敌。自家们延颈以俟,专候佳音。"沈与求说:"下官料得张节使此去,必是旗开得胜,马到成功。"张俊笑着说:"下官饮得二相公底斟酒,便增十分胆气,待下官胜捷归朝,与二相公开怀畅饮庆功美酒!"

事实不出沈与求所料,张俊到达平江府后,果然就在本府驻兵,停止前进。胡松年自镇江府返回行朝,途中得到赵鼎和沈与求的咨目,就亲自到平江府,催逼张俊出兵。狡猾的张俊自有一套巧妙的应付之方,他丝毫不表露自己畏敌怯战的心态,却在豪言壮语的掩饰下,制造各种借口,同胡松年软磨,而按兵不动。胡松年最后只能对张俊提出最严厉的警告:"张节使统兵多年,须知军法。若是张节使不进兵,下官万不得已,当奏禀朝廷,恭请主上以军法施行!"古代谈到军法施行,一般就是指斩刑。

张俊万般无奈,就带兵启程。胡松年命令说:"朝廷本欲教张节使率军到淮东,与韩宣抚并力。如今韩宣抚已回镇江府,张节使可到镇江府,与韩宣抚合军。尔们本是同僚,共事多年,自当以江山社稷为重,悉心筹划,破却大敌。圣上岂吝厚赏。下官当暂留平江府,迎候圣驾。"他知道韩世忠与张俊原来同是王渊下属,两人关系相当亲近,不像刘光世那么疏远。然而张俊率大军到达常州以后,又停止前进,并且堂而皇之通报胡松年,说自己"坠马伤臂",必须养病,无法处理军务。

赵鼎和沈与求接到胡松年的咨目后,就立即请求皇帝召见,并且带来了胡松年的上奏。赵鼎简直无法压抑自己的愤怒,但面对皇帝,还是尽量用平稳的语调说:"自宣和、靖康以来,王师屡次失利,只因有法不依,执法不严,有赏无罚,故武将得以拥兵自重,养敌玩寇。张俊只是一员庸将,此回故意逗遛不进,坐失战机,岂得贳贷。臣以为当以军法从事,以为临敌不用命之戒,以儆效尤。"沈与求说:"张俊当年勤王有功,然而陛下已有重赏。按律文:'临军征讨,稽期三日者,斩。'如今张俊已非稽期三日。有功底赏,有罪底罚,功不得掩罪。切望陛下效法周世宗与国朝太祖,然后军威可振。"

宋高宗沉思了一会儿,问道:"当年刘光世前后迁延二月,终是不亲自率大兵渡江,坐视楚州失守,又比今日底张俊如何?"赵鼎和沈与求都无言以对。宋高宗说:"朕亦非不知刘光世与张俊底用兵之道,然而他们之下，又有甚偏裨可以取而代之？便是用偏裨取代，亦未必胜于前人，如今只宜记功掩过。"说得赵鼎和沈与求哑口无言。

宋高宗说："虏人此回远来，唯求速战。韩世忠三捷之后，施即退回江南，便是深得用兵之道。且教张俊把截常州，此亦是一说。卿等可为朕草手诏与张俊，教他安心养伤，徐观江北敌势，乘隙用兵。"赵鼎和沈与求只能说："臣等领旨。"宦官临时搬来了桌椅，赵鼎就当场为皇帝起草手诏。

宋高宗坐在御榻上，若有所思，接着又下意识地自言自语："刘光世与张俊平居无事，坐享高官厚禄，临危之际，全不能为国效命，亦是深负朕望。朕观诸将，骁果敢战，唯有岳飞。若是岳飞不出兵，恐虏人亦不得退遁。"沈与求说："臣早曾建议，教岳飞取间道，乘虚进兵京、洛。"正在草诏的赵鼎说："岳飞控御上流，利害至重。若非是万不得已，不可轻举。"宋高宗表示同意，说："卿言有理，朕亦因此踌躇。待到平江，见得胡松年，再作计议。"

尽管前方的军事形势紧张，许多临安市民或是逃往南方，或是奔走西方，而西湖之滨，却来了一批夜游的贵人。他们就是王继先和一批宦官，由王继先出资，为冯益南下饯行。在昏暗之中，秀美的山峦仍隐约可见，一弯明月，映照着风平浪静的湖面，一艘精致的画舫"百花"在其上滑行，船上画有一百种花卉图案，可惜在夜间已经无法看清楚。船内明烛辉煌，有八名女乐演奏丝竹，王继先和十多名宦官则围在一张长方形的食桌上，尽情享受西湖出产的美味、临安酿造的美酒。

王继先与众宦官轻狎已久，大家依宋高宗"朕底司命"的偶尔失言，私下都按排行叫他"王八司命"。他今夜与其他宦官轮番用酒猛灌冯益。王继先首先说："冯十五，离别在即，又不知甚时再见，请满饮一盏真珠泉。"冯益举盏，一饮而尽。张去为又敬酒说："冯十五，此回你煞是大福。自家们须去江上，与虏人相拒，你却是南下福建，尽兴游乐，当满饮一盏琼花露。"冯益又是一饮而尽。大家反复敬酒，冯益酒量特别大，来者不拒。

当酒酣耳热之际，各种宫闱见闻就没有忌讳，成了他们的信口乱说。张去为介绍了赵鼎等主张对张俊进行军法处分，而被皇帝否决的事。冯益说:"你须知得,官家原是喜庸将,不喜良将。"王继先不解地问:"此是甚说?"冯益说:"我闲着无事,亦稍知国史。本朝自太宗官家以来,便喜用庸将。庸将易于驾驭,良将难于控制,日久必生是非。如仁宗官家时底狄青,立得大功,官至枢密使,却不知急流勇退,便须罢官。"张去为说:"然而官家信任岳飞,以为刘光世与张俊不能宣力。"冯益说:"官家不幸,处于乱世,若是庸将不得抵御虏人,便思良将。然而良将亦须与庸将参用。自家曾与张俊相骂,久知他底为人,极是狡黠。后宫底娘子们有她们底媚道,张俊亦有他底媚道,长久必得官家欢心。你们听我言语,日后长保富贵,第一便是张俊。"大家对他这一番洞见皇帝肺肝的言谈,都深表敬服。王继先说:"冯十五底见识,煞是非自家们可比。"

冯益天生一条饶舌,在许多人面前乱说,本无太多顾忌,经众人吹捧,就更加得意忘形,他带着醉意:"我早曾言道,官家酷似太上。然而太上做二十六年太平风流快活天子,如今却在虏人处受苦。官家却是做不得太平风流天子,有诸多烦恼。便如在扬州风流快活一阵,却是乐极生悲。王八司命,你号称司命,却是生育无术,官家无子,须有多少烦恼?"王继先虽然与众宦官厮混已久,惯于同他们油嘴滑舌,此时却无言对答,多少显露一点难堪。张去为为他解围,说:"此亦是死生有命,太祖官家底圣意不可违,他须教自家底子孙嗣位。"

张去为的话使王继先立即摆脱窘态,他笑着说:"冯十五,你与张、吴二娘子同行,须是优先奉承甚人?"冯益笑着说:"王八司命,你素称狡黠,你怎生趋奉,我便怎生趋奉。"原来王继先也不时向张婕妤和吴才人进献财宝,每次总是一式两份,并无厚薄。一个宦官说:"张娘子以色受宠,吴娘子不以色受宠。可知吴娘子底手段胜得张娘子一等。"另一个说:"然而若是圣人回归,二娘子底多少心机,便成镜花水月。"圣人当然是指邢秉懿,她虽然在遥远的北方受难,仍被皇帝册封为皇后。

冯益冷笑说:"太上、渊圣官家尚且归不得,圣人如何归得?"他乘着酒兴,继续肆无忌惮地说:"官家不说迎还二圣,又怎生做官家?迎还二圣底言语虽是说了千百回,然而初即位时,立足未稳,原是不喜迎还二圣;如今立足已稳,满朝文武,皆是他亲擢,何惧太上、渊圣归来争位。然而多一事不如少一事,二圣归来,又在甚处顿放?又须命人监视。官家底胸中,直是当年黄潜善与汪伯彦两个宵小鼠辈底主意,要与虏人划河为界,从此安心做得太平风流天子。"听了他那番露骨的"指斥乘舆"的评论,众人虽处于醉态,却再也无人接话。王继先和张去为互相使了个眼色。

当大家口厌百味,耳倦丝竹之后,就在深更半夜登岸。王继先却邀张去为到自己家中。王继先得到皇帝宠信,有今天的地位,全凭张去为的引荐,两人的关系当然最深,彼此以排行互称。王继先屏退左右侍从,然后对张去为说:"冯益最是目空一切,今夜直是吃了狮心豹胆,公然指斥乘舆,张十六何不奏禀官家?"王继先认为,目前冯益在宦官中权势最盛,如果冯益倒台,张去为取而代之,其实也是加强自己的权势。

张去为说:"王八底意思自家已是理会得。他恣受百官贿赂,而进奉官家底女子、飞禽最多,又最与张、吴二娘子通关节,急切动摇不得。"王继先说:"然而指斥乘舆是十恶不赦底大罪。你若不便,我当自去奏禀。"张去为说:"使不得,众人皆是畏他。若是今夜十余人对质时,他人必是与他沆瀣一气,反诬你撰造言语,你与自家便似浑身是口,亦分辩不得。"王继先说:"然而我眼底觑不得冯益,他便是自家底眼中钉。"张去为说:"在人矮檐下,不敢不低头,且缓缓底,须是相机行事。"

[伍]
惊梦和调兵

宋高宗的御船队三十多艘,按预定计划沿运河北上,赵鼎、沈与求率百官随行,而神武中军统制杨沂中率本军护卫。军队一部分乘船充当前驱和后卫,一部分则夹岸陆行。御船队夜泊临平镇。

宋高宗选拔随身的二十名宫女,都是最近搜罗入宫,其中一半还是处女。他今晚在御船里挑选了一名处女同床。

宋高宗在朦胧之中,只见有四个宦官,把自己如同小鸡一般,从床上提起。宋高宗大怒,说:"尔们难道不怕吃剑!"四个宦官根本不予理睬,只是恶狠狠地连拖带拽,把他光身拉出船舱。宋高宗惊呼:"冯十五,张十六,速来救朕!"却无人应答,他又叫杨沂中,还是无人应答。

宋高宗被拖到一个大殿,只见在御榻上居中而坐的,竟是开国太祖皇帝,不由两腿发软,下跪叩头不止,说:"臣构叩见太祖皇帝,恭祝太祖皇帝圣躬万福!"只见宋太祖怒目圆睁,大喝道:"不肖孽庶,可知罪否?"宋高宗也不知自己有什么罪名,只是捣蒜般叩头,连说:"臣构罪该万死!"忽见殿下来了两个人,颈部流血,而双手却捧着自己的人头,跪倒在宋太祖面前,说:"臣陈东、臣欧阳澈只为上书直言,指陈庶孽构荒淫不肖,不思中兴,宠任奸佞,摈斥忠良,惨遭孽庶诛戮,恭请太祖皇帝陛下伸天殛之誓,正无道之罪,以谢天下!"

宋高宗急忙辩解说:"小子不敏,背弃太祖皇帝宏誓。然而臣构已深自悔罪,于六年前为二人湔洗,追授官封。"宋太祖说:"你不遵朕底大誓,妄自专杀士人,便是事后悔过,亦是为时已晚,岂容你生还人间!"宋高宗吓得叩头不止，连声请求："乞太祖皇帝陛下恕臣构一命，臣自今而后，当洗心革面，再不敢为非作恶。"宋太祖只是把手一挥，四名宦官就一拥而上，把宋高宗拖出。

宋高宗吓得浑身大汗，才在噩梦中惊醒，只听到轻微的宫女鼾声和御船外的浪声。他急忙推醒身边的宫女，宫女睡得正香，说："官家，有甚圣意？"宋高宗说："你速离卧舱！"那个莫名其妙的宫女慌忙穿上衣装，走出卧舱。宋高宗又吩咐在外值班的宦官："速取沉水香来！"宦官取来沉水香，就用舱内的蜡烛点燃，顿时异香满舱。宋高宗命令宦官离开卧舱，关上舱门，然后独自下跪，低声向列祖列宗表示祈祷和忏悔说："太祖皇帝与列祖列宗在上，臣构以待罪之身，昭告祖宗在天之灵。小子不敏，违背太祖誓约，诛戮名士，罪孽深重，后悔莫及。唯求太祖皇帝与列祖列宗天恩曲成，宽宥不肖子孙底罪戾，臣构当不吝洗心革面，以图中兴。"他说完又接连叩头九下。

第二天，以赵鼎和沈与求为首的一批臣僚登上御船，按规矩早朝，参拜皇帝，山呼万岁。宋高宗虽然强打精神，却已无法掩饰自己的惶恐心态。群臣见到皇帝的表情，都以为是否又害怕金人，打算取消亲征，但谁都不能开口询问，只能等待皇帝本人开口。宋高宗问道："卿等可知陈东与欧阳澈葬于甚处？"这个突如其来的发问，使众人都目瞪口呆，大家面面相觑，因为谁也不知两人葬在哪里。宋高宗见群臣无法回答，就说："卿等可在退朝后用心询访，朕即位之初，昧于治体，听用非人，至今痛恨，悔莫如深。"赵鼎说："建炎初，黄潜善、汪伯彦蒙蔽圣聪，专权擅杀，置二人于极典。陛下引躬自责，虽是古代贤圣帝王，有所不及。"

赵鼎这番得体的、诿罪黄潜善和汪伯彦的谀词，无论如何，也对宋高宗起到了一些宽慰作用。宋高宗说："朕于陈东、欧阳澈，虽已赠官推恩，犹未足以称朕悔过底意思。闻得僭臣刘豫在应天府为陈东、欧阳澈立双庙，虽是居心险恶，亦是朕不德所致。可再与赠官赐田，命臣僚代朕前往祭奠。甚人愿为朕草祭文？"有一个官员应声而出，原来是中书舍人王居正。王居正是秦桧的故人，后来却与他反目成仇，这在本书第四卷已有交待。他说："臣愿为陛下草祭文，并为陛下去二人墓祭奠。"宋高宗说："卿甚慰朕意！"宦官马上搬来桌椅和文房四宝，王居正显然对陈东和欧阳澈

的死难有极深的感恸,所以似乎是不假思索,挥笔立就,宦官向宋高宗进呈,宋高宗只见纸上写道:

  呜呼!古之人愿为良臣,不愿为忠臣,以谓良臣身荷美名,君都显号,忠臣已婴祸诛,君陷昏恶。呜呼!惟尔东、尔澈,其始将有意于为忠臣乎?由朕不德,使尔不幸而不为良臣也。虽然,尔藉不幸,不失为忠臣,顾天下后世,独谓朕何?此朕所以八年于兹,一食三叹,而不能自已也。通阶美职,岂足为恩,以塞予哀,以彰予过,使天下后世考古之君,饰非拒谏之主,殆不如是。魂而有知,享朕兹意。

  王居正的祭文,其实含有对皇帝尽可能强烈的责难和谏诤之意。如果在一般的情况下,宋高宗肯定是无法容忍的,但今天却是魂梦不安之际,他看到这篇祭文,反而连声称赞说:"非卿命词,无以表朕不吝悔过之意,甚好!甚好!"这纸祭文简直就成了自己应付太祖之灵的救命符。宋高宗把陈东和欧阳澈的善后事宜处理完毕,心境轻松了许多。他听取了赵鼎有关前方军情的口奏,就宣布退朝。御船队又继续北上。

  十月二十七日,宋高宗一行来到这次亲征的终点站平江府。皇帝在城外登岸,以胡松年为首的一批官员在岸上迎接。宋高宗骑马,在仪卫的护送下,由城南盘门入城,进入行宫休息。十一月中旬,出使归朝的魏良臣和王绘,还有奉召前来的张浚都来到平江府。一天,宋高宗暂停朝会,只是召见臣僚,轮对议事。第一批是赵鼎、沈与求和胡松年三个宰执。第二批是召见魏良臣和王绘,听取出使情况的口奏。第三批召见张浚。

  被贬黜的张浚从福州重新入朝,以资政殿学士、提举万寿观、兼侍读的官衔面对。他跪拜殿庭,激动地说:"罪臣张浚违离陛下,已是半载有余,身在待罪之地,而心存魏阙,无日无时未尝不思念陛下。今日幸得复睹天颜,恭祝圣躬万福!"宋高宗说:"朕因烦言屡至,不免教卿暂离阙廷。然而朕常宣谕,天生张浚,为朕中兴辅弼,朕亦岂得一日忘卿。卿勤王之忠,用吴玠坚守蜀口底大功,朕念之不忘。如今虏骑蹂践淮南,卿有甚退敌良策,可悉心奏陈,朕当虚心听纳。"

  张浚说:"闻得魏良臣归朝,只是张大敌势。"宋高宗说:"朕初得韩世忠捷奏,以为大破虏军,然而据魏良臣所奏,唯是破得万户聂耳孛堇下底数支偏师。虏军底元气未有大损,委是不得轻视。"张浚说:"自王师与虏人交锋之初,多是不战而溃。直至近四、五年,方得屡败虏人。韩世忠力挫敌锋,今押来所俘女真一百八人,其中挞孛耶孛堇素称雄勇敢战,便知此回胜捷,亦是其功非细。如今张俊守常州,韩世忠守镇江,刘光世守建康,与虏人隔江相持,虏酋已是无计可施。只是命人下战书,教王师渡江厮杀。"

宋高宗说:"或议将一百八人放回,以示朝廷与虏人讲好底诚心。"张浚明白,这其实正是魏良臣的建议,就坚决地说:"若是放回,益增虏人底气焰,唯有将他们斩馘于平江市中,方得激励六军斗志,鼓舞天下百姓。虏酋命魏良臣传言,教陛下在建州以南做一小国王,而江南根本之地,全付与僭臣刘豫。虏人野心,昭然若揭,如若听从此议,切恐陛下便是欲做建王,世世称臣,亦不可得,唯有束手受擒,与太上、渊圣同去北狩而已。"宋高宗说:"便是李永寿、王诩出使前来,亦未曾有此议,虏人直是亡大宋之心不死。"

张浚说:"陛下既已下诏亲征,便当坚持圣断。"宋高宗说:"如今东南三大将之兵,唯是凭藉大江天堑,与强敌相持,急切退不得虏人。切恐日久天长,虏人占得淮南,朕便不得在临安奠居。"张浚说:"臣料得虏人粮饷艰阻,不能持久,到得来年春夏,终须北归避暑。王师乘势追蹑,必可大胜。"

宋高宗说:"卿言深得兵机,赵鼎等亦是此意,然而朕终忧不得及时退敌。教虏骑在淮上徘徊,不是好事。"张浚说:"虏人大军聚集淮东,而刘麟底伪齐军分攻淮西。如今刘光世不能任淮西守卫之责,而安抚使仇悆却是以民兵抗敌,屡请朝廷益兵。臣闻得岳飞拔自列校,治军严整,智勇皆备,喜立功名。不如命岳飞整军沿江东下,破淮西刘麟伪齐军,先断虏人右臂。然后与东南各军徐议会师,同共厮杀,此亦是一说。"

宋高宗说:"卿言深契朕心。朕与赵鼎等共议,当复命卿为知枢密院事,并以卿尽忠竭节,诏谕中外。"张浚并不推辞,他感动地说:"臣以待罪之身,误辱圣恩,当此军事紧切之际,臣岂敢辞免,惟当勉赴枢府,为陛下宣力!"

宋高宗说:"卿可为朕草诏,教岳飞引军援淮西。朕料得欲将虏骑逐出淮南,非岳飞不可。"宋高宗根本不同意由岳飞出兵攻击东京开封和西京洛阳的建议,但他考虑再三,认为必须调动岳飞一军东援,以摆脱当前的困境。张浚当即在殿上为皇帝起草手诏。起草完毕,由张去为接取,呈送皇帝,宋高宗提笔作了修改,由张去为交还张浚,宋高宗问道:"朕稍作修润,卿以为如何?"

张浚看了一下,皇帝有两处改动,一是将"引军东下"改为"全军东下",二是在末尾加上"朕非卿到,终不安心,卿宜悉之",就说:"臣愚有言,不知……"宋高宗说:"君臣一体,卿是朕底股肱,自当知无不言,言无不尽。"张浚说:"岳飞一军把截大江上流,地分阔远,教他全军东下,则上流防卫若有疏虞,为害不细。"宋高宗说:"凡事须有轻重,今贼马在淮南,势所当先。便是上流有疏失,日后岳飞统兵前去,亦足以平定。"张浚又说:"驾驭诸将,譬如养鹰,饥则为用,饱则飞扬。如今岳飞虽已有威名,却是未立显功,陛下'终不安心'等语,臣惟恐启跋扈之萌。"宋高宗说:"岳飞虽是武夫,朕屡闻士大夫言道,他有国士之风。若是日后跋扈,朕亦有制约之术。目今用人之际,正须岳飞为朕效力,此数语不可不加。"张浚说:"圣虑高远,岂臣愚所得管窥蠡测。岳飞得陛下手诏,自当踊跃驱驰。"

宋高宗说:"依魏良臣奏,虏人颇为称道秦桧,说他知得金国事体。"张浚说:"臣曾与秦桧同朝。他靖康时冒不测之险,上状房酋,乞存赵氏社稷,端的是忠节显著。他归朝之后,臣未曾得见。此回臣自福州赴行在,途经温州,与他相聚一日。"宋高宗问:"秦桧有甚言语?"张浚说:"秦桧爱君忧国之心,溢于言表,与他议论时事,亦是颇识大体。臣愚以为,秦桧任相时虽有瑕疵,若闲废不用,日久亦是可惜。"宋高宗没有回答,但心有所动。

张浚退殿时,领受了皇帝处斩俘虏的圣旨。翌日,杨沂中奉命率神武中军,将温敦挞孛耶为首的一百零八名女真人战俘,全部押到平江府的闹市处斩。几天之后,张浚就以知枢密院事的身份,前往镇江府,主持前沿军务。

[陆] 救 援 庐 州

岳飞在九月送走于鹏和王大节后,就积极作再次北伐,直捣旧京开封的准备。不料接到朝廷的省札,接着于鹏返回,又带来了王大节不辞而别的消息,使他十分扫兴。尽管如此,他仍不断派遣间探,了解淮南、开封等地的军事势态,并且上奏提出各种建议。时光易逝,转眼到了十二月初。

姚氏多时以来一件最大的心事,就是盼望孙子与巩岫娟早日成婚,盼望早日见到曾孙出世。但由于军务倥偬,岳飞只能把这件好事一拖再拖。最近,芮红奴和张宗本夫妇从江州前来。姚氏见到这一对小夫妻,就更加急不可耐。她按照惯例,自然先找李娃、岳银铃、芮红奴和高芸香商量。李娃说:"阿姑底心事,亦是奴家底心事。眼见得张衙内夫妇亲睦,孝顺姆姆,谁不称羡。然而祥祥与娟儿底事,须得阿姑做主。"芮红奴快人快语,她指着高芸香说:"当年兵荒马乱时节,若非阿姑主张,高四姐岂得有今日?阿姑定议,伯伯必是服从。"高芸香取来历日,说:"此后第三日,便是大吉之日,正可教祥祥与娟儿成婚。"大家决定后,就开始筹备婚事。

在当天晚饭时,岳家人特别把岳云和巩岫娟支使开,由李娃和高芸香单独与他们吃饭和谈话。姚氏本人出面,正式把孙子的结婚安排通知儿子。岳飞的内心,其实是不愿在军情紧急的形势下,让儿子和义女仓促成婚的,但既有姚氏的决定,就只能应声说:"儿子与孙子自当听妈妈做主。国难时节,婚费本当俭省,然而娟儿是孤女,若是过于俭省,岂不有负巩太尉在天之灵?此事唯是恭请妈妈与众人裁度。"姚氏说:"成婚之日,你须是暂离军务,专心婚礼。"岳飞说:"儿子谨遵妈妈底教谕!"

岳云和巩岫娟准备成婚的前一天，御前金字牌将宋高宗的手诏传送到制置司。岳飞马上行遥拜跪领礼，开拆邮件，取出黄纸，只见宋高宗御笔写道：

　　近来淮上探报紧急，朕甚忧之，已降指挥，督卿全军东下。卿夙有忧国爱君之心，可即日引道，兼程前来。朕非卿到，终不安心，卿宜悉之。

与手诏同时到达的，是三省和枢密院的省札，命令岳飞带兵先救援淮西首府庐州，然后聆听朝廷指挥。岳飞当即吩咐岳云："圣上如此深忧，做臣子底岂得不即日引道。你可去告报婆婆、妈妈诸人，言道你须随我出征，待凯旋归来，方得行婚礼。"岳云说："儿子理会得。"

岳飞马上召集众将与属官会议。他说："君命召，不俟驾，神武后军将士蓄锐既久，援淮西底事极是急切，不可稍缓，明日正是吉日，便须出师。然而襄汉新复，亦不可全无防拓。"牛皋和徐庆几乎同时起立，说："下官愿率本军为前锋。"岳飞说："自家当成全二太尉底壮志！徐太尉为主将，牛太尉为副将，你们可于各军选拔两千精锐马军，明日五更启程，自黄州渡江，前赴庐州。途经蕲、舒二州时，传我指挥，命后军副统制李太尉、左军副统制傅太尉各率本部人马一千，随你们前往。"两人说："下官遵命！"

宋朝皇族赵不尤自从襄汉之战，带领僧兵立功后，就留髪还俗。按照宋高宗的旨意，允许他在岳家军中服役，但只能担任副将，岳飞与他私下商量后，就出任背嵬军第一将副将。岳飞请他担任亲军的副将，其实是有顾问之尊。赵不尤说："下官不才，愿与徐、牛二太尉同行。"岳飞说："八六太尉报国心切，下官岂有不知，然而八六太尉既在背嵬军中，自当与下官同行。"

岳飞和众人继续商讨军务，最后，岳飞环视众将说："此回我自当率背嵬军、中军、左军、右军、后军与踏白军前往淮西。同提举一行事务张太尉率前军、选锋军、游奕军、破敌军屯守鄂州与襄阳。"张宪说："目即选锋军统制李太尉等驻守襄阳，鄂州距襄阳七百里，若有缓急，切恐声势不相接。下官以为，不如教破敌军统制王太尉守鄂州，保护老小，下官率本军与姚太尉底游奕军前去襄阳府。"王贵说："张太尉此说有理，然而下官唯是忧心乱离之余,粮运难以接济,不如教姚太尉率游奕军前去郢州屯泊,张太尉且驻军隔江底汉阳军,以便应援。"岳飞说:"便依王太尉所议。我自须照会荆湖北路转运司,应副军粮,不得稍有欠缺迟误。"

岳飞在会后再次对家人说明情况,姚氏不再说话,只是发出一声轻微的叹息。岳飞只得跪在母亲面前,说:"儿子不孝!"姚氏忙命岳飞起立,说:"此岂是你底不孝,唯是苦了祥祥与娟儿。"岳银铃说:"如是此回不教祥祥出征,待五郎出兵后,另择吉日,与二人完婚,此亦是一说。"姚氏说:"使不得,若是祥祥不出征,五郎又怎生号令全军,教将士们为国尽忠宣力。"母亲的话,使岳飞十分感动和感激,他再次向姚氏下跪叩头,说:"儿子感荷妈妈成全国事。"

按姚氏和李娃的吩咐和安排,让岳雲在出征前,与巩岫娟私下叙话。这个十六岁的少女,长久以来,一直满怀着对美满婚姻的憧憬,不料却遭到命运之神阴差阳错般的捉弄,当然是一个不小的打击。她在众人面前又羞于有任何表态,惟独在未婚夫面前却忍不住啜泣起来,而且愈哭愈伤心。岳雲的心境本来也很不是滋味,看到未婚妻的哭泣,更是百般地疼爱兼怜爱,却又半晌说不出一句话,只是呆呆地望她。最后还是巩岫娟自我解脱,她用一方红手帕把泪水擦干,说:"奴家虽是伤心,自须体恤阿爹底忠荩与苦心。"岳雲到此方才想了一句说词:"娟儿怎地体念阿爹,自家去后,亦是安心。"巩岫娟说:"祥祥年少,虽已上战阵多少回,而刀箭无情,须是小心厮杀,勿以奴家为念。"岳雲说:"娟儿宽心,自家须是凯旋而归,与你成婚。"一对未能成婚的小夫妻,到此方才情意绵绵地互诉衷肠。

翌日,除王万的破敌军外,岳家军的各支部队分道出发。张宪与姚政率前军和游奕军从鄂州渡江,分别前往汉阳军和郢州。岳飞亲统一万六千兵马,以右军统制徐庆和左军统制牛皋两千骑为前锋,取道黄州,急驰庐州。徐庆和牛皋所部途经蕲州,会合后军副统制李山所部,到达舒州,又会合左军副统制傅选所部。按岳飞的将令,由李山和傅选率两千步兵,组成救援庐州的第二梯队。

集英殿修撰仇念出任庐州知州仅有半年。按照宋朝官制,作为淮南西路首府的知州,必定兼任本路安抚使,这是当时以文制武的体制,由文官出任本军区的司令,武将只能在他属下担任副职。然而在南宋初的特殊年代,原来的体制不得不发生变化。武将刘光世以江东、淮西宣抚使的官衔,事实上又成了仇悆的上司。刘光世所统的是正规军,而仇悆名义上虽是一路之帅,其实只能调度和指挥淮西路的厢军、民兵之类。

这次金与伪齐联军大举进犯,淮西路当然是首当其冲。但仇悆很快探听清楚,进攻淮西者,只是刘麟所率的伪齐军。于是仇悆就向当时尚在池州的刘光世传送书信,信中说:"金虏重兵,尽聚淮东,淮西唯是刘麟乌合之众。刘宣抚若亲统大兵前来,可保必胜,尽歼伪军,为国立大功。兵机不可轻失,请宣抚断在必行。"

不料刘光世根本不予理睬,他的宣抚使司不断向仇悆下发公文,只是命令仇悆放弃庐州和整个淮西,焚烧积聚,退保江南。仇悆坚决不同意,发公文回驳,双方争执不下。仇悆遣发民兵,到寿春府迎敌,居然将伪齐军逐至淮北。但刘麟又增兵进攻,寿春府的形势渐趋危急。仇悆又向签书枢密院事胡松年和刘光世发紧急公文,请求支援。

十月下旬,刘光世的翼武军统制张琦率本部四千人马来到庐州,从城南偏西的德胜门入城,直奔州衙。张琦下马后,全身甲胄,腰悬佩剑,一面叫吏胥通报,一面率五十名甲士,直入大堂。仇悆听说刘光世发兵前来,十分高兴,他整齐衣冠,来到大堂,正好与张琦觌面相逢。仇悆按照官制等级,面南正中端坐,等候张琦参拜唱喏。张琦却并不行礼,只是对仇悆说:"坐衙底莫非便是仇集英,下官奉刘相公将令,教仇集英去江东池州安泊。你底老小、行李自有下官率本军防护,决无闪失。"

仇悆没有料想到张琦前来,竟是为强迫自己放弃庐州,一时急怒攻心,他严厉地说:"张统制,当职身为一路之帅,你如何竟不行唱喏之礼!"张琦无奈,只能补行唱喏,说:"下官失礼,乞仇集英宽恕。然而刘相公底军令,下官岂得不遵,乞仇集英目即随下官南下。"他把手一挥,五十名甲士一拥而上,准备劫持仇悆。

仇悆大喝道:"当职是朝廷命官,无礼者必斩无赦!"于是甲士们都不敢前进,大家无奈地望着张琦。张琦毕竟官位较低,也不敢放肆,他改用平和的口吻劝说:"仇集英,虏、伪兵势甚锐,你若是不离庐州城,切恐身家性命难保。下官亦是难以见刘相公覆命。"仇悆愤怒地说:"刘相公身膺朝廷重寄，竟不敢抗一区区刘麟，素餐尸禄，岂不有愧于心？当职身为一路安抚，岂得无守土之责。依目今事势，唯有以死殉国。若是敌寇未至，只身潜逃，岂不有负一路百姓。张统制，你食君之俸，自当忠君之事。如能与我共守庐州，我日后当上奏朝廷，朝廷岂无恩赏。"张琦断然拒绝仇悆的规劝，他说："既是仇集英不愿撤离庐州，下官亦自无可奈何。然而下官既有将命在身，亦不得伏侍仇集英。下官唯有告退，日后虏、伪大兵临城，休得后悔。"他说完，就气呼呼地离开衙门，率本军南撤。

张琦走后，仇悆接到朝廷省札和官告，宣布他守御寿春府有功，其文臣职名由集英殿修撰升迁徽猷阁待制。仇悆叹息一声，自言自语说："便是得两千援军，亦胜似官告十倍。"他得到张浚出任知枢密院事的邸报，就马上提笔给张浚写信，劝他督刘光世和岳飞出兵，信中说：

  体探得金虏重兵，尽聚淮东。若命刘光世与岳飞出师，一自寿春府，一自襄阳，径趋旧京开封，虏、伪军当不战而退，继而以东南大军尾击，可收全胜之功。昔人有言，一日纵敌，可贻数世之患。愿枢相无失时之悔。

到十二月，淮西的军事形势陡然紧张，原来完颜兀术率军自竹墊镇出发，增援刘麟，金军万夫长尼忙古刘合与伪齐军会合，攻破寿春府，又挥兵南下，径趋庐州。由于淮西民兵在寿春府伤亡很大，庐州城只剩下一千老弱残兵，根本无法守御。当地官员纷纷规劝仇悆，他们说："合肥城大兵弱，势不得守，仇安抚便是率全城老幼，弃城退保，亦已是尽得守土之责，上不愧朝廷，下不负百姓。"仇悆感叹说："自家早曾言道，誓与州城共存亡，岂得食言自肥。建炎时，东有楚州赵立，西有陕州李彦仙，他们是武夫，尚知尽节。自家读圣贤书，所学甚事，临难岂得苟免。"仇悆食宿在城上，组织全城官吏军民，不分男女老幼，准备守城战。

十六日，仇悆接到张浚的咨目，说是朝廷已令岳飞率军东援，命他尽心防守，等候援兵。仇悆用手加额，说："岳制置忠勇敢战，非刘光世可比，唯愿他底兵马早日到庐州，以解燃眉之急，救得全城老小性命。"十七日，仇悆得到探报，敌人的大军距离州城只有六十宋里。一支敌人的游骑很快来到庐州城下，他们只是充当硬探，敌军在护城河外转了一圈，就匆忙离去。这一个军事小动作使全城十分紧张，仇悆在城楼上一夜不曾合眼,他惟有焚香祷告,希望昊天上帝和大宋祖宗保佑全城平安,让岳家军及时赴援。

十八日时近正午,仇念得到探报,敌骑距离州城只有十五宋里。庐州城北只有一座拱辰门,却并不是开在正中,而是开在偏东。仇念站在拱辰门上北向眺望,下令说:"如今既有岳制置一军东援,守护城池便是有望,全城军民唯有苦战死守,等候援军,方得犯死求生。"话音刚落,有吏胥从城上奔来,上气不接下气,说:"今有岳制置前锋右军统制徐太尉、左军统制牛太尉率军到此,已自西平门入城。"仇念兴奋得用手加额,说:"此是天佑庐州,必破番贼!"

仇念连忙下城,迎接岳家军。双方在州衙门口相见礼毕,仇念说:"徐、牛二太尉赴援正得其时,如今虏、伪军离城北只有十数里。"徐庆说:"既是恁地,自家们便立即去北城。"仇念说:"时已正午,众将士长途跋涉,亦须午餐休息。"牛皋说:"自家们携有干粮,然而若得热水沃胸,便似雪中送炭。"仇念连忙吩咐吏胥组织百姓,为将士们烧热水。徐庆命令全军休息,吃干粮,饮热水,并且饲养战马,准备战斗。他和牛皋由仇念陪同,登上北城,观察城北地形,随他们一起上城的,还有干办公事王敏求,左军第一正将韩清,副将李德,右军第一正将沈德,副将姚侑。

徐庆望着众人说:"体探得虏人四太子亲率重兵殿后,而岳相公底大军亦将到来,此回须有恶战,莫须在城外设寨,成掎角之势,以便厮杀。"众人都表示同意,徐庆当即命令沈德率二百军士,会同城里的百姓,到城南设寨。

不一会儿,远处荡起了征尘,尼忙古刘合率三千金军骑兵,李序率两千伪齐骑兵,来到庐州城下。拱辰门开,岳家军的一千八百铁骑也从城中拥出,这使金军和伪齐军都感到吃惊。双方列阵完毕,突然,岳家军阵中树立起三面旗帜,一面是"精忠岳飞"的大纛,另两面是"右军徐"和"左军牛",在寒风中飘荡,这使尼忙古刘合与李序更加惊愕。尼忙古刘合和李序都是几个月前襄汉之役的败将,两人不由倒抽一口冷气。李序说:"不意岳飞底大军竟先到庐州。"尼忙古刘合说:"既已恁地,亦不可不战。自家们底兵众,岳飞底兵寡,犹可以多胜少。便是不胜,四太子大兵自当亲临战阵。"

尼忙古刘合言犹未了,只见敌阵中驰出一将,手持十六宋斤镔铁竹节鞭,大喊道:"自家是岳相公麾下右军统制徐庆,谁来受死?"李序心生一计,立即命令十名精骑出阵,说:"射人先射马,你们可先射敌马,然后生擒徐庆,大挫岳飞底锐气,便是大功。"十名骑兵在军阵中先弯弓搭箭,然后驰马出阵,向徐庆攒射,徐庆的战马果然中箭倒地。十名伪齐军向他扑来,徐庆从地上一跃而起,手抡铁鞭迎战,先将第一个骑兵打下马来。他准备抢到敌马,重新上马战斗,然而其他九名敌骑却蜂拥而上,不容他上马。徐庆只身以步斗骑,以一当九,但因身披甲胄,步斗转动不灵。

牛皋命令韩清统兵,自己单身飞马上前,大吼道:"徐太尉休慌!"舞动铁矛,接连刺死两名敌骑。徐庆得到救援,也乘势打死一名敌人,重新夺取战马。剩余的六名敌骑见势不妙,拨马逃回。牛皋脱去头上的兜鍪大呼:"我是岳相公驾前统制牛皋,曾在京西屡败虏人,活捉得耶律马五,尔们速来受死!"说完,就将矛高举。

这是一个信号。韩清等人当即挥兵向敌阵发起冲锋。岳家军的骑兵虽然数量不及敌骑的一半,却形成一股无坚不摧的怒涛,两军接战的第一个回合,就把敌骑击溃。但徐庆和牛皋毕竟富于军事经验,他们知道在敌众我寡的形势下,乘胜追击,就有可能遭金军左、右翼的迂回侧击,所以及时收兵。

尼忙古刘合不愧是员悍将,他在溃败之余,马上组织和指挥反攻。岳家军依托庐州城下的护城濠,避免敌军左、右翼骑兵的迂回包抄,远则用弓箭,近则用短兵搏战。双方又交锋了几个回合。敌军每次冲锋失败后,又迭退更进,屡败屡战,显示出金军作战的顽强性。岳家军更是斗志旺盛,愈战愈勇。一场恶战从下午申时打到酉时,尼忙古刘合在冲锋时中流矢身亡,于是,金军和伪齐军群龙无首,溃不成军。岳家军杀敌一千三百余人,活捉金军和伪齐军八十余人,战马八十余匹,其他各种军械不可胜数。

岳家军收兵回城,兴高采烈的仇念特别为岳家军众将设宴庆功,亲自为他们斟酒和敬酒。他用手抚摸着牛皋的背说:"闻得牛太尉已是四十八岁,然而战场之上便是猛虎不如。"徐庆也特别为牛皋敬酒,感谢他的及时救援。大家吃得半饱时,又有吏胥报告,说是李山和傅选率军到达州城西平门下。仇悆吩咐众将继续进餐,自己亲自把李山、傅选等请到宴会上。

大家边吃边议军事,徐庆说:"下官料得岳相公大军即日便到。据俘虏所言,四太子大兵亦尚未到庐州,日后必有大阵交锋。不如教李太尉与傅太尉底步兵驻城中,自家与牛太尉率马军出屯城南,以便犄角策应。"大家都表示同意。宴会散后,徐庆和牛皋当即率骑兵出城南德胜门,在营寨中休息。

刘麟与完颜兀术、龙虎大王完颜突合速,还有万夫长韩常、大挞不野率领大军,正在南下庐州的行军途中。他们接到败报,特别是尼忙古刘合的死讯,吃惊非小。因为他们事先并未得到任何探报,根本没有料想到岳家军竟出现在淮西战场。刘麟颇为气馁,他说:"莫须且驻兵寿春府,观望形势,相度进止之机。"完颜兀术却愤怒地说:"刘合是自家底爱将,此仇岂可不报?岳飞底兵马只有左、右二军,正可乘势反攻,破得庐州。"完颜突合速说:"岳飞用兵,素来计虑甚周。目即淮东未有战事,不如且驻兵此地,教三太子与挞懒监军统大兵同共前来。如是破得岳飞大军,亦不枉此番兴师动众一回。"完颜兀术却复仇心切,不肯听从。于是,金军两万二千人,再加伪齐军一万人,又在次日杀奔庐州城,在拱辰门外布列大阵。

庐州城上,早有准备,只是偃旗息鼓,根本不理睬敌人。焦躁的完颜兀术命令一谋克骑兵驰到护城濠边,却由李山指挥城头的伏兵,向金军攒射,金军死伤十余人,败退回阵。双方相持到近正午,完颜兀术无计可施,就下令分拨伪齐步兵在城北扎寨,一部分金军步兵赶造攻城器械,而他本人率金军骑兵仍然严阵待敌。

当扎寨和赶造攻城器械的步兵乱哄哄之时,西北方向突然出现一支宋军,原来正是岳飞亲率大军赶到战场。王贵的中军和董先的踏白军首先分两路投入战斗。岳家军击溃敌人的步兵,金军和伪齐军步兵的溃败,顿时扰乱了骑兵方阵,使骑兵再也无法施展纵横驰骋的长技,也乱成一团。徐庆和牛皋率骑兵及时绕过庐州城东,自东向西,也对敌军实施突击。李山和傅选又打开拱辰门,指挥步兵攻击敌军。完颜兀术在混乱之中,只能率自己的合扎猛安杀开一条路,北向逃遁。其他如完颜突合速、韩常、大挞不野、刘麟等也各自逃命。三支岳家军在战场上会师后,岳飞下令说:"四太子虽已溃不成军,尤须防他迭退更进,攻王师底不备。"他命令李山和傅选率本部步兵打扫战场,自己率其他各军休整,继续待敌。

不出岳飞所料,当各支溃退的金军重新集合后,完颜兀术对众将说:"大金底用兵,自来便是败而复聚,分合出入,应变如神。如今军力犹存,正是反攻底良机。"刘麟对战事已经完全丧失信心,却不敢出面反对。韩常则是第一个表示拥护,他说:"步兵行进迟缓,不如以马兵出击,可保必胜。"完颜兀术又望着自己的助手龙虎大王完颜突合速,完颜突合速说:"若是他将,我亦可保必胜,然而岳飞智略过人,切恐不宜轻举,以免再败。"完颜兀术不高兴地说:"你且与挞不野、刘皇子统步兵在后,我与韩十八率马军前行。"完颜兀术和韩常带领全军八千余骑,又再次南下。完颜突合速和大挞不野、刘麟率步兵在后继援。

他们到达庐州城北,只见岳家军已在那里严阵以待。在冬日的阳光下,绯色的绵军服和旗帜,浑如一片炭火,阵中是一面"精忠岳飞"的大纛。不等金军布阵,岳家军阵中突出二百背嵬精骑,为首者一个手持铁笔刀,另一个舞动双锥枪,两人正是赵不尤和岳云。金军还来不及向他们射箭,这队骑士就直贯敌军,大呼陷阵,所向披靡。步兵紧随他们之后,持大斧、麻扎刀、提刀等,上斩人头,下劈马腿。两军进行激烈的混战。当战斗正酣之际,按岳飞的命令,徐庆和牛皋率军从东方,王贵和董先率军从西方,夹攻敌人。于是金军再也不能支持,北向溃退。

岳飞立即下令:"马军在前,步军在后,穷追不舍,直到天黑。"完颜兀术和韩常率败退的金军骑兵,到半途正遇完颜突合速等所率的步兵,又将步兵冲个乱七八糟,溃不成军。于是金军根本不可能再次组织反击,只是北向狂逃。岳家军追击了三十多宋里,直到天色断黑,方才收兵。

完颜兀术经过此战以后,再无斗志,他下令放弃寿春府,率金军和伪齐军退逃泗州。

[柒]
金齐退兵

岳家军得胜后，又接着打扫战场，收拾战利品，岳飞部署大部分军马在城外扎寨，少部分入城休整。仇悆当然万分感激，他亲自出拱辰门拜见岳飞，执着岳飞的手说："庐州官吏百姓免遭荼毒，皆是岳制置底功德。下官聊备浊酒，恭请岳制置与众太尉赴宴，以表全城老小底感恩之情。"不料岳飞却婉言谢绝，他说："四太子虽是败退，尚未知后事如何，不得稍有懈怠。仇安抚连日辛苦，且请回城。下官须排办得官兵安泊，以备日后再战。"等他将所部军马全部安顿完毕，已经过半夜二更。岳飞本人只是吃干粮，与军士们一起夜宿城外。

两天之后，岳飞接到完颜兀术撤出寿春府，回归泗州的探报，才面露喜色。仇悆说："四太子与刘麟畏惧岳制置底军威，已是退遁，下官今日当排办酒宴，为岳制置与众太尉庆功。"岳飞也不再拒绝。

酒宴的气氛相当欢快，仇悆用本地所产的金斗城名酒，向岳飞与众将、属官们敬酒，而得知岳飞不能饮酒，又另外用甜水取代。仇悆特别请牛皋和徐庆坐在自己身边，用手抚着他们的背，对岳飞介绍两人的战绩，说："此回论军功，牛太尉为第一，徐太尉为第二，皆是下官底恩公。"岳飞嘴上没说什么，但内心反而有几分不悦。在他心目中，徐庆是最早的部属，与自己已经出生入死九年，情同手足，而牛皋有曾经投降伪齐的污点，心里总有几分疙瘩，虽然也知道他骁勇敢战，但居然被仇悆排在徐庆之上，感到很不是滋味，无法接受。岳飞作为一军主将，当然也不愿意将这种内心的感情流露出来。

酒宴继续进行，赴宴者几乎人人欢声笑语，仇悆的情绪尤其振奋，惟独岳飞只是慢慢地品味菜肴，少言寡语，仇悆觉察他心有所思，就问道："岳制置有甚心事？"岳飞又沉思片刻，然后回答："依敌俘所供，目即虏、伪军当有近九万人，麇集泗州，此已是虏、伪底全师，此外只有些少兵力。若得全歼此敌，则荡平中原，便似滚汤泼雪，迎还二圣，亦是易如反掌。然而本军目即不足两万，委是不足以当此重任。东南三帅，兵势全比本军厚重。若得他们率全军渡江，到泗州与敌决战，方是上策。然而切恐朝廷持重，而刘、张二相公亦非勇于立功底人，唯有坐延岁月，縻费百姓膏血。"仇悆说："岳制置底言语，可谓是洞彻事理。下官在此前，曾与张枢相咨目，建议乘敌之隙，出师收复东京。然而他底回复亦全不理会此策。"

李若虚接口说："食君之禄，须是忠君之事。自家们身为臣子，自当悉心开陈，供官家与朝廷采纳。"孙革说："军事瞬息万变，兵机难得易失，不如及早上奏。"岳飞听后，马上起立，说："待下官与你们共同连夜草奏，另与赵相公、张枢相等咨目。"仇悆也受到感动和启发，他命令本州官员继续招待岳家军的将领，自己也退席，与岳飞等人同时起草奏疏和咨目。紧张的文字工作持续到半夜，最后，岳飞和仇悆分别誊写了各自的上奏以及给宰执们的咨目，用急递连夜发往行在平江府。

第二天，岳飞又部署提举一行事务、中军统制王贵率本军和徐庆右军、牛皋左军进兵位于庐州东北的滁州，以便接近泗州之敌，准备往后的大战。

完颜兀术和刘麟带领败兵逃回泗州。完颜兀术听说族叔完颜挞懒在盱眙镇南设寨，他感到没脸见族叔，就径自入镇，拜见亲兄完颜讹里朵。完颜讹里朵的腹泻还未痊愈，人消瘦得厉害。最近，金军遭遇很大的困难，由于岁末严寒，大雪纷飞，粮饷不通，野无所掠，只能杀马作食。大批地宰杀战马，这对凭借骑兵发挥威力的金军，简直是致命的打击。完颜讹里朵愁容满面，他已得知亲弟战败的消息。在屏退他人之后，兄弟俩才开始单独谈话。

完颜讹里朵先取出一大堆纸条，放在完颜兀术面前，完颜兀术不懂汉文，问道："此是甚事？"完颜讹里朵说："此全是军中汉儿、渤海人等所写，言道他们被驱逼到淮南,忍饥受冻,求生不得,赴死不愿,若是渡江,必是生擒自家们兄弟,献于康王。"完颜兀术听后不由一怔,感到事态的严重,问道:"然则挞懒有甚计谋?"完颜讹里朵说:"他唯是与韩世忠下战书,教韩世忠即日渡江,一决胜负。"完颜兀术说:"韩世忠可曾回书。"完颜讹里朵取出韩世忠的回信,完颜兀术当然也看不懂,完颜讹里朵说:"韩世忠回书言道:'元帅军事良苦,来谕约战,敢不疾治行李,以奉承指挥。'然而至今未见得他有一人一马渡江,却是教大金军马过江决战。"完颜兀术说:"目今事势已非天会七年、八年可比,万万不可渡江,韩常曾言道:'过江可保不叛底,唯是自家一人。'"

完颜讹里朵说:"最忧底是无粮草,如今军马宰杀已有一千数百匹,如是依然迁延时日,到军马宰杀略尽时,南人渡江,自家们恐无生还之理。"完颜兀术说:"既是恁地,不如大军北撤,日后另待时机。"完颜讹里朵深谙兄弟的敢作敢为,现在居然首先提出退兵的建议,可见他对战争已经完全丧失信心,他说:"自家因得病,军事皆由挞懒做主,挞懒言道:'且延挨到岁末,若是南虏不渡江,便行退兵。'"完颜兀术说:"如唯是韩家人渡江,尚可支捂;如今岳家人已是兵临淮西,教两家人联合,切恐自家们难以抵御。"

翌日,完颜挞懒得知完颜兀术败退回来的消息,就到盱眙镇上,与完颜讹里朵兄弟商议军事。完颜兀术只能硬着头皮见族叔,向他介绍自己战败的经过。完颜挞懒却说:"你在战败之后,便撤离寿春府,亦是做得好事。岳飞用兵最是神出鬼没,你若不是及时撤军,切恐今日不得相见。"完颜兀术听了叔父这番似讥诮,又不像讥诮的言语,只能低头不语。完颜讹里朵问道:"近日南虏有甚动静?"完颜挞懒说:"闻得康王露布江南,到平江府亲征。我亦思忖,便径自通州渡江,直取平江府,活捉康王。然而阿里自泰州败了归来,言道泰州守御甚坚。取不得泰州,又怎生到通州。又闻得在平江府一带,南虏战舰密布,不得有可乘之隙。"

他们三人商量一会,都感到无计可施,完颜兀术又再次谈论对岳家军的担心。完颜讹里朵的一名随从进入,行女真跪礼,报告说:"今有御寨传到紧切文书。"完颜讹里朵连忙开拆,原来是完颜斡本和完颜蒲鲁虎联名发来的,说是郎主病危,叫他们立即回军,以防完颜粘罕和完颜谷神趁机图谋不轨。完颜讹里朵说:"既是郎主病重,当立即回军,不得再有延误。"

于是金军和伪齐军立即全部渡淮北撤。一路上,完颜讹里朵病得无法骑马,只能坐在一辆骡拉的毡车里。他们害怕宋军追击,一昼夜行三百宋里,直到宿州城,方才得以稍作休整。刘麟只能率伪齐军回开封,而金朝三个元帅则奔往遥远的东北会宁府御寨。

岳飞在庐州得到王贵的报告,说是金军与伪齐军已撤往淮北,不免长吁一声,说:"战机可惜!战机可惜!"他很快接到朝廷省札,命令他率军撤往江东池州,听候另外指挥,起发到行在奏事。绍兴四年十二月下旬,岳飞辞别仇悆,率军渡江,来到池州。王贵等三军也奉命撤离滁州,尾随岳飞亲统的部队,前往池州。岳家军抵达池州,正好是绍兴四年的除夕。

当得知金、伪齐军撤退的消息后,东南刘光世、韩世忠和张俊三军都纷纷派遣部队渡江,收拾残局。绍兴五年(1135年)初,王德率领一支部队,终于来到庐州。当远远地望见了庐州城时,王德虽然身为武夫,不知怎么,竟起了一股报意,他对部将们感叹说:"当庐州危急时,自家们竟无一人一马渡江击贼。如今胜局已定,自家们方得到庐州,岂有面目见仇安抚?"话虽如此,他也只能厚着脸皮会见仇悆。

再说岳飞驻兵池州,一时闲着无事,转眼已到正月中旬。一天,由池州州衙转送给他一份最新邸报,或称朝报。岳飞见到其中有几项与自己和本军有关的事宜。一是徐庆因救援庐州,按自己立奇功的申报,转五官,由武功郎升武功大夫、开州刺史,牛皋则依立功申报,转二官,由中卫大夫、安州观察使升中侍大夫、安州观察使,其他王贵、董先等将分别转一官。二是依自己的奏请,母亲姚氏特封国夫人。三是依自己的奏请,东林寺住持僧慧海赐号佛心禅师。四是自己奏请次子岳雷授予文官,经朝廷评议,不予允准。岳飞看后,勃然大怒,说:"岂有此理!"

岳飞当即召来李若虚、于鹏、孙革等幕僚,指着邸报上的后三项内容,怒不可遏地说:"是甚人当国家患难之时,胆敢伪奏朝廷,陈乞自家底私门猥琐之事,上紊圣听。"李若虚等人看了朝报,也都面面相觑,感到莫名其妙。于鹏想了一下,说:"自家们未曾上此伪奏,下官疑是进奏官刘康年所为。"岳飞如梦初醒,厉声说:"必是刘康年!"

此时,徐庆也带着怒意进屋,他只是朝众人简单作揖,然后用责备的口吻说:"岳制置,你做底是甚事?"如今岳飞的部属一般都对他使用"相公"的尊称,徐庆特别改用"制置",已带有某种贬义。岳飞完全明白徐庆的用意,他上报军功,确是怀着对徐庆的几分偏爱,对牛皋的几分鄙视。现在面对徐庆的责问,他也有点难为情,并且难以回答。一时之间,屋里的气氛仿佛凝固住了。过了片刻,还是李若虚出面,心平气和地说:"鹏举,你身为大帅,全仗赏罚公平,方能得将士效命之心。此事你亦非是不知,然而今日却是知而不为。你切莫辜负徐太尉底正心诚意。"岳飞面带羞愧之色,问道:"然而当怎生做?"徐庆说:"你当与牛太尉好言谢过。"岳飞痛快地回答:"会得!"

两天之后,刘康年从行朝回到池州。岳飞立即吩咐将他捆绑起来,亲自审问。刘康年本来以为自己为主帅办成两件好事,还自以为得计,见到这种形势,只能连连叩头,口称"男女服罪!男女服罪"!原来岳飞因为本军兵器不足,战马倒毙不少,就让刘康年带几份空名的印纸,命令他向朝廷请求增拨军需品。不料刘康年竟擅自为岳飞申请三件私事。岳飞听后,气愤地说:"国耻未雪,百姓水深火热,圣上宵衣旰食,你不思助我破敌保国,胆敢为我陈乞私事,将国家底名器,献媚于我。是可忍,孰不可忍!"刘康年一句"此是男女孝顺,唯求岳相公恕罪",到了嘴边,又连忙咽进肚里。他还是连声说"男女服罪",不敢仰视。岳飞命令录问了刘康年的口供,将他责打一百军棍,暂时看押,一面又马上用急递上奏,说明事情原委,向宋高宗请罪,并且请求取消国夫人和佛心禅师两项成命,将刘康年治罪。急递刚发出,岳飞又接到省札,命令他前往平江府行朝,朝见皇帝。

翌日,岳飞正准备启程,却又得到来自泰州的邮递,传来了朱梦说受伤后病死的消息。邮递中最重要的文字,则是他临终前寄给岳飞等人的一首绝命诗:

> 书生仗剑北堞楼,
> 冻雨皂旗满目愁。
> 鏖斗裹疮悲战血,

> 孤城屹立障横流。
> 兴亡天下忧心在,
> 表里乾坤正气浮。
> 死去别无身后事,
> 亡魂犹绕古幽州。

岳飞见到此诗,不由悲恸地大呼:"哀哉肖隐!痛哉肖隐!勇哉肖隐!壮哉肖隐!我有负于肖隐!"众人也都伤心垂泪,而最伤心的当然是朱梦说的生前挚友李若虚。岳飞马上命令设置灵堂,为朱梦说尽吊唁之礼。

另一个为朱梦说吊唁的所在当然是泰州城,当地的知州、通判等逃跑的官员还未渡江北归,只有在危难时刻与他共同死守的人们,纷纷披麻戴孝,痛哭失声,向不朽的忠魂致哀尽敬。事后还是韩世忠上奏,朝廷才宣布对他追赠五官。

[捌]
金熙宗即位

　　酒色过度的金太宗终于到油干灯尽的地步,他再次中风,根本不能说话,延挨到天会十三年正月二十四日断气,享年六十一岁。完颜讹里朵、完颜挞懒和完颜兀术总算在他临终前赶回会宁府御寨。谙班孛堇完颜合剌的继立,当然不会有任何困难和争议。这个十七岁的少年天子于翌日即位,后庙号熙宗。

　　在御寨的空地上,金熙宗冒着严寒,主持金太宗的祭奠仪式。女真人死后,原无棺椁,现在仿效汉人风俗,将金太宗的尸身安放在棺材里,女真贵族们在死尸旁边围成一团,用刀劙额,血泪交下。"送血泪"的仪式结束后,又生焚金太宗生前喜欢的两匹马,还有十名宫女和宫奴,惨烈的马嘶和人嚎终于被烈火所吞没,最后,又举行"烧饭",将棺材旁边的全部生熟食物,抛入火中。

　　祭奠仪式结束后,在乾元殿里,金熙宗设宴招待群臣,实际上都是他的祖父和叔伯辈。大家嘻嘻哈哈,痛饮豪嚼,又召来一批女子,恣意调笑。年轻的金熙宗虽然当上一国之主,心里并不自在。他嫌这些人粗野,更感觉自己在他们眼里没有权威,成了他们的傀儡。除了自己的继父完颜斡本之外,对其他人都无好感,都无信任感。他还另外喜欢一人,当然没有资格参与这种规格的宴会,这就是宋朝降臣宇文虚中。金熙宗倾慕汉文化,经常向宇文虚中就教,内心相当歆羡此人的学问,把他当成自己最好的老师,但由于金廷中民族歧视的存在,又不便给予更多的尊礼。尽管如此,由于宇文虚中在制订金朝各项制度中所起的特殊作用,金人把他称为

"国师"。金熙宗与宇文虚中见面,也使用"国师"的称呼,更使宇文虚中志得意满,认为自己总算在异域有了一个当皇储的学生。

　　完颜粘罕带着醉意说:"合剌做了郎主,此回须是我做谙班孛堇。"完颜蒲鲁虎本来就因为自己无法继承父位,而十分恼火,他马上大吼道:"便是要设谙班孛堇,你亦不得做。"完颜斡本说:"郎主年幼,便是要设谙班孛堇,亦当在数年之后。"有了继父的提示和撑腰,金熙宗终于发表了即位后的第一个决定:"如今朕是大金国皇帝,立谙班孛堇,须是由朕做主。朕决意自后不设谙班孛堇。"这个"朕"字,当然是从宇文虚中那里学到的。话音刚落,完颜讹里朵第一个表态说:"自家们遵从郎主底意思,不立谙班孛堇。"接着,大多数女真贵族纷纷表示附和,而没有响应的只剩完颜粘罕、完颜谷神、完颜蒲鲁虎和完颜挞懒四人。完颜谷神当然是支持完颜粘罕当谙班孛堇,而完颜挞懒又是支持完颜蒲鲁虎当谙班孛堇。完颜挞懒感到现在必须压制完颜粘罕,又向完颜蒲鲁虎使了个眼色,于是两人又先后表示拥护,最后剩下完颜粘罕和完颜谷神两人,他们拒绝表示拥护,却也无法反对。

　　退朝后,完颜粘罕闷闷不乐,召来了高庆裔和萧庆两个心腹,愤怒地说:"我以为合剌年幼易制,扶他做谙班孛堇,原是我宣力,不料他做得郎主,竟是恁地忘恩负义!"高庆裔说:"自家早曾言道,斡本是小郎主底继父,小郎主岂得听命于你。"完颜粘罕说:"如今我亦是后悔莫及。"萧庆说:"国相做都元帅,其实已无兵马,然而在军中底威权犹在,若不乘此一线机会,做天下主,切恐日后另有噬脐之悔。"完颜粘罕说:"我教人屡次占卜,都言道我做不得天下主,故不得违背天意。我虽是做不得谙班孛堇,他们亦是奈何不得。"高庆裔说:"既是国相不愿做天下主,便何须做谙班孛堇?"完颜粘罕说:"我唯求自家底官位,当在郎主之下,万人之上,郎主须听我底言语。"高庆裔和萧庆互相用眼神传话,又开始苦劝完颜粘罕造反,但任凭他们说得唇焦舌敝,完颜粘罕就是不同意。

　　完颜斡本向来被完颜粘罕瞧不起,但是,他对当皇帝的继子却是忠心不贰。他虽然智谋不足,但对最上层的女真贵族派系还是十分清楚。完颜斡本懂得,完颜粘罕和完颜谷神是头号政敌,而完颜蒲鲁虎则是二号政敌,都对继子的皇位构成威胁,而自己所能依赖的主要是两个掌兵权的同父异母弟,即完颜讹里朵和完颜兀术。完颜挞懒虽然倾向于完颜蒲鲁虎,却是最有智谋,需要利用。

完颜斡本特别在家里宴请完颜讹里朵、完颜兀术、完颜挞懒和完颜蒲鲁虎四人,商量新皇帝即位后最重要的人事安排。客人到后,就坐在温暖的土炕上饮酒食肉,他特别给每位贵客赠送两名漂亮的女婢和一批珍宝,以博得他们的欢心。粗俗的女真人说话直率,往往不顾避忌,但今天的会商却只是在五人之中秘密进行,不容有一个奴婢或随从在场。

完颜斡本说:"粘罕最是骄横,老郎主时不伏老郎主,如今又不伏小郎主,待怎生底?"完颜兀术最为痛快,说:"我眼底最是觑不得粘罕与谷神,不如今夜便带兵,将他们剿灭,为侄郎主除却后害。"完颜蒲鲁虎马上表示赞成,说:"便依此议,我当率自家底合扎猛安为先锋,兀术便做自家底后援。"完颜挞懒说:"使不得,粘罕尚是都元帅,并无显著罪名,在御寨与各处亦有羽翼。他与谷神底合扎猛安虽多老弱,然而谷神勇猛无敌,你们岂得不知?做事须是取其稳当。"完颜兀术最怕的就是完颜谷神,就不再反驳。

完颜斡本问道:"如何便是稳当?"完颜挞懒说:"目即教宇文国师定大金新制,可叫他设计,如何方得束缚粘罕与谷神底手脚,教他们动弹不得,然后将他们处分,便易如捕杀病鹿。"完颜讹里朵说:"宇文国师是粘罕引入御寨,岂肯宣力。"完颜斡本说:"如今郎主对他极是尊礼,他自当为郎主出谋。"

两天后,金熙宗就将宇文虚中宣召到乾元殿,屏退左右,赐他坐土炕,偌大的殿堂土炕上,只增加了完颜斡本一人。完颜斡本听不懂多少汉话,而宇文虚中也听不懂多少女真话,唯有金熙宗用汉话与宇文虚中低声交谈。金熙宗虽然对宇文虚中相当亲热,但毕竟有民族的隔阂,对女真贵族内部的派系斗争不能说得那么坦白,他说:"朕年少即位,群臣多是开国功臣,便是老郎主在时,或有不知臣礼。依宇文国师之见,当怎生处分?"宇文虚中既然在金朝生活多年,当然也知道一些女真贵族的内情。他说:"依大金底旧俗,臣僚与君主同川而浴,同桌而食,并无中原尊卑仪法。大金用兵,所向无敌,然而亦须知以武建国,以文治国,文武二途,不可不稍作区分。陛下治国,须自区分尊卑、文武入手。"

金熙宗感到颇合自己的心意,就问道:"宇文国师定大金新制,如何便得区分尊卑、文武?"宇文虚中说:"臣参据唐宋旧制,文臣为相,掌三省,不得统兵;武臣为元帅,掌元帅府,不得问政,则文武有别。废大金谙班孛堇等国相旧制,则君臣尊卑自明。"金熙宗不由拍手叫好,说:"宇文国师如此定制,深合朕意。"宇文虚中却提醒说:"陛下既是万乘之主,若是见群臣拍手,便是有失君主威仪。"金熙宗听后,也不以为忤,高兴地说:"朕幸得宇文国师指教,不胜感激。"宇文虚中却又进一步指正说:"陛下是君,见臣等如用'指教,不胜感激'之语,此便是有失君臣之体。"尽管宇文虚中再三指出金熙宗的用词不当,金熙宗却是喜上眉梢。宇文虚中接着又对金熙宗介绍自己对官制设计中的一些高官名位等细节,然后退殿。金熙宗与完颜斡本用女真话介绍宇文虚中的设计,两人秘密商定了高官的名单,决定在乾元殿拆去原来君臣同坐的土炕。

等乾元殿参照中原皇朝的模式布置一新后,金熙宗方才在乾元殿举行朝会,群臣按中原皇朝的礼节山呼万岁,然后用诏书形式颁发了按照新制的高官任命。金熙宗独坐御榻,亲自宣布说:"朕依大金新制,定门下省、中书省、尚书省为三省,以文治国,元帅府统兵,以武保国。粘罕为太保,蒲鲁虎为太师,斡本为太傅,并领三省事,三省不得问军事。讹里朵、挞懒依旧职在元帅府统兵,兀术升元帅右监军。谷神为尚书左丞相兼侍中,高庆裔为尚书左丞,萧庆为尚书右丞,佐理大政。"这个新的任命,撤销了完颜粘罕的都元帅和完颜谷神的元帅右监军,把他们的兵权完全削除,将高庆裔和萧庆两人用升官的形式调任中央,以便监视。接着,金廷又下令取消完颜粘罕、完颜谷神等亲统合扎猛安的制度,将他们的合扎亲兵减少到四、五十人。于是完颜粘罕和完颜谷神的实权就基本上完结了。金熙宗又命令刘豫改称臣皇帝。

金熙宗登基后的人事安排大致就绪,完颜讹里朵、完颜挞懒和完颜兀术三个元帅就离开御寨,南下燕京。在金朝新的军事格局中,完颜粘罕和完颜谷神的巢穴西京大同府已不再作为军事重镇。完颜讹里朵对完颜挞懒和完颜兀术说:"大金军马征淮南不利,须防康王乘新、老郎主交位底时机,兴兵攻刘齐。你们当不辞辛苦,率军出守,以备救援。"完颜挞懒和完颜兀术都表示赞同。于是,完颜讹里朵以左副元帅之重,坐守燕京,右副元帅完颜挞懒统兵坐镇祁州（治今河北安国），而新任元帅右监军完颜兀术则统兵出戍大河以北的黎阳县，以便随时就近支援伪齐。

转眼又是夏季，完颜讹里朵按惯例到北方奉圣州望云县（今河北赤城）的望国崖避暑，五月，他接到金廷的命令，要他前去御寨议事。于是完颜讹里朵带着大群妻妾、合扎亲兵等启程。他们来到怀来县，即今河北官厅水库一带。不料完颜讹里朵突然发起高烧，在无医无药救治的情况下，持续三天，居然病死。

完颜兀术正冒着炎热天气，在黎阳县屯守。他得到北方传来的噩耗，就委托完颜突合速代他统兵，自己率合扎亲兵，快马加鞭，北上燕京赴丧。此时，在北方凉陉避暑的完颜挞懒也赶到燕京。完颜讹里朵的尸体已经装进棺材，临时停放在拘囚宋徽宗的延寿寺的露天院落，以便于行女真祭礼。完颜兀术到延寿寺后，先按女真风俗，行劈额、送血泪、烧饭等礼，然后召集全体完颜讹里朵的妻妾，高兴地宣布说："自今而后，你们便是自家底娘子。"按照女真人的习俗，完颜讹里朵的近百名妾都纷纷表示服从。

完颜讹里朵的正妻蒲察氏，她的母亲是金太祖和金太宗的妹妹。蒲察氏嫌完颜兀术粗暴，板起面孔，用严肃的口吻说："奴家已是决意归依佛门，兀术不得无礼。"另一个渤海人李氏，是她最相好者，也说："奴家决意随第一娘子祝发，做比丘尼。"完颜兀术听说两人愿意出家做尼姑，也没有留恋之意，只是说了声"会得"。蒲察氏当即拉着李氏走开。李氏为完颜讹里朵所生的儿子，名叫完颜乌禄，后来也做了金朝皇帝，庙号世宗，在此不必赘述。

完颜兀术最中意的，是汉人女子张氏，垂涎已久，他上前伸出大手，一把将她搂在怀里，说："你自今便是自家底第一百八十六娘子。自家底第一娘子虽是美貌，亦不如你。"他把亡兄的近百名妾全部收纳到自己的府里。

金廷得知完颜讹里朵的死耗，就下令完颜兀术升元帅左监军，另外任命统兵守陕西的完颜撒离喝出任元帅右监军。

[玖]
龙驭宾天

会宁府新、老郎主代谢的消息，还是传到了十分闭塞的五国城。二月上旬，胡里改路万夫长乌古论八曷打特别向宋徽宗和宋钦宗两人宣布新郎主的即位诏，并且还颁赐给宋俘们二百石粟、二百匹麻布，算是特恩。金廷的另一项恩典，就是将宋高宗生母韦贤妃放回五国城。本书第四卷已经交待，在洗衣院忍辱度日的韦氏，已经嫁给一个年老退休的女真人百夫长。当宋徽宗和宋钦宗跪谢金熙宗的诏书后，乌古论八曷打让通事耶律庆哥说："江南康王母韦氏向来蒙大金国老郎主底大恩，许与放老百户乌林答婆卢火为妻，如今婆卢火孛堇已身亡，韦氏孤苦无依。今蒙大金国新郎主特恩，教她出洗衣院，归五国城，与你们众人完聚。"宋徽宗和宋钦宗听后，更增添了一重辛酸。

宋徽宗和宋钦宗回来向众宋俘传达，其他人都没说什么，惟有乔贵妃念往日的情分，说："姐姐回归此地，亦是叶落归根，煞好！唯是她在洗衣院受辱太甚，自家们须是厚待。"乔贵妃在宋俘中处于受人尊敬的长辈地位，众人虽然内心看不起韦贤妃，但看着她的面子，也只能零零落落地响应。乔贵妃见众人勉强应付的神情，也不能再说什么，只能私下叮咛景王、济王和安康郡王三个亲生儿子说："韦妈妈回归，切不可怠慢。"三个孝顺儿子回答："妈妈放心！"

二月下旬，韦贤妃被遣送到了五国城，随她一同前来的，是在艰难的时日一直照顾她的宦官白锷。韦贤妃的心境十分复杂，她不可能遗忘自己在宋宫的恩怨，那座"赛似锦衣玉食底大狱"，但她在受尽异族凌辱之余,却不能不怀恋当年锦衣玉食的生活。按照宋时的社会伦理,她既已改嫁给一个女真人,就算是与赵氏恩断义绝,如今却又要回到赵氏家族中,不能不感到难堪和害怕,但与女真人相比,她又是愿意回到赵氏群中。白锷完全明白韦贤妃的感情,他劝慰说:"不须忧心,乔娘子是宫中第一识道理底人,太上处患难之余,亦当存恕心。"

东北的仲春天气还是十分寒冷,韦氏身穿貂皮袍,在矮小简陋的小木屋里,重新见到了赵官家。她初见众宋俘,也感到难为情,只是长跪在地,泣不成声,说:"官家,臣妾有罪,罪该万死!"白髮十分稀疏的宋徽宗头戴一顶羊皮帽,他伸出颤抖的双手,将韦贤妃扶起,说:"韦娘子有甚罪,有罪底唯是老拙!"一句话就消除了韦贤妃的忐忑不安。白锷也上前向两个官家叩头不止,他激动得一面流泪,一面说:"小底不期今日尚得拜见二官家!"宋钦宗也上前将他扶起,说:"阿爹与我是阶下囚,自今休得以官家相称。"他的话更是刺痛白锷的心,白锷再也无法抑制自己,干脆坐在地上大哭。于是站立旁边的景王、济王等也都不免悲泣,惟有宋钦宗的感情相当麻木,他只是红着眼睛,凝望着白锷。由于小木屋里挤不下多少人,宋徽宗说:"韦娘子,乔娘子候你多时,你可去与她相会。"韦贤妃走到屋外,才见到与她感情最深的乔贵妃,两人又抱头恸哭一场。

在重新相会的伤心之余,韦贤妃的生活安顿下来,宋徽宗安排她与乔贵妃同住。赵氏皇族幽闭在与世隔绝的状态,从金朝御寨前来的韦氏,特别是白锷,给他们带来许多闻所未闻的其实早已是旧事的新闻。他们原来还知道宋高宗即位时的年号,以为现在是建炎九年,如今得知宋方的年代是绍兴五年。他们终于知道了近几年战事的梗概,听到了如吴玠、岳飞、韩世忠等名将的姓名。此类消息不能不给宋俘们带来几分绝望中的希冀。

宋钦宗和朱慎妃、郑才人、狄才人以及子女原来分住两间不大的木屋,现在长子赵谌已是十八岁,柔嘉公主也有十五岁,只能设法另住。剩下朱慎妃所生的赵谨,郑才人所生的赵训,还有狄才人所生的两个女儿仍与父母同住。一天,宋钦宗让狄才人在另一间房教众子女识字,读仅剩的几本破书。自己和朱慎妃、郑才人,还有景王、济王单独与赵谌谈话。首先由景王出面说:"白锷言道,虏酋多半渐是嫌恶刘豫,或建议教你住开封旧宫,与你九叔父争衡,如是有此等事,你欲怎生底?"赵谌用斩钉截铁的口吻说:"我唯愿就死,不去开封!"景王听后,激动得站立起来,紧紧抱住侄子,说:"道郎煞是有开国太祖皇帝刚决之气!"宋钦宗的表情却仍然相当呆板,但两行泪水还是从枯涩的眼睛中夺眶而出。济王仰天唏嘘说:"自家们受苦已极,唯愿昊天上帝与祖宗护佑,教吴玠、岳飞、韩世忠等将进兵,洗荡得虏人御寨,救取自家们!"

三月时节,东北严寒的天气逐渐转暖,而过第九年俘虏生活的宋徽宗却一病不起了。乔贵妃和韦贤妃都用心服侍。如果说乔贵妃是完全出于真挚的感情,那么韦贤妃却出于复杂的考虑,其中既有宋徽宗对自己持谅解态度的感激,也希望在众宋俘之中摆脱孤立的心愿。宋徽宗的病情日渐沉重,时而清醒,时而昏睡,却并没有对任何人说什么遗言。这个饱享了二十六年极富极贵的侈靡,又饱尝了九年痛苦的太上皇帝,在弥留之际,感情已很麻木,他似乎已不知什么是爱,什么是恨,什么是甜,什么是苦,没有呻吟,没有表情,只是奄奄待毙般地卧床一月。最后,在四月二十一日,宋徽宗停止呼吸,离开人间,终年五十四岁。

守候在他身旁的乔贵妃和韦贤妃一面落泪,一面出屋通知众宋俘。由于居室的狭小,挤不下多少人,近一月以来,众人只能每天轮流看望。在病危的最后几天,宋钦宗等人也只是在屋外等候这个最后的时刻。当乔贵妃向众人宣布:"太上龙驭宾天!"却没有激发号啕的哭声,宋钦宗只是与众人默默地穿戴起早已准备好的孝服。

剩下一个最麻烦的问题,就是向金人请求棺椁。宋人把死者的棺椁看得极重,而女真人却把棺椁看得很轻。宋钦宗与景王求见乌古论八曷打,仍由通事耶律庆哥从中翻译。宋钦宗用最恳切的哀求语气说:"阿爹负罪,有丘山之重,已蒙大金皇帝圣恩,曲加赦宥。如今唯求大金皇帝矜恻,赐予薄棺,归葬江南,或埋殡故宋西京山陵,便是天地之宏恩,罪臣桓与子孙自当世世不忘。"乌古论八曷打说:"大金郎主得知昏德公辞世,特命自家致祭,赠赙白绢一百匹。昏德公可掩埋此处,用所赐生绢裹葬。"任凭宋钦宗和景王如何苦苦哀求,乌古论八曷打还是坚持金廷的决定,不容作任何变动,他说:"南人最重夫妇同穴,六年前,昏德公妻郑氏便是裹生绢,葬在寨内。如今昏德公亦须依此,与郑氏同葬。"

宋钦宗还打算哀求,却被景王使眼色制止。他们找赵氏男子抬走了一百匹绢,然后就找到寨内原来葬郑皇后等人的标识,在郑皇后的墓穴旁掘坑,将白绢裹缠的宋徽宗尸身掩埋。宋钦宗率领全体宋俘默默地长跪在葬地边,却只有伤恸,没有眼泪。在夕阳余晖之中,众宋俘离开墓地,各自回屋。宋钦宗来到乔贵妃面前,恳切地说:"如今乔妈妈便是全族之长,恭请乔妈妈忍痛节哀,保重贵体。"又对景王等三个兄弟说:"你们好生看觑妈妈。"乔贵妃淡漠地说:"老身唯愿早日追随龙驭,岂有保重之念。"

宋钦宗回到自己的小木屋里,朱慎妃、郑才人和狄才人率儿女们百般劝解。宋钦宗就是不说一句话。三个女子为大家煮了小米粥,在暗屋里用枯枝燃火照明。宋钦宗说:"你们且进食,我吃不得。"赵谌说:"阿爹不进膳,自家们亦不进膳。"于是所有的儿女也都纷纷进言,大家停箸不吃。无奈的宋钦宗望了望众人,只得勉强呷了几口。

晚饭后,朱慎妃率领众人在屋内供奉的观世音像前祈祷,这是他们在无边苦海中仅剩的一点心理调节。突然,宋钦宗发怒说:"人道观音大士大慈大悲,我观她煞是无情无义,如有灵验,圣人信奉如此至诚,岂得惨死!你们日夜心诚祷告,又济甚事!"狄才人急忙上前,用手掩住宋钦宗的口,说:"罪过!罪过!官家不得渎罪观音大士!"大家又再次在观音像前谢罪。祈祷完毕,赵谌和柔嘉公主告别父亲,赵谌说:"阿爹,血海深仇,不可不报,若是他时王师北伐,儿子情愿与仇寇同归于尽!"

景王等把乔贵妃和韦贤妃送回屋,百般劝解。晚饭后,景王等各自退走,小木屋里只剩下这一对年轻时的同性恋人。韦氏建议说:"天色已黑,闲坐无聊,不如上床。"于是两人早早上床,韦贤妃很快入梦,而乔贵妃却不断回忆如烟如梦般的往事,昔日的繁华,今天的凄楚,愈咀嚼,就愈痛苦,开始悲泣起来,把韦贤妃惊醒了。韦贤妃在黑暗中叹息说:"老身知得妹妹愁苦,然而既是身在愁苦之中,便须忘却愁苦。实不相瞒,太上仙逝,老身便是如释重负。"她的心境与乔贵妃完全不同,对宋徽宗没有一点感情,她惟一感激之处,是自己刚来到五国城时,蒙宋徽宗说了一句体贴温暖的话,然而近一个月来的服侍,她自认为已是加倍回报了,根本不欠死者的情。

韦贤妃听乔贵妃哭得伤心,也不免百感交集,就说:"妹妹,待老身与你细说。"于是就把一直对乔贵妃瞒昧的种种隐私,如东京大内与韩公裔的私通,与白锷如何结成特殊关系,被俘后与完颜赛里的相好,以及进入洗衣院后所蒙受的各种侮辱,都和盘托出。韦氏愈说也愈伤心,不免悲啼起来。乔贵妃反而停止哭泣,她不插一句,只是静听韦贤妃的叙述,最使她感到惊讶的,当然是韦贤妃当年与韩公裔的私通,居然包裹得滴水不漏。韦贤妃最后说:"妹妹,你是老身仅有底知心,时至今日,若不与你直言,便是死不瞑目,然而既是直言,妹妹亦切不可以淫贱无耻见笑。老身底所作所为,岂不是太上所驱迫?若是太上当年恩幸于万一,岂得有此等事。"乔贵妃用郑重而表示理解的语气说:"姐姐底事,妹妹岂得见笑。姐姐放心,今夜所说底事,唯是你知我知,老身绝不与六哥等言语。"

韦贤妃说:"唯愿莺哥早日发兵,救取自家们。他日归宋,老身须教莺哥封妹妹为皇太后。"经她一说,乔贵妃马上联想到当年宋高宗调戏自己的情景,感到一阵恶心,她说:"姐姐虽然迭经磨难,终是有福底人。妹妹命运绵薄,怎生受得皇太后底封号,若是他年得以南归,唯愿在青灯古佛旁,了此终身,便是不幸之后底大幸。"

金人就宋徽宗的去世,对宋人严密封锁消息,他们正式通知宋方,是在三年之后。但是,被金人扣押的宋使们,如洪皓、朱弁等人还是为他们的大行皇帝挥泪写祭文,行祭礼。朱弁的祭文说:

　　叹马角之未生,魂消雪窖;攀龙髯而莫逮,泪洒冰天。

不少北方汉人读后,也为之感泣。

[壹零]
伤恸与觊觎

金与伪齐的冬季攻势虽然以败退告终,但当举兵之初,在风声鹤唳、人心惶惶的形势下,临安城还是有许多人逃难。易安居士李清照就是其中之一。她带着婢仆,收拾细软和书籍、文物,乘小船溯流南下,经历了东汉严光隐居的著名严滩之险,来到婺州(治今浙江金华),最后在城里的陈氏大宅借住,在那里度过了整个冬天。易安居士的文名重于一时,所以当地的官员和士人闻讯后,还是有不少人前来拜访。到绍兴五年春,时年五十三岁的李清照打算返回临安,而借住的陈氏作为一方豪富仕宦之家,却恳情挽留。于是李清照又暂时在婺州住下去。

正月元宵节过后数天,李清照正在杂乱的书斋里读书,有女婢通报说:"今有温州底故人相访。"说完,就递上一张榜子。李清照用略带惊喜的口吻说:"不期薛三十今日得见。"连忙出迎。来客是温州永嘉县人薛弼,字直老,今年四十八岁,是宋徽宗政和二年进士出身。薛弼当年也是赵明诚夫妇的朋友,但彼此除了有少量书信往来以外,竟有二十多年不曾见面。他在北宋末年,因为赞成李纲的政见,罢官闲居,最近朝廷发表他出任荆湖南路转运判官,前往临安朝见,特别迂道拜访。

两个故人相见之初,都不免感觉惊异。尽管彼此年龄只差五岁,但薛弼面色红润,双目炯炯,鬚髪皆黑,一望就知道是个精明强干的士人,而李清照在迭经患难和忧伤之余,已无年轻时的风华,黑白相间的头发相当稀疏,勉强才梳理成髪髻,脸上的皱纹不少。如果说李清照惊异于对方的驻颜有术,而薛弼则惊异于一个才貌双全的佳人的迟暮。

双方寒暄已毕,李清照就招待薛弼在书斋就座。薛弼望着乱七八糟地堆满各种书籍、古器的小屋,不由感叹说:"易安居士底书斋,一如往时。"这句话却正好刺中李清照的伤心处,她顿时哽咽地说:"此是故夫与老身三十载底心血,不料竟是天意以为故夫与老身命薄,不足以享受,如今已是十去七、八。"薛弼只能说:"下官亦是睹物思故人。然而天降大祸,九州之地惨遭浩劫,亘古未有。赵十六尚得终于牖下,易安居士又得以平安,亦是大不幸中之小幸。"他的后一句话明显带有劝解和宽慰的意思。

李清照叹息说:"切恐国祸未已。"她在济州曾目睹康王元帅府的腐败,此后又追随行朝多年,见闻不少,从内心深处说,她绝不认为当今皇帝是个合格的中兴之主,但限于古代君主专制的积久规范,又无论如何不能直说。薛弼说:"去年虏人三败,王师三胜,足见天道好还,否极必是泰来。依下官之见,中兴有望。"

李清照显然不愿意就中兴问题再与朋友争论,就换一个话题说:"薛三十自温州来,有甚见闻?"薛弼经她提起,就取出一封书信,原来正是王癸癸所写的问安短简,薛弼说:"国夫人教下官所携温州土产,已是顿放。"李清照稍稍看了一下短简,就用冷漠兼讥诮的口气说:"难得十三姐尚是思念老身。"薛弼听得出,李清照对表妹显然有颇深的嫌隙,但也不便多问。

李清照问道:"自秦十罢相以来,寓居温州,不知怎生底?"她询问秦桧的情况,不用"安否",而用"怎生底",当然也是极不友好的。薛弼到此只能说:"下官与易安居士是故人,自须直言。秦相公寄居温州已是四年,乐于与士大夫们交接。下官以为,他在靖康围城中,有不可夺之节,在虏人处数年,亦是颇知虏情。至于任相时底失措,自另当别论。"李清照羞于与薛弼谈自己在办离婚手续时的遭遇,只是说:"老身唯是一女子,少有见识。"薛弼连忙插话说:"易安居士文名盖世,压尽世上多少鬚眉男子,岂得说'少有见识'。"

李清照问道:"不知薛三十可知得以左道得幸底'王八司命'?"薛弼说:"下官稍知一、二。"李清照愤慨地说:"王十三姐便是与他叙为姐弟。"薛弼听后,不免吃一惊。李清照望了一下对方的神色,又说:"记得当年薛三十在东京时,每言及蔡京与阉宦辈交结,便深以为恨。然而当今与阉宦、医官辈交结底宰相,前有黄潜善、汪伯彦,后有秦十。老身与秦十、王十三姐虽是亲戚,久而久之,方知得他大奸似忠,外示朴野,中藏狡诈。幸得官家榜示朝堂,终不复用,此是大宋之幸,天下之幸。"薛弼是聪明人,马上领悟,说:"下官受教。"

闲话之中,薛弼又问:"不知易安居士有甚近作?下官得以先睹为快。"李清照从桌上取出一张纸笺,递给薛弼,说:"此尚是寄居行在临安时所作,如今又过得一个元宵。"原来是一阕《永遇乐》:

落日熔金,暮云合璧,人在何处。染柳烟浓,吹梅笛怨,春意知几许。元宵佳节,融和天气,次第岂无风雨。来相召,香车宝马,谢他酒朋诗侣。

中州盛日,闺门多暇,记得偏重三五,铺翠冠儿,捻金雪柳,簇带争济楚。如今憔悴,风鬟霜鬓,怕见夜间出去。不如向,帘儿底下,听人笑语。

薛弼读着,不觉两行泪下,说:"中州盛日,已是恍若隔世,如今干戈满天地,不知甚时方得恢复旧观。易安居士感时伤世之作,令人深痛。"李清照不说什么,她又取出故夫赵明诚的绝命诗,递给薛弼,薛弼看后,更是感恸不已,说:"此煞是赵十六'血泪寄山河'之作,丹心一片,千古不泯。"

李清照感到伤恸事说得太多,又改换话题,说:"闻得薛三十曾请祠禄,后又去淮东任官,此回到婺州访问故人,另有甚事?"薛弼介绍了自己的新任,说:"依下官所料,朝廷欲趁虏、伪不敢轻易举兵底良机,剿灭杨么,以除心腹之患。"李清照说:"自古唯有安内,方得攘外。不知朝廷命甚人统兵?"薛弼说:"依下官所料,必是岳飞。近年岳飞虽拔自列校,而威名战功,显扬内外,朝廷已命他任荆湖北路、荆、襄、潭州制置使,便有教他平定杨么底意思。"李清照听说岳飞的姓名,就详细介绍了当年与李娃、高芸香的一段交往,以及当时对自己的关照,说:"当时可惜未曾见得岳制置,此后与二夫人亦是久失音问。若是薛三十他时见得岳制置,须是传老身底言语,与老夫人及众人请安,深表感恩底意思。"薛弼说:"会得。"

薛弼当夜就在李清照家留宿。第二天,他向李清照提议说:"下官久闻婺州有名胜八咏楼。为两浙路十四州第一,却是未得一见,愿与易安居士同去一游,然后告辞。"李清照也欣然同意。两人一同来到子城西的八咏楼。此楼原名玄畅楼,后因南朝沈约题《八咏诗》,又改称今名,距离东阳江与永康溪的交汇处不远,楼房高峻,楼外有石砌的厚墙。李清照陪薛弼登上最高一层,俯瞰楼外,只见在清朗的春光下,北面和南面的青山和不远的绿水,都尽收眼前。薛弼带着几分兴奋,说:"如此胜景,今日方得饱览。"他们在楼里见到有唐朝崔融、崔颢和严维的题诗。薛弼说:"易安居士既是到此名胜,岂得无诗,与唐人一比高下。"李清照说:"且请薛三十先题。"薛弼说:"下官见得唐人题咏,便是难以赋得新意。"李清照想了一下,就取来笔墨,题七绝一首:

千古风流八咏楼,

江山留与后人愁。

水通南国三千里,

气压江城十四州。

薛弼看后,不免叫绝,说:"此后二句便是压倒唐诗,一个'愁'字,更是说破国运乖蹇,百姓涂炭。"李清照感慨地说:"亦不知何年何月,重新题咏,方得删去一个'愁'字。"两人下楼以后,薛弼向李清照长揖告别,然后上路,前往平江府。

再说在温州城里,秦桧夫妇寄居已是四年。秦桧的罢相与他人不同,例如李纲的罢相制词,特别是后来的贬谪制词,虽然对他竭力丑诋,却没有像秦桧那样,宣布"终不复用"。"终不复用"四字,意味着他根本没有重新出山的希望。如果换成其他人,也许就死心塌地了。但是,秦桧毕竟有过人之处,他来到温州,外示恬淡于官场的沉浮,而内心从来就认为自己仍有死灰复燃的可能。他教王桀桀与王继先一直保持联系,每年各种时节,特别是王继先的生日,礼品不绝,并且还通过王继先,拉拢张去为等宦官。

去年冬张浚路过温州,秦桧就抓住时机,盛情接待。他看准了张浚吃捧的弱点,对他竭力谄媚,却又把分寸和火候掌握得恰到好处,既使张浚感到舒心快意,又不失自己曾居相位的身份。短暂的相处,终于给张浚留下了深刻的印象,他认为秦桧可以充当自己理想的助手。他到行朝后的第一次面对,就乘机向宋高宗举荐秦桧。

元宵刚过,秦桧接到一份诏书。原来宋高宗在得知敌人退兵后,依从赵鼎的建议,命令所有的前任宰执上奏,条陈战守之策。秦桧行遥拜礼,跪受诏书后,反正闲着无事,就反复研读这份诏旨。他对王癸癸说:"下官在朝廷三年,尚是知得主上底圣意,端的是愿和而不愿战,唯是虏人驱逼太甚,不得已而应战。如今细味诏旨,其中教宰执条具'攻战之利,备御之宜,措置之方,绥怀之略',便见得圣意如初。"王癸癸不解地问:"老汉怎生见得此十六字便是官家欲和之意?"秦桧说:"一年之间,虏、伪军三败,王师三胜。主上本与虏人有不共戴天之仇,自当访问臣僚以恢复底大计。如今诏旨中既有'备御之宜',是欲守而不欲攻,而'绥怀之略'便是仍有与虏人讲好底意思。"

王癸癸轻轻地抓了一下秦桧的髯子,笑着说:"老汉底见识煞是过人,然而当怎生上奏?"秦桧明白,这是悍妻对自己少有的表彰,他说:"此回上奏非比寻常,须是待下官深思熟虑。"

秦桧接连琢磨了四、五天,数易其稿,才最后写成一篇奏疏,他高兴地对王癸癸朗读一遍。王癸癸毕竟是妇道人家,听不出此奏的奥妙所在,问道:"老汉,此奏妙在甚处?"秦桧解释说:"如今朝廷之上,主战者多,愿和者少,况当虏、伪新败之余,士气甚盛。如是明言讲和之利,便是赵鼎、张浚,亦是难于赞许。此奏之妙,在于模棱两可,然而主旨委是主和不主战。"王癸癸又把奏疏看了一遍,秦桧再作进一步解释,说:"此奏之妙,在于将挞懒监军退走淮北,虏人放王伦归来等,皆归之于下官倡议讲和之效。"王癸癸笑着说:"老汉善于将张荣、吴玠等人底战效,窃为己有。"秦桧笑着说:"汉时民谚,窃钩者诛,窃国者侯。下官料得,此等偷天换日底文字,主上与赵鼎、张浚等人必不深究。"

王癸癸又想起一件事,说:"去冬有一相士,言道老汉今年必有喜事,莫非便是此奏?"秦桧经她提醒,也满心欢喜,说:"此处城隍庙,香火甚盛,国夫人莫须为下官求神问卜。"秦桧所以那么说,是觉得自己为了官场前程,前去求神问卜,多少有失澹泊寡欲的体面。王癸癸说:"求神问卜,须是诚心,老汉前去,又有甚人知得你为甚事?"

于是秦桧夫妻带着婢仆,乘坐两座轿子,直到温州城隍庙。温州城隍庙赐敕额灵通庙,庙神是顺利显应侯。庙祝听说前任宰相秦桧前来,急忙出迎和唱喏。秦桧用话掩饰自己此行的目的,说:"下官闲坐无事,闻得顺利显应侯护佑一方,特来进香。"他吩咐砚童赏赐庙祝五贯铜钱,庙祝千恩万谢,引领秦桧夫妇来到正殿。秦桧焚香默祷,然后命令庙祝取来两块蚌壳形的竹珓,将竹珓掷地,只见两块竹珓一仰一俯,庙祝当即喝彩:"秦相公大吉大利!"秦桧和王癸癸也都无法克制,面露喜色。王癸癸当即吩咐兴儿再赏庙祝三贯铜钱,然后夫妻出庙门上轿。

秦桧在轿子里又想到一件事,回家后,就请王癸癸给王继先送一份礼品,命令砚童携往行在平江府,打探消息。几天夜间,秦桧接连做起自己重新回到朝廷的美梦。他与王癸癸急不可耐地等待着行朝的消息。

[壹壹]
四大帅朝见

　　金与伪齐退兵的消息传到行在平江府，已是绍兴五年正月初三，宋高宗的忐忑不安的心总算安定下来，有了欢度新春的兴致。他对张去为说："朕蒙祖宗庇佑，此回亲征，一举破虏、伪大兵。虽是行宫狭隘，元旦已过，往时东京元旦大庆殿朝会底规模，不得追拟，然而今宵须于行宫齐雲楼设宴庆贺。此后立春，进春牛入禁中鞭春，元宵灯会，亦须在行宫稍行东都礼俗，庶几稍复旧观，渐致中兴。"原来在东京开封有立春鞭牛的旧俗，大内和开封、祥符两县衙前，各用鼓乐将一头小牛迎入，鞭死之后，分食牛肉，人们吃到一块，就意味着全年吉祥如意。人们互赠的物品有春幡、雪柳、剪绺和捻金丝图案，所谓雪柳，是用素绢或白纸做成的假柳枝。前面引李清照《永遇乐》词中的"捻金雪柳"，就是指此种风俗。张去为当然明白皇帝的用意，应答说："小底领旨。"

　　当夜在齐雲楼举行宫廷宴会，张去为谙熟宋高宗的脾胃，知道光是二十名浓妆艳抹的宫女，是不足以使皇帝尽兴的。平江府是个大地方，六年前完颜兀术率金军进行的大破坏，创残未复，但要找到一支妓乐队，还是不困难的，然而要将妓乐引入行宫，肯定要遭台谏官的劾奏。聪明的张去为找王继先商量，把王继先私家的八人女乐队临时秘密引入行宫，并且事先口奏皇帝，以免自己承担责任。宋高宗听后高兴地说："何不教王继先亲自率女乐入行宫，为朕助兴。"他停顿了一下，又嘱咐说："然而此是禁中事，不得外泄。"当夜行宫的秘密宴会十分欢快，宋高宗仔细观赏了王继先的八名女乐，又选了其中一人充宫女，当即陪自己夜宿。

直到行宫元宵灯会之后，及时行乐的宋高宗才真正有心绪处理政务。依照诏旨，前任宰执纷纷上奏，等他们的奏议到得差不多，宋高宗利用一个闲暇时间，命令张去为一份一份为自己朗读。张去为清楚，在前任宰执中，皇帝最有好感的是吕颐浩和朱胜非，两人是在过去最困难的时期辅佐自己渡过难关，就先念吕颐浩的上奏，奏中说：

> 虏性贪婪，吞噬未已。古者交兵，使在其间，既不可因战而废和，又不可因和而忘战。臣事陛下之久，出入将相已逾五年，平日尝以谓若不举兵，则必不能还二圣，复中原。决不可苟暂时之安，而忘北向争天下之事。

吕颐浩奏中还提出不少北伐的具体建议。宋高宗听完后，就命令说："可为朕读朱胜非奏。"于是张去为又取出朱胜非的奏疏，他的奏中说：

> 今内外劲兵无虑三十万众。兵既众矣，患无可作之气，今则勇气可作。气既作矣，患无可乘之机会，今则机会可乘。不于此时，速谋进取，使既作之气复堕，当乘之机复失，以数年尝胆之勤，为一旦噬脐之悔，可胜惜哉！

宋高宗听完后，又想了一下，命令说："且听李纲怎生上奏？"于是张去为又找出李纲上奏，为皇帝朗读，此奏的语言当然比前两奏激烈：

> 窃愿陛下勿以贼马退遁为可喜，而以僭逆未诛，仇敌未报为可愤；勿以保全东南为可安，而以中原未复，赤县神州犹污腥膻为可耻；勿以诸将屡捷为可贺，而以军政未修，士气未振，尚使狂寇得以潜逃为可虞。大概近年所操之说有二：闲暇则以和议为得计，而以治兵为失策；仓猝则以退避为爱君，而以进御为误国。上下苟且偷安，不为长久之计。臣夙夜为陛下深思，所以为善后之策，无他，在尽反前日之所为。臣愿陛下自今以往，勿复为退避之计，勿复遣和议之使。

宋高宗听到此处，就再无耐心，厌烦地说："不需再读！"于是张去为马上停止朗读。宋高宗想了一下，说："且取汪伯彦底奏疏，由朕躬览。"张去为又进呈汪伯彦的上奏。汪伯彦的上奏别具风格，他虚拟了"决战将军"与"万全元老"的争论，最后以"决战将军"被"万全元老"说服而告终。他借"万全元老"之口说：

> 御戎之要，来则惩而御之，去则守而备之，不贵追也。未可急追，

以侥幸一时之功。恢复之计，不患逆刘之难除，患金狄之未衰，不患金狄之未衰，患吾措置有失缓急。与其急于目前之追奔，不若修政，以为善后之计。

宋高宗读到此处，下意识地说："汪伯彦虽是辜负朕底委寄，毕竟曾在元帅府与朕共历患难，老成持重，深契朕心。"他感觉读奏疲劳，又命令张去为说："且取秦桧底奏疏，为朕诵读。"张去为又将秦桧的上奏取来，念了一遍。宋高宗没有发表什么评论，但张去为察颜观色，认为皇帝还是赞许此奏。最后，宋高宗命令张去为说："可将旧大臣底上奏交付政事堂，教赵鼎、张浚等传阅，深思熟虑，待三日后面对，朕当与众大臣共商国计。"张去为退殿后，先去政事堂交差，然后又抽空找到王继先，向他透露皇帝的意向，王继先又马上派心腹去温州，给秦桧夫妻通风报信。

当时，胡松年因与赵鼎、张浚等政见不合，请求罢政，得到宋高宗批准，离开了枢密院，在任宰执只剩下赵鼎、张浚和沈与求三人。他们详细研究了前任众宰执的上奏，面对宋高宗。右相赵鼎首先口奏："臣等参详众人奏议，李纲虽是忠君爱国，然而持论孟浪操切。虏人自来以和议佐攻战，大宋亦可遣使不忘恢复，通问二圣，须是教天下知得陛下孝悌之心。"宋高宗高兴地说："朕亦是此意。去冬虏、伪兴兵，尚且命魏良臣等出使，如今虏、伪退兵，正宜遣使，体探敌情。卿等可曾选得使人？"张浚说："臣等以为，虏、伪无故举兵，又教魏良臣等转述无理邀求，此回须是降低使人底官品与礼意。依臣等所拟，此回教修武郎何藓前往金国军前，唯以奉表通问二圣为名。"修武郎只是正八品小武官，官位不能与魏良臣的暂假工部侍郎相比。宋高宗说："便依卿等所奏，朕此回不召见何藓，教他目即出使，旨在体探敌国虚实。然而虏人若是回心转意，愿与讲好，亦不当推拒，须是以诚相待。归来之后，朕不吝重赏。"赵鼎说："臣等领旨。"

宋高宗又问："卿等商讨，如今须以甚事为先？"赵鼎说："臣等以为，虏、伪匆遽退兵，兵力未有大损，未可急图。自古攘外必先安内，须以平杨么为先。"张浚补充说："杨么窃据洞庭湖，猖狂累年，又与伪齐结连，壅遏漕运，堵塞上流，如今已成大宋心腹之患，不先戡平，便无以立国。"宋高宗说："卿等所言甚是，不知卿等所拟，以何人为将？"沈与求说："去秋朝廷已下指挥，命岳飞兼潭州制置使。臣等以为，不需另命他将。去冬臣等依奉圣旨,教岳飞暂时驻军池州,另候朝廷指挥。陛下正宜召见岳飞,晓谕他为朝廷成此大功。"

宋高宗说:"既是恁地,卿等可速下省札,召岳飞赴行朝。岳飞此回援淮西,战功非细,宜有封赏,以激励他另立新功。"沈与求说:"方今如刘光世、张俊诸大将骄惰,唯有岳飞锐于功名。臣愚以为,当与他两镇节度使,以示陛下用心选擢良将底圣意。"张浚却表示异议说:"臣以为,岳飞虽是良将,亦当示陛下驾驭之术,封赏不宜过优,过优易生骄慢之心。"宋高宗说:"岳飞已是节度使,便与他两镇,赏典亦不为过优。"赵鼎说:"两镇节度使是希阔之典。岳飞原是列校,一旦蒙圣恩超擢,与刘光世、韩世忠、张俊同列,臣切恐他们内心不能平,易生嫌隙,非朝廷之福。"沈与求说:"吴玠已是封两镇,岳飞又有何不可?封赏岳飞,正利于警诫刘光世、张俊等人,不得养敌玩寇,须是为朝廷效力。"宋高宗说:"日后若另有功赏,韩世忠等三大将可兼三镇,而岳飞与吴玠便以两镇为限,以示与勤王功臣底区别。"于是三个宰执停止了争议。

赵鼎又奏:"刘光世近日上奏,陈乞将原在淮东田三百顷与淮西对换,又陈乞其妾许氏、宁氏、吴氏并封孺人。台谏官论奏道,他在淮东时,兼并民间膏腴田土,招致百姓失业,人所共知。淮西累经兵火,正须存抚百姓,刘光世未为朝廷措置丝毫利民底事,却以换易私田为先,必是扰民,强夺百姓田地。又自来外命妇封赠,并是臣僚底正妻,如今陈乞封妾,亦是无此体例。"张浚用略带气愤的口吻说:"刘光世身为大帅,唯是图一己之私,何尝体恤国难。"沈与求说:"岳飞属官以私事陈请朝廷,便奏乞陛下加罪,士大夫莫不称美,以为他有国士之风,与刘光世底上奏适成对照。"

宋高宗说:"方今以军事为重,武人不知礼义,外命妇区区小事,不足深较,朕今特旨,将刘光世许氏等三妾并封孺人。岳飞母亦系朕底特恩,仍旧封国夫人。"张浚说:"先贤有言:'唯器与名不可以假人。'如是俞允刘光世,他日韩世忠与张俊依例陈乞,便当如何?"宋高宗说:"此回退虏、伪大兵,韩世忠勇于战斗,可教韩世忠与张俊依刘光世新例陈乞,朕悉与外命妇封赠,以示一体。"到此地步,三名宰执再也无话可说。

宋高宗嫌住在平江府不如临安府惬意,决定回銮,他命令张去为召冯益护送六宫,速回临安。在临行前必须做的一件事,就是召韩世忠、刘光世、张俊和岳飞四大将入朝,让他们叩谢圣恩,并部署今后的军事计划。

四大将中,以岳飞到得最晚,已是二月初。他抵达平江府的当天,三名宰执就在南园的熙熙堂内设宴,招待四大帅。七人各一张食桌,按照尊卑体制,赵鼎居中,左右是张浚和沈与求,三人面南而坐,韩世忠和张俊坐东面西,而刘光世和岳飞坐西面东。惟有刘光世还是按自己假斯文的旧例,穿戴儒巾儒服,其他三人都是武人戎装,韩世忠和张俊穿的是罗袍,而岳飞按自己节俭的惯例,只穿麻布袍。赵鼎以宰相的身份起立,离开座位,为四大帅斟酒和敬酒,他知道岳飞不可以饮酒,只是为他另斟鹿梨浆。

四大帅中,韩世忠最不拘礼节,他大饮大嚼,不断地吐舌头乱说,旁若无人,而岳飞本来就不喜欢多说,他自知本人在军界的资历最浅,现在竟与另外三员大将平起平坐,就格外拘谨。他也明白,自己升迁太快,容易遭致另外三人的忌妒,所以更有意显示谦和的态度,但在谦和之中,仍保持不卑不亢。事实上,韩世忠和张俊确已对岳飞有嫌忌之意,韩世忠又曾与刘光世发生过争吵,加之韩世忠和张俊本来私人关系好,座位靠近,正便于说话,而有意不理睬刘光世和岳飞。刘光世对岳飞倒是另一种态度,他对岳飞并非没有嫌忌,但认为自己的军区与岳飞的军区毗邻,将来有事,还须依仗岳飞帮助,所以反而主动与岳飞说话,表示某种程度的亲近。

赵鼎有意试探说:"你们以为,虏、伪退兵以后,当以甚事为先。"韩世忠首先回答:"自家愿统本军,先取京东地分。"张浚说:"刘豫兵衰,取京东不难,下官唯恐淮东残破之余,粮草难以接济。"韩世忠说:"粘罕教大宋不得在淮南屯兵,岂有此理!自家底意思,不如乘机在楚州屯兵,然后徐谋北上。"沈与求说:"楚州扼运河要冲,委是兵家必争之地,足以遮蔽扬州与江南,然而创残太甚,若要披荆斩棘,重立军府,亦是极费事力。"韩世忠慷慨地说:"圣上不吝高官厚禄,养得自家们,唯是图恢复,下官岂得不宣力,愿亲去楚州,建立军府。"三个文臣都点头称是,岳飞心中也表示敬佩。赵鼎说:"屯兵楚州底事,须是取圣旨。"

张浚又把眼光转向刘光世,问道:"刘太尉有甚计谋?欲怎生经理淮西?"刘光世根本没有任何思想准备,他也根本不想效法韩世忠,带兵屯驻淮西某地,一时被问得张口结舌,韩世忠忍不住,说:"刘三,你何不统兵驻庐州？"刘光世到此不能不回答，他说："下官愿统兵驻太平州，拱护行在。"听到他只求驻兵江东的太平州，不敢去江北，且不说其他五人，就是连岳飞也微露鄙夷不屑的表情，却都没有说话。

赵鼎说："朝廷已是定议，乘虏、伪退兵之机，先剿灭湖寇杨么。"说完，就有意把目光转向张俊，张俊当然是聪明人，他的惟一应付之方，就是不予回答。韩世忠又忍不住，说："张七，你以为当怎生扫除湖寇？"张俊只能说："依自家底意思，官军皆是西北人，擅长陆战，而洞庭湖浩渺深阔，湖寇擅长水战，王三十以数万大兵前去，亦是损兵折将。下官以为，若欲平定，便不得限以岁月。"王三十是败将王璎的排行，沈与求追逼一句："如是张太尉率神武右军前去，须以何年为期？"张俊望着岳飞说："朝廷既已命岳五为潭州制置使，又何须问我？"张浚也转而望着岳飞说："岳太尉有甚计议？"

岳飞说："国势艰窘，下官身为臣子，岂敢辞难。下官自去秋受命之后，便欲亲往湖湘，察看形势，旋即因虏、伪进犯，下官只得罢行。依下官之见，杨么依仗大江深湖，操舟出没，陆耕水战。因洞庭湖深阻，官军出兵，常趁秋冬水落底时节，此时正宜湖寇收藏粮食，陆袭便入湖，水攻便登岸，巧与官军周旋，常以他们水战所长，敌官军所短，故官军难以取胜。如今若改为炎夏用兵，教湖寇不得陆耕，又断绝粮道，或可取胜。"沈与求听后，不由暗自称赞："岳飞底谋略，端的非他将可比。"

韩世忠问道："岳五破湖寇，须至何年何月为期？"岳飞说："下官不才，未有成竹在胸，然而亦不得迁延岁月，愿以来年秋冬为期。"韩世忠听后，就自己斟满一盏酒，说："今日我代岳五满饮此盏，若是明年破不得杨么，我便须罚你一盏。"张俊有意用怪声怪调说："韩五，若到明年岁末未能扫灭水寇，我亦须罚你一盏。"岳飞却低头不语，事实上，韩世忠和张俊的话当然增加了他的心理压力。

宋高宗急于返回临安，他在次日召见宰执后，又召四大帅面对。四个大帅上殿，伏地叩头，喊"恭祝圣躬万福"。宋高宗赐他们起立，然后说："众卿皆是国之干城，朕所眷倚，此回破虏、伪大兵，卿等宣力，朕心不忘。除超擢官封外，朕今特恩，赐韩、刘、张三卿孺人封号各三人，冠帔各五道，岳卿母仍以特恩封福国太夫人，另赐亲属孺人封号二人，不得辞免。"他所谓"不得辞免",当然是针对不久前岳飞的上奏而发的。

一时四大帅都伏地谢恩,韩世忠、刘光世和张俊面露喜色,惟独岳飞口奏说:"臣奋迹单微,遭际陛下,岂敢逾分。臣母于法,已是封淑人,只缘属官伪奏,妄有陈请,陛下必欲加封,不唯臣终不安心,亦必是取诮公论。伏望圣慈不吝反汗,速赐追还,以尊重朝廷底名分。"岳飞的辞免,使宋高宗增加了好感,心想:"岳飞直是非三个旧帅可比。"但也犯了众怒,加重了另外三人的厌恶感,认为岳飞是有意卖乖,使他们难堪,然而即使是韩世忠,也不能面露不快之色。

宋高宗说:"众卿且起,朕已颁特恩,岂容反汗,你们唯当尽心竭力,报效朕躬。"韩世忠等三人随声起立,唯有岳飞反而尴尬地跪着,站又不是,继续跪也不是。宋高宗看出岳飞的窘态,就说:"朕知岳卿是孝子,如今便是成全卿底孝心,教卿移孝尽忠,辅朕成中兴之业。卿须遵朕圣旨,可再行谢恩起立。"岳飞伏在地上不断叩头,激动地说:"陛下皇恩浩荡,臣虽粗陋,亦稍知义利,窃望陛下慎惜名器。"宋高宗说:"朕将国夫人名号赐予孝子,便是慎惜名器。"岳飞只能说:"臣敢不谢恩,然而亦煞是有愧于心。"然后起立。另外三将之中,以张俊的嫉恨最深,他心里说:"今日方知岳五颇善作场,演唱底竟是甚段杂剧。"原来宋杂剧的演出往往是以"场"和"段"为计量单位。

宋高宗说:"中原未复,二圣未还,朕心慊然。有人告朕,刘光世与韩世忠有些少嫌隙,不能释然于怀。烈士当以意气相许,先国家之所急,而以私隙为轻。今日朕亲为二卿分解,宜释前憾,结欢如初。"韩世忠和刘光世只能再次俯跪在地,说:"臣等烦君父训饬叮咛,敢不遵旨。"宋高宗吩咐宦官黄彦节取来四个金樽,为四大将斟御酒,其中岳飞只斟小半樽,然后说:"卿等与吴玠五人,为国之爪牙,日后战场之上,须是以国难为重,不计私嫌,同仇敌忾,以成大功。"四大帅同声回答:"臣等敢不遵旨宣力!"他们互相望着,一饮而尽。岳飞今天由皇帝出面,暂破酒戒,算是得到了一次难得的甘醇的享受。四个金樽也就分赐给他们。

宋高宗最后对四大帅说:"如今依宰执大臣与卿等所议事理,韩世忠大兵屯楚州,刘光世大兵屯太平州,张俊自今不需扈跸,可屯兵建康。今日与朕辞行之后,明日便赴屯兵州府。岳飞须暂留行朝,随朕归临安,与大臣熟议讨杨么事宜。然后回池州,统大军前往潭州。"于是四大帅退殿。

四人步行出行宫,由于岳飞所住的馆舍与其他三人相距较远,就向韩世忠等三人拱手说:"下官与三位相公告退,恭祝三相公一路顺风,屯兵安妥。"张俊和刘光世也礼节性地拱手还礼,惟有韩世忠却忍不住,用略带愤慨的语调说:"岳五,今日在正殿,力辞国夫人底诰命,岂非是为诋诮自家们为妾请封。"岳飞经他点明,方才恍然大悟,只能辩解说:"下官若是故作姿态,便不须在此前另有上奏,天地当知下官底用心。"韩世忠再无话说,他内心认为岳飞的解释还是有道理的。张俊却只是微笑,用不阴不阳的语气说:"岳五之心,上苍可鉴。"

岳飞回到馆舍,只见李若虚、于鹏、孙革、岳雲等陪着一位客人,原来来客正是薛弼。岳飞经幕僚们介绍,与薛弼行礼寒暄,请薛弼重新就座,薛弼转致李清照对姚氏、李娃、高芸香的通问和谢意,使岳飞更加高兴。薛弼已经向宋高宗朝辞,他准备与岳飞见一面,就登程前往潭州赴任。岳飞见薛弼敏锐机智,就说:"下官误蒙朝廷委寄,前去荆湖措置杨么,日后须薛运判应副粮草,切望务必同心协力,以济国难。"薛弼说:"下官已亲奉圣旨,军须不得缺误,自当勉力从事。"

岳飞又详细介绍了韩世忠等人在酒宴上预设罚酒,薛弼立刻感到,东南三大将其实是在忌妒岳飞,就说:"岳制置为后起之秀,须是以国事为重,屈己待人,以公道解私隙。"岳飞诚恳地说:"下官初见薛运判,便受教良多。此后切望薛运判见下官有过失,不吝教诲。"薛弼听后,相当感动,心想:"闻得岳飞礼贤下士,与诸大将不同,今日一见,果是传言非虚。"岳飞又问道:"此回扫荡湖湘,下官身膺朝廷重托,然而未有破敌底方略,唯愿薛运判赐教。"薛弼说:"下官是文士,不谙军机,待日后到潭州相会,相与熟议平杨么底策略。"双方又叙谈了一会儿,薛弼起身告辞,岳飞亲自相送,热情地握手话别。

宋高宗在此次召见后,随即颁发制词,将岳飞由清远军节度使升镇宁、崇信军两镇节度使。宋高宗在二月三日启程,乘船沿运河南下,岳飞也乘船随行,八日抵达临安府。宋高宗接着又发表赵鼎升任左相,张浚升任右相,两人都兼知枢密院事、都督诸路军马。宋高宗经与两宰相商议,决定张浚也亲往湖湘督师。宋廷又发表岳飞改任荆湖南、北、襄阳府路制置使,神武后军都统制。宋高宗为显示特恩,又发表岳雲为阁门宣赞舍人,岳雷为阁门祗侯,算是皇帝的名义上的武人侍从。岳飞虽然为此专门上奏,但皇帝的圣恩又是不容收回的。

岳飞向宋高宗朝辞后,立即回馆舍修短简两封,一封给姚氏,另一封给李娃,他怀念母亲,也怀念可能在今夏分娩的妻子,召岳雲说:"我原以为援淮西后,便得归鄂州,如今归不得,须是径去潭州。你可骑逐电骠速归鄂州,问候婆婆、姑姑、妈妈、六婶诸人,言道我不得归去孝养,恭请妈妈恕罪。然后再速往潭州。"他无法对儿子说出口的,是不能归去服侍李娃生育,也是有负于妻子,需要请她谅解。岳飞又请李若虚、于鹏、孙革等人也写了家书,由岳雲一并带去。

岳雲动身后,岳飞又想了一夜,第二天找幕僚们商议,他说:"征讨杨么,须是请智计之士,下官底意思,须是恭请赵丈。"于鹏说:"岳相公目即军务倥偬,不如下官前去常州。"岳飞说:"有劳于干办。"就亲自写一封短简,交付于鹏,说:"请于干办致意赵丈,下官难以亲去迎请,乞赵丈恕下官无礼。"于鹏说:"赵丈与岳相公知心,至亲至密,自当体谅岳相公礼敬底苦心。"他急忙离馆舍动身,去迎请赵九龄。翌日,岳飞与幕僚们也启程前往池州。

[壹贰]
初 到 潭 州

岳飞回池州后,就亲率援淮西的全军,南下潭州。临行前,他对众将下令说:"钟相、杨幺前后猖獗六年,只缘官府苛政猛于虎,百姓失业,遂惑于钟相妖幻之术,聚众逃生底便络绎不绝。官军征剿,亦是全无纪律,奸淫掳掠,无所不为。此回出军,须是教湖湘百姓知得自家们是仁义之师,务须厉行军纪,有违犯底,立斩无赦!"众将齐声回答:"谨遵岳相公底严命!"

大军出发,自春徂夏,江南连着阴雨天气,时而是倾盆大雨,时而又是绵密细雨,道路泥泞不堪,给行军带来极大的困难。岳飞下令,所有的将领和骑兵要爱惜马力,不得骑马,大家徒步在泥泞中行军。岳飞本人也光着脚,牵着骑乘的一匹白马,驮载病号,在没膝的泥淖中跋涉。原来在援淮西前,宋高宗所赐的铁鬃骓已经病死,所以岳飞只能另外挑选了一匹白马作为骑乘。按岳飞的命令,全军中只有李若虚和孙革两名士人可以骑马,但李若虚和孙革也不愿受特殊照顾,同样牵马步行。尽管全体将士遭遇如此恶劣的天气,十分艰苦,但还是执行严格的军纪,夜间休息时,不得擅自入民舍避雨。岳飞和众将也常陪着军士们露宿。沿路有百姓听说天下闻名的岳家军前来,向将士们馈赠酒食,也即时付钱。岳家军行进到离潭州地界不远,天气才转为晴霁。洞庭湖一带与江南东、西路不同,自元旦以来,就一直没有下过雨。到春末夏初,已出现了少有的大旱。

岳家军来到浏阳县,有荆湖南路安抚司统制任士安与统领陈照、马準、李建在县城迎候岳飞。任士安所部是由李纲从福建路带来的,如今是荆湖南路安抚司诸军的中坚。岳飞在县衙会见任士安等将,按照朝命,荆湖南路的部队都归岳飞节制。任士安等四人向岳飞唱喏毕,岳飞命令他们坐下谈话,询问一些情况。岳飞说:"去冬有黄诚下头领周伦上申状于岳州,言道只是为鼎州太守程昌寓驱逼,不得已而为盗。如今当职统大兵前来,恭奉圣旨,须是行且招且捕之计。当职部属全是西北人,不知楚地方言,不如你们派遣一个当地人,前去贼寨晓谕朝廷底恩意。"

任士安马上为岳飞找来本军的一个小武官、承信郎李遇。李遇进入县衙大堂,见岳飞伏地叩头,战战兢兢地说:"岳相公遣男女前往招安,男女不敢不行,然而此行便似以肉喂饥虎。男女唯愿引颈受岳相公底剑,不愿受逆贼底侮辱。"岳飞惊讶地说:"李承信岂得出此言语!"李遇说:"男女知得,大官人们屡次遣使入贼寨,皆被贼人杀害。便如李丞相名满天下,遣使人朱询前往,亦是有去无归。"岳飞听说连李纲所派的使者也被杨么军所杀,不免震惊。他想了一下,大声说:"李承信且起,我与你借补二官,为保义郎,你此回前往,必是生还!"到此地步,李遇不能再说什么,只得起立应答:"男女谨遵岳相公将令!然而男女若是不得生还,切望岳相公厚待自家底老小。"岳飞说:"你休得将信将疑,便是湖寇全不受招安,你回归时,我亦当为你庆功。"于是李遇只能携带十副招安用的旗、榜等物,率两名军士同行。

四月初,岳家军由任士安一军陪同,来到潭州城。知州兼安抚使席益与转运判官薛弼等到城东浏阳门外出迎,席益曾在朝廷任参知政事。按照席益等人的安排,军队屯驻潭州北城外,依傍浏阳水设寨,而岳飞的制置使司临时设在城里的州衙。浏阳水就是现在的浏阳河。岳飞谢绝说:"下官到此,已是劳扰席参政与众官人,况且身为主将,自当与军士同甘苦,制置司不如便设在营寨,以便措置军务。"席益是执政级的文官,他其实也不愿意岳飞占用自己的衙门,稍作谦让,就顺水推舟,让岳家军在城外设制置司。

岳飞扎营的翌日,就率领一批部将和幕僚从潭州城北湘春门入城,拜会席益等人,席益设酒宴招待来客。大家边吃边商谈军事,岳飞谦恭地说:"下官所部不习水战,众官人与湖寇相持累年,熟悉地理人情,有甚良策,下官当洗耳恭听。"席益说:"洞庭湖浩荡,湖深水阔。环湖有潭、岳、澧、鼎四州,而杨么水寇盘踞湖西鼎州龙阳与沅江二县,设三十五寨,港汊甚多,又贼徒依仗大车船,行驶甚速,官军难于抵敌。目即在湘阴县沿湖造三十六丈大车船,广四丈一尺,高七丈二尺五分,更大于贼船,然而尚未造就。"

岳飞又问:"闻得贼徒底车船如陆战阵兵,海鳅船如陆战轻兵,计有多少战船?"原先在鼎州与杨么军作战的武将杜湛,现在新任都督府左军统制,他最熟悉杨么军的情况,应答说:"湖寇原有二十九艘大小车船,绍兴三年,为与李成结连,又另行打造十五艘。海鳅战船计有五百余艘,另有小渔船等无数。杨么所乘二十四车大船名叫'和州载',钟子义所乘二十四车大船名叫'浑江龙',装饰龙首。车船以人力踩踏车轮,轮翼激水,端的是快捷如羽鸟。车船上有拍竿,上缚巨石,下设辘轳,官军船小,稍近贼船,即被拍竿击碎。另以二三尺坚木,名叫'木老鸦',与矢石一并投射。王四厢便是中流矢与木老鸦受伤。"王四厢就是败将王㻛,他有龙、神卫四厢都指挥使的虚衔,所以人称"四厢"。岳飞听后,更明白此次战斗的困难。他不再提问,只是默默地吃食。

薛弼见大家不语,就笑着说:"下官见得小孩儿游戏摸鱼,而理会得一个道理。"他吩咐吏胥取来一大盆水,水里放一尾约半尺长的鱼,旁边又放一个水桶。吏胥往盆里加水,那条鱼纵鳍恣意畅游,难以用手捕捉。吏胥又把盆里的水不断舀到桶里,最后,那条鱼就根本无法行动,任人抓捞。岳飞看后,已明白薛弼的用意,向他发出了会意的微笑。赵不尤也同样明白薛弼的用意,他补充说:"如今荆湖一带天旱水落,此正是良机。"岳飞用眼神向他表示赞同。

岳飞回营思考了一夜,次日天明,又与众将和幕僚们商议,然后召见了参加此次军事行动的各军统制和统领。原来宋廷拨付岳飞指挥的各军,有荆湖南路安抚司任士安、郝晸、王俊、吴锡等军,计有二万余人,江南西路安抚司统制祁超等军,共八千五百余人,杜湛所率蔡州兵和鼎州乡兵,计有九千余人。其中王俊是范琼的心腹,参与杀害姚友仲和吴革,后又对范琼倒戈,这在本书第一卷和第三卷中已有介绍。吴锡曾随岳飞破曹成,这在本书第四卷中也有叙述。另外,还有刚接受朝廷命令,编入岳家军的原荆湖北路安抚司统制崔邦弼和颜孝恭,也统兵前来潭州。这些将领应召前来参拜岳飞,向主将唱喏。

岳飞端坐在大帐中,神情十分严肃,他用申诫的口气说:"当职奉朝命,统兵肃清湖湘。当职已知得,你们所统官军,纪律败坏,骚扰百姓,百姓伸冤无门,往往逃往贼寨,投归湖寇。你们又不服王四厢底号令,拥兵玩敌,胜不相庆,败不相救。你们既已受我节制,尤须申严军律,若是依前怠慢,须知军法无情。自今而后,所统部曲再有侵扰百姓,便是掠取一钱一物,立斩无赦,统制亦须依法杖责。不服号令底,坐观胜负而不出援兵底,亦是立斩无赦。"众将都明白岳飞非王瓔可比,大家只能毕恭毕敬地齐声应答:"小将等听候岳相公底号令,不敢有违!"

岳飞接着说:"当职初到湖湘,不明地理,不须急于用兵。如今须是分遣军马,把截要路,断贼人粮道,严行禁止博易。崔太尉听我号令。"崔邦弼应声而出。岳飞说:"崔太尉可统本军防拓南阳渡。"崔邦弼应答说:"小将遵令!"岳飞又命令郝晸军屯守桥口镇,王俊军屯守益阳县,吴锡军屯守湘阴县,祁超军屯守澧州安乡县,统领马準率所部屯守岳州华容县,颜孝恭军增戍岳州州治巴陵县,只留下任士安和统领陈照、李建一军,还有杜湛一军,作为机动出战兵力。岳飞说:"杜太尉、任太尉与陈、李二统领随当职前往洞庭湖滨,体探形势,然后杜太尉回归鼎州,统本部人马把截要冲,另候当职底军令。"众将散去,各自统军奔赴防区。

岳飞分遣诸军已毕,就准备与本军的部将、幕僚、随同任士安、杜湛等人前去洞庭湖滨视察,有亲兵报告,说:"岳小官人已到营寨。"岳飞说:"叫他入来。"岳飞离家已有几月,他确实也急于知道母妻等人的情况。岳雲进入,拜见父亲和众官员,他从鄂州前来,带来了三条重要消息。第一条是李娃已经生育了岳飞的四子,按照岳飞离别前的约定,取名岳震,母子平安。第二条却是噩耗,知信阳军舒继明遭伪齐军袭击而牺牲。第三条是太行山忠义保社首领赵雲突破敌人封锁,来到鄂州,现在又与岳雲同来营寨。

原来自从伪齐军从淮南败退而归,刘豫父子十分颓丧,李成却来到开封大内求见。刘豫在文德殿召见后,李成提议说:"目即岳飞统大军去淮西,襄阳府等地兵力不足,正宜用兵,便是掠取小利,亦足以鼓舞士气。"

刘麟说:"闻得襄阳城有李道率选锋军把截,切恐难以成功。"李成笑着说:"攻便须攻其不备,襄阳是重镇,城守坚固,又须先取唐、邓二州,如何可攻?唯有信阳军城地僻,打探得目即只有舒继明率军兵一百人守备,若是速战速决,得胜便行退兵,岳飞大军必是救援不及。"刘豫不由拍手说:"此计大妙!既是恁地,朕便授卿全权,经营信阳军。"李成说:"若是发遣军马太多,便不得收奇袭之效,可命商元统精兵两千前去,足以成事。"商元一直是李成的部将,李成自己不亲行,而让他出兵,既有提拔的用意,也准备万一失败,自己又可免于再次贬低声价。

于是商元率两千伪齐军秘密潜行。二月末,他们临近信阳军城,准备了云梯等攻城器械。为了达到突然攻击的目标,商元决定不从北城发动进攻,而是乘黑夜从东城发动进攻。伪齐军经过半夜的急行军,在三更到四更之间,抵达信阳城东。舒继明只有一百军士,另外还组织了当地二百名民兵。他每夜都住宿在北城的望淮门城楼,并且绕城巡视一周。但他事前确实没有侦察到敌军的动向。密集的伪齐军向东城发动突然袭击,就很快登上城头,并且打开了迎熏门,向城里拥入。

舒继明在仓促之间,挥兵迎战,却是众寡不敌。战到天明时,舒继明的战马也中箭倒毙,他只剩下十三人,退到城南浉阳门楼。伪齐军蜂拥而上,舒继明展弓射箭,箭无虚发,将前列的敌人纷纷射倒。商元指挥伪齐兵团团围住浉阳门楼,下死令,驱使伪齐兵不顾死活,向城楼进逼。最后,舒继明箭矢用尽,只能挥动斩马刀,与敌军进行近距离搏战。他舞刀接连劈死十多名敌军,却身中三枪倒地,力屈被擒,其他十二人也全部战死。

商元得手之后,也不敢在信阳军城久留,他下令将舒继明全身捆缚,用两匹马驮载,然后带领人马,奔回开封城,以便报功。他们来到信阳军地界北部一个名叫史陂的地方,稍事休息。商元坐在一个土墩上,命令军士把舒继明腿部的粗麻绳解开,押上前来,用揶揄的口吻说:"自家素知你身高力大,号称金刚,箭无虚发,然而今日虽是伤得不少长行底性命,却是就擒。若是日后投拜大齐皇帝,尚得与你做同僚。"舒继明啐了商元一口,说:"我生为大宋人,死为大宋鬼,岂得侍奉逆贼,你可速杀我!"说完,竟冲上前去,猛踢一脚,把商元踢翻在地。他大吼一声,企图挣开绑绳,却被伪齐兵乱枪刺死。

岳飞得知舒继明的死讯,长久地凝噎不语,最后,还是滴落了两行英雄泪。他悲痛地说:"舒知军早在河北西路招抚司时,便与自家同袍同泽,九年以来,上战阵无不勇往直前,屡立战功,如今为国捐躯,虽是大丈夫死得其所,下官岂得不为他吊唁致敬!"当即命令营寨里临时布置简单的灵堂,为舒继明致哀尽礼,并且上奏宋廷,为舒继明请求赠官恤典。岳飞办完了舒继明的丧事,才单独召见赵雲。

赵雲和梁兴、李进组织太行山忠义保社,并且支援过徐庆军的南撤,这在本书第二卷已有交待。他们从靖康元年,就率领民间抗金武装,转战各地,前后正好十年。忠义保社与敌人战斗达几百次,光是杀死金军五十夫长以上的头目即达三百余人。自从宗泽死后,河北和河东的许多支民间抗金武装受到金军的严厉镇压,有的溃散,有的南逃,也有少数头领投降,却仍被处死。惟有忠义保社独树一帜,仍然在北方艰苦地支撑着。

金朝占领河北与河东后,河北仍旧分成东、西两路,而将原宋朝的河东路分成南、北两路。为了剿灭这支武装,金朝集中了河北西路和河东南、北路三个总管府的兵力,却仍然无能为力,就只能采取招降手段。完颜粘罕曾特命心腹萧庆以平阳府尹兼河东南路兵马都总管的身份,督率耶律马五等将,全权负责对付忠义保社。萧庆打听到梁兴和赵雲父母的下落,就把梁兴的父亲梁建和母亲乔氏,赵雲的父亲赵福和母亲张氏分别逮捕,押到绛州垣曲县城。

萧庆特别下令,不得难为这四个老人,并且亲自赶到垣曲县城。这两对老年夫妇都是普通农民,他们被押到县衙大堂。萧庆面南而坐,他用客气的语调介绍自己的官衔,然后说:"四位阿公、阿婆,下官前来,只为你们底儿子非凡了得,大金国相甚是器重,如是他们归顺,当授予他们河东南路与北路副总管底高官,誓不相负。"四个老人都拒绝回答。总管府判官邓奭是辽东汉儿,他说:"萧相公位高势重,他如今屈尊到此,你们须是感荷他底美意。大金军马天下无敌,你们底儿子与大金军马相抗,终是难免一死。他们底荣辱生死,便在你们底一意一念、一言一语之间。"

梁建开始说话:"自家是一个庄农,无知无识,唯是愿穿戴大宋衣冠,不愿剃头辫髪。儿子因此便与父母同心。自家们夫妇年老力衰,不得上战阵,只得教儿子与大金人马死战。幸得儿子遵从父命。血战到此,又岂知有生死祸福?"萧庆和邓奭再三进行威胁和劝诱,四个老人就是一言不发。这四个生活在社会下层的老人没有文化,不会像士人那样有多少子曰诗云、成仁取义的道理可说。但萧庆终于明白,他们已经有了就死的决心,并且是坚如磐石,毫不动摇。

邓奭忍不住说:"难道你们便不怕死?"赵福回答:"太行山底齐寔、武渊、贾敢投拜了大金,又是甚底下场?"原来这三人也是抗金武装首领,投降金朝后,还是被完颜粘罕下令敲杀。张氏说:"自家既是被驱掳到此,唯是求速死!"说完,四个老人就对萧庆等破口大骂。

萧庆已经理解他们的心思,就说:"我须教你们求生不能,求死不得。"他吩咐将四个老人押往垣曲县东城城头,捆绑在四条木柱上,女墙上分别悬挂四条长麻布,分别写上"贼首梁兴之父梁建"、"贼首梁兴之母乔氏"、"贼首赵雲之父赵福"和"贼首赵雲之母张氏",还命令给他们四人一日三餐喂食。四个老人也很清楚敌人的用心,就拒绝进食,准备饿死。

消息当然很快传到太行山中,忠义保社总计有近三千人,都是身经百战的战士,大家无不激愤,纷纷要求梁兴发兵,营救这四位老人。梁兴毕竟富于军事经验,他说:"我岂不知救自家们底父母,然而虏人以他们做诱饵,必是埋伏重兵,若是鲁莽行事,救不得老人,自家们轻则多有伤亡,重则大败。"李进愤慨地说:"然而你与赵六哥做儿子底,岂得坐视不救。你们不去,我当自去!"赵雲也劝解说:"李二哥,此事须行万全之策,待自家们从长计议。"原来这三个头领,人们习惯依他们的排行称为梁小哥、赵六哥和李二哥。大家经过商量,决定带两千壮士,分三路出兵,夜行昼宿,隐蔽行进。

垣曲县的土城不大,却相当坚实。萧庆亲自坐镇,对城防和伏兵作了周密的部署。一个黑夜,梁兴率六百人出现在东城下,点亮火把,开始进行佯攻。萧庆亲自登城,向城下发射强弓硬弩和抛射炮石。但佯攻的忠义保社军却只是在矢石的射程之外呐喊。双方相持了约一个时辰,按萧庆的命令,垣曲县的北门和南门同时打开,耶律马五率一千铁骑从北门突出,而邓奭也率一千步兵从南门杀出,两支金军准备合围攻城的忠义保社军。耶律马五的部队出城绕行时,就受到赵雲所率六百人的侧击,双方混战。但邓礝的部队却赶到城东,与梁兴军接战,萧庆也下令打开东门,发兵夹攻梁兴军。不料李进率八百人却在此时从西城突入城里。萧庆又命令耿光禄率领预备部队进行巷战。双方混战,直到天明,忠义保社军毕竟兵力少,只能退出战斗,而金军也不敢追击。

这一次战斗虽然彼此打成一个平局,但忠义保社方面战死了约四百人,这不能不说是重大的损失。萧庆感到四个饿得奄奄一息的老人已经无用,就把他们投入狱中。梁建、乔氏和赵福三人终于饿死。惟独张氏,在一位好心狱子的妻子苦劝之下,还是重新进食。张氏所以愿意活下去,是听了狱子妻子的一句劝:"有仇必报,且待你儿子杀尽仇虏,便是死亦瞑目!"

经历了此次攻垣曲县的失败,梁兴等人开始重新考虑出路。梁兴一天召集众人会商,他说:"自家思忖再三,如今虏人势盛,在太行山孤军苦战,终不是长久之计。闻得我大宋岳相公智勇皆备,进兵襄汉,大破虏、伪军,驻军鄂州,离太行最近,须是与他们联结,以报国仇家恨。"赵雲说:"与岳相公联结,甚是紧切,莫须自家前去。"李进表示赞成,说:"梁小哥须是在此主张全军,赵六哥去,最是合宜。"

大家商议已定,赵雲就带了八名战士,备足干粮,携带兵刃,由山间小路曲折南行。他们抵达襄阳府,找到了镇守府城的选锋军统制李道,然后由李道派兵将他们送到汉阳军,同提举一行事务张宪负责接待。此次岳雲到鄂州,正好顺便带赵雲前来潭州。徐庆与赵雲曾在八年前有一面之交,故人相叙,又再次表示感谢当年忠义保社军的援助,两人分外亲热。

岳飞听完赵雲的叙述和介绍,就诚恳地说:"赵壮士艰难百战,誓报仇寇,来此极是不易。然而下官目即误蒙朝廷委寄,讨捕湖寇,亦是一心不得二用。虽是恁地,终不得坐视梁小哥等孤军无援。待下官与众官人计议,须是两全。赵壮士且安歇一夜,下官须是教你不虚此行。"赵雲听后,也感到高兴,说:"两河父老,日夜盼望岳相公早日出兵,救取他们于水火之中。"岳飞说:"当年下官在宗留守麾下,见得他千方百计,连结河朔,而多立战效。下官以此知得,欲收复中原,成中兴大业,便须有连结河朔底大策。"他召来提举一行事务王贵和徐庆,命令他们代自己设宴,招待赵雲和另外八名战士。

岳飞经过一夜思考，找来众人商量，最后又召见赵雲说："下官已上奏官家，你们在太行山聚众抗敌多年，岂得无官封。自家依你所述事迹，今借补梁壮士为从七品武经郎，借补你为正八品敦武郎，借补李壮士为正八品修武郎。"岳飞说完，就由孙革当场呈送给赵雲三份官告。赵雲说："感荷岳相公底盛情厚意，然而忠义保社目即所急，在于岳相公发兵北上，共图中兴大业。"

岳飞说："依目今事势，神武后军须把截襄汉，又分兵征讨杨么，难以另外调发重兵。况且忠义保社军屯泊深山，粮秣不丰，下官便是以大兵北上，无粮秣接济，亦是徒劳无功。"岳飞提到粮秣，也引起赵雲的考虑，他想了一下，说："如是岳相公勾抽得一千人马，便似雪中送炭，到得太行山，粮秣亦足以应付。"岳飞说："便依赵敦武底意思。下官特遣发后军第二正将董荣，于各军选拔一千精兵，随你同去太行。董荣虽是相州临漳县人，曾住太行一带多年，颇知地理，有勇有谋。"赵雲感到兴奋，说："如此煞好！"岳飞当即命令董荣前来，宣布他的新任，嘱咐一番，并且请赵雲向董荣介绍情况。翌日，赵雲和董荣辞别岳飞，率一千精兵，携带干粮、兵器等北上。

[壹叁]
黄 佐 出 降

　　岳飞命令提举一行事务兼中军统制王贵在潭州代理军务,统率各军,自己与左军统制牛皋、右军统制徐庆、后军统制寇成、踏白军统制董先、背嵬军同统制郭青,还有李若虚等属官,只率背嵬一军,在任士安、杜湛等人的陪同下,来到湘阴县的湖滨船场。任士安也是统本军随行。不少北方人虽然也曾到过著名的鄱阳湖,今天面对洞庭湖,在晴朗的天空与炙热的阳光下,水天相接而一色,却是另有一种浩渺无际的景象。李若虚不免感叹说:"杜少陵底诗言道:'吴楚东南坼,乾坤日夜浮。'今日得见,方知他烹炼字句之妙!"更使他们感到惊讶的,是南方人的造船技术。岳飞抚摸着庞大的尚未完工的船体,赞叹说:"不到洞庭湖,怎生知得南人造船之大!此船又怎生下水?"当场有监督造船的官员向岳飞详细介绍车船的构造,以及下水技术。这些北方人无不啧啧惊叹。

　　岳飞命令取来洞庭湖一带的地图,与众人仔细观看,他用手指着地图,问杜湛说:"闻得洞庭湖西,当龙阳、沅江县一带,又名青草湖?"杜湛说:"此是俗名,故地图上不曾标识。"岳飞又问:"闻得湖寇自来紧依众水寨,不敢旁骛?"杜湛回答:"在钟相叛乱时,曾占得环洞庭湖等处十九县。如今杨幺与钟子义唯是割据龙阳与沅江二县。"岳飞说:"此是他们底得计,又是他们底失计。"任士安不解地问道:"怎生底?"岳飞说:"如是湖寇凭藉水战长技,出青草湖,四散窜犯沿湖各地,倏往忽来,影踪无定,王师便是把截得岳州君山、艑山、湖口等洞庭湖入大江处,亦是难于剿灭。"他用手指压住地图上沅江县突出湖中的陆地半岛和对岸,说:"若是将湖寇封锁于青草湖中,王师便得以调发沿洞庭湖分屯底各军,聚集于青草湖,以求瓮中捉鳖。"众人同意岳飞的见解,但一时却想不出封锁之计。

大家午餐时,有兵士通报说:"于干办回归。"岳飞以为赵九龄一定同行,连忙亲自出迎,不料于鹏竟带来一位不相识的士人。原来于鹏去常州找到赵九龄,赵九龄竟不愿出山,只是向于鹏介绍了士人黄纵。黄纵是平江府人,字循圣,他是近年才与赵九龄相识,但彼此说得投机。岳飞见到士人,总是尽礼敬之意,他抢先向黄纵长揖,然后执着对方的手,请进屋里就餐。于鹏带来了赵九龄的书信,除了通问之外,特别介绍了黄纵颇有学识,并且钻研兵书,很有心得。饭后,岳飞与黄纵单独谈话,并且谈了自己封锁青草湖的想法。黄纵说:"把截青草湖底计议煞好,贱子愿亲去沅江县体探形势,然后定计。"岳飞当即为黄纵借补从八品文官从事郎,委任他当本制置司主管机宜文字。

双方正谈得投机,听得窗外有马的惨嘶声,有亲兵进入报告:"岳相公底坐骑逐电骠病倒。"岳飞听后,大吃一惊,连忙出屋,只见逐电骠已是倒在地上,痛苦地挣扎着,岳飞忙命叫兽医,然而在仓促之中,军中的兽医并没有随行。不一会儿,逐电骠就咽气了。岳飞十分伤心,说:"此宝马是刘钤辖所赠,已随自家征战九年,不料竟是一病不起。"他吩咐将这匹死马就地埋殡。当时人没有现代的卫生观念,吃病死的马肉,也习以为常,岳飞因为不忍心吃这匹宝马的肉,才特命将它埋葬。岳飞亲自为逐电骠掘土掩埋,在葬地上徘徊和感恸了好一会儿。他后来只能在军中另外选一匹黑马,与原有的一匹白马同作坐骑。

为了抓紧战机,岳飞一行又率背嵬军,仍由任士安、杜湛等人陪同,前往沅江县观察形势。新来的黄纵当然也随军同行。

再说李遇硬着头皮,就近来到位于沅江县城以西十宋里的黄佐寨栅。他骑在马上,命令随行的两名军士先到寨门前大喊:"今有李保义奉大将岳相公之命,前来寨中招安。"过一会儿,寨门打开,一个头领亲自出迎,他就是本寨寨主黄佐。

李遇被黄佐带到一间小厅,分宾主坐下。稍事寒暄,李遇当即取出所带的十份黄旗和黄榜,全部交付黄佐。他的内心还是颇有怯意,并不打算走遍各个水寨，逐一传送旗、榜，说："岳相公特命下官前来招安，你须知岳相公底威名，非王四厢可比。若是执迷不悟，切恐岳相公一旦举兵洗荡，众水寨便是玉石俱焚，而后悔莫及。"黄佐还是稍有文化，他接到黄榜后，就认真阅读。

李遇看到黄佐脸上微露惊惶之色，就进一步说："下官所携黄旗与黄榜，请黄头领传送诸水寨，何去何从，便请你与众头领深思。然而军事不得延宕不决，岳相公进军在即，须是从速抉择。"李遇当然不想在寨中多作停留，他见黄佐虽然面露犹豫不决之色，却没有答话，就起身说："下官告退！黄头领如是及早醒悟，归依朝廷，当依黄榜所谕，另得重赏。"黄佐送他出寨，只是在临别时说："恭请李保义代男女见岳相公请安！"李遇完成任务，心理变得十分轻松，他上马后说："下官自当为黄头领转致请安底意思。但愿数日之内，便见得黄头领率众投拜，日后与黄头领同共伏侍朝廷。"

黄佐送走李遇后，就派人沿水路把另外的九份招安旗、榜传送各个水寨。他很快得到通知，命他去宝台山的杨么大寨，商议军事。黄佐想了一下，还是决定乘船前去，以便看个究竟。八十多名水寨头领全部聚集，先举行参拜钟子义和杨么的大礼，然后依次就座。黄佐拿定主意，自己不发一言，只是仔细观察每一个头领的脸色和言谈。

周伦首先发言："去年冬，自家奉黄殿帅命，上状于岳州太守程千秋，言道愿受朝廷招安，复为良民。此只为体探得大齐底李成兵败，岳飞行将进兵湖湘，而做缓兵底计议。如今岳飞果是进兵，他又是非王瓒可比。"他所说的黄殿帅当然是指地位仅次于杨么的黄诚。黄诚与周伦的关系最好，他接着周伦说："依黄榜中所言，岳飞遣兵断绝粮道，教自家们不得收刈稻禾，如是到秋冬无粮，此煞是可忧。"

杨钦说："自家们与其在水寨束手饿死，不如冲突出青草湖与洞庭湖，到大江之上，截取沿江州县底粮秣。赵氏军无车船，无力抵御。"黄诚第一个表示反对，他说："水寨中多有老小，四十余艘车船载得几许人，岂可抛弃老小而不顾，五百余海鳅战船又怎生去大江之上远行？"周伦附和说："自家们依傍得青草湖，设三十五寨栅，便如鱼得水。如是离去，便似鱼离水。"在八十多名头领中，竟有大多数表示赞成黄诚和周伦的意见。

杨么说:"你们尚是看岳飞底榜文,我却是不看。我料得,岳飞虽是陆战骁将,自家们依凭车船与水势,他亦是奈何不得。宝台山底藏粮足以应付两年,何惧岳飞围困。"杨钦说:"自家底水寨若是夏秋收刈不得早稻与晚稻,今冬便须断炊。"其他头领也纷纷发表同样的议论,黄佐暗自统计一下,竟有二十五个水寨有相同情况,连同本寨,就有二十六寨。

杨么听了众人的诉苦,有些怒意,说:"若是岳飞遣兵袭扰,可一面抵御,一面教老小收刈。你们回寨后,可与众爷儿言道,钟老爷神灵在天,自当护佑爷儿们,杀退岳飞。"由于他们称钟相为"老爷",所以凡是"拜爷"和"入法"的信徒,就称为"爷儿"。杨么的说法当然难以打消众头领的疑虑,但大家也不好再说什么。

当晚,钟子义和杨么还是按惯例在大殿上举行晚宴,但是众头领的情绪不高,宴会上再无往时的说笑和热闹,也没有人出面请钟子义的压寨夫人小心奴唱艳曲。酒宴在相当沉闷的气氛中结束,许多头领也没有在杨么大寨夜宿,而是连夜返回本寨。

黄佐也连夜回到寨中,却是一夜不曾合眼,他在床上反复思虑,直到天明,最后自言自语地说:"岳相公号令如山,军威无敌,如是与他相抗,自家们必不得生全。"他在早饭后,马上召集全寨男丁约一千五百人,说明自己打算投降官府,说:"自家们万万无力抵御岳相公大军,不如速往就降,必可生全。"有人问道:"若是岳相公用诈,待自家们降服后,再行杀戮,岂不是自投罗网?"黄佐说:"我久闻岳相公是诚信底人,必是善待自家们。"于是大家再无话说。黄佐一面对其他寨栅严密封锁消息,一面派人前往潭州送降书。

李遇送完招安旗、榜后,先来到沅江县城,正好遇到前来勘察形势的岳飞。他向岳飞详细介绍了所见所闻,李若虚说:"去年湖寇头领周伦上状,言道愿复为良民,下官疑其中有诈。如今黄佐当是心有所动,下官愿再去劝降。"岳飞不愿意李若虚单身前去冒险,说:"自家们先察看地形、人情,且等待数日,然后计议。"

岳飞问明青草湖与洞庭湖的联结部位,就由向导领路,同众人出沅江县城北门,朝着突出湖中的半岛行进,他们依傍半岛东面的洞庭湖岸北上,而相距六、七宋里,西面就是青草湖岸。走了几里路,黄纵见到有三只竹筏停靠在湖岸,就说:"下官闻得,崔增、吴全底战船,敌不得湖寇底车船。然而尺有所短,寸有所长,如是以竹、木筏数十百只相连,便如履平地,易于西北人水战,更足以阻断湖道,使湖寇难于窜逸入洞庭湖。"岳飞称赞说:"黄机宜所议,便是顿开茅塞。"岳飞一行走到了半岛的尽头,正好有一土阜,大家立马阜上,依向导的指点,翘首望西北,可以依稀见到对面的湖岸。徐庆问道:"此处距对岸几许?"向导说:"约有十里。"大家见到洞庭湖与青草湖联结部位竟是如此开阔,不免惊叹。寇成望着湖岸大片绵长的、浅露的沙滩,问道:"闻得因此地天旱,湖水落洪。"向乡说:"落洪已及一丈。"

在回沅江县城的路上,大家七嘴八舌,有的认为封锁可行,有的认为难行。岳飞一语不发,他只是倾听众人的争论,陷入深思之中。到达县衙,天色已是傍晚,岳飞却在晚饭后,立即召众人会议,他首先用决断的语气说:"趁湖水落洪之机,阻截青草湖口,教湖寇不得流窜环洞庭湖各县,势在必行。"他指着地图,命令干办公事王敏求和李廷珪说:"各军把截环洞庭湖底要隘,须是另作调发。除颜统制一军依旧增戍岳州洞庭湖口,吴统制一军兼守湘阴、益阳二县外,其余湖北底祁统制、马统领两军,请王干办亲去勾抽,教他们移屯鼎州沿洞庭湖西岸,湖南底郝、王、崔三统制军,请李干办亲去勾抽,教他们移屯沅江县北。"他又对徐庆和寇成两人说:"二太尉不需回潭州,且暂将右、后两军交付庞、李二统制。请寇太尉主张鼎州两军,徐太尉主张沅江县三军,大造竹、木筏,数十百为群,务须千方百计,阻断青草湖口。此是破湖寇底第一大功。"王敏求和李廷珪当夜出发。

岳飞部署完军务,翌日就启程返回潭州,只是命令寇成随杜湛前去鼎州,徐庆留在沅江县城,而任士安军在崔邦弼等三军到达前,也暂驻沅江县。

岳飞在归途中接到王贵派人传来的急报,说是黄佐已派人到潭州,请求率本寨人兵到潭州出降,投拜岳飞。王贵已与来使约定了投拜的日期。岳飞得知此讯后,十分高兴,就加速返回潭州。

黄佐按约定时间,率本部男丁一千人,进入潭州益阳县地界,岳飞特派提举一行事务兼中军统制王贵率本军迎接。事实上,双方会面时,都不能不存戒心。按照受降如受敌的规矩,中军全军忍受炎暑天气,披戴着发烫的甲胄,手持兵器,戒备森严,而黄佐方面的男丁也都携带军器。双方列阵相见,但黄佐的队伍显然不如官军严整,并且只有黄佐一人骑马,其余的都是步兵。王贵命统领苏坚压阵,自己只是背插镔铁竹节鞭,一马驰出,大喊道:"我是岳相公麾下提举一行事务王贵,奉岳相公将令,特来受降。岳相公以仁义为本,愿投拜底,决不加害,尤须厚待。下官今奉命折箭为誓。"说完,就抽出一枝箭,将它一折两断。

黄佐到此才感到放心,他当即下马,由部属将他捆绑,然后出阵,来到王贵马前,跪在地上说:"罪民黄佐狂妄,与王师相抗数年,乞王太尉宽饶。"王贵立即下马,亲自给黄佐解缚,并且递给他一道官告,说:"岳相公有令,只为你首先出降,便是大功,特借补为正七品武义大夫、阁门宣赞舍人。"黄佐接到官告,就更加放心,面露喜色。王贵说:"武义黄大夫,自此以后,你便与下官同朝做官。岳相公专在潭州城等候。"于是黄佐与王贵并马前行,而两支队伍也平行南下。

他们渡过浏阳水,进入岳家军大营,时近正午。营里已经专门划出空地,让黄佐的队伍憩息,并且供应饭食和饮水。黄佐由王贵和苏坚引领,直入岳飞大帐。黄佐只见一员大将,全身戎装,居中端坐,两边有列队整齐的众将,叉手恭敬站立,给自己一种十足的威严感。王贵和苏坚先上前唱喏,说:"下官等蒙岳相公虎威,迎接武义黄大夫一行到此,一路平安。"岳飞说:"二太尉辛苦。"王贵和苏坚当即退到两边的众将队列中站立。黄佐上前叩头,说:"罪人黄佐参拜岳相公。"岳飞说:"武义黄大夫少礼,既是归附朝廷,便不当以罪人相称。"

参拜完毕,岳飞前去抚慰降兵。他单身一匹白马,不带兵器,在黄佐引领下,来到降兵们暂驻的空地。在此前,众人都劝过岳飞,李若虚说:"鹏举不得轻易冒险,降寇们犹有兵刃,须防变生不测。"岳飞却坚决谢绝,说:"降寇皆是国家赤子,目即正宜推心置腹,以坚他们归顺之志。"他来到降兵中间,接受投拜,用温和亲切的言词说:"下官亦是农家子弟,素知百姓深受苛政重敛底苦楚。然而钟相、杨么辈以妖术蛊惑你们,背叛朝廷,又与伪齐联结。如今你们迷途知返,自当不问前愆。中原大好山河沦陷,身为大宋子民,孰不伤痛。日后王师长驱北上,你们为恢复旧山河显身手,方是好男儿。"接着,岳飞又宣布犒赏降兵,每人给予两贯铜钱。众降兵都感到高兴,对岳飞千恩万谢。

岳飞回制置司后,就与一些统制、属官同黄佐长谈,详细询问。黄佐介绍了宝台山大寨的会议情况。岳飞嘴上不说什么,心里却暗自庆幸:"杨么不听杨钦底计议,煞是社稷底大幸。"他最后宣布说:"下官遵主上与老母之戒,不得饮酒,今夜便由王太尉代下官设酒宴,为武义黄大夫庆功。"

王贵主持当晚的宴会,他与牛皋、董先、李若虚、黄佐共用一个长方食桌,作为主席。王贵居中面南,牛皋和董先分坐左右,而李若虚和黄佐分别坐食桌的东西。酒到半酣,岳飞突然出现,他来到黄佐座位旁,临时找一张凳子,随便坐下。兵士为他加了一副食具,他只是偶尔动了几箸。众人都知道主将的习惯,所以照常饮酒食肉和谈笑,惟有黄佐却相当拘束。

岳飞抚着黄佐的背部,说:"知逆顺祸福底便是大丈夫,武义黄大夫煞是大丈夫!唯愿你自今以往,为朝廷宣力,封妻荫子,要不为难。下官欲遣武义黄大夫复归湖中,有便利可乘底,即予剿灭,有可以言语规劝底,自当招安。不知武义黄大夫愿负此重任否?"黄佐当即起立,向岳飞长揖,噙着泪水,激动地说:"罪官蒙岳相公厚恩,唯有以死相报,誓愿受岳相公驱策!"岳飞说:"既是恁地,请武义黄大夫明日便启程回寨。你底水寨在青草湖南,与周伦水寨隔湖相望。周伦虽曾上状朝廷,原是诈降。你如是攻其不备,破得水寨,又与王师同共把截得青草湖口,不教杨么等窜逸入洞庭湖,便是为朝廷立功。"黄佐立即表示:"罪官敢不受命!"岳飞只说"煞好"两字,就离开筵席。原来岳飞在众人酒宴时,一直仔细研究地图,他认为黄佐和周伦两个水寨正好一南一北,距离青草湖口最近,所以乘机向黄佐发令。

黄佐翌日率本部男丁一千人离开岳飞大营,返回水寨。岳飞亲自出营相送。在送别前,王贵等人曾向岳飞提议说:"莫须命将士随黄佐同去,以便监视。"岳飞却回答说:"疑人不用,用人不疑,我知得黄佐决无二心。"

黄佐回水寨后,立即进行部署,在四月十四日夜间发兵。他亲自乘本人的十六车小钦山车船,率领四十艘海鳅船、渔船等组成的船队,直驰周伦水寨。黄佐命令部众喊话,说:"黄统制有紧切事宜,欲与周统制合军,共破官兵。"周伦方面猝不及防,黄佐军很快夺取对方的大部分船只,包括周伦本人的座船,十八车的大夹山船。钦山、夹山和药山都是澧州的山名,杨么军在这些山上砍伐木材造船,就以山名作为船名。黄佐军登岸后,周伦才组织本军展开反攻。不料寇成指挥江南西路的祁超军、荆湖南路的马準军也由陆路向周伦寨发起进攻。于是周伦军一败涂地,很多人被俘或投降,周伦只带了少数人逃遁。

  岳飞得到捷报,马上下令给黄佐升一官,为武经大夫。此战后,官兵在徐庆和寇成的指挥下,完全截断了青草湖口。除了大量竹、木筏以外,由黄佐指挥水军,以大夹山、小钦山为主力舰的两艘车船以及五十多艘海鳅船,也承担了湖口的封锁任务。

[壹肆]
水 陆 告 捷

袭破周伦水寨以后,岳飞暂时不再组织军事进攻,只是加强封锁,并且不断命令投降者再到各个水寨招安。一天,郝晟军用买卖交易的办法,抓到数百名杨幺军的壮丁,押到了潭州。岳飞得知后,问黄纵说:"当怎生处分?"黄纵应答说:"诱捕而得,不足以显扬军威,然而此正是兵机。"岳飞说:"会得!自家们且去教场。"两人骑马来到教场,只见那里约有近四百名男子,人人都有饥疲之色。

当大家听看押的军士们喊:"岳相公到此!"大多数人都纷纷下跪。岳飞和黄纵下马,岳飞厉声说:"你们做盗匪已久,残害一方,又不伏招安,今日便是将你们处死,亦不足以抵罪!"只见有一名站立的男子说:"自家们有钟老爷在天护佑!若是被官兵所杀,神魂便入钟老爷底天堂享福,岂不远胜于人间受苦。"黄纵不免感叹说:"钟相以妖术诳语,愚民受惑,竟是如此之深!"他想了一下,就反问那个男子说:"钟相妄言道,他若行法,便得在人间等贵贱,均贫富。你们在水寨中衣食不足,杨幺、钟子义那厮何不与你们均贫富?"那名男子无言以对。

另一名跪着的男子说:"依男女所知,大圣天王与钟太子在水寨亦是穿戴锦绣,厌食鱼肉,岂得如自家们菲衣恶食,受人间罪苦。"黄纵说:"钟相那厮诳言欺众,杨幺与钟子义又诳言钟相显圣,然而你们何曾见得他显圣?杨幺与钟子义诳言钟老爷在天之灵,必是护佑你们破官军。然而自岳相公出师以来,杨幺与钟子义何曾胜得一阵?如今被困于青草湖,已成釜中之鱼,旦夕便须成擒。"

岳飞说:"主上圣明,以为你们本是良民,不幸受钟相妖术欺骗,又被杨么等驱胁,以至如此。如今命当职前来,正欲救取你们,复为良民。如若将你们斩馘,家中老小,又有多少血泪?当职好生之德,今将你们放归。你们归去,可劝谕徒众归顺朝廷,不得抵拒官军。"他说完,就命令给每人发放一贯铜钱。众人欢呼而去。岳飞下令,允许他们到市场购买紧缺物品,并且教市人低估价值,以后由官兵偿还。这群人买到便宜的物品,返回水寨,自然就宣传外间的生活如何康乐,更加扰乱了水寨里的人心。

五月初,张浚以右相兼都督的身份,来到潭州督师。张浚向来讲究排场,进入潭州城后,立即占据了席益的衙门,作为自己的都督行府。岳飞参加了迎接的礼仪,接着又到都督行府,与席益等一批要员环坐,向张浚汇报军务。岳飞的口头汇报十分简要,三言两语就完,张浚说:"岳太尉底措置得宜,深合朝廷且招且捕之旨。不知甚时方得扫灭湖寇?"岳飞回答:"下官目即尚在计议之中,未曾决计定策。然而目即湖寇似欲出兵,下官须作措置。"张浚初到,感到还需要了解情况,也不再说什么。岳飞当即起身回大营。

岳飞走后,席益对张浚说:"下官原以为岳太尉到潭州暂憩,便须去鼎州剿贼,不料到此已是两月,而按兵不动,似为玩寇。正欲上奏官家。"张浚笑着说:"席参政须知岳太尉是忠孝人,非拥兵玩寇之将。用兵另有深机,似不宜胡乱猜测。"薛弼说:"依下官之见,岳制置沉毅,做事极是稳当,非有必胜之计,便不欲先事张扬。如今既是封锁得青草湖口,已是下得第一子妙棋。"张浚又得意地说:"如今有我督师,岳太尉岂得不尽心竭力。"当时像岳飞那样的高官是有资格称"相公"的,但张浚本着崇文抑武的传统,只是对岳飞使用武人的尊称"太尉",于是其他官员也顺着他,不称岳飞为"相公"。

与张浚到潭州同时,杨么军正在部署一次军事进攻。在官兵实行严密封锁后,杨么军的处境确是日渐困难。杨么就在宝台山大寨再次召集会议,商量对策。杨钦说:"如今黄佐背叛,助官兵把截青草湖口,自家们正宜在湖口举行水战,以便前去洞庭湖,骚扰环湖各地,劫取粮秣等物事。"黄诚却说:"如今天旱落洪,湖口水浅,难以摆布车船,不如自陆路进攻永安寨,进而攻占沅江县城,或可乘胜直取潭州。"原来杨么军的重要寨栅都分布在龙阳县境的沅水入青草湖口一带。宋朝官府只能撤出龙阳县城,在龙阳县与沅江县交界的永安寨,原是个维护一方治安的巡检寨,如今成了临时县治。杨钦说:"陆战非自家们底所长,不如水战稳当。"黄诚说:"湖口难以摆布车船,又怎生举行大水战?"两人争持不下。

杨幺说:"既是恁地,便可水陆两路出兵,杨统制统兵水战,黄殿帅统兵陆战。"钟子义在一般情况下不说话,此时却说:"我当与黄殿帅同共出兵。"他以太子的身份督战,这在杨幺军中还是第一次,这当然是表示对黄诚出兵的支持和重视。经过商讨,最后决定由所剩的三十三寨抽调大部分男丁,黄诚率两万五千人攻打永安寨,而杨钦率六千人,六艘车船攻打青草湖口。

他们定于五月五日出战,宝台山寨在出战前召开了别开生面的誓师大会。宝台山巅插着一竿长黄幡,长幡下设香案,香案上有白绢墨画的钟相画像。满山都是行将出战的男丁,另一部分水战的男丁则站立船头。杨幺以大圣天王的身份,穿戴钟相生前常穿的紫绫道服,手执一口利剑。他首先双手捧剑,放置香案,然后朝钟相遗像下跪,行九叩头大礼,满山的徒众和船上的徒众也都随他行九叩头礼。跪在地上的杨幺说:"自家们此回出师,全仗钟老爷神灵护佑!"其他下跪的徒众们也纷纷跟着重复此语。杨幺起立,从香案上取剑,将香案旁的两只鸡砍去鸡头,然后由两名徒众将两只断头鸡的血,滴在香案上的一只大碗里。杨幺接着盘腿坐在香案前,紧闭双目,嘴里念念有词。突然,他双眼睁开,大声说:"钟老爷有圣谕,此回出兵,必可取张浚与岳飞底首级。"于是徒众们爆发出一片欢呼声。对许多爷儿,即徒众而言,杨幺装神弄鬼所得的钟老爷的圣谕,当然是有力的精神振奋剂,他们真以为钟老爷的在天之灵,自会行法,可以保证出师必胜。在一派鼓乐声中,水陆两路军队开始出发。杨幺本人则在大寨等候捷报佳音。

由于不断有人投降,杨幺军各寨栅的动静,对岳飞已不成为秘密。当宝台山会议后,岳飞就很快得知对方的军事计划。对付敌人的水路进攻,岳飞早已安排亲将徐庆和寇成主持,自己不再操心。岳飞考虑的中心当然是对付敌人陆路的攻势。他在大帐中召见众将和属官,首先对任士安说:"任太尉,你可与陈、李二统领率本部人马,先去永安寨,迎战贼军。"

任士安面有难色,说:"下官本军不足五千,如今马统领又率本部屯兵青草湖口,所余三千余人,而黄诚、伪太子有兵两万五千人,怎生迎战?"岳飞说:"不然,陆战是官军所长,湖寇所短。"任士安说:"然而下官与贼军众寡悬殊。"岳飞带着怒意说:"军令如山,当职教你出战,你便须出战,战而不胜,须行军法!"任士安说:"下官兵力不足,难以奉令。"岳飞大怒说:"王四厢统兵时,你们便慢令不战,如今又是故态复萌。可将任士安推出,鞭打一百,然后出兵。"

当即有军兵将任士安押出大帐。孙革已经明白岳飞的用意,就上前使一个眼色,禀告说:"待下官前去监督任太尉底刑责。"岳飞说:"甚好!"孙革走出帐外,来到已经被捆绑的任士安的身边。任士安对孙革哀求说:"孙干办救我!"孙革凑到任士安的耳旁,轻声说:"任太尉只须努力作战,岳相公岂得坐视不救,而自伤军威。"有了孙革这句话,任士安方才放心。军士们依孙革吩咐,将任士安按倒在地,用蒲条装模作样地抽打一百下。孙革把任士安押回帐中,任士安向岳飞下跪说:"下官已身受杖责,敢不服从岳相公底军令!"岳飞说:"任太尉既已知过,便须临阵用命!胜捷之后,朝廷岂吝封赏。"

五月五日,在青草湖口一带,徐庆和寇成早已严密设防。他与寇成率郝晸、崔邦弼和祁超三军分乘竹、木筏,堵截青草湖口,又在湖水浅涸处,打下了许多木桩,用以堵塞航道。于是青草湖口只剩下中间约一、二宋里湖水最深处,无法插木桩,成了最容易被突破的部位。官军组成密集的竹、木筏阵,每五、六个筏用粗麻绳连结成一组,就不易被敌船撞翻,向湖底投下石碇,分别停泊在湖口的固定部位。徐庆和寇成另外率领将士,分乘四十艘小船,在筏阵之后,以便指挥和应援。其他的官兵则在两岸列阵待敌。在筏阵之前,则由黄佐指挥降兵的水军,分乘大夹山和小钦山两艘车船,以及五十多艘海鳅船,作为第一道防线。

杨钦原来有一艘二十二车大德山船,在三年前曾被官军缴获,又遭杨么军攻击后打坏。现在他另乘一艘新造的二十车大船,名叫望三州,作为指挥舰。由于车船以翼轮激水,吃水深,非要一宋丈以上的深水方得以航行,杨钦部署十艘海鳅船作为前锋。杨钦本人的心理相当矛盾,他已经私下派人与岳飞联络,说是愿意投降,其实又下不了真降的决心,对这次战事，他仍然希望自己能够打胜，得以冲破官军的包围。

十艘海鳅船航行到接近青草湖口，就与黄佐水军的海鳅船交战，接着，双方车船也上阵对攻。杨钦凭借车船在数量上的优势，下令每两艘夹攻对方一艘。彼此的战术都差不多，互相用拍竿系巨石打击对方的船体，又使用木老鸦、矢石等兵器。但黄佐军方面却增加一种新兵器，称为灰炮，用很薄的瓦罐，内装毒药、石灰、铁蒺藜之类，投到对方船上，顿时扬起一团烟雾，使敌人眼睛中毒，或无法睁开眼睛。这种武器官兵过去也使用过，杨幺军因为没有窑户，无法仿制。双方对攻多时，还不能分出胜负。杨钦就亲率最后的两艘车船投入战斗。黄佐的两艘车船被打得遍体鳞伤，他眼看支持不住，就按徐庆和寇成事先的部署，率残余的船队逃奔自己的水寨。

杨钦军尽管死伤不少，一艘车船也已打坏，却仍然向青草湖口的筏阵发动进攻。杨钦命令六十艘海鳅船先向筏阵上的官兵进攻，抛射矢石之类。竹、木筏上的官兵则用竹排、牛皮等遮挡，同时用弓弩发射火箭，投掷火球。火箭每个箭头上有火药五宋两，火球里约装火药三宋斤。一些海鳅船起火焚烧，也有一些海鳅船停靠筏边，战士们离船登筏，双方在筏上进行白刃战，却仍被官兵杀退。杨钦眼看几次进攻失利。就下令三艘车船上前，用拍竿等攻击筏阵。徐庆和寇成也率筏阵后的船队增援，下令向车船攒射火箭。结果两艘车船被烈火吞没，一艘车船逃遁。杨钦见此情景，只是长吁一声，下令望三州车船回舵，率领残部退逃。经历此次战斗，杨钦军的船只和战士们都损折了约一半。许多人虽然善于泅游，却还是溺死在湖里。

再说黄诚和钟子义率两万五千人的队伍，首尾竟摆开了十多宋里，进逼永安寨。其中钟子义本人骑一匹黄骠马，身穿父亲生前常穿的紫绫道服，腰悬一口法剑，由两百名精壮亲兵，号称太子队簇拥着。这两百人身穿各色彩衣，头戴各种假面具，仿效各种神灵，举着一面白绫大纛，用紫线刺绣"太子钟"三字。黄诚的一面大纛则是白绸做成，用黑线刺绣"殿帅黄"三字。这支队伍是清一色的步兵，骑马的只有几十名头领，他们来到永安寨前，列阵讨战。

任士安从门楼上观望敌阵，他对陈照和李建两个统领说："贼军虽多,然而阵形凌乱,自家们正宜攻敌阵中设大纛处,擒贼先擒王。"陈照和李建都表示同意。任士安留李建守寨,自己和陈照率领两千四百人出寨,径攻敌阵中部。任士安下令:"擒获伪太子与黄诚底,受上赏!"他还命令军士们向敌人大喊:"岳相公亲率二十万大军,前来讨贼!"

但任士安军也是清一色的步兵,行动不可能像骑兵那样快捷。钟子义见官军杀奔而来,就拔出法剑,嘴里念念有词:"老爷在天行法,教爷儿们剿灭妖孽!"由于钟子义太子队的特殊装束和两面大纛,非常注目。任士安和陈照率本军集中攻击,很快就将太子队包围。黄诚颇有智谋,他虽然树立自己的大纛,却有意下马,置身于军阵的偏左方,使敌人不易识别。他及时挥兵相救,使钟子义幸免于难,而太子队却大部分死于锋镝之下。黄诚对部属们说:"敌兵虚声恫吓,岂得有二十万大军。"他指挥部队对任士安军实施反包围。任士安和陈照到此地步,也只能率将士拼死搏战。

正当任士安军危困之时,岳飞派遣的援军及时参战。牛皋所率的左军,董先所率的踏白军,庞荣所率的右军,李山所率的后军分进合击。岳家军的战斗力当然非任士安军可比,在他们的猛攻下,黄诚和钟子义军很快溃不成军。官军们大喊:"投拜底座地不杀!"于是大批敌兵扔掉兵器,坐在地上。黄诚和钟子义的两面大纛也被丢弃,他们率败兵往龙阳县方向逃遁,不料郭青和赵不尤、岳雲等又率一千背嵬精骑截杀,骑兵在较为平坦的原野上驰骋,充分发挥了威力,又堵截和迫降了大批敌人。黄诚和钟子义最后只率残部八千多人,逃到青草湖滨,乘船返回各水寨。官兵乘胜追击,直到占据了龙阳旧县城东南的苟陂山,方才收兵。苟陂山虽然山势不高,却是一个重要的制高点,可以俯瞰青草湖里的动静。

水陆两路的大败,使钟老爷神灵保佑的神话完全破灭,对于杨幺军士气的打击十分沉重。在宝台山大寨,杨幺见到逃回的黄诚和钟子义,就气急败坏地说:"今日偶败,不足忧虑,明日且看自家统兵出战。"黄诚规劝说:"大兵新败,须是计议自守,不得再战。"钟子义也说:"杨天王须是谨慎。"但任凭他们怎么劝说,杨幺就是不听,他说:"若是此回不能胜得一阵,便难以立国。"他抽调了男丁一万,在第二天乘船登青草湖南岸。

这支队伍准备经行龙阳县旧城,进攻苟陂山。杨幺在军中树立一面大纛,与钟子义的同等规格,用白绫做旗,以紫线刺绣"大圣天王"四字。

他们刚走过龙阳县旧城,就有任士安军严阵以待。杨幺下令攻击敌阵,两军才战斗一个回合,牛皋、董先、庞荣和李山四军就分别向杨幺军侧翼发起冲击,郭青与赵不尤、岳云等又率背嵬骑兵绕出敌后夹攻。杨幺军本来在兵力上又不占优势,更何况陆战又非所长,很快就乱成一团,在官兵的喊话下纷纷丢弃兵器,坐下投降。杨幺单身骑马逃遁,他的大纛也被官军缴获。最后逃回的败兵不足四千人。官军则乘胜占领了龙阳县旧城,逼近了杨幺军的各个水寨。

几次战斗抓到的俘虏和降兵达一万八、九千人,他们被押到潭州城北的岳家军大营附近。岳飞问属官们:"俘虏恁地多,当怎生措置?"李若虚说:"以放归为便,供养近两万人,须是糜费多少米食?杨幺军中器甲不足,教他们徒手归去,日后亦无兵刃抵敌官军,而自当宣布朝廷底恩威,必是瓦解杨幺底军心。"黄纵说:"然而贼兵敢于出战,亦必有凶徒在其中,若是皆与释放,亦难以恩威兼济。"岳飞点头不语。

他们带领五百背嵬军士,来到俘降者中。俘降者纷纷向岳飞叩头,岳飞说:"你们被杨幺那厮驱迫上战场,虽然尚得以存活在世间,家中老小必是挂念。当职在此宣布朝廷底德意,放你们归去,教你们与老小团聚。日后王师兵临贼寨,你们当开门迎降。"于是俘降者又纷纷叩头说:"自家们叩谢岳相公底大恩大德!"此时,李若虚和黄纵选中了五个相貌凶悍者,由军士们押来,另外几名军士又把缴获的三面大纛取来,扔在地上。岳飞说:"钟相、杨幺之流以妖言惑众,毒害了多少生灵。钟老爷已被官府斩馘,又有甚神通?此三件物事,平时你们以为是神物,如今却又在战阵上截获。"他说完,就把手一召,有六名军士上前,将三面"大圣天王"、"太子钟"和"殿帅黄"的旗帜撕扯粉碎。接着,岳飞又指着五个相貌凶悍者说:"此五个贼人,屡次作恶,与官军相抗,亦须正法,以示朝廷底军威。"当即有五名军士,抡动手刀,把他们处斩。于是,俘降者们就被押往龙阳县城,然后释放。

[壹伍]
进据汜州村水寨

官军在水陆两路击败杨幺军后,战事又趋向沉寂。杨幺方面已无出战的能力,却仍是依凭水势,坚守三十三个寨栅。岳飞方面虽然紧缩了包围圈,但也没有乘胜进逼的军事行动。

张浚住在潭州城里的都督行府,最初还为了颁降将士们的功赏,热闹一阵,多少天之后,就感到闲着没事。岳飞每隔三天,就进城一次,但是,他见到这位督军的右相兼都督,也总是三言两语,只是说准备对杨幺的巢穴发动攻击,却又没有确定的日期。张浚也有自己的耐心,并不对岳飞催逼。他当然深受官场中崇文抑武的传统的影响,没有兴趣去找岳家军中的统制、统领等谈话,却不时召见李若虚、黄纵、孙革等文士幕僚,但是,他们也不可能给张浚介绍更多的军情。

一天,张浚和荆湖南路的主要官员,如席益、薛弼等一面品味消暑的香薷饮,一面议论军情,旁边有吏胥为他们打扇。张浚不免感叹说:"我到此督师已及二旬,而未见得有破湖寇底要旨,体探军情,直如坠入五里雾中。"席益怀疑岳飞拥兵玩敌,虽然遭张浚否定,但心中还是多少有点疑神疑鬼,他乘机说:"下官以为,不如命一文士去岳太尉制置司做属官,以便了解军情。"张浚用征询的目光转向薛弼,薛弼的内心并不同意席益的主张,但碍着前参知政事的面皮,也不便说反对意见,只是微笑,这种微笑提供人们作不同理解的余地。张浚说:"席参政可得为下官举荐一个士人?"席益说:"下官属下湘乡张县令,讳节夫,户贯相州,与岳制置同乡,是个慷慨节义之士。今日正值到州衙。"张浚说:"可召他一见。"

张节夫被召来,张浚稍作审察和谈话,感到满意,就说:"我欲教你去岳太尉军中做干办公事,你可体察军情。若有紧切事宜,不时禀告。"张节夫高兴地说:"下官四年前任祁阳县丞,便识得岳太尉。他在大营驿题记,备见忠君忧国之志,煞是难能可贵。"张浚对席益望了一眼,示意他私下向张节夫进一步强调委任的用意,席益也用眼神表示会意,他带领张节夫向张浚告退。

张浚又同薛弼等人交谈军队钱粮供应的情况,薛弼忧心忡忡地说:"今年本路州县备见三大:大旱、大兵、大火,到秋后切恐难以应付军粮,尤须仰赖各路调发。"正谈话间,有吏胥进入禀报说:"今有御前金字牌递到圣旨。"张浚连忙举行遥拜跪领礼,开拆邮件,原来宋高宗的手诏命令张浚回临安,商讨防秋事宜,另外还有赵鼎的咨目,也是表述同样的意见,认为如果杨么一时不能平定,就等来年再说。张浚将手诏和咨目出示薛弼等人,薛弼说:"此回张相公与岳太尉亲临湖湘,切恐不宜无功而返。大旱之后,本路百姓必是艰难,唯恐明年尤是难于讨捕。张相公莫须召岳太尉前来,备述朝旨,且看他怎生底?"张浚马上下令,召岳飞入城,前来都督行府。

岳飞带着王贵、赵不尤、李若虚、黄纵、于鹏和孙革来到都督行府。张浚与他们行礼寒暄毕,就坐下议事。赵不尤身为副将,照理没有资格参加此类会商,但张浚也知道岳飞与他的特殊关系,予以理解。张浚先宣布张节夫的任命,让他出来与众人会见,岳飞当然乐于张节夫当自己的幕僚,对这个故人和同乡十分亲切。张浚接着又出示宋高宗的手诏和赵鼎的咨目,说:"圣上教自家及早回朝,以便措置防秋。不知岳太尉经营湖寇,可有成算否?"岳飞取出袖里的地图,摊在一张书案上,说:"此是下官与王太尉、八六太尉等所议,恭请张相公阅视,此便是成算。"

张浚一看,只见地图上用墨线勾画鼎州龙阳、沅江两县的山水,其中包括青草湖,还标出了杨么军所剩三十三个寨栅的方位,心想:"此如何便是成算?"但他也不愿表示自己不明白,以免被这些官位低的人取笑,于是就说:"我见得湖寇虽是大败而归,依旧深藏阻险,未必有可乘之隙。岳太尉不如暂且罢兵,措画大江上流防秋,待来年徐议破敌之策。你与韩太尉等相约,亦是以来年秋冬为期。自家亦须奉命回朝。"岳飞说:"何待来年,张相公须为下官稍留时日,岳飞当在八日之内破湖寇,必不误张相公回朝。"

张浚听后,大吃一惊,他说:"岳太尉须不是大言?王四厢用兵两年,尚是无功可言。岳太尉说只须八日,莫非是狂言?"李若虚忍不住说:"岳制置与自家们已是计议周全。张相公须知,岳制置不是大言不惭底人。"岳飞解释说:"王四厢以王师攻水寇,便是难于奏效;下官以水寇攻水寇,便是易于成功。"

张浚问道:"以水寇攻水寇,是甚意思?"岳飞说:"湖寇底巢穴,艰险深阻,舟师水战,又是他们所长,官军所短。往时王四厢曾攻打杨么底巢穴,而无向导,便是以己之所短,犯敌之所长。如今下官经百般招安,湖寇大半已有归顺之心,而无战斗之志。若是任用敌人底将,统率敌人底兵,使杨么、钟子义等桀黠孤立,既夺其手足之助,又离其腹心之援。王师便得以破竹之势,教他们覆亡,犹如反手。"

张浚听后,还是将信将疑,说:"既是恁地,我便暂留潭州到六月上旬,看岳太尉与众将士破敌。"岳飞满怀信心地说:"下官当于翌日率本军前去鼎州,请除去往来时日,在八日之内,献杨么、钟子义等于都督行府。"张浚只能说:"愿岳太尉旗开得胜,马到成功。"

岳飞等人告退,张浚还特别对张节夫使了个眼色。他等岳飞等人走后,又召集席益、薛弼等人商议。大家七嘴八舌,众说纷纭,有的表示不信,有的认为不妨一试,只有少数人认为可能成功,惟独薛弼只是听大家发言,笑而不语。张浚问道:"薛运判有甚见识?"薛弼说:"张相公若是疑虑不定,不如上奏,只言等候得六月上旬,若是见得水贼未破,便召岳制置回潭州,分屯潭、鼎州人马,然后规划上流防秋军事。"薛弼的内心其实判断岳飞可以成功,但又不愿与张浚争论。张浚听后,说:"薛运判所议甚当。"

岳飞亲统本军的背嵬、左、右、中、后、踏白六军启程,于五月二十六日抵达鼎州城南,濒临沅水设寨屯驻。鼎州知州程千秋和守将杜湛出迎,请岳飞亲驻州衙休息。岳飞还是按惯例辞谢,而与本军将士一起住宿。次日,按照岳飞的部署,杜湛率领本部的水军和董先所率的踏白军、庞荣所率的右军,沿着沅水,水陆并行,到距离汜州村的杨钦水寨约七宋里处屯兵。接着，与军队随行的干办公事王敏求就带领四名军士，前往杨钦水寨。汜州村的水寨四面环湖，但西面的湖水，因为久旱，已经可以涉水而行，这当然成了水寨防御的致命伤。

王敏求命令军士们喊话，杨钦听说岳飞派人前来，只得打开寨门，亲自出迎，把王敏求接到寨里。王敏求当然懂得军事，他一路仔细侦察，只见寨内都是用茅竹建屋，并且鳞次栉比，相当密集，正便于火攻。杨钦招待他在厅堂就座，王敏求开门见山地说："如今岳相公已统大军亲临鼎州，决计于近日扫灭杨么、钟子义。杨头领早已与官军通好，此正是你立功之机，可谓难得而易失。"杨钦面有难色，他说："罪民畏服岳相公底军威，唯愿早降，然而如是事机不密，反受其害，便是劝谕本寨男女老少，亦须时日。恭请王干办禀覆岳相公，且容得罪民稍宽时限。"

王敏求问道："杨头领以为，须到何日何时？"杨钦说："如是措置周全，万无一失，须是一月为期。"王敏求笑着说："如是一月为限，便是下官等候得，切恐岳相公等候不得。如今大军已是屯驻汜州村西，涉水便可入寨。"杨钦只是同王敏求软磨，最后，他同意在五天后出降。五月是二十九天，出降的日期就定在六月四日。王敏求离开汜州村寨，又用警告的口吻说："杨头领，大丈夫言必有信，行必有果，若是到时不投拜，必有噬脐之悔。"杨钦说："会得。"

杨钦送走王敏求后，内心陷入极大的矛盾之中，不思进食，夜间早早上床。妻子和小女儿很快入梦，他却是不断轻轻地唉声叹气，在迷糊之中，仿佛见到钟老爷到宝台山登殿，杨么和钟子义奏禀说："今有黄佐、杨钦等背叛，当怎生处分？"钟相大怒，说："有背叛底，当教他们入十八层炼狱受尽罪苦，永世不得超升。"当即有一批面目狰狞的鬼怪上前，将杨钦、黄佐等投入地狱。当他见到地狱中的各种可怖情状，猛然惊寤，只觉得浑身大汗淋漓。原来虽然战事失败，但杨么和钟子义仍然行使各种骗术，恐吓徒众不得起背叛之念，以求稳定人心。这些骗术不仅对于徒众，即使对于杨钦那样的头领，还是多多少少起点作用。杨钦左思右想，还是下不了决断，他绝对不敢到杨么那里去自首，这决无好下场，却也不甘心就此投降。

王敏求回到鼎州，向岳飞报告敌情，岳飞问众部将、属官："你们以为当如何措置?"黄纵说:"体探得杨钦在诸贼酋之中,年齿最少,却是骁悍之尤。若得他降服,便足以溃湖寇底腹心。如今他正值危疑之际,须是速去抚定,迟则生变。下官不才,愿亲去劝谕。"岳飞有些不放心,说:"黄机宜不得轻入虎穴。"黄纵说:"不入虎穴,焉得虎子。下官恃岳相公底军威,必是无险。"李若虚说:"依下官之见,循圣智略过人,足以与杨钦周旋。"岳飞还是不放心,他想了一下,就对王敏求说:"王干办往返奔波,甚是辛苦,然而须是与黄机宜同去。"王敏求信心十足,应声回答:"下官愿往!"

黄纵和王敏求依旧带着四名军士,再次来到汜州村水寨。杨钦只能再将两人接到寨内,双方在厅堂坐定,王敏求首先说:"下官禀覆岳相公,却是嫌杨头领投拜迟缓,延误军机。"杨钦的脸上表露无可奈何的神情,说:"自家端的是尽心劝谕,然而众人多有不伏。"黄纵说:"恕下官直言,杨头领与本寨徒众底去就,便是一语可决。如今杨头领既与官府通好,岂得长久瞒昧杨么?你当知杨么心狠,四、五年前,逐杨华,杀杨广,只是在顷刻之间,便祸起肘腋。"杨钦沉吟不语,黄纵又说:"岳相公虽是仁慈,然而受朝廷重托,亦不得贻误兵机。他与鼎州程太守坐等城上,立表下漏,以待杨头领参拜。如是愆期,董统制与庞统制早已安排得强弩火箭,可将汜州村寨焚荡无余。如是杨头领迟疑未往,下官与王干办固然难免一死,切恐村寨之内,便是老小、鸡犬亦皆死于非命,此又是甚人底罪过!"王敏求说:"我观杨头领是个丈夫汉,须是当机立断!武经黄大夫底书信,谅杨头领早已熟读。杨头领投拜之后,岳相公自当依武经黄大夫底前例厚待。"

杨钦再也坐不住了,他当即起立,说:"我愿即刻随黄机宜、王干办去鼎州。"黄纵说:"杨头领当率本寨男女老幼即时离寨,教官军进驻,然后只身前去鼎州,方见得头领底诚心。"于是杨钦立即指挥本寨的一万多男女老幼撤离寨栅,其中有战士男丁三千多人,他们带着大小舟船四百余艘,包括杨钦乘坐的大车船望三州,还有牛五百多头,马四十多匹,沿着沅水,水陆并行,前往鼎州城。与此同时,青草湖西岸的董先踏白军和庞荣后军也涉水开进汜州村寨屯驻。

黄纵单身与杨钦并马而行,另有两名军士随行,而王敏求带着两名军士策马先回鼎州城。杨钦这支队伍,扶老携幼,自然行进颇慢。他们来到距鼎州城东十多宋里的邻善湾一带,正遇王敏求和李廷珪同来,说是奉岳飞将令,命他们暂时就地住宿。王敏求接替了黄纵,让黄纵回城休息。黄纵回到鼎州,岳飞亲自出东门迎接,把他接到城楼上,岳飞望着黄纵疲乏的神情,在暑热的天气里衣衫全被汗水湿透,就心疼地说:"黄机宜此回冒不测之险,立得大功,却是辛劳已极,敬请安歇。"亲自把他扶到早已准备好的卧榻上。

六月二日,岳飞亲自抵达邻善湾视察。他还是依招降黄佐的前例,只带李若虚、黄纵和孙革三名文官,来到投降者中间,进行抚慰,他用好言好语说:"尔们皆是国家赤子,下官秉承朝廷恩德,岂忍加害。如今尔们既是出首招安,便是良民,可依旧耕种田地,供纳二税,官府自当存恤。"有一老人说:"自家们虽是畏伏岳相公底兵威,然而钟老爷在天底神灵,切恐难以恕罪。"岳飞笑着说:"阿公便请安心。钟相不过是以妖术幻惑世人,他六年前便已伏辜,自身性命尚是救不得,又怎生加害于他人?若是果有妖术幻怪,下降罪罚,亦与尔们无涉,一切罪罚,自有岳飞承当。"他仰天大呼:"昊天上帝与大宋底列祖列宗在天之灵,若有罪罚,便请降于岳飞一身!须救得万民无边罪苦。"于是人群中爆发出一片欢呼声。岳飞也对自己请出"正神",得以镇压钟相的妖邪,感到兴奋。他又依黄佐投降的旧例,给每个男丁发放两贯铜钱。

当天下午,岳飞在报恩光孝寺的废址上,举行杨钦投拜仪式。炙热的阳光烤得人们不断出汗,在一座只剩基础的原大殿上,岳飞威严地端坐交椅,不张大伞,身后有军士张着"精忠岳飞"旗。杨钦来到岳飞座前,下跪叩头,说:"罪民杨钦叩谢岳相公不斩之恩。"岳飞离开座位,亲自扶起,说:"佛家有言道,放下屠刀,立地成佛。自今而后,当职与你便是同朝为官,今依武经黄大夫初降体例,借补你为武义大夫、阁门宣赞舍人。"接着,岳飞又吩咐军士取来宣赐的战袍和金束带,说:"此是圣上宣赐底物事,今当职转赠与武义杨大夫。"杨钦辞谢说:"罪民屡犯王师,国法难容,今蒙岳相公恩贷,已是万幸,岂敢受宣赐底物事。"岳飞恳切地说:"武义杨大夫受宣赐底物事,便当与当职同心,尽忠竭力,报效王室,如今共破杨幺,日后同复中原。"杨钦一时感动得流下眼泪。

岳飞一行来到附近一间房屋，让杨钦坐下谈话，王贵等一些将领，还有李若虚等幕僚作陪。杨钦主动说："罪官既是蒙恩，当尽心为岳相公做向导。此处青草湖地界，原来水势颇浅，而杨么设置堰闸，方得水势弥漫，而便于行车船。若得开闸泄水，又在湖中投下数百千万束青草、枯枝，大车船底翼轮便有阻碍，难以行驶。"岳飞听后，感到高兴，说："武义杨大夫可愿为我招安其余众头领，两日之后，你们便率水师径攻杨么水寨。"杨钦应声说："罪官唯受岳相公驱使！"岳飞和众人仔细商讨了进攻敌巢的方案。最后，岳飞还是依黄佐投降的旧例，宣布由王贵代他设酒宴，招待杨钦。

[壹陆]
破　　灭

　　岳飞派遣杨钦、黄佐等人在六月三日、四日两天之内,共招降了二十六个寨栅的头领和徒众。这些头领的情况与杨钦相似,其实已与官军有了联系,他们得知杨钦投降的消息,才最后下了决心,纷纷倒戈。于是对宝台山杨幺大寨形成了最后的包围圈,而杨幺和钟子义却毫无所知。六月五日,官军向宝台山寨栅发起总攻。

　　再说杨幺和钟子义自从战败归来,内心的意气也相当消沉,他们除了不断发布榜文,借钟相亡灵挟制徒众之外,只是整天借酒浇愁,让小心奴唱艳词解闷。小心奴原是被劫掳而来,当上压寨夫人后,倒也快乐一阵。现在得知杨幺军失势,又不得不盘算自己的退路。她真想与程昌寓取得联络,却是根本没有门路,她也想逃出水寨,另谋生路,但是,一个单身女子,除了作为钟子义取乐和玩弄的对象外,完全是无依无靠。表面上,她是受徒众们尊重的太子妃,其实却没有一个心腹可以商量和依托。夏季自然天光早明,钟子义因为四日作长夜之饮,直到三更,所以五日凌晨还是在后宫的龙床上昏昏沉睡。然而小心奴却是心事重重,加之炎暑天气,奇热难当,竟一夜未曾合眼,她听着钟子义的鼾声,不由下意识地自言自语:"若是奴家做得生肉翅底人,得以飞去,煞好!"

　　突然,外面传来了惊呼和鼓噪之声。有徒众闯入钟子义的卧室大喊:"今有叛贼黄佐带赵氏军兵杀入宝台山大寨!"钟子义猛醒,他急忙穿上标志自己身份的黄绸衣,手持一口剑,拉着小心奴逃出来。小心奴本想就在卧室迎降官军,此时也身不由己,只能随钟子义逃命。杨幺在慌乱之中,一面命令徒众抵抗,一面急忙与钟子义逃出正南的寨门,分别登上和州载与浑江龙两艘车船,指挥船队出航突围。

这次直捣宝台山大寨的军事行动,是经过精心的准备和组织。由黄佐等原叛军头领率四千五百降军为前驱,作为后续部队的是王贵的中军和董先的踏白军各两千人,还有郭青指挥的一千背嵬军,赵不尤、杨再兴、岳云等骁勇的将领全部参加此战。岳飞特别叮咛说:"官军是仁义之师,切勿以滥杀为快。除杨么、钟子义外,其余贼徒皆是国家赤子,投拜底不杀不辱。生擒杨么与钟子义底,白身授三官,有官底迁三官。"由于杨么派遣徒众,在水路日夜巡绰,宝台山的六个寨门又有刀手严密防守。考虑到杨么的船队主要停泊在宝台山的南麓,所以进攻方向选择在宝台山的北麓。

天色微熹,黄佐等所率的降军船队向宝台山北麓进发,一支杨么军巡绰船队,共有八艘海鳅船,他们还不明所以,迎上前来问讯。降军船队立即将他们包围,在矢石、木老鸦、灰炮等交攻下,很快被歼灭。降军的船队沿着宝台山的东麓和西麓,向停泊在南麓的杨么船队进攻。另有五百降军登岸,充当向导。王贵率官军在降军船队的掩护下,分乘大批船筏登岸,向宝台山大寨发动陆战。向导们当然是熟门熟路,官军很快突入宝台山大寨,先后占领了六个寨门,然而在他们占领正南寨门之前,杨么和钟子义还是乘船逃逸。宝台山大寨的陆战进行得并不激烈。官军一面进攻,一面大呼:"投拜底不杀!"杨么的徒众们大部分已无斗志,纷纷放弃兵刃,坐在地上。惟有守卫大殿的一百杨么亲兵却进行顽抗,死战不降。岳云率背嵬军士进攻,在战斗中,他抡动双铁锥枪接连刺杀九名敌人,最后还是占领了大殿,缴获了金龙交床之类全部物品。在宋人看来,这些本属皇帝的专用品当然是僭窃之物。

官军围绕着宝台山水寨,已经实施严密的封锁,水寨通往外界的各条水路,都被船队和竹、木筏所堵截。在宝台山水寨总计还有十艘车船和八十余艘海鳅船,本来仍拥有相当强的军力。但是,大部分徒众已经丧失斗志,他们乘船四出乱窜,却根本无法冲破官军的罗网。在各条水路,官军在降兵的配合下,大批竹、木筏用粗麻绳联结,发挥了独特的威力,根本不怕敌船的冲撞。官军和降兵用牛皮、竹牌之类遮挡矢石,向敌船抛射灰炮、火箭之类，又用巨木撞击敌船。八艘乱窜的车船和约七十艘海鳅船，或是遭火攻焚烧，或是被撞坏或撞沉，或是被卷入翼轮的青草束之类缠绕，不得行驶。结果是一部分人战死或溺死，大部分人投降。

杨幺和钟子义乘坐两艘大车船，只率十艘海鳅船向东方鼎口的方向逃遁，后面却是降军的船队紧追不舍。行不多远，浑江龙车船的翼轮就被湖面飘浮的青草束、腐枝烂叶等所缠绕，无法踏车行驶。钟子义站立船头，急得满头大汗，下令说："可速与修治！"突然，有担任护卫的统制陈瑶执手刀上前，说："钟太子，大势已去，自家须擒获你，献于岳相公。"钟子义此时也急中生智，他飞腿踢去陈瑶手里的刀，正想拔剑刺去，只见有十多名陈瑶的部兵也持兵刃冲上前来。钟子义眼看形势危急，就抓住小心奴，一同投水。陈瑶命令船上竖起官军的红旗，以示投降。船中的金龙交床之类，都成了他向追赶者投拜请功的物品。随行的十艘海鳅船也与浑江龙船一同投降。

小心奴掉进湖里，又不会游泳，钟子义挟持着她向杨幺的座船和州载游去，一面大喊："杨天王救我！"杨幺也发现浑江龙船上的情况异常，就回船相救，总算把钟子义夫妇搭救上船。两人浑身湿透，却无法换衣服，好在天气炎热，不至于受冻。

这艘孤零零的大车船继续向前航行，却又迎面来了一支船队，船队的中心是三艘车船。杨幺站立船头，很快认出，原来都是自己方面的车船，最大的正是杨钦的二十车座船望三州，另外两艘是大钦山船和小夹山船，一时与钟子义都面露喜色，钟子义高兴地说："自家们今日得救！""救"字尚未出口，突然对方的船队树立起官军的红旗，而在望三州船上又树起一面"精忠岳飞"的大纛。杨钦在船头上大喊："杨幺，速来就死！"大钦山船和小夹山船又分左右向和州载车船迂回，另外十二艘海鳅船也一齐上前包围。船上的降兵和官军齐声呐喊："你们只须献出杨幺，便得生全！"

杨幺回头望了望平时最亲信的徒众，已是个个面露难色。他抢步上前，一面说："钟太子逃命去！"一面就把对方连提带推，投入水中。他接着又把小心奴投入水中，大喊道："太子妃岂得受辱！"可怜的小心奴在水里挣扎，大喊救命，最后还是溺死在湖中。杨幺最后也跃入湖水，企图逃命。于是车船上约二百名徒众都纷纷在船上下跪，向官军投降。

一艘海鳅船上，有一名官军水手孟安，此人水性极好，他见敌方有人跳水，认定决然是杨么，就跃身投水，追捉杨么。另外三名水手也跟着跳水。杨么游水很快，但居然还是被孟安追上，两人在水里搏斗了一会儿。最后，孟安与另外三名水手将杨么擒获，挟持着他游向望三州车船。在这艘车船里陪伴岳飞的，有左军统制牛皋、副统制傅选等将。牛皋见他们游来，就向水里投下一个系着粗麻绳的抓子。孟安等将抓子套在杨么腰间的带上，牛皋把手用力一提，杨么整个身体就被抓子拖上船头。

此时，杨么由于在搏斗时灌了不少水，根本无力挣扎。他被押到岳飞面前，躺在甲板上，只低声喊着"老爷"。杨钦上前，仔细看了一下，对岳飞说："下官禀覆岳相公，此人正是贼首杨么。"牛皋问道："他叫老爷是甚意思？"杨钦回答："他犹望钟相底鬼魂救他。"岳飞下令说："既已验明正身，便将杨么处斩！明日函送都督行府告捷。"当即有军兵上前，举手刀将杨么斩首，将他的首级装在一个木匣里。岳飞又说："今日已是大胜，然而尚有次头首黄诚等寨，且休兵一日，明日水陆并进，先破黄诚寨。"

再说钟子义居然奇迹般地游到了青草湖南岸，逃往黄诚的大寨。黄诚寨在兵力和规模上，仅次于宝台山大寨。周伦自从被黄佐袭破水寨后，也逃到他的寨里。两人已经得知官兵大举进攻的消息，周伦说："依目今事势，自家们难以抵御，只得投拜。"黄诚还是犹豫不决，说："我是殿帅，不知官府可得恕罪？"两人正在束手无策之际，有徒众报告说："钟太子在湖中逃得性命，今已到大寨。"周伦听后，喜上眉梢，说："自家们何不将钟子义献于潭州都督行府，必得生全。"黄诚当即吩咐："将钟子义捆缚，押来见我。"

钟子义万没有想到，刚脱离龙潭，却又步入虎穴。他饥疲到极点，穿着一身湿淋淋的黄绸衣，被押到厅堂时，已是面无人色，他到此才真正饱尝到众叛亲离的痛苦，只能诅咒说："黄诚、周伦，阿爹在天神灵，须教你们日后死于乱箭之下。"周伦说："事势到此，目即须教你救得自家们老小底性命，钟老爷在天底神灵亦须体恤自家们万不得已。"钟子义破口大骂。黄诚和周伦不予理睬，只是命令将钟子义押下，给他进食，并且严密看守。

黄诚和周伦作出安排，命令在各个寨门树立降幡，如果官军到来，就让他们进寨。他们在次日不到四更时,就带领二百名徒众,押着钟子义,直奔潭州。

张浚在潭州都督行府,不断接到岳飞的捷报,特别是最后于鹏快马加鞭,带来了破杨么的喜讯,并且进呈了匣装的杨么首级,张浚高兴得来不及笑,只是以手加额,说:"天佑大宋,岳太尉殆是神算!"一些属官说:"此亦是张相公督师有方,发纵指示,无不如意!"张浚又故作谦虚地说:"此是圣上圣虑高远,做臣子底岂得贪天之功。"他当即吩咐举行喜庆宴会,席益、薛弼等荆湖南路的要员全体赴宴。

宴会正热闹时,有吏胥进入禀报:"今有湖寇贼首黄诚、周伦押伪太子,前来投拜,已到湘春门下。"张浚听后,更加高兴,因为岳飞斩杨么,毕竟是岳飞的战功,而黄诚等人送上门来,更显示了都督的威风和面子。他马上对黄诚和周伦的参拜礼仪等作出规定。

张浚端坐在大堂上,由军兵先押着被捆绑的黄诚和周伦进入,向张浚叩头请罪,张浚吩咐吏胥将两人解缚,作了训话,给两人借补官资,然后才命令把钟子义押上堂来。钟子义此时的精神已完全崩溃,只是啜泣不止,进入大堂后,就瘫倒在地上。张浚问道:"下跪底匪首可是钟子义?"钟子义流泪说:"便是。"张浚又问:"你知罪否?"钟子义啼哭着说:"当年阿爹误信天子冈底风水,以妖幻迷惑百姓,乘着乱世作过称王,然而到头来却无好下场。罪人怙恶不悛,在水寨数年,只为自家做太子,却又屠害得多少生灵,如今气数已尽。早知有今日,当初在水连村富甲一方,必是今生今世吃穿不尽,岂不是好! 割据寰宇底野心,煞是害人害己,却是后悔莫及。"

张浚到此也不必再问,就命令将钟子义押下。他对众人说:"圣上虽是仁德,然而首恶不可不惩,明日可将钟子义在潭州市中凌迟,亦足以戒惧一方莠民,不得作乱。"张浚又对堂上的黄诚和周伦厉声说:"你们押钟子义到潭州,固可以将功折罪,然而自今须是忠心王室,若是另萌异念,便新、旧罪并罚!"黄诚和周伦又连忙下跪叩头,说:"自今男女绝不敢存作恶之念,唯当依张相公底训谕,洗心革面。"

凌迟是古代一种酷刑,将被杀者用零刀碎割,让他受尽痛楚而死。为了显示行刑的隆重,张浚特别让荆湖南路的首要官员席益亲自临刑,并且规定黄诚、周伦和他们所带的二百徒众都到现场观看。

再说岳飞破杨么大寨后，就对残余的七个寨栅发起最后的清剿。黄诚等六个寨栅都兵不血刃，很快投降。惟有位于上沚江的夏诚寨仍然坚守不降。夏诚绰号夏猫儿，在杨么军中是步帅，他的水寨背靠峻岭，东、西、北三面环水，只有西南半面有平地，修筑两道城垒，城垒前又挖掘深壕，还设有陷马坑之类，难攻易守。夏诚凭恃寨内富有藏粮，以为有条件防守。江南西路的祁超军奉命自四日开始，由陆路攻打，接连三天，还不能得手。

岳飞的眼睛近日来又开始红肿疼痛，他听说最后一个敌寨无法攻破，就带着寇成的后军，还有赵不尤、岳云等将所率背嵬军五百人，另外黄佐和杨钦也一同随行，到夏诚寨勘察形势。炎夏久旱，烈日当空，耀目的阳光对岳飞格外刺眼。岳飞只能蒙上一层丝质白纱，骑着白马，由岳雲牵马而行。他们来到夏诚寨东一棵大树下的阴凉处，岳飞由岳雲扶下马，然后摘去白纱，勉强睁开眼睛，隔水观望。

岳飞问黄佐和杨钦："你们可有破敌之策？"黄佐说："夏诚此人端的是不识逆顺，明知杨么已被斩馘，众寨栅皆已降服，却是孤垒死守。"杨钦指着对岸说："目即水浅，夏诚底大药山车船泊于寨东，不得动。其余海鳅船亦唯是泊岸，以为守势。若是遣发舟师，切恐不知各处深浅，难于用兵。"岳飞又问："去夏诚寨可另有小道？"两人说："自家们虽曾数回去此寨，而地理不熟。"

岳飞不再说话，又戴上白纱，教岳雲牵马，沿岸南行。突然，他发现有一处距离敌寨较近的水面，其上的水草之类水生植物长得相当茂密，就问黄佐和杨钦："此处可是水浅处？"黄佐和杨钦说："当是水浅处。"

岳飞当即命令军队就地屯驻。当夜，调来五只小船，由岳雲率一批军士在半夜测量这一带水的深浅。岳雲在天明后向岳飞报告说："此处底水约深五、六、七尺。"岳飞高兴地说："此处距夏诚寨不过二十余丈，当在此处破夏诚寨。"他命令黄佐和杨钦率领舟师，封锁夏诚寨附近的水道，命令祁超军继续在夏诚寨的陆路佯攻和封锁，又调发董先的踏白军前来，与寇成的后军一同准备草木、瓦石之类，准备填平水面。官军每天派遣两千军士，或在岸边，或在小船、筏上，向对岸的敌人詈骂，并且在水面上抛撒青草束之类。对岸的敌人忍不住詈骂,向官军投掷许多瓦石,正好压住了青草束之类。

三天过后,岳飞下令将准备的草木、石块、砖瓦之类大量投入水中,很快就铺成一条相当宽的陆路。于是寇成指挥后军步兵,手持刀牌,抵挡对岸投射的矢石,向敌寨冲锋。董先则指挥踏白军,用强弓硬弩射击对岸的敌人。岸边的敌人此时已无斗志,有的逃遁,有的投降。寇成挥兵占领岸边,正准备对寨栅发动进攻时,夏诚亲自绑缚,带领徒众前来投降。于是寇成的后军和祁超军同时进据杨幺军最后一个水寨。

夏诚被押来见岳飞。岳飞由于眼病疼痛,请赵不尤代替自己,接受投拜。赵不尤坐在大帐内的交椅上,厉声喝问:"夏诚,你怙恶不悛,抵拒官军至今,又有甚说?"夏诚跪在地上,只是不断叩头,说:"男女死罪!男女死罪!唯求贳死。"杨钦和黄佐出面求情,说:"夏诚虽是执迷不悟,然而当官军进据时,他尚是识逆顺,未曾抗拒,亦是保全了多少生灵。下官等恭请八六太尉贷夏诚一命。"赵不尤最后说:"且恕死罪,可将他脊杖二十,刺面,送广南远恶州军牢城小分收管。"这是岳飞早先与他的定议,夏诚虽然保留了性命,却被刺面发配到宋时遥远的炎荒之地,充当厢兵牢城军,服苦役,而当时所谓"小分",又是只能领取一半军饷的低等军士。

官军从五月二十七日开始,八天之内攻破了杨幺宝台山大寨,但最后攻破夏诚寨,却晚至六月十一日。杨幺军的三十五个寨栅到此全部投降或被攻破。

[壹柒]
留刻中兴第二碑

岳飞获得全胜后，先返回鼎州城，处理善后事宜。由于眼病，他不得不处于半休息状态。岳飞把众将和幕僚召到卧榻之旁，商量事务。由于眼病害怕光线刺激，他只能蒙上丝质白纱，与众人交谈，透过白纱，也多少可以看见人影。多少天来，牛皋见到岳飞对湖寇的处置过于宽大，心里总是有一些疙瘩，就乘机说："杨幺占据得重湖，作恶多年，便是王四厢以数万大军前来，犹是损兵折将，徒劳无功。如今岳相公亲提大兵，讨荡得匪巢。贼众多是畏伏虎威，不战而降。然而若不是略加洗荡剿杀，又何以示王师底军威，使后人知得惧怕。"

岳飞半卧在榻上，恳切地说："下官已是理会得牛太尉底意思。杨幺底徒党，原来皆是村民。最初被钟相以妖术诳惑欺骗，此后又因程昌寓怀劫掳之仇，不复存恤，唯以斩尽杀绝为快。其实便是以苛政豪夺，驱民从贼，以致贼势张大，难于讨捕。牛太尉须知，杨幺底头领与徒党无非是苟全性命，聚众逃生。如今诸寨出降，杨幺又已抵罪受诛，众人便是国家赤子，无理杀戮，岂不伤恩，有何利益？自古佳兵不祥。下官粗读诗书，为将底须有仁心，人命关天，屈人之兵，以全军为上。若是嗜战嗜杀，出战动辄杀人盈城，杀人盈野，此是儒家所深忌。自家们唯求了得主上底委寄，仰体朝廷好生之德，上宽圣君贤相之忧，于职事亦是无愧。此后将数万徒众收编，尤足以壮大军伍，长驱中原。"他停顿了一会儿，就从榻上坐起来，连着大声喊："不得杀！不得杀！不得杀！"牛皋被岳飞说服，不再辩驳。

黄纵说："当年诸葛孔明所以七擒孟获，便是虑大军班师后，降而复叛，所以七纵，只为服南人之心。故孟获言道，从此南人不复反。此回少战斗，多俘降，近乎兵不血刃，而平剧寇大盗。然而杨么底徒众散匿于湖山，亦必是众多。他们唯是见朝廷之德，而不知王师之威，日后亦未必保他们不复谋叛。下官以为，当耀兵振旅，然后班师。"李若虚说："杨么贼徒留下三十五所寨栅，皆是经营多年底巢穴，若予保留，日后难保不为啸聚之所，何况寨中又有大殿等僭窃物事，不如皆与焚烧。"

岳飞说："二公所议极是，如今下官病痾缠身，请王太尉措置，将湖寇寨栅悉与焚荡，在鼎州与龙阳、沅江大阅神武后军，再行班师。"王贵说："下官遵令。"岳飞又说："本军素无水师，既是屯驻在大江之上，正须另立水军，可命武义杨大夫为统制，武经黄大夫为副统制，请张干办禀白都督行府，乞张相公俞允。"张节夫说："下官遵命。"

岳飞想了一下，又对王敏求和李廷珪说："请王、李二干办分别乘原杨么、钟子义底和州载与浑江龙车船，选取降军充船上水手，兵械等须是齐备，前往建康府与楚州，分赠与韩宣抚、张宣抚。我当另备书信通好。请二干办与二宣抚殷勤致意。二车船自须截去龙头等僭拟底物事。"众人明白，主将是在设法主动修补与韩世忠、张俊的关系。王敏求和李廷珪也表示从命。

杨么的三十五个寨栅，共有两万七千多户归耕田业，由官府发放公据，将他们重新编入国家户籍。另外，岳飞又命令将领和属官从俘降的男丁中，选拔了约三万七千人，编入神武后军的各军，并且在得到张浚的都督行府批准后，正式将水军作为神武后军新设的编制单位，而杨钦和黄佐也正式出任水军统制和副统制。

于鹏负责与杨钦、黄佐的新编水军同行，他们率领着车船、海鳅船等编队，从水路返回鄂州。王贵则负责率背嵬、中、左、右、后、踏白六军，另加崔邦弼和颜孝恭两军从陆路班师，并且沿途先后在鼎州州治武陵县以及龙阳县、沅江县阅兵。颜孝恭一军屯兵岳州，就近回鄂州，而崔邦弼一军与六军同行。

虽然已是季夏时节，而久旱的洞庭湖沿岸依然没有一点下雨的迹象。湛碧的晴空无一丝白云，在烈日的曝晒下，连大地也热得发烫。不少百姓听说岳家军在临行前举行阅兵，怀着好奇心前来观瞻，却受不住热浪，挥汗如雨。然而岳家军的七军却忍耐着酷热,整齐地排列在教场上,七军的统制、统领等都立马在队列之前,将士们绯红的军服、军旗之类,更给人一种灼热感。提举一行事务王贵骑马,手执发热的铁杖,代表岳飞检阅七军。各军喊声雷动,给人们一种排山倒海、奋击无前的雄威气概。岳家军阅兵完毕,然后整队出发。在三个地方的阅兵,都给当地百姓留下了难忘的印象。

任士安、郝晸、王俊、祁超、杜湛诸军奉岳飞和王贵的命令,分别焚烧杨幺军遗留下的三十五个寨栅。黄纵奉命监督郝晸军焚烧宝台山大寨,郝晸陪着黄纵先到杨幺和钟子义的大内察看。除了大殿残留若干刀兵的痕迹,整个大内还是完整无损。其中的物品,凡是尚能使用的,都被取走,剩余的只是官吏军民不能利用的僭拟物品。如在后宫,有杨幺和钟子义的几十件黄袍,有龙床、龙凤簟、龙屏、金鞍之类,在大殿,那座金龙交床已被刀剑劈坏,歪倒在地上。黄纵观看了这些精致的陈设,在整个大内的建筑群中徘徊移时,心里有一种说不出的滋味。他走出大内后,对郝晸感叹说:"钟相、杨幺之流以等贵贱,均贫富,蛊惑愚民,他们唯是割据龙阳、沅江二县数年,而大内底侈靡,劳民伤财,已是可发一叹。若是他们占得天下,必是另造阿房宫!"郝晸却没有书生式的感慨,他只是问道:"可得纵火?"黄纵只是用眼神表示首肯。于是军士们就纷纷举起火把点火,宝台山的大内和全部居屋,在顷刻之间,都被烈火浓烟所吞没。

黄纵忽然发问:"郝太尉,侯秀才今日何不到此?"原来郝晸军中有一个主管文字官侯邦,他是北宋时的太学生,曾向岳飞上书献策,黄纵为此与他有所交往。郝晸认为侯邦要投靠岳飞,并且可能揭发自己军中的一些隐私。于是就将侯邦拘押起来,但又不敢随便加害。黄纵是说者无心,而郝晸却是听者有意,他支吾其词,说:"侯秀才今日另有理会。"黄纵感到郝晸形迹可疑,就追问说:"侯秀才理会甚事?"郝晸就更加说不出所以然,只能勉强撒谎说:"他今日有微恙。"黄纵紧盯一步,说:"既是恁地,待下官前去问安。"郝晸尴尬地说:"黄机宜不须去。待数日后,侯秀才自当痊愈。"黄纵又追问说:"郝太尉,实道来,侯秀才怎生底?"郝晸只能说:"他有微罪,今已被下官拘押军中。"黄纵已经多少明白了,他说:"郝太尉,侯秀才上书献策,甚得岳相公底器重。岳相公最重儒生,你若是以微罪而重责,切恐岳相公处难以回覆。"郝晸的脸色立即变得难堪,却又无话应答。黄纵为了营救侯邦,急忙返回鼎州城。

岳飞在大军班师后,仍然在鼎州城里稍留时日,他准备处置完善后事务,就去潭州拜会张浚。赵不尤和岳雲率五百名背嵬军士,还有众幕僚都陪着岳飞。尽管有医生用药,岳飞的眼病还是未能痊愈,白天仍须蒙上白丝纱。

黄纵来到岳飞的病榻前,向他报告焚宝台山寨和侯邦的情况,黄纵感叹说:"国朝右文,故士大夫往往耻于'从军',文武异途,或是势同水火。唯有岳相公最是尊礼儒生,天下底有志之士莫不归心,甘愿被人讥为'从军',而乐于从事岳相公底麾下。侯邦原是东京太学生,只因患难困苦,只得低声下气,伏侍郝统制。只为平湖寇,他上书岳相公陈利害,如今却是被郝统制所拘押,恐有不测。"原来按宋时社会上层的习俗,文士往往瞧不起武人,那些充当武将幕僚的文士,就被其他文士称为"从军",作为一种贬义词。

岳飞听后大怒,厉声说:"郝晸何人,敢杀士人!"部将和幕僚们很少见他如此盛怒。李若虚说:"鹏举,此事不难,只须移文郝统制,教他交出侯秀才。"赵不尤也颇有爱怜文士之心,他说:"或恐郝晸中途暗害,不如待下官亲去一回。"岳飞说:"岂得烦劳八六太尉。"他当即命令岳雲携带制置司公文,率领四十名骑兵前去郝晸军中,救护侯邦回鼎州。

岳雲走后,岳飞的心情还是难以平静,他说:"如今国难深重,唯有文武一体,共济中兴大业,何须分彼此。闻得韩宣抚貌视儒生,下官固以为不是,然而此亦是文士常轻视武士所致。太祖官家圣武,难道他开国时,便是文武殊异?"对于岳飞提出的问题,最有资格回答的是赵不尤,他深知本朝既然是武人凭借兵权,而黄袍加身,就尤其猜忌和害怕武人,所以在许多制度和政策上都设计贬抑武人。但是,这又涉及开国太祖发动兵变,欺负后周孤儿寡母的不光彩事迹,所以无法明言,只能沉默不语。李若虚却感慨说:"便是在唐朝,亦有出将入相底,文武区分之严,始自国朝。然而依下官所见,事到如今,已是有弊而无利,却是积重难返,难于矫正。"

侯邦终于被岳雲带来鼎州城。岳飞从病榻边起立,向侯邦长揖,并且恳切道歉,说:"此是下官底罪愆,致使侯秀才受苦。"侯邦至此也感动得落泪,说:"若非岳相公底大恩,切恐贱子永无超脱之期。久闻岳相公礼遇儒生,今日方见真情。"岳飞说:"侯秀才为平湖寇献策,下官当与你同去潭州,荐举于张相公。"侯邦说:"为人当有自知之明,贱子智术短浅,所以沦落于郝统制军中,岂足以当岳相公底荐举。今罹磨难,蒙岳相公恩重如山,得以保全,便是万幸。贱子如今方是理会得,知足者长乐,既有家室,粗供衣食,又何须叨冒名器,以免盈满颠陨。请从此与岳相公告辞。"他向岳飞、黄纵等人长揖之后,就离开了制置司。黄纵不免感叹说:"侯秀才虽非才高八斗,却是悟得安分守己,亦是不易。"

岳飞率领一行人马离开鼎州城,在前往潭州的路上,顺便来到龙阳县城南住宿。郝晸因为侯邦的事件,怀着一种惴恐的心理接待岳飞一行。岳飞乘机对郝晸告诫一番,教他一定要尊重士人,郝晸当然只能唯唯诺诺。岳飞嘱咐说:"如今湖湘大旱,百姓有饥馑之忧,自家们到此,不宜劳费,须是节俭,今日午膳吃素。"郝晸答应照办。

岳飞的想法,当然是力求吃食简单。正午时分,大家围坐餐桌,有火头军端来四种蔬菜,却没有米饭,岳飞感到其中有蹊跷,就对郝晸说:"南方少麦,麦价昂贵,不可另供麦饼。只须米饭即可。"郝晸还没有回答,只见火头军端来一大盘用米粉做成的点心,类似馒头。岳飞取一个品尝,原来其中是菜馅,并且有一种酸醋味,他问郝晸:"此点心名为甚底?"郝晸说:"此名酸馅。"岳飞感到好吃,和大家吃了个饱。他见到盘里还有不少剩余,就对郝晸说:"酸馅味佳,我平生未尝食。既是有余,便可留作晚食,不须另行排办,以免劳扰军中底火头。"

郝晸面露惊讶的神色,他还是第一次见到一位高官,竟是表露出如此的寒酸相。当时且不说高官,就是普通官员参加会食,也绝不可能有此种提议。赵不尤望着郝晸说:"今日郝太尉须知岳相公底立身行事。若是我宋室底文武百官,皆得如岳相公,何至于有靖康之耻,便是蒙受大辱,亦是决然中兴!可惜!可惜!"他不愿意再往下说,但他激愤的言谈,又不能不启发众人很深的思考。

岳飞一行抵达潭州,他请求与张浚单独谈话。张浚把谈话地点安排在书房里,岳飞的眼睛仍然红肿未瘥,虽然害怕光线,但也不能蒙上白纱,与当朝的右相交谈。张浚当然十分注意对岳飞保持文臣宰相的尊严,他说:"此回于旬日之间,平得积年啸聚底湖寇,朝野之士,弹冠相庆。然而岳太尉处事,亦有不公之处。"岳飞不解地问道:"怎生底?乞张相公明示。"张浚说:"体访得岳武翼亦是立奇功,岳太尉却不曾与他保明闻奏,虽是大将避宠荣,却不得为公。"岳飞明白,这肯定是出自张节夫的报告,就说:"儿子屡蒙圣上异恩,如今已超擢至从七品武翼郎,赏典过优,下官父子义不遑处。军中战士,冒犯矢石,有冲锋在前、斩敌陷阵底,方得保明,而蒙朝廷封赏官资。乳臭小儿,岂得侥冒再三。"张浚心想:"岳飞直是有古名将谦避之风!"但嘴上就不再说什么。

岳飞说:"下官实有诚悃,须关白张相公。"张浚说:"且道来。"岳飞指着眼睛说:"下官底目疾,已积数年,每到夏日发作,双目昏赤,寝食不安。虽是有长驱中原之志,而委是难以负朝廷底重任。下官已是上奏,乞辞官养疴,兼侍奉老母。八六太尉是帝室之胄,智勇皆资,忠义有素,正可代下官统兵。虽是国朝有祖宗之法,然而艰难之际,岂不可从权达变?下官愿以全家老小性命,力保八六太尉绝无反背底事。"

张浚听岳飞提出教赵不尤取代自己统兵,不免吃了一惊,他问道:"建议八六太尉统兵底事,可曾上奏?"岳飞说:"下官知得事体重大,未曾上奏,特与张相公当面计议。"张浚严肃地说:"岳太尉不曾上奏,便是慎重。此事不得上奏,祖宗家法,不容轻议。"岳飞明白,张浚此语,还是出于对自己的爱护,他又说:"若是八六太尉统兵,不得朝廷俞允,亦可教王贵与张宪代下官统兵,以免有误北伐大计。"张浚说:"我料得圣上决然不允岳太尉辞免,岳太尉何须作画饼之举。岳太尉且自调摄安养,恭候圣旨,遵旨行事。"

岳飞见第一件事被对方完全否决,又提出第二件事,他说:"下官所统神武后军,控扼大江上流,地面阔远,又须进讨中原,兵力不足。往时因杨幺、钟子义作过,朝廷以为,难以抽摘兵力。如今湖寇平定,乞朝廷勾抽任士安、杜湛、祁超等军,增援上流,以为进取两河、燕云之用。"张浚对于岳飞此项请求,在内心大致是同意的,他说:"岳太尉此议甚当,然而须待我回归行在,与圣上、赵相公等共议。"

岳飞谈完两件要事,就无话可说。张浚问道:"岳太尉离鄂州颇久,不知甚时启程?"岳飞说:"若是张相公别无事节,下官便告辞,请明日启程,须及时回去,措置防秋。"张浚说:"煞好!然而岳太尉目即眼病,陆行劳苦,不如乘船归去,以便休养。"岳飞说:"感荷张相公。"

张浚最后提议说:"湖寇虽已平定,然而荆湖路累经兵燹,又值大旱之年,百姓穷困艰蹶,须要抚存。席参政、薛运判等分别巡按州县,举劾贪赃,体恤民间疾苦。我欲请岳太尉属下李参议与张干办不辞劳苦,助席参政等一臂之力,前去巡按永州。"岳飞说:"既是都督行府有令,下官敬遵张相公命,然而亦是有劳李参议与张干办。"

岳飞一行在翌日就离开潭州,乘船返回鄂州。三天之后,张浚也率领一行属官,启程回临安。

再说李若虚和张节夫两人临时被派往永州巡视。张节夫做过不少时候的地方官,深知地方官场的各种黑暗。他在受命之后,就对李若虚说:"依下官底经历,巡按州县,极是不易。"李若虚问道:"子亨有甚底见教?"张节夫说:"泂卿岂不知李丞相入湖南界底诗:'盗贼纵横尚可避,官吏贪残不堪说,挟威倚势甚豺狼,刻削诛求到毫发。父子妻孥不相保,何止肌肤困鞭挞。上户逃移下户死,人口凋零十无八。'如今官吏贪谬底,竟是十居八、九,而振职底却是百无一、二。如是欲纠劾,便是不胜纠劾。"李若虚同意张节夫的提议,说:"州县政务,最是繁剧。此回大军压境,荆湖南路另加科配,百姓每亩田地纳钱两百文。不督责科配,则大军钱粮不足,如何平寇?闻得州县官吏最喜科配,无收支文字可以稽考,故大军唯是用一、二,而官吏却是乘机私取八、九,皆是生民膏血。幸得湖寇已平,自当稍解百姓底急难。国以民为本,如是百姓不得存活,又何以立国?"

李若虚和张节夫花费整整一个月时间,在永州零陵、东安和祁阳三县巡视,处分了一批作恶最甚的官吏,蠲除若干苛捐杂税,伸理了民间的一些冤枉,总算粗粗完成了使命,两人的心境也有了某种轻松感。最后,张节夫提议,在归途中前往祁阳县浯溪,观看当地著名的石刻。两人带着随从,策马来到县城西南约五宋里的浯溪,这是一个水清石峻、风光秀丽的所在,浯溪是湘水的支流。

唐朝中期,元结曾在此地居住,他在安史之乱后,写了一篇《大唐中兴颂》，由颜真卿书写后刻石，就成为胜景，后人的题咏不断增多，令人留恋徘徊。张节夫已经来过几次，而李若虚却是初次。李若虚观看诸多石刻，不免由唐朝的安史之乱联想到如今的乱世，他对张节夫说："元结虽是说'中兴'，其实大唐自安史之乱后，便一蹶不振，非复旧观。"张节夫说："我观诸人题咏，却是以易安居士鉴识最高，她当年不过是年方十八底小娘子，却是以大家诗风，才气横溢，磊落不凡，而压倒鬚眉。"李若虚惊奇地问："难道易安居士曾到此一游？"张节夫说："她未曾到此，然而却是依她底墨迹刻石。"李若虚经张节夫介绍，就特别寻找李清照的题诗观览，只见石刻确是与众不同的女子娟秀字迹，有诗两首：

　　五十年功如电扫，华清宫柳咸阳草。五坊供奉斗鸡儿，酒肉堆中不知老。胡兵忽自天上来，逆胡亦是奸雄才。勤政楼前走胡马，珠翠踏尽香尘埃。何为出战辄披靡，传置荔枝多马死。尧功舜德本如天，安用区区纪文字。著碑铭德真陋哉，乃令神鬼磨山崖。子仪光弼不自猜，天心悔祸人心开。夏为殷鉴当深戒，简策汗青今俱在。君不见，当时张说最多机，虽生已被姚崇卖。

　　君不见，惊人废兴传天宝，中兴碑上今生草。不知负国有奸雄，但说成功尊国老。谁令妃子天上来，虢、秦、韩国皆仙才。苑中羯鼓玉方响，春风不敢生尘埃。姓名谁复知安史，健儿猛将安眠死。去天尺五抱瓮峰，峰头凿出开元字。时移势去真可哀，奸人心魄深如崖。西蜀万里尚能返，南内一闭何时开。可怜孝德如天大，反使将军称好在。呜呼！奴辈乃不能道辅国用事张后专，乃能念春荠长安作斤卖。

李若虚不由反复吟哦，感叹说："易安居士虽是议论异代底政事，抚今思昔，恰如灼见靖康之耻与当今中兴之艰。"张节夫说："易安居士追念开元、天宝底失政，讥刺故唐肃宗、代宗不得成中兴之业，宦官李辅国与张后乱政，煞是鉴识深沉。唯有不世出底奇女子，方得成此绝唱。"两人的心潮被浯溪的众多石刻题诗所激荡，感世伤时，产生了很强烈的大宋中兴的希冀和渴望，却又有成就不了中兴之业的担心和忧虑，但限于古代专制政治的惯例，有些话是可以彼此交谈，有些话，主要是涉及当今皇帝的，却又难以明言。

张节夫说："故唐自安史之乱后，虽是衰世，然而唐宪宗尚是以裴度为相,用李愬为将,而平蔡州吴元济底叛乱。如今非是无裴度底相才,非是无李愬底将才,而患在不用,或是用而不专。"李若虚说:"去年虏人三败,王师三胜,如今又平湖寇,直是有中兴气象。然而赵、张二相公恐无裴度底坚毅果敢。"张节夫说:"下官所见略同,如是专用李伯纪为相,专以岳鹏举为将,中原便是恢复有日。"

两人回到县城后,李若虚的情绪依然激动不已,就用大楷写了一首七绝:

> 元颜文字照浯溪,
> 神物于今常护持。
> 崖边尚有堪磨处,
> 留刻中兴第二碑。

李若虚的书法是学习黄庭坚体,张节夫赞叹说:"洵卿底书法颇佳。我当教人在浯溪磨崖刻石。唯愿他日克定燕北,自家当为洵卿另和七绝。"李若虚的眼睛挂着泪花,他说:"自家们底故乡沦为异域,胞弟死难已及九载。但愿他时邀请大手笔,另书大宋中兴颂!"李若虚的诗,后来被刻在浯溪的一片石崖上,计十三行,每行四字到五、六字不等。

[壹捌]
喜事中的恼事

  岳飞回到鄂州时,眼病又有所好转。他与家人已经分别半年有余,岳家在姚氏的主持下,总算有了一顿难得的团圆家宴。按宋高宗的特恩,岳家女子可以有两人得到孺人的封号,当然是非岳银铃和芮红奴莫属。因为要商讨军务,张宪也顺便从隔江的汉阳军赶回来赴宴。为一个从二品两镇节度使洗尘的家宴,虽无达官贵人家的奢华,但既然有鱼、有肉、有鸡,又有南方稀缺的麦饼,并且还有受雇的女使和仆人侍候,无论如何已属上等的家宴。特别是因为援淮西、平杨么的成功,更增加了喜庆气氛。

  出生才几个月的岳震,也特别在妈妈的怀抱里参与家宴,尽管他还不能享受什么,只是由李娃喂点稀粥。由于人口多,全家人只能分坐三个食桌。依姚氏和李娃的安排,姚氏和岳飞、张宪两对夫妇坐一桌,岳银铃、芮红奴、巩岫娟、张宗本夫妇坐一桌,岳雲、岳雷、岳霖、岳安娘、张敌万等坐一桌。席间,岳飞亲自用带来的鼎州名酒白玉泉向母亲敬酒,接着,岳雲、巩岫娟、张宗本夫妇等也向姚氏和李娃敬酒。大家难得有一种团圆的快意。姚氏高兴地分别用左手握住岳雲的手,右手握住巩岫娟的手,用眼神向儿子示意,她照顾巩岫娟少女的羞怯,不便说穿,岳飞发出会意的微笑。岳氏家族尽管社会地位有了极大的变化,但众人按岳飞的要求,都一律穿着麻布服。今天因为是个喜庆日子,惟一的例外是李娃,她在麻布襦、裙之外,加穿一件鲜蓝色的绸背子。这既增添了几分妩媚,又在众女子中显得特殊。

  岳飞回家后的第一件事,自然是对母亲曲尽孝道,他一直在母亲身边侍奉,没有片时离开。姚氏当然也体谅儿子和儿媳,她早早上床,把岳飞打发回自己的卧室。岳飞回屋,只见李娃还是一如既往,倚坐在放一盏油灯的桌前守候丈夫,几个孩子刚读完夜习,回自己的卧室休息,男婴岳震也另有女使服侍。岳飞深情地望着起立迎接的妻子,他完全明白,半年以来,贤妻为支持自己征战,支付了多少辛劳,特别是生育之苦,但见到她那件绸背子,还是皱了皱宽阔的眉宇。

李娃觉察到丈夫的表情,问道:"怎生底?"岳飞认为夫妇久别,本来不想在重逢之初说什么责备的话,但经她一问,还是直率地说:"孝娥既是与我同忧乐,则不宜衣服绸背子。"李娃经他一说,不由流下了委屈的眼泪,她说:"奴家蒙恩封淑人,侍奉两镇节使多年,难道一领绸背子亦是穿着不得?况且奴家平时唯是穿着布素,只为迎候鹏举凯旋,方是衣着一回,亦不为过。"这还是岳飞和李娃结婚七年以来,第一次发生口角。

常言道,久别胜新婚,岳飞也未料到,今夜却成了琴瑟不调和之夜。两人在桌边沉默对坐着。丈夫一时无法慰问妻子的辛劳,妻子也不想慰问丈夫的眼病。岳飞非常后悔自己的失言,他憋了许久,才首先开口:"孝娥,你多年以来,贤德过人,我岂是不理会。此回又有生育底辛苦,我未得在家伏侍,直是负您至深至重。"李娃还是不出声。

岳飞又动情地说:"我忆得建炎二年十月初冬,孝娥唯是身穿布夹衣,而将自家底绵衣把与妈妈,又与高四姐为祥祥、发发彻夜缝制绵衣。"李娃听岳飞提到这件婚前的往事,又不免眼圈发红。岳飞感慨地说:"转瞬已是八年。当时自家们底生计艰窘,难以备述。如今居住高堂大室,有婢仆服侍,然而国家底耻辱,生灵底苦难,又与八年前相差几许。当时东、西、南三京尚未失陷,如今是长淮以北,竟成异域。我此回征讨杨幺,虽是湖寇敉平,然而当湖湘大兵、大旱之后,百姓生计艰困,亦是难以备述。我唯恐大旱之后,必有大饥。此回军力可增一、二倍,自家亦是一则以喜,二则以忧,忧底是又须聚敛江西、湖南、湖北三路百姓多少膏血。我亦略闻北方远狩底妃嫔,多是窭乏,切恐他们欲有一领绸背子而不可得……"

李娃不等岳飞说完,就起身脱去身上的蓝绸背子,用完全理解的口吻说:"此物事当怎生处置?"这倒也给岳飞出了难题,他想:"此背子亦非贵重底物事,便是上市,又换得几多钱。"因此反而张口结舌,李娃想了一下,说:"不如把与娟儿,她追随自家们,含辛茹苦已是八年。"岳飞感动地说:"孝娥煞是大贤大德,天下少有!"李娃也深情地说:"范文正公言道:'先天下之忧而忧,后天下之乐而乐。'唯有他方得出此言,如今鹏举力行此语,煞好!"夫妻之间的一场风波就此平息。

岳飞返回鄂州后,最重要的军务之一,就是处理扩充军力以后的各种相关问题。由于宋廷决定将荆湖南路的任士安、郝晸、王俊,江南西路的祁超和鼎州的杜湛诸军都拨属岳飞,岳家军的兵力陡增至十万人的规模。宋高宗还下诏,说原先的"神武"系南北朝时的北齐军号,于是一律改名为行营护军,以韩世忠所部为行营前护军,刘光世所部为行营左护军,吴玠所部为行营右护军,岳飞所部为行营后护军,张俊所部为行营中护军。岳家军的兵力到此就超过其他四支行营护军,而居五大行营护军之冠。

岳飞与众人集议之后,决定将行营后护军定为十二军的编制,原先的背嵬、前、右、中、左、后、踏白、游奕、选锋、破敌十军都扩充兵力,除新组建的水军外,另外再增加胜捷军。由任士安出任胜捷军统制,崔邦弼任副统制,陈照任统领。郝晸改任中军副统制,王俊改任前军副统制,马準改任破敌军统领,李建改任踏白军统领。颜孝恭改任蕲州知州,杜湛改任黄州知州,祁超改任光州知州,这三州都属淮南西路,却按宋廷命令,隶属岳飞所属的战区。背嵬军的编额为一万人,其他十一军的编额各为八千余人。

宋高宗宣布赏功,给岳飞加上检校少保的虚衔,并相应将他的实职差遣升为招讨使。招讨使的官位比原先的制置使高一等,而职权其实相同。由于平定杨幺后,荆湖南路已成后方,宋廷又及时将此路从岳飞所辖的战区中撤除,岳飞的实职改任荆湖北路、襄阳府路招讨使。依照当时的制度,将帅为了上密奏之需,可以任用子弟书写,故岳云出任本招讨司的书写机宜文字,作为本司的属官,其地位低于主管机宜文字黄纵。由于他参与平杨幺的战功,升三官,为武德郎。

李廷珪和王敏求两人先后回到鄂州,但他们报告的情况却大相径庭。王敏求带来了韩世忠的回信,从幕僚代笔的信中语气看,韩世忠并不是虚与委蛇,而是真诚地表示了钦佩,感谢所赠的车船,并愿意与岳飞修好。王敏求报告了如何受韩世忠款待的情状。岳飞问道:"韩宣抚在楚州如何?"王敏求说:"军府新创,极是不易,而国夫人躬自织苇建屋,甚得军心。虽是不足半年,如今楚州已修治得城壁、楼橹、堑壕,通商惠工,抚集流散,为一方重镇。"岳飞也表示钦敬说:"此足以见韩相公忠荩,闻得国夫人梁氏在苗刘之变时,救国家急难,又在黄天荡之战,亲擂战鼓,激励士气,直是巾帼豪杰,尤属难能可贵。"

李廷珪却没有得到张俊的回信,说自己在建康府遭遇张俊的冷淡。岳飞心里也颇为纳闷,说:"张相公是我底旧帅,难道下官底尊礼尚不周全?"李若虚道:"下官知得,张俊心胸甚是偏颇狭窄,他容不得鹏举底功名出他之右。此回你虽是备极礼意,我料得他反以为赠送车船,便是着意夸示战功,益生忌心。"岳飞感叹说:"我自今亦是唯有以直解怨,而以国事为重。"

岳飞和李娃非常理解姚氏的心事,所以无论如何也要忙里偷闲,给岳雲与巩岫娟完婚。岳飞主要忙于军务,所以婚事自然是由姚氏亲自主持,而由李娃等人具体办理。按照早已商定的原则,只为巩岫娟是孤女,不能有负于其父巩义方临终前的托付,所以婚事不能过于节俭,却也不应侈靡铺张。现在岳飞已跻身高官之列,如果出于官场应酬,完全可以摆好几百人以至上千人的婚宴。大家最后商定,本军在鄂州的统制、统领、正将、副将和准备将已有二百余人,他们不能不请,但一律不得送礼,至于女眷只请如王贵、徐庆夫人等少数熟人。鄂州的地方官,从知州兼荆湖北路安抚使刘洪道开始,一律不请,也不收礼。

世上没有不透风的墙,岳雲的婚事还是很快在鄂州城里传开了。一天晚上,岳飞刚吃过晚饭,就有亲兵通报说:"今有万俟卨判求见岳相公。"岳飞立即出迎,将来客接到厅堂。万俟卨是开封府阳武县人,字元忠,政和二年进士,他是在复襄汉之战快结束时,赴任荆湖北路转运判官,与岳飞交往不多。岳飞向来是尊重文士的,知道万俟卨是进士出身,见他有一副标准的文士仪表,颔下一撮清鬚,更增加了一份礼敬之意。

双方会面之初,自然少不得一些酬酢。万俟卨表示了对岳飞的仰慕之意,说:"岳相公奋身许国,军功显赫,不数年间,官至两镇节度使,天下孰不钦敬。"岳飞说:"下官本是寒微耕夫,少识诗书,岂得如万俟运判金榜题名。下官虽有复仇雪耻之心,然而至今未立得大底事功,而圣恩优渥,宠荣超躐,煞是有愧于心。"万俟卨说:"不然,方今之患,或有大将富贵盈溢,不能为国家用命。中兴底大业,自须仰仗于岳相公。"岳飞不愿意将自己与其他大将相比,以免此类话流传在外,再伤自己与其他大将的和气,就说:"常言道,独木难支,众树成林,方今圣上并用诸大将,须是相与并力,共赴国难,方得济事。将帅敦睦,然后可以济中兴大业。万俟运判底言语过当,下官岂敢祗受。切望自今而后,万俟运判不复出此言语,以利恢复底大事。"

万俟卨听后,又改换话题说:"下官体探得,岳武德近日当有结缡之喜。"岳飞经万俟卨说破,已多少明白对方的来意,就解释说:"国家患难时,儿子婚姻唯当简俭,所以与家人定议,不受礼,不请鄂州底众官人。万俟运判既已道破,下官亦须晓示自家底意思。"万俟卨虽然与岳飞接触不多,已多少了解对方的秉性,他到此已明白,今天所送的礼品,岳飞肯定是不会收的,但是,这张礼品单还是应当请岳飞过目,才是不虚此行。他从袖里取出礼品单,起身来到岳飞面前,说:"下官有些少礼意,须是乞岳相公笑纳。"岳飞只见礼品单如下:

左朝请郎、荆湖北路转运判官万俟卨欣闻检校少保、镇宁、崇信军节度使、充荆湖北路、襄阳府路招讨使、武昌郡开国公、食邑二千户、食实封八百户岳相公长男岳武德有鸾凤和鸣之喜,谨备薄礼,聊表寸心。今具礼品如次:

各色蜀锦二十匹,

木绵布二十匹,

杂色罗八十匹,

珠子八号,一百六十颗,

白玉杯二件,

玛瑙碗四件,

汝窑酒瓶一对,盏四只,

官窑香炉一对,

螺钿盒四具,

犀皮盒四具,

象牙一对,

金钱二十文。

岳飞见到这份礼品单，不由勃然大怒，他一时简直难于压抑自己的怒气，责问说："此礼极厚，折铜钱若干？"万俟卨这份礼其实约折合两千贯，他见岳飞有怒意，就说："约折合八百贯文，或是下官底家藏物事，或是俸禄与公用钱所置。只缘下官敬重岳相公忠勇，故聊表寸心。"宋时所谓公用钱又称公使钱，其实是官员的私使钱。万俟卨的话无非是说自己的礼品，来路清白，而非贪贿所致。岳飞厉声说："万俟运判须是知得，目即在辖下底湖湘鼎州、澧州等地，大兵与大旱之后，百姓艰食，闻得已有卖妻鬻子。万俟运判若是将此等物事变卖，前往巡历，用于接济贫民，以宽君相底忧顾，岂不是好！"岳飞说完，就起身径自拂袖而入。万俟卨十分尴尬地僵立了一会儿，只能退走。

岳飞回到卧室，李娃正在教孩子们读书识字，只见岳飞面带盛怒回房，感到当着孩子们的面，不便提问，她忙给岳飞递一杯水，轻声说："鹏举息怒。"又继续给孩子们授课，直到将岳雷、岳安娘和岳霖三人安顿睡眠以后，才向丈夫询问。李娃听完岳飞的诉说，就说："奴家虽是女流，不问政务，然而亦是闻得，刘知州虽有明州底过失，尚是勇于事功，勤政宣力；而万俟卨则是两面三舌、口蜜腹剑底小人之流，贪鄙无耻。"岳飞说："自家素来敬重士人，以为士人饱读诗书，应是知晓礼义廉耻。如万俟卨之辈，亦是前所未见。"李娃感慨说："天下士人鲜廉寡耻底，岂止万俟卨一人而已。鹏举质直，如今又身为高官，如是遭逢矫伪趋奉之士，便不易知得隐情。常言道，知人知面不知心，天下最难底事便是知人心。"她想了一下，又说："既是祥祥底婚事已张扬在外，鹏举明日何不亲去拜会刘知州，晓谕一番，以免失礼。"

岳飞接受李娃的建议，翌日亲自拜会刘洪道，向他说明情况，着重强调自己不受礼，也不宴请鄂州的地方官。刘洪道感动地说："如今虽是国难当头，然而官场尚是沿袭崇宁、大观以来底风尚，诸多繁文缛节、官高礼重，岳相公躬行俭约，亦足以风动一方。"岳飞进一步介绍了巩岫娟的情况，说："若非因新妇是忠烈底孤女，下官亦岂得如此铺张。"刘洪道说："下官自当遵奉岳相公之命，教本州及安抚司底官人不得送礼。然而岳武德喜结良缘，下官须在此恭致祝贺。"岳飞谢过刘洪道，就骑马回府。

再说万俟卨受到岳飞的责备,恼羞成怒,而又唉声叹气,回家后一夜没有合眼,他最感害怕的,是由于岳飞的鄙视,而影响自己在官场的前程。想来想去,现在已非到鼎州等地巡历不可,自己既然在岳飞的督责下,不做点利国利民的事,是难于混世的,现在必须投岳飞所好。万俟卨在临行前,给岳飞写了一封信,用诚恳的语言表示不吝改过之意。此外,他又私下约见了新任前军副统制王俊。原来万俟卨曾与他相识,这次也是从王俊那里得到岳雲结婚的消息。

王俊虽然是粗人武夫,在官场厮混已久,也颇通随机应变之术,他听了万俟卨的叙述,就说:"我早曾言道,岳相公比不得当年底范琼,教你不得送礼,只是前去道喜。你不听自家底言语,致有此辱。我自从在他底麾下,亦是终日小心翼翼,唯恐稍有不是,而受贬责。此便是在人矮檐下,不敢不低头。"万俟卨望着对方,说:"下官不听王太尉底劝谕,亦是后悔莫及。然而岳相公处有事,亦望王太尉及时通报。"王俊说:"下官理会得。"万俟卨当场取出二十贯铜钱,送给王俊。他感到,自己如果继续在荆湖北路任官,用王俊做自己在岳飞军中的耳目,是十分重要的。当然,万俟卨心中的另一番盘算,是不能对王俊坦白的,这就是恨小非君子,无毒不丈夫,他日有机会,今天的羞辱不可不报。

[壹玖]
退　　婚

　　岳雲和巩岫娟的婚姻庆典,在姚氏、李娃等人的精心安排下,圆满地办完了。但是,岳家军扩编三倍兵力,加强军训,整饬军纪,另外还须部署防秋,却是自初秋七月一直忙碌到仲冬十一月初。

　　一天,岳飞在招讨司,有亲兵向他通报:"今有川、陕宣抚副使吴相公下秉义郎杨祖雲到鄂州,拜会岳相公。"岳飞听说吴玠属下的官员前来,就命令召入。杨祖雲见岳飞唱喏毕,岳飞请他就座,由李若虚和黄纵作陪,一同谈话。杨祖雲说:"吴相公甚是仰慕岳相公底忠勇智略,在谈笑间便平定猖狂累年底湖寇,今教下官传送书信一封。"说完,就呈上吴玠的书信,岳飞看了一遍,又请李若虚和黄纵传阅。吴玠信中除了寒暄的言语外,也谈及准备与岳飞共图关陕。岳飞感到高兴,他说:"吴相公屡败番人,威名远播,下官亦是敬佩吴相公底用兵方略,可惜未得觌面就教。依目今事势,正宜进讨中原,若得与吴相公大军并力,此是社稷之幸,下官之幸。下官自当修书一封,敢烦杨秉义带回,并致下官请安之意。"

　　到了中午,岳飞特别亲自请杨祖雲吃饭,由王贵、张宪、李若虚、黄纵和王敏求五人作陪,这对于一个从八品的小武官而论,当然是破格的礼遇和接待。七人共用一个长方形食桌,由火头军传送食物,桌上罗列了猪肉、鱼、蔬菜等八盘菜肴,米饭、麦饼作主食,另外还有三瓶米酒。岳飞自己不饮酒,却为客人斟酒。杨祖雲对如此规格的宴会有些惊奇,却也不便作什么评论。

　　饭后,岳飞命令王敏求送来客到馆舍休息。王敏求和杨祖雲来到馆舍,两人开始随便谈论。杨祖雲怀着一份好奇心,就不免询问:"今日是公宴,岳相公平时家宴亦是如此?"王敏求感到对方的提问有点奇怪,他想了一下,就说:"公宴有火头军,私宴则是婢仆,然而岳相公家雇婢仆,亦是到鄂州之后。"杨祖雲说:"若是与吴相公底公宴相比,却是无营妓。吴相公设公宴,必是急管繁弦,宝钗艳舞,以助酒兴。"其实,他还有另一条说不出口的感想,这就是公宴的菜肴不够精美。王敏求说:"下官去韩相公等军中,亦是如此。然而岳相公有令,军中不得蓄营妓。"杨祖雲又问:"岳相公家中可养得歌童舞女?"王敏求笑着说:"岳相公至今尚无侍妾,又何以养得歌童舞女。"

杨祖雲再问:"不知岳相公有甚嗜欲?"王敏求说:"下官追随岳相公多年,依我所知,他唯是嗜酒,然而官家与国夫人有酒戒,故不得饮酒。不知吴相公有甚嗜欲?"杨祖雲说:"吴相公近年来,嗜好女色,喜服食丹石。闻得成都府底女子美貌,便不惜千金,命人前去寻访,故侍妾日益多。吴相公亦因此体虚多病。"王敏求与他谈论一会,就告退回招讨司。

岳飞听了王敏求的报告,宽阔的眉宇微皱,却也不好说什么。他亲笔誊写了由黄纵起草的书信,又亲自接见杨祖雲一次,然后打发他返回仙人关的吴玠宣抚司。

三天之后,岳飞接到宋廷的一份省札,省札中按赵鼎、张浚两相的提议,教岳飞研究,是否将行营后护军的大本营从鄂州搬迁到荆南府。因为荆湖北路的首府向来是荆南府,而鄂州还居于次要地位。岳飞接到省札,考虑了一下,决定召集将领和幕僚们集议。

孙革首先说:"荆南府地处江北,距离襄阳府较近,正宜屯兵,以便进取。"黄纵当即背诵杜甫的诗:"即从巴峡穿巫峡,便下襄阳向洛阳。"岳飞又环视众将,董先表示附议:"便依孙干办与黄机宜底计议。"一些人又七嘴八舌地附和,一时似乎没有不同意见。

岳飞见到任士安似乎是口欲言而嗫嚅的模样,就问道:"任太尉有甚计议?直道来。"任士安到此地步,也不容他不说:"朝廷与岳相公欲移镇荆南府,若是得计,下官安敢不说。然而依下官底意思,移镇利少弊多。岳相公在鄂州屯兵二年,诸事已立规摹,若是进取中原,其实与荆南府相距不远,又可以依凭大江,阻险而守。若是移屯荆南府,便失大江之利。

非是必须移镇,况且鄂州底户口又多于荆南府。常言道,一动不如一静。"张宪说:"下官以为,任太尉所言有道理。"大家不再说什么,就此罢议。

岳飞当夜在书房,单独召见黄纵,两人隔着书案上的一盏油灯,相对而坐,岳飞说:"下官自幼家贫,未得如黄机宜,饱读诗书,故用兵行师,必是教众官人备谋,详虑,竭智,然后可以少有疏虞。"黄纵说:"今日集议移驻荆南府底事,便见得岳相公慎谋,博采众议。"

岳飞说:"下官不过是一介耕夫,误蒙主上拔擢,委以中兴大业,朝夕兢兢,唯恐有误任使。我倘有纤毫非是,被儒生们写在史书上,亦是万世揩改不得。日后若是黄机宜见得下官底过失,必以见告,下官亦当改过不吝。"黄纵被岳飞恳切的态度所感动,他心里明白,这也是因为自己白天的议论被否定,所以岳飞更须特别对自己剖明心迹,他说:"岳相公放心,下官日后遇事,必是直言无隐。"

岳飞说:"下官底意思,移镇底事便请黄机宜代为草奏。黄机宜到军中不久,正可乘此机会,前去行朝奏事,以便知悉朝政,结识朝廷底官人们。不知尊意如何?"黄纵说:"下官愿往。"当夜,黄纵为岳飞起草奏疏,岳飞亲笔誊录后,黄纵就择日离开鄂州,乘船前往行在临安府。

黄纵将近年底才回到鄂州。座船在凌晨抵达鄂州城东郊泊岸,黄纵带着两名随从军士,临时在岸边找了一家小饭馆,向店主索要三碗白米汤,一盆蒸糕。由于天色刚亮,加上寒冬时节,几乎没有行人。店主陪坐在一旁,黄纵随便问话:"生理丰富否?"店主说:"自从岳相公驻节当州,保得一方平安,人烟繁盛,渐复旧观。小店底生理亦是较前兴旺。"

黄纵又问:"我离鄂州已有两月,州城中有甚新闻?"店主说:"闻得岳相公将于近日纳妾,一方百姓传为异事。"黄纵听后,也感到惊奇,但他还是继续发问:"达官贵人们妻妾成群,何以岳相公纳妾便成异事?"店主说:"岳相公与众官人有异,他本是贫乏庄农,自从统大兵,做高官以来,煞是廉洁。人生在世,难过酒、色、财三关,而唯独岳相公戒酒,不纳妾,轻视钱财,常以私财佐军用。故此回纳妾,直是异事。"

黄纵再问:"岳相公既是轻色,不知甚底女娘子,教他相慕而纳聘?"店主说:"女娘子不是本地人,闻得是川、陕吴宣抚相公特为岳相公礼聘一个成都府底官宦士族女娘子,并赠金珠宝玉,资奁巨万。这个女娘子端的是国色天香,人间少有,故岳相公亦愿纳聘。"

黄纵听后,也就不再追问。他与两个随从军士吃完早点,就从鄂州城东武昌门入城。由于时间尚早,黄纵先回家中看妻儿,稍事休息。当时士人游宦在外,往往租房居住,黄纵也是在武昌门附近租用民房。黄纵休息过后,正准备去招讨司见岳飞,却来了一个军士,向他传达岳飞的指示,说:"岳相公知得黄机宜已是回归,招讨司中别无事节,请黄机宜在家休息一日,与妻儿团聚,明日再与黄机宜相会。"

黄纵见到这个军士在盛寒时节,竟穿了一件绯色单麻布军衣,冻得瑟缩着身体,不免起了怜悯之意,问道:"你何以不穿绵衣,得非官人或是减克请给,而有怨情?"军士说:"男女并无怨情。男女原在荆湖南路安抚司王统制属下,当时各军军兵底请给,皆有减克,又如冬季科作绵袄,自身虽暖,而老小不免冻馁。如今属岳相公麾下,岳相公号令如山,便无减克,所请钱米,听军兵自用。男女自因家累费重,故并无怨情。"黄纵见那名军士可怜,就赏了他两贯铜钱,那名军士用手加额,谢恩而去。

黄纵翌日去招讨司上班,岳飞请他到书房,单独谈话。黄纵介绍了在临安行朝的所见所闻,岳飞说:"下官见邸报,朝廷已命李相公任江南西路安抚制置大使兼知洪州。李相公虽是大材不得大用,然而到江南西路,亦是胜于退闲。江南西路与荆湖北路唇齿相依,自今而后,须是常与他通书问,请教方略。"黄纵说:"闻得张相公在福州闲居时,与李相公释前嫌,此回他与赵相公力荐,请官家任以大事。"岳飞听黄纵提及建炎元年张浚弹劾李纲的前嫌,不由追念起张所的贬谪和惨死,感伤地说:"当时正是张相公做御史,受黄潜善指示,弹劾李相公,亦遭致张招抚底远窜,而竟死于叛贼之手,可发一叹!"黄纵说:"然而此回张相公举荐,亦是稍赎前愆。当时便是无张相公底劾奏,黄潜善与汪伯彦亦须教他人上弹章。"

黄纵又说到那名传令军士衣服单薄的事,岳飞感叹说:"国家财力拮据,如今须养本军十万大兵,东南底民力耗弊已极,然而军中又常有衣食不足之忧。军士们平时不得爱养,战时又怎生教他们效命?"黄纵说:"然而这军士并无怨言,言道无减克请给底事节。"岳飞说:"下官已是体访得军中如此军士,竟有七、八百,正拟救济。房法虽酷,然而亦得以教房军用命。王师却是将领们公然玩侮法律，以致军伍不整，而有靖康之耻。下官虽是尽力整顿，亦未必弊绝风清，然而治军决不可姑息养奸，如若姑息，必是养痈贻患。"

黄纵问道："岳相公教阅训练，有甚要诀？"岳飞说："约束贵于简明，武技贵于精练。我常与军士们言道，战阵既交，手得执住刀枪，口得咽下唾液，便是勇敢。"黄纵笑着说："此便是约束简明。下官日后追随岳相公复中原，见大阵，有甚约束，愿岳相公见教。"岳飞说："黄机宜是儒生，未曾历战阵，可随我观战。自家教黄机宜立马处，必是无害。若有便溺，请切勿离马侧。数万人底眼目，尽聚于下官手中之旗，若是黄机宜往来不定，军人便恶你扰乱他们底目视。待大阵移动，然后你可随我移动。"

黄纵说："下官今日受教良多。"他一面说，一面起立，准备告退，忽然又想起有关岳飞纳妾的传闻，显出欲语还休的神态，岳飞问道："黄机宜另有甚事节，直道来。"黄纵到此还是将店主所说坦白出来，岳飞笑着说："不料此事未有眉目，已是传遍遐迩。道听途说，自来便是虚中有实，实中有虚。明日便见分晓。"

原来杨祖雲返回仙人关后，向吴玠报告在鄂州的见闻。吴玠的年龄正好比岳飞大十岁，他听后感叹说："岳相公虽是锐意于功名，然而自奉亦不免过于菲薄。"他想了一下，就吩咐杨祖雲说："你可去成都，为岳相公寻觅一士族小娘子，另雇二女使，妆奁务必从厚，然后与你底浑家同共送往鄂州。"杨祖雲问道："下官此去，可破钱若干？"吴玠说："你可携一万缗钱引前往。"原来当时四川与东南等地不同，行用铁钱和以铁钱为本位的纸币，称为钱引。几文铁钱的币值相当于一文铜钱，而当时的官价则是二文铁钱折合一文铜钱。

杨祖雲奉命到成都府，打听到当地一个严姓官宦之家，有一个幼女，取名咏絮，年方十七，长得花容月貌，就前去说亲。严家的曾祖父是进士出身，已是三代为官，虽然官位不高，有这么一个女儿，当然视若掌上明珠。但听说是大将吴玠出面做媒，并且是许配给名将岳飞为妾，还是一口应允。吴玠和严家共同出资，共有四名女使陪嫁，准备了各种妆奁，在杨祖雲夫妻的护送下，乘船直下三峡，先到鄂州对岸的汉阳军暂住。

杨祖雲安顿好严咏絮后，就乘船渡江，来到鄂州城里的招讨司，参见岳飞，备述详情，并且带来了吴玠的书信和女方议婚的草帖。按当时的婚俗，本来应当是男家先下草帖，接着是女家还草帖。草帖上写明本家三代的官名和名讳，男女双方的母亲姓名、时辰八字，准备的奁田、奁具等。如果双方交换成功，才另外正式交换定帖。

岳飞简直是连做梦也难以想像，他虽然是十万雄师的统帅，此时却显得相当腼腆和羞怯。他僵坐了好一会儿，才说："下官怎生当得？"杨祖雲说："此是吴相公底盛情，严氏底厚意，如何当不得？"岳飞说："下官极是感荷吴相公，然而下官粗陋，严氏世宦之家，金枝玉叶，岂非委屈了严氏小娘子？"杨祖雲说："严氏小娘子闻得岳相公底英名，恨不能插翅到鄂州。如今已近岁末，正宜及时成合卺之礼，以增除夕、元旦底新喜。"任凭杨祖雲口若悬河，百般劝说，岳飞就是不肯交付定帖。最后，岳飞说："且请杨秉义回江北，两日之后，恭请你与严氏小娘子同到鄂州，另行计议。"杨祖雲听说让严咏絮渡江前来，认为婚事已有八成希望，就起身告辞。

这件新闻很快传扬出去，岳家第一个得知的是芮红奴。她笑着告诉姚氏："如今有送到门前底四川名姝，亦是伯伯底艳福。"姚氏望着李娃，李娃含笑而不语，倒是高芸香说话："奴家料得岳五哥必无此福。"姚氏最后发话："自家们可佯作不知，且看五郎怎生理会。"当天晚饭时，众人果然不提此事。

岳飞以为众人不知，最后回到卧室，才向李娃详述始末曲折，他问道："孝娥以为，当如何处分？"李娃笑着引芮红奴的话说："既是送到门前底艳福，却之不恭，受之无愧。"岳飞说："我岂得自食其言，有负妈妈与孝娥。何况严氏小娘子竟与祥祥、娟儿同年，岂得有误她底青春。"李娃明白，岳飞所说，是指与自己新婚之初，就强调了不得纳妾的母训。她说："你何以不拒之门外，而要教她前来？"岳飞说："我底意思，是教严氏小娘子前来，请孝娥劝谕。"李娃笑着说："鹏举底意思，是教奴家做妒妇。"因为按古代一夫多妻制的道德规范，正妻能够厚待众妾，而不忌妒，算是妇德。

岳飞说："此事干系重大，既要退婚，又须厚结吴相公，请孝娥为我筹思。"李娃想了一下，说："奴家不宜见严氏小娘子，尚需鹏举亲自劝谕，若是劝谕不得，唯有烦劳阿姑，方是正理。"李娃说了自己的想法，岳飞说：

"且依孝娥底意思一试。"

杨祖雲夫妇按时渡江，把带着盖头的严咏絮引进招讨司。岳家的一名女使把严咏絮和陪嫁的四个女使引进一个房间，先在屏风后面就座。不一会儿，岳飞进入，双方就隔着屏风说话。岳飞说："下官便是岳飞，女娘子不远千里，前来鄂州，下官感荷厚意。"严咏絮用娇声软语应答："岳相公万福！"

岳飞恳切地说："下官误膺主上器使，官拜检校少保、两镇节度使、招讨使。然而当国家忧患之际，须是遵先贤遗训，先天下之忧而忧，敢不朝夕惕息。我家老小平时只穿布衣，吃稻米、蔔菜，难得有麦面、猪肉，不知女娘子能与全家老幼同甘苦否？老母国夫人多病，不知女娘子能躬亲侍奉，调理药食否？当下官出军之际，将士老小，自须与我妻李淑人同去慰问，抚恤孤寡，不知女娘子愿意否？"岳飞的问话，在严咏絮方面是完全没有思想准备的，她所以乐意于这件婚事，无非是企求荣华富贵，希望在一个当代名将的家里，当一个备受宠爱的侍妾。她没有答话，只是发出了不以为然的笑声。

岳飞听后，就说："既是女娘子不以为然，下官岂敢强留，而有误女娘子底青春，请从此告辞。"他说完，就离开房间，一直来到厅堂。于鹏正在那里陪伴杨祖雲说话。岳飞进入后，就向杨祖雲复述刚才的谈话，说："下官当另修书与吴相公，极是感激吴相公底深情。然而既是严氏小娘子不能同甘苦，下官亦岂敢有误她底青春。如今国耻未雪，圣上宵旰不宁，自家们做大将，又岂敢宴安取乐。"杨祖雲到此再也无话可说。岳飞又准备了十贯铜钱，作为给杨祖雲的赠礼，说："杨秉义为我区区私事，往返辛苦，些少薄礼，聊表感激底心意。"

不料严咏絮却节外生枝，她提出，要在临行之前，与岳家女眷见一面，也算是不虚此行。于是，岳家的女眷，包括姚氏、岳银铃、李娃、芮红奴、高芸香和巩岫娟六人只得出面接待。六个女子如今都有外命妇的封号，高芸香按张宪的官位封恭人，而巩岫娟新近也按岳云的官位封安人。双方互相行礼道"万福"后，姚氏请来客就座，由女使送上散茶，散茶当然是社会下层饮用的。严咏絮望着房间里陈设的清一色素木家具，看一眼粗瓷茶碗里的散茶，简直就不想呷一口。

严咏絮当然见过上层社会的大场面。她仔细打量六人,除了巩岫娟因为新婚燕尔,打扮得比较入时,外面还罩着一领李娃转让的鲜蓝色绸背子,其余五人都是上身麻布绵襦,下身在麻布绵裤外包上麻布裙。岳家六个女子也仔细打量严咏絮,只见她果然姿色绝伦,头髪按蜀地风俗,梳成很高的同心髻,这是未出嫁女子的髪型,插上六只金钗,后面还插着一个手掌大小的象牙梳,耳垂两个翡翠蝴蝶环,额上贴着梅花钿,明眸皓齿,桃腮绛唇,上身穿真红瑞草云鹤蜀锦绵襦,下身系真红如意牡丹蜀锦裙,浑身的珠光宝气,更增添了她的妩媚。相形之下,六个外命妇反而显得寒酸。到此地步,严咏絮才真正相信,岳飞的话并非虚言,也为婚事未谐而暗喜。

姚氏毕竟没有文化,难以应付这种场面,好在还有三个文化水准颇高的女子。李娃已经觉察到对方的神情,她说:"此回端的是委屈了小娘子,自家们深致歉意。"严咏絮说:"此便是奴家无福,然而此回到鄂州,得见国夫人等,亦是不虚此行。"

高芸香认为,对方这句应答还是相当得体,她怀着好奇心,想进一步了解严咏絮,就问道:"不知小娘子平时在闺阁之中,习学甚事?"严咏絮说:"针凿是女使底事,奴家无意习学,奴家平时有闲,唯是喜读书。"高芸香说:"唐朝有两个名人,一称诗仙,一称诗圣,都与蜀地有缘,不知小娘子喜爱甚人?"这句话却难住了严咏絮,她娇生惯养,平时只是精于吃和穿,对服侍的女使恣意挑剔,有闲时,不过读一点《千字文》、《百家姓》、《孝经》、《女戒》之类,连《昭明文选》也没有读过,根本不知道什么诗仙和诗圣。她窘迫了一阵,还是急中生智,说:"奴家秉承父母训导,以为诗词歌赋,不是女子底事。"

李娃决定再考严咏絮一下,就说:"奴家料得严小娘子必是读得《百家姓》等书。"严咏絮点头表示首肯。李娃问道:"《百家姓》底开端便是'赵钱孙李',官家姓赵,自当第一,然而何以将钱姓列第二?"这个问题又把严咏絮难住了,她想了一下,就随便说:"此是天下姓钱底人多。"李娃对巩岫娟说:"新妇,你可说与小娘子。"巩岫娟应声解答说:"《百家姓》是国朝初年两浙人所撰,当时吴越钱氏尚未纳土归朝,故将钱氏列为天下第二姓。"严咏絮不由一阵脸红。

严咏絮最初还是对岳家怀着某种好奇心,在与岳家女子刚见面时又滋生一股骄气,现在却感到自己没有面子,她稍稍寒暄一阵,就起身告辞。岳家女子已经看出她的神态,也没有挽留她吃饭。送走严咏絮后,芮红奴说:"奴家原以为伯伯无艳福,如今见得严小娘子不到我家,煞好!"姚氏说:"一个父母娇宠底女子,自家们怎生与她相处?"高芸香抚着巩岫娟的肩膀说:"严小娘子底名字有一个'絮'字,如是说她金玉其表,败絮其中,亦是过当。然而自家们底新妇,须是寻觅如娟儿一般底小娘子。"巩岫娟反而被她说得有几分羞赧,姚氏说:"高四姐所言极是,娟儿岂不远胜于严小娘子。"

严咏絮终于与岳飞未见一面,就被打发回成都府。杨祖雲返回仙人关,报告吴玠,吴玠也对岳飞深表敬服。

[贰零]
奇袭垣曲与神山

赵雲和董荣率领一千精兵,途经襄阳府,抵达邓州西北前沿,然而沿着今豫西山地北上。这条路线正是赵雲的来路,山道崎岖曲折,便于隐蔽行军。他们穿越虢州栾川县、伪齐新设的顺州长水县、西京河南府渑池县等地界,终于到达黄河南岸。如今黄河成了伪齐与金朝的界河,但金与伪齐在黄河沿岸互不设防。赵雲和董荣察看附近的地势,设法借到一批渡船,在夜间暗渡黄河,就进入垣曲县地界。

赵雲和董荣找来一些乡民,打听当地的情况,乡民报告说,自从上次金军与忠义保社交锋后,重兵已经调离县城,守备平阳府城。按照惯例,金军在夏季总是休整避暑。董荣感到高兴,说:"既是恁地,自家们正宜乘机攻破垣曲城,先救取赵太尉底妈妈,然后再去太行山。"赵雲听董荣主动提出营救自己的母亲张氏,当然十分感激,说:"若是此回得以救取妈妈,自家直是感恩不尽。"董荣说:"此事贵于攻敌不备,可命人先进城体探。"他们隐蔽军队,派人入城进行侦察。赵雲得到侦察报告后说:"待我率一百人先入城,以为内应。"董荣说:"赵太尉在河东转战多年,唯恐被虏人识破,不如自家率一百人入城。"于是由董荣先率一百人,化装后混进垣曲县城。

董荣打听到牢狱离开县衙不远,就部署六十人重点监视牢狱,自己率四十人在夜间到西门接应。赵雲在夜里率九百人马进攻县城西门,董荣率部兵在内接应,杀散守城兵,很快夺取西门。双方会合后,立即分兵两路,董荣率部众杀入县衙,金朝的县令等官员在惊慌之中,闻风而逃。赵雲则率部伍包围了牢狱,大家同声呐喊:"交出忠义保社赵太尉底妈妈,便恕你们不死!"狱门很快打开,一名狱子和他的妻子带着张氏出来,赵雲见到仍然活着的母亲,悲喜交集,立即扑上去,紧紧抱住她,哭喊着说:"儿子不孝!"张氏向他介绍了这一对好心的狱子夫妇,说:"他们是你底恩人,老身在狱中,全仗他们悉心看觑,得以存活至今。"赵雲向这对夫妇长揖致谢,他说:"你们亦不宜再留县城,不如随自家们同去太行山。"这对夫妻也说:"事已到此,自家们亦唯有追随赵太尉。"

赵雲和董荣认为不宜长久占领这座县城,他们下令打开仓库,接济穷民,然后撤离垣曲县,进入太行山区的深山,与梁兴、李进会合。梁兴见到张氏,不由悼念自己的父母,他跪在张氏的面前,只是恸哭,而不说话,张氏也跟着伤心落泪。众人深为感恸,将梁兴强行扶起。梁兴却挣脱众人,再次下跪,说:"妈妈,做儿子底不孝,自今而后,你便是自家底义母。"张氏此时明白了梁兴的用意,她一面落泪,一面把梁兴从地上扶起,说:"梁小哥,你自今便是老身底义子!"

一千岳家军的到来,给予忠义保社很大的鼓舞。梁兴当众展开一面"岳"字旗,宣布说:"岳相公忠勇,岳家军名闻天下,自今而后,自家们便在岳相公底麾下,便是岳家军底一支兵马,自当奋勇杀敌,不负岳家军底名望。董太尉所率俱是岳家军底精兵,又皆是乡贯两河,皆有故乡沦落底大仇深痛,从此便与自家们不分彼此,同共厮杀立功!"部众们顿时喊声雷动,震荡山谷,梁兴与董荣、赵雲、李进商议,决定将两军实行混编,他们四人各统一千人。

自夏到冬,这支军队依托太行山,向河北与河东广泛出击,有时是上千人或全军出战,有时则是化整为零,以小部队袭扰,但大小战斗,都一律使用"岳"字旗。他们或是截取敌人的粮食、绢帛等纲运,或是攻破若干小县镇,开仓济贫。金军防不胜防,元帅府不断接到两河州县的报告,说是遭受有"岳"字旗号军队的攻击,却又无法证实岳飞是否亲自统兵到了黄河以北。金军元帅和将领们对这支神出鬼没的岳家军十分头疼。

完颜挞懒和完颜兀术为了围剿这支岳家军,特别下令,任命完颜赛里为平阳府尹兼河东南路兵马都总管,完颜活女为太原府尹兼河东北路兵马都总管,大挞不野为真定府尹兼河北西路兵马都总管,合力清剿太行山区。梁兴等指挥军队与敌人巧妙周旋,避实击虚,使金军不断损兵折将。

十一月,梁兴与董荣、赵雲、李进正在商议军事,有部属通报说:"今有岳相公麾下牛太尉、张太尉统兵二百,已到此地。"原来自从赵雲南下之后,尽管有伪齐与黄河的阻隔,梁兴一军已与岳飞方面不断进行联络。但牛显和张峪带兵渡河北上,还是继董荣之后的第二次。董荣与两个故人会面,当然格外兴奋,张峪向梁兴等人介绍说:"岳相公既已平定湖寇,自当全力恢复中原。明年必是出师,先灭伪齐,然后进军两河。他目即未得亲率大兵渡河,唯是命自家们招抚两河忠义豪杰,袭扰虏军,教虏人难以应援伪齐。日后大军渡河,便相与犄角破敌。"

梁兴等人听后,都感到振奋。李进建议说:"自家们亦须进击虏人,方得不负岳相公底瞩望。"梁兴说:"燕京近河北,是虏人元帅府所在,易于抽摘大兵。若是进击虏军,以河东为便。"赵雲说:"若要进击,不如径攻平阳府。"董荣说:"平阳府守备甚固,急切不易攻。"梁兴心生一计,说:"自家们不如先攻神山县,诱敌出城,然后厮杀。"大家经过一阵商议,最后决定统兵四千人,潜师出行。

神山县即今山西浮山县,北有涝水,南有滴水,涝水和滴水分别发源于乌岭山和龙角山,都是汾水的支流,两条河汇合后,流入汾水。县境重山四围,与各州县交接之处都有险隘,中间则是平原。县城不大,周长约四宋里,开东、西、南、北四门。

忠义保社还是采取攻垣曲县的策略,先由牛显和张峪带领二百人,化装混入神山县城。到了半夜三更,梁兴、赵雲、李进和董荣四人指挥队伍由县城四门同时发起进攻。牛显和张峪的军队里应外合,首先占领南门,接应赵雲的队伍入城,接着又很快攻破其他三门。金朝在神山县城并没有部署正规军,只是由一百名射粮军和五十名弓手。射粮军又名食粮军,"射"的词义是申请,即是由官府招募,发放军粮,类似于宋朝服杂役的厢兵,谈不上有什么战斗力。忠义保社军近乎兵不血刃,就一举包围县衙,活捉金朝县令、女真人古里甲乌古出,县丞、渤海人高迪古乃,主簿、契丹人耶律孤稳和县尉、辽东汉儿陶容。

天明之后,梁兴下令按惯例打开仓库,赈济贫民。在县衙大堂上,则由赵雲和董荣主持审讯。古里甲乌古出等四名县官被军士押来。赵雲要他们逐一通报姓名,除了古里甲乌古出之外,其他三人都懂得汉语。赵雲吩咐军士:"古里甲县令是女真人,可先将他推出斩首!"古里甲乌古出吓得脸色惨白,跪下用生硬的汉语求饶。赵雲说:"闻得你对百姓极是凶残,恕你不得!"于是古里甲乌古出被押出斩首。赵雲又对耶律孤稳说:"你可是耶律马五底弟弟?"耶律孤稳说:"自家便是他底弟弟。"赵雲说:"你底哥哥曾荼毒江南,又被岳相公麾下牛太尉所擒,却是潜逃在外,依然与大宋为敌。此回亦是恕你不得。"于是耶律孤稳又被推出处斩。

当军士带着两颗人头上堂后,董荣对高迪古乃和陶容说:"自家们是大宋招讨使岳相公麾下,如今岳相公已发五万精兵潜行渡河。你们可去告知平阳府尹盖天大王,教他与耶律马五发兵前来决战。岳相公底大兵锐不可当,若是知逆顺祸福,盖天大王等人便应及早退归东北御寨。两个人头,亦教你们带去。"高迪古乃和陶容只能行汉人揖礼,谢不杀之恩,然后带着古里甲乌古出和耶律孤稳两人的首级,逃往平阳府。

完颜赛里听到高迪古乃和陶容的报告,不免惊慌,他与都统耶律马五、总管府判官邓奭商议。耶律马五因为兄弟被杀,复仇心切,他说:"神山县离府治不足百里,若不收复,元帅府必是责骂自家们无能。我愿统兵前去,为兄弟复仇。岳飞远在大江以南,此必是些少贼兵假借声势,盖天大王不足虑。"完颜赛里却不愿轻易派遣他出战,他想了一下,就命令邓奭说:"你可统军三千前去,如得以将贼军逐出神山县,便是成功。"完颜赛里感到军力不足,所以只求守卫自己的辖区,不打算与敌军一决胜负。他同时立即飞报燕京元帅府,请求派大军前来会剿。

邓奭只能应命,率三千人马,其中包括五百骑兵,两千五百步兵,离开平阳府城,前往神山县。金军还没有出府治临汾县界,距离神山县界十多宋里,邓奭就下令驻营,停止前进。他派五十名骑兵进行侦察,他们回来报告,说敌人只是在两县的交界处虚设一些旗帜,而没有一兵一卒。邓奭感到放心,就在翌日继续率军进入神山县地界。到正午时,邓奭又得到骑兵侦察的报告,说有敌军约几百人,在十多宋里以外列阵,阵上树立"岳"字旗。邓奭就立即下令再次驻营。当夜,邓奭命令一千人执着火把负责守卫。睡到半夜,突然传言有敌军杀来,于是在营里引起一阵惊扰,结果却不见敌人的踪影。金军一夕数惊,自我制造混乱,不得安歇。

次日天明,李进手持一杆鸦项枪,率领三十骑到金营前挑战。邓奭命令军士准备弓箭,如果敌人前来,就将他们射退,而不得出战。李进率三十骑退去。下午,董荣持长柄铁掉刀,也率三十骑前来挑战,邓奭还是不敢应战。到了夜间,邓奭仍然龟缩在营里。忠义保社军几次派遣小部队袭扰,金军又是一夜惊乱,而仍然守着营地,就是不敢出战。

第三天,再无忠义保社军到金营骚扰,邓奭就派遣一支骑兵出外侦察,他们回来报告,说是神山县已成一座空城,并无敌军。邓奭犹豫了一阵,还是决定进兵县城,他的盘算是只要占领县城,就可以收兵回平阳府,向完颜赛里有一个交待。不料金军行进到县城西门前,突然城头上树立起"岳"字旗,一支军队从西门涌出,为首者有骑马的两将,一个抡动鸦项枪,一个挥舞铁掉刀,两人正是梁兴和牛显。与此同时,赵云和董荣率军从北方杀来,李进和张峪率军从南方杀来,三路夹攻,邓奭第一个拨马逃跑,于是金军不战而溃。忠义保社军追杀了一阵,也收兵回城。

邓奭带领败兵逃遁到神山县与临汾县交界,正遇耶律马五与万夫长耿光禄带领四千援军前来。原来河东北路兵马都总管完颜活女得到完颜赛里的通报,就派遣万夫长耿光禄统兵三千前来支援。耶律马五早就按捺不住,他主动向完颜赛里请缨,说:"邓判官素来怯战,他怎生剿灭得贼军?若要成功,须是自家亲临督战。"于是完颜赛里就命令耶律马五与耿光禄同行,这支金兵也是以步兵为主,只有骑兵一千,其中耶律马五有契丹精骑五百,作为他的亲军,耿光禄则有另由渤海人、汉儿等各族人丁组成的五百骑兵。耶律马五、耿光禄与邓奭相见后,耶律马五对邓奭厉声斥责,说:"我早曾料得,你是不中用底物事,临阵唯是胆怯,全然不用命。"他当即吩咐四名军士,将邓奭押回平阳府城,而邓奭的军队则归自己指挥。

耶律马五并吞了邓奭所部,和耿光禄统率约六千五百人马,直扑神山县城,然而县城已是一座空城。他们进入县城后,就派遣小股骑兵侦察,最后得到报告,说敌军退屯在县南的龙角山一带。耶律马五对耿光禄说:"如是兵力单薄,恐不济事,守空城无益,不如全军出战。"耿光禄说:"全凭耶律都统主张。"两人当即率全军离开县城,南下龙角山。

金军冒着狂吼的朔风行进,跋涉漉水,抵达龙角山麓。龙角山双峰东西对峙,所谓二峰夕照是本县的一处胜境,山顶有天圣宫,据传是唐朝初年,太上老君降临此地,因而兴修道观。金军见到在山林中,遍插旗帜,却不见有什么人影。耶律马五观察了一阵,对耿光禄说:"莫须命儿郎们上山体探。"耿光禄说:"会得。"于是他们下令五百金兵登山,金兵还没有到半山腰,山上发出一阵鼓声和呐喊声,矢石齐下,登山的金兵死伤不少,其他人很快就逃下山来。耶律马五发怒,就增加兵力登山,连续五次,都被忠义保社军击退。

到了下午,耿光禄对耶律马五说:"自家们不如移师二十里,然后扎寨,以防贼军劫营。"耶律马五说:"便是退军四十里,贼人亦可劫寨,可移师五里。"于是他们带兵退却约五宋里,然后扎营。

黄昏时分,呼啸的北风吹得更烈,饥疲的金军一面设营,一面做饭。梁兴、赵云、李进、董荣、牛显和张峪却在此时发动进攻。他们各带一支队伍,分兵六路,突入金军的驻地,双方进行混战。义士们养精蓄锐已久,金军无法抵挡,被杀个落花流水,溃不成军。耿光禄率亲骑逃遁,一枝流矢直贯左眼,他跌落马下,被乱军践踏而死。

耶律马五率五百契丹亲骑急遁,在半夜逃回神山县城。败兵们或是径自逃回平阳府,或是逃回神山县城。耶律马五延挨到第二天,统计败兵还不足一千。他原先为兄弟报仇心切,现在却不得不首先考虑自身的安危。耶律马五不敢再呆在神山县城,决计逃回平阳府城。第三天天色微熹,耶律马五与军士们饱餐之后,就放弃县城,他们害怕山路有埋伏,所以沿着涝水和滴水之间的平原道路,向临汾县撤退。

寒日淡泊,长风怒号,刺面透骨。耶律马五率部兵顶着朔风,艰难地向西北方向撤退,终于来到神山县和临汾县交界处。突然,伴随着一阵鼓声和呐喊声之后,董荣率领一支军马很快列阵,展开一面"岳"字大旗,截住了金军的退路。

原来梁兴等人在龙角山击败金军之后,审讯战俘,并且在敌尸中找到了耿光禄的遗体,搜索到了他腰间的金牌。梁兴提议说:"我料得耶律马五经此败战,必是心惊胆战,不敢在神山县久留,自家们自可引兵前往,埋伏在临汾县底通道。"众人都表示赞成,于是当即移兵到此地,专门等候耶律马五。

耶律马五到此地步,也只能硬着头皮迎战。他命令自己的契丹亲骑说:"今日唯有拼死血战,方得脱险求生!"于是四百契丹骑兵驰击忠义保社军,董荣指挥部队发射强弓硬弩,射退敌人,约有一百多名契丹骑兵倒毙在马下。他当即下令发起反攻,一马当先,一杆长柄铁掉刀,首先突入敌阵,连劈两名敌人。在董荣军进行攻击的同时,事先埋伏的赵雲、李进、牛显和张峪四军也适时参战,从不同方向合围敌人。金军或是战死,或是投降。耶律马五率领十余骑勉强突围,仓皇向着来路逃窜。

耶律马五只逃了二、三宋里,又听到一阵鼓声,梁兴指挥军队将他们包围起来。耶律马五眼看无路可逃,就将兜鍪往地上一扔,大喊道:"自家便是大金国都统耶律马五,谁敢前来决战!"梁兴更不答话,挺鸦项枪驰马上前,耶律马五舞掩月刀向他劈来,梁兴用枪格开对方的刀,就顺手用枪杆把耶律马五打下马来。耶律马五就地一滚,又跳起来格斗,最后还是被梁兴一枪刺中他的小腹。耶律马五惨叫一声,跌倒在地,被一名军士上前,割下首级。其他十多名契丹人都扔下兵刃投降。

梁兴等人大获全胜之后,就收兵回太行山区。休息几天之后,梁兴与赵雲等人商量,他说:"自家们久在北方,自从与岳相公连结之后,兵势稍盛。然而河朔沦陷,已近十年,自家们在北方毕竟是孤军奋战。我底意思,不如趁此时机,与董太尉同去鄂州,参见岳相公,共商日后大计。自家底父母遇难,唯有赵太尉底妈妈幸存,她又是自家底义母,留在山中不便,亦可趁机送她到鄂州安养,稍尽自家们底孝心。"李进说:"董太尉离鄂州已久,正宜去一回。"于是大家决定,梁兴和董荣率一百骑士护送张氏南下。他们利用缴获的金军战马、黑军衣和甲胄,假扮金军,还携带一些战利品,包括耶律马五和耿光禄的首级,另有金牌之类。

当启程之际,赵雲噙着泪水,向母亲下跪,接连叩头九次,张氏把儿子扶起,母子俩抱头恸哭一场,两人有千言万语,竟无法表达。最后,赵雲说:"妈妈保重,我料得妈妈必是平安到鄂州,岳相公亦必是厚待妈妈,不需以儿子为念。"张氏说:"六郎努力厮杀,为父老乡亲报仇。"梁兴翻身上马,大家把张氏扶上梁兴的坐骑,梁兴又用麻绳把张氏和自己捆住。彼此告别以后,一百零二名骑士就荡起征尘,向南方奔驰。

梁兴和董荣此次南下,与赵雲初次南下大不相同。原来岳飞与忠义保社共同部署,在通往襄阳府的往来道路上,已经设置了二十多个秘密联络点,可以招待食宿,而在黄河渡口也有一批接待人马往来的渡船。梁兴和董荣一行渡过黄河,又改扮成伪齐军,在伪齐占领区通行。他们直趋襄阳府,于当年岁末抵达鄂州。

岳飞会到闻名已久的"梁小哥",还有分别已有半年多的董荣,当然格外兴奋,与他们畅谈了整夜,最后决定向朝廷上奏,建议在行营后护军编制内另设忠义军,任命梁兴为统制,董荣为同统制,赵雲为副统制,李进、牛显和张峪为统领,负责在两河地区的游击战。

岳飞特别陪同姚氏等女眷会见张氏,张氏的年龄刚过五十,尽管历尽折磨,身体还是相当健康,她与姚氏正好相差二十岁。张氏初见姚氏,还是相当拘谨,她恭敬行礼,说:"国夫人万福!"姚氏深情地说:"老身不过是一个农妇,无知无识,唯是受尽苦难,流落南方,自家们如今便是亲姐妹。"她又对岳飞和众女眷说:"张氏妈妈自今便是你们底姨姨。"于是岳飞就带头称"姨姨",面对着一阵"姨姨"声,张氏感动得泪流满面,却说不出话。高芸香说:"自家们在十年前流离颠沛,以为苦楚无以复加,然而又岂得与姨姨底磨难相提并论。赵太尉在河朔大节孤忠,奋身血战,难以曲尽孝道,姨姨既已到此,便请安养,自家们自当代赵太尉稍尽孝道。"出自肺腑的语言,使张氏再也难以克制自己,她抱着姚氏,痛快地哭了一场。自此以后,岳家又增加了一个新的长辈。

转眼就是绍兴六年(1136年),岳飞接到朝命,就在元宵节前动身赴行朝。随他一同前往的有黄纵、孙革、张节夫和岳雲四个幕僚,为了加强连联河朔的工作,岳飞还特别教梁兴和董荣同行。

[贰壹]
资善堂听读

对行在临安府而言,绍兴五年夏是个特别美好的时节,天气较往年凉快,没有难以忍受的酷暑,也没有连绵不绝的雨潦。五月的一个夜晚,宋高宗在张婕妤阁消暑,八枝明晃晃的掺真腊龙涎香的特制蜡烛,不时散发沁人心脾的奇香。开启的窗户不时送来一阵阵凉风,因而也不用宫娥们打扇。在一张不大的螺钿圆桌上,四个官窑的月白瓷盆,盛放着十六色瓜果,一盆是雕花蜜煎,一盆是砌香盐酸,两盆是夏日时新。六个瓷碗里则装有绿豆水、卤梅水、椰子汁、甘蔗浆、荔枝汁和木瓜汁。张婕妤和赵瑗坐在一旁殷勤侍候。

宋高宗望着赵瑗,随便发问:"五八郎,你近日读得甚书?"赵瑗马上应答:"臣瑗平时无事,张娘子唯是教自家读书,近日始习学《昭明文选》。"宋高宗说:"诗文之类,只是雕虫小技,若要经纶天下,便须读圣贤书。如我大宋开国名相赵普,便是熟读《论语》二十篇。"张婕妤乘机说:"臣妾浅陋,岂能教五八郎读圣贤书。若是习学,祖宗自有典章。"张婕妤对于宫廷教育的制度早就打听得一清二楚,但她既然对宋高宗的心态了如指掌,就绝对不敢轻易提出请求,而只能到此为止,让皇帝自己思考和决定。

宋高宗今晚的心境相当好,他向张婕妤微笑着说:"国朝最重皇子们底习学,朕稍年长,便到资善堂听读。"按照宋制,资善堂是专供皇子读书的学堂。张婕妤所期望的,也就是设资善堂,以便进一步确定赵瑗的皇子待遇和资格,她把握火候进言:"官家莫须与大臣计议。"张婕妤所以提出大臣,是因为她探听到,皇帝曾向赵鼎和张浚谈过领养太祖后裔的事,两人均表示拥护,希望借助大臣之力,推动设立资善堂。宋高宗说:"此是大事,须是由朕独断。"善观风色的张婕妤又连忙退缩,她说:"官家圣聪高远,自非臣僚所得管窥蠡测。"

当夜张婕妤竭力侍奉之后,宋高宗很快进入梦乡,而张婕妤却无法入睡,她只是轻轻地翻身,心事很重,她想了很久,终于心生一计。张婕妤等候皇帝醒来,依偎着他说:"臣妾启奏官家,昨夜梦见隆祐娘娘,不知官家可曾梦见否?"宋高宗说:"未曾,她有甚说?"张婕妤说:"娘娘言道,太祖官家必是护佑圣躬安康,护佑大宋江山。"聪慧的张婕妤把谎话编得相当巧妙,抬出了宋太祖的神灵,却又含而不露,让皇帝自己去猜想和领会。宋高宗对张婕妤的谎话却信以为真,他很快联想到隆祐太后说梦的往事,联想到开国皇帝的七世孙赵瑗,而心有所动。

翌日朝会之后,宋高宗召宰执大臣面对,当时张浚正在潭州督师,镇压杨么,参加面对的只有左相赵鼎和参知政事沈与求。宋高宗说:"朕为宗庙社稷大计,不敢私于一身,遴选艺祖裔孙,鞠育后宫。如今年龄稍长,须是依祖宗底旧典,设资善堂听读。资善堂自当选端良底士人,充辅导之官。卿等可择吉日,行资善堂拜师傅底典礼。"赵鼎说:"陛下圣虑宸断,非臣愚等可及,臣等唯有奉行而已。自艰难以来,陛下躬行俭约,行宫隘陋,非东京大内可比,不知资善堂当设于甚处?"

宋高宗说:"朕常以营造为戒,居处不敢求安便,然而资善堂是祖宗旧典,不可不粗令整葺,以示朕尊礼儒臣之意。丽正门侧,旧有一小屋,可令稍作修葺。朕当亲书堂匾。"赵鼎说:"如今正是盛夏,莫须待秋凉时兴修。"宋高宗说:"此事不宜延宕时日,如是卿等无异议,朕当即日下旨,教内侍提点修葺。"赵鼎说:"既是圣断已坚,臣等自当赞助。"

沈与求问:"不知陛下遴选何人充资善堂辅导?"宋高宗说:"朕观群臣之中,以范冲与朱震最是深通经旨,德行学术,为世人所称道。朕欲命范冲兼资善堂翊善,朱震兼资善堂赞读。"赵鼎说:"范冲是臣底亲戚,理应避嫌。如是陛下必欲教范冲就任,臣亦须依祖宗之法辞避。"宋高宗说:"范冲底任命,出自朕意,卿不须辞避。"赵鼎辞让再三,宋高宗还是坚执如初。于是资善堂的修建和赵瑗的拜师仪式就算确定下来。宋高宗又和大臣商议,命学士院草诏,将赵瑗进封保庆军节度使、建国公,官位从一品,享受皇子的俸禄等待遇。

六月,资善堂修缮完毕,就选择吉日,赵瑗举行拜师仪式。张婕妤兴奋得几夜睡不好觉,她私下反复向赵瑗灌输去资善堂读书的重大意义,并且教导说:"五八郎须知,到资善堂读书,便不似在此阁分,事事处处须遵礼仪,以免教人窃笑。五八郎今日是国公,日后便是皇子,天长日久,须是身登大宝。做皇子与官家,自与凡人、群臣有别。"

赵瑗不解地问道:"有甚分别?"张婕妤说:"须有帝德。"赵瑗又问:"甚底是帝德?"这可把张婕妤难住了,不知怎么,她立即联想到自己在元水镇初次被大元帅占有肉身,十年以来,耳闻目睹皇帝的所作所为,这些又算不算帝德?赵瑗见张婕妤不答话,又再次追问:"甚底是帝德?"陷入深思之中的张婕妤又猛然醒悟,她想了一下,说:"官家又称天子,乃是替天行道,统治万姓,唯我独尊。如何行帝德,你底师傅日后自有教诲,你须用心习学,他年他月,方做得贤君。""贤君"一词,不但发泄了她对当今至尊的怨情,其实也表示了对官家人品的鄙薄。她很快觉得说话还有不妥,又再三叮咛说:"日后做皇子与官家底事,五八郎只须心领神会,万不可与他人说破,若是说破,必是遭殃!"赵瑗马上搂住张婕妤的脖子,凑在她耳边,用最亲热的语调说:"妈妈放心。"张婕妤顿时笑逐颜开,有一种难以言喻的舒心快意。

要一个九岁的孩童,收敛童贞,扮演一个循规蹈矩的老实学生,绝不是一件易事。然而赵瑗不负张婕妤的苦心调教,还是当了一个完全成功的演员。他头戴七梁冠,身穿薄纱朱衣裳,腰系金镀银皮带,挂着三枚玉环,白袜黑履,在内侍的引导下,进入修饰一新的资善堂,首先向正坐的宋高宗行臣礼,说:"臣瑗奉圣旨,到资善堂听读,敢不朝夕勤苦,以成学业。"接着又向坐东面西的范冲跪拜,说:"赵瑗拜见范翊善,师道尊严,自今而后,赵瑗当身体力行,不敢稍懈。"范冲起立还礼。赵瑗对于坐西面东的朱震,也重复同样的礼仪。范冲代表两个老师送给赵瑗一轴名画家李公麟所画的《孝经图》,并且展开画轴,出示范冲所写的题跋,说:"自家与朱赞读计议,国公习学,自《孝经》始。人世万善,以孝为先。人所以为万物之灵,三纲五常所以立,孝为根本。夙夜匪懈,以事一人,国公勉之。"赵瑗恭敬地接过这轴《孝经图》,再次长揖,说:"小子不敏,敢不受教,做臣子底,第一便是忠君,忠即是孝。"

按照当时的礼制,本来还有一个晋谒至圣文宣王,即孔丘的礼仪。由于临安府还未新营造文宣王庙。只能在另一间屋里供着孔子像,由两位老师引导赵瑗,在孔子像前完成谒礼。

尽管煞费苦心,张婕妤还是在阁中忐忑不安地等待着赵瑗,惟恐礼节出差错。当表演圆满的小演员回到阁中,张婕妤再也难以抑制自己的狂喜,她把赵瑗抱在自己的膝上,用自己的脸紧贴赵瑗的小脸,流出痛快的眼泪。赵瑗此时显得十分懂事,他用一块小手帕为张婕妤擦眼泪,凑在她耳边,低声地叫"妈妈"。

宋高宗对赵瑗的表现是十分满意的,但今夜却有意去吴才人阁,这个行动本身就含有安慰的意思。宋高宗是个聪明人,对张婕妤和吴才人之间的明争暗斗并非没有觉察,但在他看来,这正好是对两个宫女妇德的考验。听说官家到来,吴才人和赵璩连忙跪拜迎接。宋高宗仔细观察两人的脸色,一如平时,第一印象就感觉不错。

宋高宗坐下,吴才人和赵璩在旁边叉手恭敬站立。宋高宗先命吴才人坐下,说:"八一郎虽是年幼,然而亦是不可不学。"吴才人沉静地应答:"臣妾愚陋,然而既是蒙官家委寄,亦不敢不尽其愚。八一郎稍稍识字,便教他读《论语》。"原来她打听到皇帝曾在张婕妤阁提到赵普读《论语》治天下,就马上弄来一部《论语》,亲自教赵璩。

宋高宗见到书案上摊开一部《论语》,就立即对赵璩发问:"你可曾背诵《论语》?"赵璩果然是好记性,他竟一气背诵了二十篇《论语》中的八篇。宋高宗十分高兴,但露出的笑容又随即收敛,他不愿意让吴才人窥测自己的情绪,又随便挑选了《为政》篇的第一句:"为政以德,譬如北辰,居其所而众星共之。"叫赵璩解释。赵璩几乎不假思索地回答:"官家以德治天下,便如北辰星,居高临下,为群臣、百姓所景仰,故大宋天下不难中兴。虏人尚力不尚德,终将败亡。"一个只有六岁的儿童,当然不会说出此类言语,原来是吴才人为着准备皇帝提问,而教了赵璩不少讨皇帝喜欢的应答。

宋高宗明知其中的奥妙,仍然感到高兴,他说:"此儿煞是聪明过人,过目不忘,待日后亦去资善堂听读。"吴才人心中的愁闷为之一扫,她明白,这次设资善堂,终于又和张婕好打了一个平分秋色。但吴才人并不谢恩,她说:"八一郎年幼,日后可否去得资善堂,须是官家圣断。"宋高宗对她十分得体的回答,更是加倍的满意。

[贰贰]
沿江视师

张浚在平杨幺后,并不急于回朝,他得到宋高宗的批准,顺江而下,到各支大军的驻地视师,考察和部署防秋。张浚目前的心境特别好,他去年遭台谏官攻击,列举了丧失陕西,杀大将曲端等罪名,而被贬谪福州,如今却有了淮南退敌,特别是平杨幺的政治资本,颇感得意,认为足以证明自己的才能,事实上是给言事官们一个有力的回击。宋廷虽然为防秋忙碌了一阵,而金朝和伪齐在兵败之余,根本没有再次动武的打算。既然各方面的情报都证明沿边无战事,更增加了张浚的轻松感。他决定沿途慢悠悠地游览江山胜景,并且筹划明年的北伐。

七月,张浚的官船停泊江州,他带领都督府属官等登岸,游历庐山等处,一个夜晚,悠闲的张浚在馆舍的烛光下阅读刚递到的朝报,朝报上第一条消息就是赵瑗封建国公,进资善堂听读。张浚读后,不免生气,他自言自语说:"我冒酷暑到湖湘平贼,不料他竟趁自家不在行朝之机,独占建储底大功,煞是费尽心机。"张浚所谓的"他"当然是指赵鼎。在张浚看来,设资善堂的事应当等自己回朝以后,经左、右两相共议,赵鼎才算对自己尽了朋友和同僚之谊。张浚想起了不久前接到的赵鼎寄诗,又把这张诗笺取出来,重新阅读,赵鼎的一首七绝写道:

一扫湖湘氛秽消,
生民涂炭得逍遥。
更须早挂风樯起,
共看钱塘八月潮。

张浚又恼恨地说:"不料他竟等不及八月,于六月兴潮。"说完,就愤怒地把这张诗笺撕个粉碎。一份朝报,顿时改变了张浚的心境。一时充满了失落感的张浚开始漫无目标地乱翻故纸。他捡到一封七年前,也就是建炎三年自己当知枢密院事后不久,黄潜善的来信,信中全是告哀乞怜的词句,希望把自己的流放地从岭南梅州北移,哪怕是换到荆湖南路的一个小郡也好。张浚叹了口气,说:"故旧死了多年,赵鼎翻目无情,我却须尽故旧之谊。"他当即提笔上奏,奏文说:

> 臣顷建炎之初,擢预郎曹,实出宰相黄潜善、枢密汪伯彦之荐。潜善以缪戾得罪,死于贬所,骨骸未覆,赀产凋零。其子柽仕宦不竞,殆无糊口之计。臣愚欲用初除知枢密院事,合得有服亲一名差遣恩例,陈乞柽差遣一次。上推陛下广覆包涵之仁,下全微臣朋友故旧之分。

他写完奏文,内心又有几分犹豫,黄潜善早已臭名昭著,自己却为他的儿子申请一次实职差遣,又可能被台谏官们作为攻击的口实。他踌躇再三,最后还是将奏文封好,吩咐吏胥,用急递传送行在临安。

张浚一行来到刘光世大军的驻地太平州(治今安徽当涂)。他的官船停泊江岸,刘光世穿戴簇新的儒巾儒服,与本军的将领、幕僚,还有以太平州知州为首的一批地方官员,都到岸边迎接,纷纷向张浚长揖。张浚微躬身躯,作揖还礼。刘光世问道:"张相公旅途劳顿,不知是坐肩舆,抑或骑马入城?"。张浚说:"如今是军兴时节,当职身为都督,沿江视师,自须骑马。"于是由军兵牵来早已准备好的马匹,张浚上马,在众官员的簇拥下,从州治当涂县城西临江的澄江门进城,住宿在早已安排好的馆舍里。

刘光世行营左护军的营寨分布在当涂县城北清源门外濒江一带,而他本人却已在城里新造了高第深宅。他当晚就在自己的淮南西路宣抚司为张浚举行宴会,赴宴的官员有好几十人。刘光世特别安排张浚和自己共用一个食桌,处在厅堂的正北,张浚的座位在东,自己的座位在西,其余官员的食桌则分列两边。盛筵完全是当时最高规格的豪华排场,成群的婢仆按照四司六局,即帐设司、茶酒司、厨司、台盘司、果子局、蜜煎局、菜蔬局、油烛局、香药局和排办局的规制,来回穿梭。不仅是江东,就是天南海北的名产和名食,也一道道供献到食桌上,太平州不产名酒,酒用的是附近宣州所产的琳腴佳酿,另加三佛齐国所产的椰子酒。三佛齐国大致是在今印尼的苏门答腊。

张浚虽然也享受过上层社会的各种美食佳酿,却是第一次饮用椰子酒,他问道:"此酒是甚名目?"刘光世得意地回答:"此名椰子酒,三佛齐国所产,是下官命将士到广州回易所得。"张浚笑着说:"刘太尉理财有方。"他的话其实微带讽刺之意,刘光世却没有听出另有滋味,他又得意地说:"方今朝廷财力不足,若非下官举行本军回易,何得有此盛宴。人或有一比喻。"张浚问道:"有甚比喻?"刘光世说:"将下官比为军中底陶朱公。"陶朱公就是春秋时代越国名臣范蠡,他辅助越王勾践灭吴后,就离开政坛,成为富商,称陶朱公。

张浚明白,陶朱公之说当然是出自文士之口,目不识丁的刘光世本来不可能知道这种历史典故,就说:"然而主上却不是教你做陶朱公,而是教你做卫青、霍去病。"张浚说到汉朝与匈奴作战的大将卫青和霍去病,可为难了假斯文的刘光世,他没有听清楚"去病"两字,不得不问道:"不知卫青霍是何朝何代底人?"附近的官员听到这种问答,都不敢发笑,张浚望着刘光世那身儒巾儒服,就只能发出轻微的叹息,为他解释了一通。刘光世也没有多少羞惭之意。

张浚忍不住说:"刘太尉与我亦是相识多年,难道竟是无暇读书识字?"刘光世自我解嘲说:"韩五亦是目不识丁。下官闻得,本朝底杨无敌不知书,然而骁勇敢战,人所共知。"张浚听对方提到名将杨业,不免反唇相讥说:"不知当年杨无敌以几何人做回易?"刘光世辩解说:"下官以八千人回易,然而皆是不入队官兵,其余入队官兵四万余人,皆是教阅精练。"当时不入队官兵是指火头军、辎重兵等非战斗人员,而战斗人员则称入队官兵。张浚说:"既是恁地,当职明日当亲赴教场阅兵。"刘光世痛快地应答:"会得。"

次日是个秋高气爽的好天气,张浚及早起身,带领一批都督府属官,前往教场。刘光世今天改换铁衣,骑着一匹火炭色大马,手执铁槊,与王德、郦琼等统制早就在营门外迎候。他们把张浚一行迎入教场。张浚只见军士已列成整齐的队伍,全部身穿绯色军服,手持耀眼的兵器,绯色的军旗迎风招展,军容显得相当威严,心里有几分高兴。于是张浚昂首挺胸,骑马在前,刘光世执铁树跨马随后,进入教场,检阅部队。军兵们齐声呐喊:"恭迎张相公!"张浚也得意地慰问:"长行健儿们劳苦,须是为朝廷尽忠宣力!"

阅兵过后,刘光世又留张浚和他的属官们在营里进午膳。席上无酒,但饭菜还是相当丰盛。张浚感到有必要与刘光世讨论明年的用兵方略,就说:"今日观刘太尉底大军,煞是精练可用。如今湖寇已平,官家底圣旨明谕,以中兴之功,付于当职。不知刘太尉以为,明年当怎生举兵北讨?"刘光世对张浚的提问早有思想准备,并且有幕僚们为他预备了应答之词,他说:"淮南久罹兵革,甚是荒残,如是大举北伐,切恐粮饷转输艰难。伪齐败军,不足以与王师相抗,然而亦须防虏人救援。依下官底意思,不如行蚕食之策,今日攻一城,明日取一地,渐次进逼东、西二京。"张浚对刘光世的回答感到不快,说:"依刘太尉之策,切恐自家们鬓髪皆白,尚不得取二京,二圣又何时可以迎还?"刘光世说:"张相公教下官陈述,下官便直言用兵利害,然而怎生用兵,下官自当遵依朝廷指挥。"他用不软不硬的话,顶撞张浚一下。

张浚视师完毕,又在太平州稍留几天,就登上官船,顺流而下。刘光世等人都到江岸送别。张浚在船上与属官们议论一番,大家对于刘光世一军的印象各不相同,其实都不过是走马看花,但总括起来,可以说有满意之处,也有不满意之处。有一个属官说:"依下官之见,若是欲依仗刘太尉北伐,切恐有损王师军威,而不能成功。"张浚对他的意见点头称是。

对于建康府,张浚自然是十分熟悉的。他的官船就在靖安镇一带泊岸,由张俊和地方官等迎入城里。建康府曾是行宫所在,如今行在已经搬迁,整个城市又在六年前惨遭劫难,创残未复。张浚见到城里仍然有不少颓垣残壁,灰烬瓦砾,还有许多坊郭户草创的简陋草屋茅舍,内心不免有一种伤痛和凄凉感。

张俊的大军还是依照旧例,屯驻在城东北的锺山一带,而他本人也与刘光世一样,不住军营,私宅和江南东路宣抚司设在东城。在当时诸大将中,张俊最喜钱财,最为富有,但又最为悭吝。有属官建议:"闻得张相公到太平州,刘相公举行盛筵。如今张相公到此,自家们底礼遇须是不低于刘相公。"张俊说:"不须,只教知府设宴。自建炎以来,宰相拜与罢,前后已有十人,唯是掌兵底,依然是自家们。"在他看来,宰相既然经常更换,就不必花费钱财交结,与其交结宰相,还不如交结王继先和宦官们。

张浚到达的当天,虽然是建康知府叶宗谔设宴,而张俊当然被安排在最贴近张浚的上座。张浚对张俊的印象不好,这主要还是得自赵鼎等人介绍张俊在去冬战事中的表现。此外,他对张俊不肯在宣抚司设宴,也有不快。张浚用揶揄的口吻问道:"张太尉,闻得你家藏白银十万两,每千两铸一球,唤作'没奈何',教偷儿们偷不得,可有此事?"这突如其来的提问,使张俊多少有点尴尬,他当然不愿意供认自己的家财数量,就含糊地说:"下官家中底藏银岂有十万之数。"事实上,张俊每一两天、两三天就要统计一次家财,如今他家的"没奈何"银球已经铸到第一百八十四个,而"没奈何"金球也已铸到了第四十九个。

张浚又用告诫的语气说:"张太尉底家产巨万,却是乞朝廷蠲免和买、科配,圣上与朝臣计议,为免于起例,每岁特赐绢五千匹。圣上如此深恩,你亦须自饬。岳太尉甚是廉洁自守,与士卒同甘苦。他底儿子在湖湘立奇功,亦是不与保明,上申都督府。"宋时"和买"一词的本意是公平交易,但到南宋初年,和买与科配成了两大笔杂税的名目,对民间造成很重的负担。

张俊目前最忌妒的就是岳飞,前面已经交待,岳飞平杨么后,送他一艘大车船,他却以为岳飞以此对自己炫耀战功,更加妒恨。他听张浚表彰岳飞,心里尤其不平,但张俊也有他的聪明和涵养,他用激动的语调说:"圣恩天高地厚,下官自小官拔擢至今,官居太尉、两镇节使,而与两府平列。下官虽是薄有家财,其实皆是圣上所赐,惟有报效圣君,鞠躬尽瘁。"

张浚乘机说:"如今湖寇敉平,圣上有志于恢复,张太尉以为,当怎生用兵?"张俊慷慨地说:"下官惟受张相公驱使。然而此事干系甚重,莫须召诸大将到督府,共商万全之计。"张浚只能对他报以微笑,心想:"张俊仍是重操绍兴四年冬底故伎,然而教众大将集议,亦是一说。"

张浚也到张俊营寨阅兵,他还改换方式,亲自视察军营,检查一下战备。然而一个高高在上的宰相兼都督,在一大群人的前呼后拥之下,浮光掠影式地转一圈,当然也不可能体察军营里的真情。几天之后,张浚又登上官船,启程前往镇江府。他准备在镇江府稍作停留,然后渡江北上扬州和楚州,视察韩世忠大军。按张浚的盘算,将来大举北伐,自己的都督府可以设置在镇江府或建康府,以便督师。

张浚的官船泊岸后,由镇江知府等迎入城里。他坐未暖席,就有吏胥通报,说是有故人求见。张浚见到来客的榜子上署名"左宣义郎、直龙图阁、知永州胡寅",马上联想到七年前,即建炎三年时,彼此有一段不愉快的往事。关于那件往事,在本书第三卷中已有叙述。但为了表示自己身为宰相的大度,还是亲自出迎。胡寅与赵鼎也曾有交谊,最近,经赵鼎一力举荐,宋高宗对于胡寅建炎三年上奏的事也有所淡化,就同意召他到行朝。

两个感情上有裂痕的故人重逢,还是互相以表字相称。寒暄过后,胡寅急于把话引入正题,说:"德远肃清湖湘,为天下除得腹心之害。此回沿江视师,不知有何见闻?"张浚不愿意对胡寅深说,就用官场的套话回答:"王师精练,已非七年前可比,天道好还,恢复中原有期。下官猥蒙圣上委寄,回朝之后,当与赵元镇商议,于来年督师北上。"胡寅又问:"不知德远以为刘光世与张俊治军如何?"张浚听对方直呼两人姓名,不用官称,已经表示了某种轻蔑之意,就反问说:"明仲若有见闻,当不吝告我。"胡寅说:"下官沿途听得有民谣两首,愿说与德远。"他接着就为张浚背诵了两首民谣:

刘家寨里没来由,
回易遍及二百州。
健儿犹比乞儿贱,
将校金珠藏高楼。

张家寨里没来由,
使他花腿抬石头。
二圣犹自救不得,
行在盖起太平楼。

原来在刘光世军中,不入队的回易官兵反而是肥缺,需要进行贿赂,方可得到不入队的资格。当然,进行回易也有风险,一旦赔本,而无力偿还,往往只有一条路,就是逃亡。但相形之下,入队的军士就更加艰难,他们的请给往往被将校们克扣一半,只能领取半俸,许多人饥寒交迫,所以人称"健儿不如乞儿"。宋朝的军队一般都在脸上或手上刺了军队番号,以防逃亡。张俊却别出心裁,他效法昔日东京的浮浪恶少,将军士从臀到脚刺花,人称"花腿"。张俊军中私役军士的情况,比刘光世军中更加严重,军士们不仅为将校们营造私宅,还修建名为"太平楼"的大酒楼,酒楼的收入当然又入张俊的私囊。

张浚听了胡寅的介绍,特别是民谣对不能营救被俘的两个皇帝,却是自诩"太平"的讥刺,也使他有几分难堪,但他又不解地问道:"我去刘光世与张俊营寨视师,尚是见得军伍整齐?"胡寅说:"下官闻得,刘光世与张俊为迎候德远视师,早已做得手脚。刘光世于军中选拔八千壮兵,倍加请给,操演一月,唯是供德远阅兵时一观。军中弊害山积,下官偶尔得自道听途说,亦只是一鳞半爪而已。"张浚听后,也只能发出无可奈何的长叹:"军中底积弊,亦是积重难返!"接着就沉默不语。

胡寅见对方沉默,又接着发问:"我知德远有志于大举,然而刘光世与张俊二军又如何使得,不知德远有甚措置?"张浚反问说:"明仲以为当怎生措置?"胡寅说:"下官以为,当效法周世宗与国朝太祖皇帝底刚决,不得教庸将统兵。"张浚又问:"然则刘、张二军又叫何人统率?"胡寅说:"可教岳太尉并统刘家军,韩太尉并统张家军。"张浚沉吟片刻,就说:"此事干系甚大,待下官归行朝,与赵相公从长计议。"

张浚其实只是作口头上的敷衍,他有一种根深蒂固的猜忌和贬抑武人的心态,一是认为武将掌握太大的兵权,就有可能危害赵氏社稷;二是认为如果让韩世忠和岳飞掌管更多的军力,自己岂不成了空名都督。但胡寅的提议也启发了他的思考,如果将刘家军和张家军作为自己都督府的直属部队,岂不是好。这些想法,他当然是不能对胡寅深说的。

胡寅也多少猜测到张浚的一些想法,又强调说:"疑人不用,用人不疑,当断不断,反受其害。若要北伐成功,便须信用良将,授以全权。国朝自雍熙以来,往往任用庸将,又将从中御,动辄掣肘,故武功不竞,沦落到靖康时,其弊已极。若不改弦更张,切恐难以洗雪不共戴天底仇耻。下官念及赵元镇、张德远有故旧之情、恢复之志,故进此忠言。"雍熙是宋太宗的年号,当时大举攻辽,结果是大败而归,名将杨业就是牺牲于此战。胡寅为遵守臣规，避免正面批评本朝的太宗皇帝失策，所以只用年号。面对着胡寅恳切的态度，张浚只能说："下官受教。"胡寅在都督府停留了一天，就辞别张浚，先去行朝。

再说韩世忠率大军出屯楚州，在废墟上重建军事大本营，经过了大半年的努力，已经规模初立。到了秋季，韩世忠加强防备，天天训练将士武技。他想出一个办法，凡是在竞技中失败者，就罚穿女子服饰一天。八月中秋后的一天，韩世忠正在楚州城内新辟的教场里亲自检阅军士们的立垛射箭比赛，八百名军士参加今天的比赛，分立二十靶，每人射九箭。最后，有两名军士的箭完全脱靶。于是他们就在一片嗤笑声中，羞红着脸，上台领取韩世忠亲授的巾帼衣裳。两人当众穿戴后，韩世忠用讥笑的口吻说："你们此回须罚穿十日，十日后再行比试射亲。"当两人走下土台时，有亲兵飞马到教场报告，说："国夫人不适，请韩相公速归。"韩世忠知道，梁佛面如果稍有不适，是决不会派人把自己召回的，他连忙骑马急驰，奔回府第。

梁佛面果然得急病，倒在床上，茅佛心、周佛迷等众妾在一旁伺候。韩世忠来到她的床边，只见梁佛面面颊鲜红，呼吸显得急促，而周佛迷正给她一勺一勺喂药汤。梁佛面见到韩世忠，就示意让周佛迷停止喂药，韩世忠坐在床边，焦急地问道："国夫人怎生底？下官来迟。"梁佛面双眼流出两行泪水，她哽咽而困难地说："奴家得此急病，切恐难以平愈。"韩世忠强忍悲痛，说："国夫人偶有微恙，不需恁地说。"

梁佛面仍然艰难地说："常言道，死生有命，富贵在天，奴家命薄，竟贵为国夫人，已是知足。又与相公共历患难，上战阵，亦不枉为一个宣抚使底夫人。然而国家罹难，奴家生前不能见得中原恢复，此便是遗恨。奴家知得，刘、张二大将是庸碌之辈，不足挂齿，唯是岳五相公，英锐奋发，他日功名，或可出相公之上，相公切不可再生忌妒之意，须是与他共济国事。"韩世忠感动地说："国夫人如此关心国事，我敢不受教。"

梁佛面听后，勉强发出满意的微笑，她的呼吸愈来愈迫促，再也无法说话。延挨到当夜就停止呼吸，时年仅四十二岁，但对古人而言，已不算是短寿了。韩世忠抚尸大哭一场，又把梁氏的灵柩送到江南镇江府安葬，并且在当地的佛寺道观为死者做道场,祈求冥福。宋高宗闻讯后,下令特赐银五百两、绢五百匹,并且命令张浚就地代表皇帝吊唁。

韩世忠和张浚都未曾料想到,还有两位吊唁者特别从临安赶来,他们就是柔福帝姬和她的驸马都尉高世荣。柔福帝姬自从与高世荣结婚以来,夫妻生活是幸福的,但是,恢复过去的锦衣玉食,却再也不能使她心安理得地享受。去年,金与伪齐军进逼大江,宋高宗安排他们夫妇也去福建避难,他们却宁愿留在临安。这次听说梁佛面逝世,柔福帝姬再也不能克制自己的感情,她向宋高宗请求,说自己曾在苗刘之变中与梁佛面共过患难,应当前往吊唁,以尽故人之谊。经宋高宗特准之后,柔福帝姬与丈夫乘船沿运河来到镇江府。

按照宋制,柔福帝姬和高世荣无权过问政事,但她既是皇帝在江南的惟一亲妹,封为福国长公主,自然要受到百官的尊礼。他们夫妇全身缟素,进入灵堂,柔福帝姬还面戴白丝纱,向死者跪拜,致敬致哀。柔福帝姬真挚的哀泣和悲恸之情,也使韩世忠忍不住陪着流泪。在礼貌性的答谢之后,柔福帝姬提出,要与张浚、韩世忠另外面谈。韩世忠不能擅自主张,只好找张浚商量。张浚想了一下,说:"如是在临安,自不得与长公主面晤,然而此回因国夫人丧礼,一见不妨。"

双方在一间房里作了如今所谓非正式的会晤。柔福帝姬还是戴着盖头,由高世荣陪同。双方行礼坐定之后,柔福帝姬首先说:"张、韩二相公皆是社稷功臣,奴家却是无缘得见,今日方得一慰渴想。奴家侥倖,脱身南归,第一便是见得东京宗留守,煞是尽忠国事,一时倚为长城,可惜他以古稀之年,心力交瘁,直是大宋社稷底大不幸。第二便是见得国夫人,她在危难之际,处变不惊,刚毅果决,为江山立得大功,如今又成故人,岂不教奴家伤心!"说完,又再次号啕大哭起来。韩世忠一时不免儿女情长,而英雄气短,追念妻子生前的种种好处,陪着落泪。张浚也深受感动,他说:"国夫人女中豪杰,人所共知,不幸逝世,令下官感痛。"

柔福帝姬擦着泪水,继续说:"奴家自幼长于深宫,娇生惯养,又岂知国家祸福,生民休戚。如今却是劫后余生,方是备知亡国之痛、生灵之苦、俘囚之辱。奴家愿以虏地底所见所闻、所受所感,备述与二相公。料得二相公皆是血性男儿、刚勇丈夫,必能为国复仇,为民除害。"她开始一面落泪,一面叙述。张浚、韩世忠和高世荣三人很快都陪着悲泣起来。

等柔福帝姬叙述完毕,韩世忠第一个激愤地说:"下官自当与虏人决一死战,救取二圣。"张浚也悲慨地说:"下官身为大宋底臣子,常言道,主忧臣辱,主辱臣死。誓当勉竭驽钝,以图中原。"柔福帝姬恳切地说:"奴家如今虽是得以在江南苟活,然而无日不思念父兄与赵氏众人,直是食不甘味,卧不安席,惶惶不可终日。奴家是弱女子,恨不能执干戈,赴战场,唯是常与高驸马言道,能洗此耻,犹有余耻,能雪此冤,犹有余冤。今日虽是九哥坐江山,然而要扶危持颠,洗雪冤耻,尚需仰赖二相公与忠勇底众官人。"张浚和韩世忠同声应答:"下官敢不效命宣力!"

柔福帝姬向两个重臣宣吐心声之后,心境稍感松快,就与高世荣动身返回临安。张浚与韩世忠商议军事,并且去楚州视察军队后,也接着回行朝。

[贰叁]
一生襟抱有谁知

胡寅到达临安,左相赵鼎保举他出任中书舍人。中书舍人作为中书后省的长官,负责起草诏命,审核命令等,是宋廷的一个要职。赵鼎特别在政事堂召见胡寅,赵鼎虽是长官,还是与他平等行揖礼,客气地请他坐下叙谈。

赵鼎为表明与故人的友谊,有意不用"舍人"的官称,而用表字相称,他说:"明仲在建炎三年上奏,当时吕相公嫌恶你言事切直,便教你领宫祠。此回你任中书舍人,常言道,舍人是文士底极任,朝廷底盛选,既是出自圣上特命,须是知恩。"赵鼎当然是话里有话,其实无非是请故人的言语或文字不要过于直率,这次由自己说服皇帝,才好不容易出任要职,今后做事,也应当为保举者留一些体面。胡寅已经明白赵鼎的意思,他应答说:"下官自当知圣恩,唯有尽心职事,以图报称。"这句话的要领当然是在"尽心职事"四字。

赵鼎用恳切的语调说:"明仲志节豪迈,人所共知。然而遇事或须委曲,以求有济,孔子早曾言道:'欲速则不达。'愿明仲引以为训。今日积弊如山,自非一日可了。"胡寅说:"方今国耻深重,亦不容大宋臣子迁延时日,迁延时日,又怎生救得二圣,复得中原? 自来治国之失,在于迁缓宽纵,今日正须以猛济宽,方得一新时政,一扫积弊。词臣代官家言,须是秉公道,书直言,而近年命词,便多出词臣底好恶,或是饰情相悦,或是含怒相訾,下官自须力矫此弊。"赵鼎心想:"此便是江山易改,秉性难移,切恐他不得久于此任。"但嘴上却不好再说什么,而为了表示自己作为宰相的涵养和大度，仍然报以微笑。

胡寅说："下官久闻宦官冯益专恣，有累圣德。元镇在建炎时做御史，亦曾劾奏。如今冯益欲凭恃旧恩，超迁宣政使。太宗朝设宣政使，原是待宦官有大功底。倖门一开，此后援例底必多。下官居其位，便须行其事，拟当论奏，封还词头。"宋时封还词头，不为升官者写制词，这是一种纠正升官失误的方式，也是中书舍人职责范围的事。赵鼎立即联想到去冬他为了请宋高宗"亲征"，不得不亲自出面宴请王继先和众宦官的事，他望见胡寅的一对环眼似乎逼视着自己，心里不免有一点自恶和自馁。但赵鼎又很快寻找理由，自我慰藉，认为自己也是以国事为重，不得已而为之。他说："明仲端的是尽心职事。自崇宁、大观以来，阉宦势焰未见压制，导致苗刘之变，如今冯益骄恣，明仲封还词头，甚是得宜。"

胡寅说："宵小之辈，并非仅有一个冯益。如号称王八司命底，以左道取悦官家。他在蒲桥之旁，擅自填塞古运河，侵占民居数百家，强占官街两条，广建屋宇台榭，侈靡宏丽，都人称为'快乐仙宫'。至于霸占平民妻女，强夺田园房产，收受货赂，强买珍宝等罪，难以悉数。如此城狐社鼠之辈，岂可不予惩治？"赵鼎已经听出，胡寅的话对自己显然有所责备，他推诿说："城狐社鼠辈出，自古以来，便是难以斩草除根。须是台谏振职，不时劾奏，摧折他们底邪气。便是明仲，亦不得越职弹劾王继先。"他强调胡寅不能"越职弹劾"，正是为自己的无能为力寻找借口。

胡寅感叹说："台谏须是伸张直道，一不得观望官家底颜色，二不得奉承大臣底风旨，痛陈时弊，犯颜直谏。言路通，虽乱易治；言路塞，虽治易乱。可惜自建炎以后，振职底台谏，有如张所、马伸，却是死于非命。如今底台谏，有如右谏议大夫赵霈，圣旨禁屠祷雨，他便上奏歌颂圣德，言道禁屠宰由猪牛而及鹅鸭，足见圣恩广大。"他说到这里，又改用讥刺的口吻说："虏人统兵底有龙虎大王，如或进犯，国朝自有鹅鸭谏议，便足以上阵抵御。"说得赵鼎只能窘笑，无言以对。

胡寅又把张浚视察刘光世和张俊两军的情况作了介绍，并且重申了罢免两人，而改由韩世忠和岳飞统率两军的主张。赵鼎皱着眉头说："此事说来甚易，而做来极难。西人重视世将，刘光世辖下底将校，都是服他，若是另易他将，切恐将士不安，易生变乱。张俊所部亦是相仿。"胡寅说：

"如是以无威名底将帅取代二人,切恐生事,尚有可说,韩、岳底威名又在刘、张之上,有何不宜?"赵鼎说:"此事务须慎之又慎,不得鲁莽行事。"于是,两个故人的交谈,终于不欢而散。

胡寅还是我行我素,在行朝居官不久,就得罪了许多官员,特别是冯益因为他封还词头,当不上宣政使,更是恨得咬牙切齿。宋高宗本来对胡寅根本没有好感,经过各种渠道的谮诉,使他更加厌恶胡寅。

张浚回朝后,一天,宋高宗召两个宰相面对。他命令张去为把胡寅的一份反对遣使奏递给赵鼎和张浚,两人只见胡寅在奏中写道:

女真惊动陵寝,残毁宗庙,劫质二圣,乃吾国之大雠也。顷者误国之臣遣使求和,以苟岁月,九年于兹,其效如何?幸陛下灼见奸言,渐图恢复,忠臣义士闻风兴起,各思自效。今无故蹈庸臣之辙,忘复雠之义,陈自辱之词,臣切为陛下不取也。

自建炎丁未至绍兴甲寅,卑辞厚礼,以问安迎请为名而遣使者,不知几人矣。知二帝所在者谁欤?见二帝之面者谁欤?闻二帝之言者谁欤?得女真之要领者谁欤?因讲和而能息房兵者谁欤?臣但见丙午之后,通和之使归未息肩,而黄河、长淮、大江相次失险矣。臣但闻去年冬,使者还言,酋豪帖服,国势奠安,形于章奏,传播远近。曾未数月,而刘豫挟房,称兵犯顺矣。

当今之事,莫大于夷狄之怨也。欲纾此怨,必殄此雠,则用此之人,而不用讲和之臣,行此之效,而不修讲和之事。使士大夫、三军、百姓皆知女真为不共戴天之雠,人人有致死于女真之志,百无一还之心。然后二圣之怨有可平之日,陛下为人子之职举,臣等驽下,伸眉吐气,食息世间,亦预荣矣。

宋高宗问道:"二卿以为胡寅底计议如何?"张浚说:"胡寅虽是忠心,却是不知兵家底机谋权术。此后虽须辟地复土,然而与敌国通使,亦不可遽绝。"宋高宗的内心根本讨厌胡寅聒噪,但多年来的经验,已使他懂得了帝王的涵养,表面上不露声色。他听完张浚的议论,感到高兴,但还是把目光转向赵鼎。赵鼎说:"依臣所料,日后迎还二圣,亦是终归于和。然而胡寅底议论,委是出于忠荩,陛下若是降诏奖谕,说他深得献纳论思之体,庶几可以两全其美。"张浚补充说:"此亦足以鼓舞天下人心士气。"

宋高宗说:"便依二卿所议。"

学士院代宋高宗起草了奖谕诏,既申述了继续遣使的决定,又对胡寅表彰一番。不料胡寅仍然再次执奏,强调"今以虏为父兄之仇,绝不复通,则名正而事顺",提出了通使有十害,不仅无效,只是自取其辱。另外,也有一些臣僚上奏,附议胡寅。

宋高宗那天在后宫,一面搂着张婕妤,把她当做玩物嬉耍,一面教吴才人为他读胡寅等人的上奏。没等吴才人念完,就发怒说:"直是二、三个村夫竖子!朕以俸禄养育他们,他们却是专做吠日之犬,待尽底逐出朝去!"张婕妤连忙劝慰说:"官家不须怒,第一便是平心静气,善保龙凤之躯。"吴才人说:"官家圣孝,垂范天下,二、三吠日之犬,不足挂怀。"她本想再说:"然而举事须是名正言顺,官家莫须与大臣计议稳便之策。"话到嘴边,却又咽了下去。因为她懂得,皇帝是不喜欢宫女为他在政务上出主意的。

宋高宗此时已感到忍无可忍,他吩咐宦官张去为,立即把赵鼎和张浚宣召进便殿。赵鼎和张浚望着皇帝的一脸怒色,又看了胡寅等人的上奏,都已经揣摩到圣意了。赵鼎感到,如果由皇帝先提出贬责胡寅,再驳议圣旨,就陷入被动,所以抢先说:"陛下自即位以来,朝夕兢兢,唯思恪守祖宗家法,大宋底家法便是好谏纳言。既是胡寅底议论与朝廷不合,不如发付外任,以全君臣之体。"张浚说:"胡寅不识大体,言语狂狷,自不待论。然而如今国家在患难之际,须是伸张士民忠义之气,不然,便难以立国,难以有大作为。"

经赵鼎和张浚劝说,宋高宗也收敛了怒色,问道:"依二卿底意思,又当怎生措置?"赵鼎说:"且莫理会,才一月便冷了,然后发付胡寅外任。如是紧切发遣,唯是教胡寅张大虚名。"张浚说:"且教人劝胡寅上奏,乞外任,尤以见得陛下圣恩广大,虚心听纳。"宋高宗回嗔作喜,说:"便依二卿所议。"

胡寅果然在不久后提出辞职,于是宋廷立即发表他充徽猷阁待制、知邵州(治今湖南邵阳市)。当胡寅收拾行囊,正准备离开行在时,另有一位负众望的官员来到临安城,他就是新任江南西路安抚制置大使兼洪州知州李纲。李纲自从荆湖、广南宣抚使离任后,一直寓居福州长乐县城东的报国寺。这次应召前来,是罢相九年以来初次重返行朝。

行年五十三岁的李纲,又比三年前增添了不少白发。他骑马到达临安城西南的钱湖门下,不由驻马徘徊门前,感怆流泪,九年前任相时的各种往事,一齐涌上心头,他特别悼念宗泽和张所两个故人。李纲百感交集,就吟哦他过去所作的两句诗:

万事纠纷何日了,一生襟抱有谁知?

不料突然有人接口唱和说:

万事纠纷难以了,一生襟抱有我知。

李纲惊异地望去,原来唱和者正是胡寅。他在离开行在之前,一怀愁绪,准备出钱湖门,到西湖解闷,正好与李纲邂逅相逢。李纲当即下马,与胡寅互相作揖。李纲和胡寅父亲胡安国相识,胡寅是将他作为长辈,称他为"李丈",而李纲则称呼对方的表字。由于胡寅出城是步行,李纲就与他步行入城,边走边谈。

李纲在馆舍安顿之后,就与胡寅彻夜长谈。他说话不多,主要是认真倾听胡寅介绍行朝的情况。胡寅把事情说得差不多,最后评论说:"如今国势,自非建炎初黄潜善与汪伯彦得势时可比,然而隐忧甚大。赵元镇去冬决计亲征,一时士论甚是推重,然而到头来唯是东晋王导偏安江左底规摹,其实是和不忘战。张德远虽是有锐志,却又是战不忘和。"李纲说:"我与明仲底意思相同,若是断绝使者往返,便是断绝了屈辱苟安之念。自古和与战,原是用兵底机权,不可偏执。如是撞着英主唐太宗、周世宗,便是使者往返一百回,自家们又何须论奏。如今通使,便有日后降敌底大忧。"碍着古代的君臣伦理,李纲的话也只能说到这种地步,他虽然与宋高宗有九年未见,却是洞悉皇帝的心肺。

胡寅说:"我以为赵元镇难以劝谕,而张德远尚有进取之志,李丈或可一试。"李纲感叹说:"自从靖康以来,祸难之重,亘古未有,其实无非本于君子、小人底混淆,君子常不胜,而小人常胜。如今赵、张二相公固不可谓之小人,亦各有毛病。张德远当年受知于黄潜善,为人志大才疏,而又自视甚高,恐非老夫所得进言。诚如当年诸葛孔明所言,鞠躬尽瘁,死而后已,至于成败利钝,非我所能逆料。如是大宋不得中兴,岂非是天意!"他说完,竟黯然泪下。

胡寅完全理解李纲的心情,他的一对环眼睁得更圆,感奋地说:"武将中有岳鹏举,中兴便是有望。"李纲听对方说到岳飞,马上又联想到故人宗泽和张所,他说:"岳鹏举虽非饱读诗书,却是尽得宗汝霖与张正方底遗规,端的是当今良将第一。然而一须受制于朝廷,二须掣肘于庸将,唯愿天道好还。"

胡寅见到李纲,固然是有一个知己,可以发泄一下自己的感情,但李纲此类言论,又更加重了他的郁闷感。他只能与李纲话别,取道前往邵州。

李纲到临安的翌日夜晚,赵鼎和张浚就在西湖的一艘画舫里,宴请李纲。作为官场的高级宴会,除了美酒佳肴之外,自然免不了有乐人奏乐助兴,彼此也只是客气地酬酢。李纲还是想方设法有所讽喻,他指着舷窗外的一弯冷月说:"西子湖底山水胜景,天下无双,明月画舫,清乐盛馔,终究不是留恋之地,下官今夜唯是追忆故京繁华,大内宏丽,不胜浩叹。下官是闽人,张相公是蜀人,日后尚有故乡可栖身,赵相公却是归不得故里。忆得赵相公曾赋《满江红》词一阕,'试问乡关何处是?水云浩荡迷南北','天涯路,江上客。肠欲断,头应白'。"

赵鼎完全明白李纲的用意,就说:"下官在两浙,何尝一日不思故地。如今虽是国势粗安,而如欲长驱中原,须是慎之又慎。自家们受圣上委寄甚重,少有蹉跌,便有折鼎覆餗之讥。"张浚说:"虏人军马,已不复有初起之锐,王师又是屡败虏兵,赵相公亦不须畏敌如虎。"赵鼎说:"张相公沿江视师,亦已备知官军虚实,岂可轻率行师。"

李纲乘机说:"下官以为,如欲成功,罢庸将,而用良将,便是势在必行。若是良将与庸将参用,适足以败事。"他完全赞成胡寅的方案,但赵、张两人的心胸都并不宽广,说得具体,必然被他们视为越俎代庖,增加说服的难度。赵鼎和张浚听后,都没有反应,原来张浚回朝之后,就首先找赵鼎商量,提出罢免刘光世和张俊,将两支军队改为都督府的直属部队,结果不但赵鼎反对,而沈与求也认为,都督府不宜直接统兵。此项动议还未能向宋高宗口奏,就已经搁置起来。

李纲见两人不说话,就改换话题说:"当今第一紧切底事,便是罢遣使者。求和底使者不罢,则偏安东南半壁底欲念便不绝如缕,日后必是败坏中兴大业。临安湖山虽美,若是徒增苟且逸乐之心,又不如将湖山平毁。"他声如洪钟,音容慷慨,一股英锐之气逼人,使赵鼎和张浚都无言以对,但两人的内心仍不以为然。

李纲见他们仍然沉默,就问道:"不知二相公以为澶渊之盟如何?"赵鼎马上应答:"此是真宗皇帝圣断,百年和好由此奠基。"李纲激动地说:"然而和议之后,屡降天书,大兴祥瑞,行封禅大礼,以文饰太平,虚耗天下民力,府库空竭,武备皆废,忌人谈兵,以谓边境常安,兵革永息,文恬武嬉。靖康奇耻,其实便是开端于与契丹和议。如是周世宗处此时势,又岂得教悬军深入底契丹全师而返,必是不取燕山,决不收兵。"他说到此处,又改用恳切的语调说:"如今虏人非比契丹,有不共戴天底深仇大恨。主上常是居危思安,二相公身当大任,须是远鉴澶渊之失,砺主上恢复之志,而切不可启思安之念。如是卑辞通和底欲念不绝,切恐中兴大业毁于一旦。"按照古代的臣规,李纲的话已经说得不能再透彻了。

张浚说:"李相公过虑,虏人自来亦是一面用兵,一面遣使。国朝遣使体探敌情,以佐恢复,又有何不可?"李纲说:"非是下官过虑,自澶渊之盟以来,国朝失策,如出一辙,无非是'苟安'二字。不以'振作'二字,取而代之,又怎生湔洗得奇耻深痛?难道二相公遣使,便是与虏人行平交底礼节?见仇敌而不得行亢礼,又如何振作士气?"

宴会过后,李纲还是苦口婆心,分别对赵鼎和张浚两人做说服工作,而赵鼎和张浚仍然坚持己见。李纲虽然早就估计到很可能劝说无用,却仍觊望着稍有成效,到此地步,不由心灰意冷。他简直就不想与分别九年的皇帝相见,然而宋高宗还是安排了他的召对。

李纲先参加朝会,又被安排在第一班宰执面对之后,作为第二班单独面对。李纲进殿,向宋高宗跪拜,用礼节性的语言说:"臣愚违离阙下已是九年,今日蒙圣恩,方得复睹天颜,恭祝圣躬万福。"宋高宗已无九年前对李纲的那种莫名其妙的畏怯心理,在他看来,今天召见前任宰相,正好是显示自己皇帝权威下的一种礼貌。他说:"李卿少礼。"他等李纲起立后,又说:"国家患难之余,朕亦是思念老臣,如今江西一路幸得老臣抚绥,朕便是高枕无忧。"李纲说:"臣疾病交攻,精力衰退,深恐临事乖错,辜负陛下厚望。"宋高宗说:"卿才气过人,又有赵、张二卿力荐,不须谦避,须是勉为朕行,为朕分忧。"君臣之间的套话就到此结束。

李纲很快感到,皇帝无疑比九年前老练得多。他在面对之前,不能不认真考虑一个问题,既然与赵鼎、张浚谈话已经碰壁,有必要再重复那些全然无用的废话吗?无论如何,他总希望自己的建言,还是对时政有所裨补。他的说话开始转入正题:"老臣愚陋,空有经济天下之志,却是遇事疏拙。如今国势稍定,虏人虽有侵凌之心,其用兵已成强弩之末。国家恢复有望,而北进中原,却任重道远。"宋高宗说:"唯其如此,卿谋国老成,当慰朕虚伫底意思。"至少在表面上,皇帝还是显露了虚心听纳的姿态。

李纲说:"陛下登基之初,患无折冲御侮底将才,如今将臣辈已是平内寇,攘外敌,屡建功勋。"他有意只说将臣,不提人名,以便试探宋高宗对五大将的态度。宋高宗说:"岳飞尤是后起之秀,两年之间复襄汉,援淮西,平湖寇,颇如人意。"李纲说:"臣于四年前在荆湖与岳飞相识,便知他异时决为中兴名将,幸得陛下识拔,此是国朝之幸。然而战事瞬息万变,文臣不知兵,又远离战场千里之遥,以文制武,须是合宜,若是制御过当,干涉过多,适足以败事。"李纲知道,赵鼎虽然也有都督的头衔,倒不愿意多过问军事,惟有张浚,是以知兵者自命,这番言论主要是针对张浚而发。宋高宗说:"卿底议论,深得用兵行师之要。"

李纲见皇帝表示肯定,又往下说:"战阵须是相度形势,贵于分合,合而不能分,分而不能合,皆非是善置战阵底。当年汉高祖底战将如云,他登坛拜将,唯是用韩信一人统兵。项羽虽是骁勇善战,终于在垓下授首。"李纲不愿意再重复胡寅的具体建议,只是通过历史故事,启发皇帝的思考。宋高宗说:"卿言有理。"

李纲接着又对政治和军事提出一些具体的建议,他几次三番又想提出停止遣使的事,却终究没有说出口,自己既然在年初已经上奏,这次又对两个宰相费了那么多的唇舌,又何必以药投石呢?李纲在退殿之前,只是用最诚挚的语调说:"陛下居勾践雪耻之地,若以誓不与父兄之仇俱存之心,持久不懈,则中兴大业必成。"

[贰肆]
江 州 行

　　岳飞一行乘船顺江而下,暂泊江州。他离别江州已有三个年度,这次乘暇到故地重游,一是为了探望在本地寓居的岳氏宗族,二是为了拜访东林寺的住持僧慧海。

　　本书第四卷已经交待,五年前岳家军平定曹成后,移驻江州,按照李娃的建议,岳飞开始在江州买田问舍,为南逃的岳氏宗族购置耕织之资。如今以岳飞名义买到的田地已达十顷以上,在庐山之南,今庐山区所辖赛阳乡一带,形成了岳氏宗族的新聚落,他们有老小一百多口,购买和盖造了草、瓦屋七十多间,被当地人称为岳家市。

　　岳飞一行在江州登岸后,暂住馆舍。当时,知州陈子卿已经离任,新任知州要为岳飞设宴,却被岳飞谢绝。岳飞只与当地官员简单寒暄,就决定和岳云在次日轻装简从,前去岳家市。初春转暖,他们身穿麻布夹衣,只带两名亲兵,四人四马,从江州城南下。沿途春风徐拂,连绵的青山绿水,令人心旷神怡。他们到达岳家市一带,只见平畴良田,桑竹连绵,柳暗花明,鸡犬相闻,好一派宁静的农家景象。

　　一个牧童骑牛上前,下牛作揖,用河北口音问道:"此处是岳家市,敢问官人们去甚处?"岳飞听到乡音,倍觉亲切,他下马还礼,说:"自家姓岳,与你同宗?"牧童又问:"莫非你们自鄂州来?"岳飞说:"正是。"牧童听后,高兴地说:"你必是做大官人底岳五郎,自家是三六郎。"原来那个牧童的祖父是岳氏族长,比岳飞大两辈,而牧童却与岳飞平辈。岳云的年龄虽大,还须以"三六叔"相称。那名牧童把岳飞一行引到家里,岳飞见族长叔祖,恭敬长揖。他看望族人,决不以高官自居,还是严格遵从族里的辈分。

岳飞的到来,当然使岳氏同宗特别高兴。男女老少都纷纷前来相访,岳飞对他们嘘寒问暖。族长吩咐宰猪杀鸡,今夜举行宴会,岳飞连忙制止,说:"你们南迁,在此耕织辛劳,生理不易,切不可为我杀生,自家在船上已是斋戒,明日尚须去东林寺礼佛。"

族长执着岳飞的手说:"五郎,自家们世代为农,唯是扶犁握锄,不期出了一个大官人,亦是祖宗积德,十二侄积德所致。"原来岳飞的父亲岳和排行第十二。一个族人说:"忆得五郎少年时,相士们常说你底命运不济,可知他们所言不得尽信。"岳飞说:"我亦自知命运绵薄,如今却是蒙圣上恩典,做得高官,所以平时衣食住行,不敢华靡。"

另一个族人说:"世间唯是歆羡官人们,住底是高楼大厦,吃底是山珍海味,穿底是绫罗绸缎,行底是香车宝马,妻妾成群,婢仆吏卒们前呼后拥,一呼百诺。五郎如今已是大官人,既是俭素,却又有甚底做官人之乐?"岳飞说:"实不相瞒,我唯有做官人底忧苦,而未有做官人底快活。我统十万雄兵,且不论用兵厮杀,便是应付将士日常衣食,亦常是忧心忡忡。军士衣食不足,自家亦是寝食不安。自家底俸禄虽多,常用以资助军须,亦是所余无多。唯愿他日平定燕山,方得到此与你们同享退隐农耕之乐。"

一个后生说:"江南底水田农耕,尤是苦于河北。五叔身为大将,若是在军中为我谋一差遣,自家便是不胜感激。"岳飞说:"士、农、工、商,人称四民,四民之中,农民最苦。然而农民虽苦,尚无上战阵生死之忧。如今或有徇私舞弊底武将,将亲故窜名军中,不上战阵,冒名战士,虚报军功,以受封赏,我岂得做此事?"他指着岳雲说:"朝廷底封赏,是至公底物事。便是祥祥,亦须亲冒矢石,上阵冲锋在前。你若愿从军,赏罚便与将士们无异,如是违犯军律,我亦不得徇情枉法。自家既是做大将,尤须正己然后正物,自治然后治人。"那个后生吐了吐舌头,就不再说话。

岳飞与亲族相聚了一整天,第二天起身,就与族人们告别,带着两名亲兵,动身前往离岳家市不远的东林寺。他留岳雲做一天农务,然后回船,嘱咐说:"稼穑艰难,你不可不知。"族长说:"五郎,你既是日后欲退隐江州,自家们计议,须是为你在城中另建一处住宅。"岳飞推辞说:"你们在此农务忙碌劳苦,如何使得?"族长说:"此亦是自家们底心意,五郎为族人们购置田舍,使众人得以安生,如今亦须遵族众底好意,不可推却。"其他族人也一同苦劝,双方最后商定,由岳飞与地方官联系城里的一片空地,岳飞和族众共同出资,而劳作则全部由岳氏族人承担。

岳飞辞别族人,就动身前去东林寺。按照事先约定,黄纵、孙革、张节夫、梁兴和董荣五人已经先到东林寺等候。岳飞下马,刚走上虎溪的石桥,慧海与黄纵等人就出寺门迎接。岳飞恭敬地向慧海长揖,说:"下官拜见长老。"慧海也合掌还礼,说:"岳相公一别三年,到敝寺不易。"四年前,岳家军钱粮供应最困难的时候,蒙慧海联合各寺院化缘,帮助渡过难关,而岳飞否定刘康年的伪奏,却使慧海没有得到佛心禅师的师号。但是,岳飞知道慧海绝对不会计较此事,自己也没有必要对慧海说明和致歉。

慧海领着大家到华严阁、卢舍阁等故地重游。暂时摆脱军务和官场的喧闹,置身清净的梵宫,给人们一种宁谧的、恬淡的精神享受,而荡涤了各种忧虑和烦恼。张节夫远望着一朵白云绕出香炉峰顶,不由背诵起陶渊明的名句:"云无心以出岫,鸟倦飞而知还。"慧海笑着说:"此语亦是得禅境。当年怀海禅师底诗,'绿杨芳草春风岸,高卧横眠得自由','有缘即住无缘去,一任清风送白云',便与此相似。如是悟得五蕴本空,六尘非有,便当皈依我佛。"

岳飞说:"我知得佛法忍辱无争,慈悲为怀,然而国耻家仇至深,如是忍辱,切恐大宋便不得立国,天下苍生底罪苦尤重。"他说出了既想皈依佛法,但感情世界上又与佛法存在的矛盾。其实,从慧海的内心说,他的感情世界也同样存在着矛盾,他深通与印度佛教有异的禅学,力求净心和自悟,与东晋时退隐的陶渊明确有相似的心态,希冀着超然物外,但是,纷扰和苦难的尘世,也不能使他完全无动于衷。他最初是一个儒生,对儒家匡世济时的理念当然也是熟悉的。不仅如此,慧海还完全明白,如果没有岳飞等忠勇将士奋身血战,自己又更难于超然物外。他想了一下,只能说:"大千世界,众官人是俗家人,老僧是出家人,唯有各行其是。日后岳相公解甲归隐,亦可立地成佛。慧能禅师早曾言道:'若欲修行,在家亦得,不必在寺。'"岳飞听后,感情上顿时有一种宽慰。

慧海引领岳飞等人到各个佛殿行香礼佛,祈祷众佛护佑本军将士。中午时分,慧海用素斋招待,孙革在席上说:"岳相公与自家们计议,复襄汉,援淮西,平湖寇,死者无数,虽是有善有恶,兵刃无情,难逃轮回报应,然而须是请长老为众死者做道场,唯愿他们在地狱早脱罪苦,又兼为本军将士们祈福。今出资二百贯,以供道场之用。"慧海说:"善哉!既是众官人有此心意,心诚则灵,又何须出资。"岳飞说:"本军将士受宝刹底恩惠甚多,区区二百贯,唯是稍表寸心。"

素斋吃完,岳飞一行准备与慧海等众僧话别,慧海却提出了另外的要求,说:"近日有画师为老僧画一像,唯求官人赐墨。"说完,就取出了自己的一幅画像,大家不约而同地称赞:"此画像酷似长老,非但形似,而且神似。"岳飞望着三名文士幕僚,示意请他们在画像上题词。黄纵说:"待下官一试。"他请来文房四宝,另外在一张纸上写了赞辞,众人一致叫好,张节夫说:"非此辞无以题此像。"于是黄纵就在慧海的画像上写下了一篇赞辞:

两住名刹,一念通禅,骨相奇,风神秀,貌肃而和,语简而周,丹青法眼明,尘世菩提心。

慧海谢过黄纵,就把来客送到虎溪的石桥,岳飞一行过桥,向众僧长揖,然后骑马回到江州的江岸,只等岳云明天回来,就启碇开船。第二天清晨,岳雲还未回船,下游却来了一艘官船,官船上正是住着李纲。李纲离开临安,本来可以取陆路到洪州,李纲为了解沿江的形势,还是坐船出镇江运河口,上溯大江,准备取道江州,再折向洪州。

岳飞听说李纲到来,就率领五名幕僚和部将上船拜会,大家向李纲恭敬长揖,除了孙革和董荣外,岳飞为李纲介绍了另外三人,梁兴等人都对李纲表示了极大的敬意,说:"久闻李相公底英名,如雷贯耳,今日幸得拜见,委是三生有幸。"李纲感叹说:"老夫是衰朽无用底人,虽有报国之心,中兴底大业,尚需仰仗众官人效力。"

岳飞还特别介绍了梁兴和董荣杀耶律马五的战功。李纲感到高兴,说:"此是梁、董二太尉为洪州百姓报得血海深仇。四年不见,鹏举如今已是威震南北底名将,可喜可贺。"岳飞说:"下官虽有区区报国之志,然而中原底土地,未复百一,又有何功可喜,何事可贺。"李纲对岳飞的回答是满意的,但嘴上不说什么。双方互相介绍情况,不知不觉已到正午,岳雲回来,也到船上拜见李纲。

大家一起午饭后,李纲决定留岳飞单独谈话。李纲问道:"依目今事势,若是鹏举以孤军北上,可得济事?"岳飞说:"刘豫既是倚仗虏人为援,举兵京西,便须与虏、伪决战,然而可忧底尚不是用兵行师,而是粮草不济。下官以为,举兵可先自襄阳北上,攻取商州、虢州一带,以便兵临黄河,与太行山忠义军声气相接,而断绝陕西五路底联结,得以号召陕西忠义军民,然后谋取西京与东京。"李纲又问:"若是灭亡伪齐,须是多少时日?"岳飞说:"军事难以预料,岂得保用兵百胜而无一败。如是稍宽时日,可以二、三年为期。"

李纲明白,岳飞的说话是经过慎重考虑的,他感叹说:"自家虽与鹏举相处时日苦短,深知鹏举用兵有三难。"岳飞问道:"甚底三难?"李纲说:"一是可胜而不可败,朝廷本无百折不挠,誓不与仇虏俱存底坚志,若是小有挫折,必是议和之说蜂起,沮挠用兵。二是宰辅难于以诚相待,和衷共济。三是行营五军难以协力,胜不相庆,败不相救。鹏举避免三难,极是不易,须是慎而又慎。"李纲所说,其实是指岳飞和皇帝、宰执、大将三方面的关系。但限于古代臣规,必须用"朝廷"一词取代皇帝。

岳飞懂得,李纲的话不但是语重心长的,也是为自己深思熟虑的。他感激地说:"下官敬受李相公底教诲,敢不铭记在心。"李纲感慨地说:"便是老夫居于鹏举底职位,亦是难处,然而欲复仇报国,既须与强敌周旋,亦须朝廷内外,同心同德。"岳飞说:"如今下官与李相公分地毗邻,如唇齿相依,切望不时受李相公底教诲。"李纲说:"老夫自当与鹏举频通书信,勉力共赴国难。老夫余生无几,多年以来,唯是以'进则尽节,退则乐天'自勉。然而'乐天'二字,亦是谈何容易,天下可喜底事甚少,而可忧底事甚多。老夫唯是急盼鹏举成就得功名。"

人世间的感情,也许是世上最复杂、最微妙的事物,迄今无法使用数字作任何科学的估量。人间的感情有时是极易沟通的,有时又是最难理解的。或是相处数十年,如同路人;或是见面一两回,便成知己。李纲和岳飞仅是两次短暂的会面,但彼此感情和相知之深,除了志同道合之外,更有一种后辈敬爱长辈,长辈关切后辈之情。岳飞沉默了许久,深情地说:"李相公虽是不得展其才,亦须善保贵体,颐养天年,以待时用。唯愿天佑大宋,李相公有朝一日,得以伸展才智,此是天下苍生之幸。"李纲听后,不免激动得老泪纵横,说:"知我底心,第一便是鹏举。"岳飞说:"岂但下官,下官底全军将士,天下百姓岂不知李相公底忠义苦心。"

李纲感恸了许久,又说:"如今主上信用鹏举,此亦是难得之机。若是鹏举幸得成就素志,又当怎生底?"岳飞说:"须是急流勇退,下官已在江州购得田地房产,若是功成之后,便立即上奏,解甲归田,读经诵佛,以度余生。"李纲听后,只说两个字:"甚好!"他认为,已不必再对岳飞灌输什么功臣必然遭受猜忌之类的道理。

李纲想了一下,又说:"如今江西兵力不足,老夫到任,亦须整饬防务。任统制曾是追随老夫,颇为得力,老夫意欲将他调遣到江南西路,不知鹏举可得放行。"岳飞说:"任太尉有见识,既是李相公欲用他,下官岂得不与放行。"李纲说:"既是恁地,老夫便相烦鹏举到都督府措置此事。"岳飞说:"会得!"任士安调任的事就此商定。

李纲与岳飞只是短暂相处一天,双方于次日依依惜别,各奔行程。

[贰伍]
会商与朝见

绍兴六年正月元宵过后,宰执在节后初次面对。张浚首先对宋高宗口奏说:"虏势未衰,刘豫盗据中原已是七年,为谋叵测。臣愿秉陛下庙算,亲行边塞,部署诸将,以观机会,如是有机可乘,便行进兵,以图恢复。"宋高宗听后,就把眼光转向赵鼎,征求他的意见,赵鼎说:"如今国势稍安,然而兵将未练,财力不足,而沿边把截疏虞之处尚多,不如待整饬数年,国力完固,然后举兵北向,此是万全之计。"

张浚为北伐的事,其实已与赵鼎私下交换多次意见,终归谋议不合,现在不得不把分歧意见摊到御榻之前,他说:"边防虽是未备,然而亦无须环数千里,寸寸而守。当年楚、汉交兵,刘邦驻兵殽、渑之间,项羽虽勇,亦不敢越境而西,太原未失陷,粘罕底兵马亦不敢渡黄河,皆是此理。今有数头项大军在前,何惧敌人深入。若是王师深入,虏、伪必是自守不暇。"宋高宗说:"莫须张卿视师江上,主持都督府,而赵卿居中总揽政事,表里相应。"赵鼎见皇帝支持张浚的意见,就不再表示反对,说:"臣遵旨。"

宋高宗问张浚:"张卿以为,当怎生部署诸将?"张浚说:"韩世忠忠勇,岳飞沉鸷,可以倚办大事。刘光世与张俊唯可进屯江北,以立形势,而难以举兵北向。"宋高宗说:"便依卿议,不知卿欲将督府设于何地?"张浚回答:"臣意欲将督府设于镇江。"宋高宗说:"此事亦依卿议。卿出行之日,朕当诏令百官送行。"

赵鼎和张浚议事,沈与求却是一言不发。原来沈与求因为赵鼎和张浚议事,往往不同他商量,颇感不平,他公开扬言:"岂有三省、枢密院唯是奉行都督行府底文书。"他已屡次上辞职奏。

正月十八日,张浚离开临安,乘官船前往镇江,赵鼎率百官在西北馀杭门下送行。赵鼎现在已是与张浚面和心不和,但在大庭广众之下,他却是颇有涵养,亲自为张浚斟酒,说:"唯愿德远成功,迎还二圣,以副天下之望。"这句话的妙处就是在"唯愿"二字,其实是带有坐观成败之意。张浚也听出对方话里有话,却是有意不回答,只是脸带自负的微笑,举杯一饮而尽。一个官员凑热闹说:"下官是沂州人,张相公他日收复故里,下官唯求归沂州做得一任知州。"张浚也用调侃的语调说:"国朝自有禁约,不得官守乡邦。若是你欲破例,须是取圣旨。"于是大家都哈哈大笑。

张浚离开临安不久,宋高宗下旨同意沈与求辞职,由赵鼎举荐折彦质出任权参知政事、签书枢密院事。

张浚抵达镇江府,韩世忠、张俊、刘光世和岳飞四大将也应召先后到都督府。张浚同每个大将都单独会面一次。岳飞最后到达,他率领全体随从人员一同参拜张浚。张浚居中端坐在厅堂,等候岳飞等人进入,向他作揖唱喏,然后面带矜持的微笑,起立还礼,说:"请岳太尉等就座,同共计议军事。"岳飞首先向张浚介绍梁兴和董荣的战绩,并且将耶律马五、耿光禄的首级匣,还有耿光禄的金牌等交付张浚,张浚对梁兴和董荣褒扬一番,说:"尔们在河东孤军奋战,忠义可嘉,战功可贺,可于明日坐船前去行在,朝拜主上。主上欲知两河情实,当另有封赏。"梁兴和董荣齐声说:"小将遵命。"

张浚又问岳飞:"闻得岳太尉当年在河北,曾与行营前护副军都统制王太尉稍有睽异?"原来神武各军更改军号后,王彦所统的八字军也改名前护副军。岳飞没有料想到张浚会提起十年前的旧账,就把往事叙述一通,说:"王都统忠义,此事下官诚有过犯。"他把目光转向孙革说:"当年孙干办在东京,曾建议宗留守以军法论处。宗留守法外用情,免下官一死,将下官贬降,教下官戴罪立功。"孙革又将宗泽与自己如何处理的旧事也作些介绍。

张浚笑着说:"当年底事,亦非岳太尉一人底过犯,而岳太尉引咎自责,亦见得大将气度。如今王太尉已自川陕移军荆南府,年老得病,病势不轻,而部属并无可委任统兵底人。赵相公与当职商议,欲以朝命教他移军驻襄阳府,若是他沉疴不起,便教岳太尉就近并统此军,以免别致生事。"岳飞听说准备让自己兼统前八字军,当然深感高兴,他说:"八字军俱是忠义将士,若是命下官兼统,自当推诚相待,与本军官兵同甘苦,公赏罚。"

张浚说:"我料得岳太尉有此说,然而此事尚非定议,须候朝命。"他又改换话题说:"朝廷欲于今年大举,不知岳太尉有甚谋划?"岳飞将自己早就准备的军事方案和盘托出,他说:"伪齐窃据京东、河南、陕西之地,自当先取,然后可以进图河北、河东。朝廷养得行营五大军,将士已有数十万。若是五大军分进合击,料得刘豫必是难于左支右捂,少则一、二年,多则三年,必可如愿。"

张浚说:"陕西另当别论,然而刘、张二太尉兵马并未素练,如是稍有蹉跌,岂不是损动王师底锐气?"在他的考虑范围里,还根本没有想动用川陕吴玠一军,一起参战。岳飞说:"刘、张二相公下并非无强将悍卒,愿为朝廷立功受赏。若是教他们二军进击,诚恐误事。五军并进,互为犄角,互通声势,便不致误事。"张浚说:"刘豫底兵马不足虑,然而虏人过河救援,切恐刘、张二军难以支捂。"岳飞说:"兵伐刘豫,便须预备与虏人决战,如是不能破虏军,亦是灭不得伪齐。"张浚又问:"岳太尉欲于甚处用兵?"岳飞又把自襄阳府出兵商州、虢州的计划介绍一番。

张浚感到岳飞的军事设想和自己完全不同,就不愿意继续讨论,说:"北伐大事,待当职明日与众太尉同共计议。会议之后,岳太尉可去行在,朝拜主上。"岳飞明白,张浚其实根本不同意自己的建议,他还想再进行劝说,黄纵却向他使了个眼色,岳飞又联想到李纲的叮咛,只能欲语还休。他只是向张浚转达李纲调遣任士安的要求,张浚一口应允。于是岳飞率领六个部将和幕僚,向张浚告辞。

岳飞回到馆舍,想了一下,决定去拜会其他三大将,他特别希望与张俊改善关系。不料他还未出馆舍,韩世忠却抢先一步,先来拜访。岳飞当即出迎,向韩世忠长揖,谦恭地说:"下官拜见韩相公!"韩世忠笑容满面,还礼后就执着岳飞的手,说:"岳五,你为朝廷立得大功,煞好!自家们去年约言,若是破不得杨么,我便须罚你一盏。今日却须你罚我一盏。"岳飞说："此是下官秉承君相成算，割据一方底水寇，何得言功。日后自家们兵进中原，方得有功可言。"韩世忠哈哈大笑，说："此说便是正理！"他与岳飞手牵手，一同进入房中。岳飞和众部属为韩世忠主动修好，都感到由衷的高兴。

双方坐定后，岳飞首先说："国夫人是巾帼英雄，可惜英年早逝，下官谨再次恭致哀悼底意思。"韩世忠说："浑家临终时遗言，叫我须是善待岳五。我今日便是依浑家底遗言行事。"他的话使岳飞等人益发对梁佛面增加了敬意，岳飞说："国夫人端的是乱世底奇女子，天下无双。"韩世忠说："闻得你底老母与淑人亦极是贤德。"岳飞谦虚地说："自家底淑人难以与国夫人相提并论。"

两人促膝谈心，岳飞还是把五支行营护军同时出击的意见重复一遍，希望得到韩世忠的支持。韩世忠却不以为然，说："刘三与张七两军怎生出战。若要用兵，唯是我出兵京东，你出兵京西。"两人辩论多时，都互相不能说服对方，最后，韩世忠说："且待明日张相公定议。"岳飞就无法再说，好在这次辩论还是相当友好，没有损伤感情。岳飞留韩世忠共进晚食，饭后又叙谈了一阵。到韩世忠告辞时，时间已晚，岳飞无法再去拜访刘光世和张俊。

次日，四大将到都督府，参加军事会议，但他们的随从文武官员一律不得与会。张浚在与四大将个别谈话前后，已经确定一个用兵的方案，但在表面上，还是需要适当显示宰相虚心听纳的风度，当然，他更没有忘记树立自己的权威。张浚首先说话："自家奉圣旨，视师江上。战乱之余，应付大军粮草，甚是艰难。今奉诏命，以刘、韩、张三太尉兼营田大使，岳、吴二太尉兼营田使，招集失业与自虏、伪归正百姓，给以牛粮，教他们一意耕耨，以足兵食。"他宣布了四大将的新命后，又说："众太尉有甚进取底计议，可悉心开陈，当职自当择善而从。"

韩世忠首先说："下官奉命防拓淮东，若要进兵，淮阳军自是必争之地。下官愿自楚州出师，先取淮阳军，然后再议收复京东。"张浚对韩世忠的方案是完全满意的，他按战区自东往西的次序，把目光转向张俊。

张俊到此也不能不说："本军训练未精，器甲未备，然而亦不可不黾勉国事。下官意欲仍在建康府练兵，而分兵出屯盱眙，声援韩五，相机用兵。"寥寥数语,把自己畏避怯战的意图掩饰得天衣无缝。张浚也明知张俊的花言巧语背后的心机,脸上不露声色。

刘光世随后马上发言:"下官愿统左护军出屯庐州,招降伪齐军,然后相机行事。"张浚说:"刘、张二太尉,圣上对你们宠眷已极,你们须是努力,方得不辜负圣恩。"张俊立即接口说:"自家目即精练将士,唯求日后与韩五、刘三、岳五大合军势,誓破顽敌,洗雪仇耻,以报圣恩。"刘光世说:"下官亦是此意。"张浚笑着说:"唯愿二太尉言必行,行必果。"他又把目光转向岳飞。

岳飞却是脸色严峻,内心相当矛盾,他踌躇再三,认为如果再重复五路出兵的计划,不但得不到响应,还肯定会得罪张浚、张俊和刘光世,但是,如果不说,又是未尽臣子之责。最后,他还是用难堪的神色望了望张浚和韩世忠,用尽量委婉和恳切的语气,把自己的军事计划详细地说了一遍。张俊的脸上装得若无其事的模样,而刘光世却明显地露出不悦。

张浚其实已经对岳飞的叙述有些厌烦,但为了显示宰相兼都督的居高临下的大度,还是耐心把岳飞的话听完,他最后作总结性的发言:"四太尉底计议各有千秋,今年只是王师稍试锋芒,可由韩、岳二太尉各依所议出师,且看战绩如何。明年另谋大举,可相机依岳太尉底计议用兵。"到此地步,四大将自然都无话说。

散会之后,韩世忠对岳飞说:"自家虽与岳五计议有异,却是见得岳五底忠心直言。"岳飞感到韩世忠还能谅解自己,对他面露微笑,说:"韩相公欲于甚时进兵?"韩世忠说:"我明日归楚州,便进兵淮阳军。"岳飞说:"下官依圣旨,尚需去行在朝见。韩相公不如稍停,待下官回归鄂州后,与韩相公分东、西两路,同共进军,夹攻刘豫。"韩世忠却笑而不言。他不愿意与岳飞同时出师,想先出兵,抢占头功。

会后,张浚仍然留在镇江府督师,而韩世忠、张俊和刘光世三大将各回驻地,惟有岳飞前去临安。他其实只比梁兴和董荣晚走一天。

岳飞对张浚的军事部署其实是相当不满的,他沿途私下同黄纵、孙革和张节夫三个幕僚商议,说:"张相公唯是迁就刘、张二相公,又不教川陕吴相公用兵。下官此回朝见,欲与主上面陈用兵方略,你们以为如何?"张节夫说:"下官以为可行。"孙革说:"岳相公面对与见赵相公时,可直言都督府会议底曲折情实，不加褒贬之词。"他的建议当然是为避免与张浚发生矛盾。

黄纵说："岳相公须念李丞相底至嘱。既是张相公愿在今年小试兵锋，且持重用兵一年，待来年再议大举。下官去冬已到行朝一回，稍知赵、张二相公有异议，赵相公唯是主守，而张相公主攻。便是岳相公面陈曲折，主上亦当主持张相公底方略。"

岳飞认为黄纵之说有理，接着说："既是恁地，面陈亦是无济于事。然而身为大宋臣子，尚须依孙干办底意思，稍尽臣职。"他又转而感慨地说："当年赵相公在江西，尚是有锐气，此后又力荐下官复襄汉，力主亲征，何以转而主守，其实无非是行苟安之政。"岳飞对于赵鼎和张浚两人，实际上是比较喜欢赵鼎。其实，赵鼎和张浚在武将面前，都有一种相沿成习的文官优越感，但赵鼎隐蔽，而张浚公开。岳飞知道张浚冤杀大将曲端的事，也不喜欢张浚对军事似懂非懂，又自以为高明和得计。他想到赵鼎的好处，还真是为他惋惜。

黄纵说："赵相公决意复襄汉，主亲征，是以为不如此，便不得立国。如今国势已安，他便不主进取。"岳飞说："然而赵相公是陕人，难道他无故里沦丧之痛？"张节夫感叹说："天下最难知底，便是人心，常言道，知人知面不知心。刘光世与虏人有杀父之仇，然而他岂有复仇之志？"岳飞到此也只能长吁一声，不再评论。

岳飞一行到达临安，即被安排在馆舍中休息。当天正好是梁兴和董荣朝见归来，宋高宗亲自对他们褒嘉一番，升官三阶，各赏黄金百两，两人相当兴奋，向岳飞等人介绍了朝见的经过。岳飞听了梁兴和董荣的叙述，认为皇帝是支持大举北伐的，也使他倍受鼓舞。

岳飞和众人正在谈天，有吏胥进入，向岳飞唱喏，说："赵相公与折参政今夜在政事堂设宴，请岳相公与众官人光临。"说完，就递上请柬，岳飞当即向那名吏胥支付一贯赏钱，发付他回报。他想了一下，就对岳雲说："你年幼，不得与众官人并列，今夜不须去政事堂。"岳雲说："遵命。"黄纵等幕僚都为岳雲感到委屈，但又不便说话，梁兴和董荣毕竟是武人，他们说："岳武德底官阶凭藉战功而得，如今又是本司书写机宜文字，自当与自家们同去。"岳雲说："下官感荷二太尉底美意，然而阿爹唯是欲教我远避权势宠荣。"岳飞听后,只是深情地望了儿子一瞥。

政事堂上,红烛高烧,赵鼎和折彦质坐在堂中,等候岳飞一行的到来。赵鼎在五大帅中最为赏识岳飞,认为他不仅年龄最少,而且才能最高,但是,他本着习惯的文官心理,又认为岳飞的战功愈多愈大,就愈需要让岳飞明白文武的尊卑差别,不能让岳飞翘尾巴。折彦质家族是世代镇守河东府州(治今陕西府谷)的名族,祖宗是党项羌人,长期与汉人通婚,早已汉化。北宋名将杨业妻折氏,就是他的宗族,后世讹为佘氏,又杜撰出许多佘太君的传奇故事。折彦质政见与赵鼎相合,他身为文官,对武将的态度当然也与赵鼎一致。岳飞一行进入政事堂,赵鼎和折彦质方才起立,互相行礼寒暄,接着就入酒宴席。

八人共用一个长方形食桌,赵鼎居中,坐北面南,折彦质和岳飞分别坐在他的左右,梁兴和董荣分别坐在食桌的东、西,而三个幕僚则坐南面北。岳飞自己不饮酒,却特别起立,为赵鼎和折彦质斟酒,说:"下官今日为二相公斟酒,期望他年他月,得以到解州与府州,为二相公荣归故里洒尘清道。"黄纵等幕僚都明白主将的用意。大家也接着用这个题目,为宰执斟酒。

赵鼎和折彦质内心是不同意张浚的军事部署,但在岳飞等人面前却不能流露。赵鼎问道:"此回岳太尉与韩太尉依督府之命出兵,平定伪齐,欲以几年为期?"岳飞灵机一动,决定乘机进谏,他说:"军事利钝,无以预料,下官难保有百胜而无一败。然而与仇虏交兵,须是有不共戴天之心,百折不挠之志,则是必胜无疑。若非坚忍不拔,小有挫折,便动摇犹豫,则是决无成功之理。大宋底兴衰成败,便在此一念之间。"

幕僚们已经体会到主将的苦心,大家起而唱和。张节夫说:"当年刘邦与项羽屡战屡败,却有必胜之意,故垓下一战成功,而开创四百年底帝业。"孙革说:"下官追随宗留守多年,宗留守救援真定府失利,然而数月之后,又兴起哀师,一举扫荡李固渡之敌。后又败于南华县,却是坐镇东京,于建炎初大挫粘罕。可惜天不假以年,而教黄潜善、汪伯彦之流奸谋得逞,四京相继失陷。如今一旦哀兵奋起,便当效学宗留守,则中兴底大业必成。"

赵鼎和折彦质觉察到对方的用意,折彦质笑着说:"今日且只顾畅饮,莫谈国事。"梁兴说:"小将与董太尉此回到行在,身受重赏,然而念及在太行山底忠义将士,两河百姓受苦受难,亦是难以开怀畅饮。"一句话,说得折彦质难以抑制脸上的不悦之色,赵鼎的涵养还是比折彦质高,他不露声色,仍旧以雍容大度,与大家酬酢。但是,这次政事堂的宴会,却是在并不愉快的气氛中收场。

翌日,岳飞参加面对,而宋高宗特意让赵鼎和折彦质留在殿上,参与谈话。岳飞行跪拜礼,呼"恭祝圣躬万福"完毕,起立,宋高宗说:"卿不负朕望,自平湖寇以来,朕久欲一见,今日方得如愿。"岳飞说:"臣久违阙下,亦是欲睹天颜,少慰臣子瞻恋之心。"

宋高宗说:"朕以父兄蒙尘,中原陷没,痛心尝胆,不敢遑宁。今日底国事,正赖卿等深体朕怀,各奋精忠方略,勉图报效。卿有甚事,可悉心开陈,朕当虚伫。"岳飞说:"臣已上奏,以为襄阳府等处原系京西南路,今收复已久,乞改襄阳府路为京西南路,使路名归于旧制,以称朝廷不忘中原之意。"宋高宗说:"朕与大臣商议,依卿所奏。"岳飞又对皇帝介绍了都督会议的情况,宋高宗说:"朕已委任右相张浚筹划,卿归鄂州后,便可发兵北上,讨伐伪齐。然而军中檄文之类,唯是正刘豫僭逆,背弃君父之罪,亦不须张大事势,引惹虏人。"岳飞只能说:"臣遵旨。"

宋高宗又望着赵鼎,示意由他宣布,赵鼎说:"三省、枢密院奉圣旨,岳飞移镇为武胜、定国军节度使,升荆湖北路、京西南路宣抚副使,增重使名,以示朝廷委寄之隆。"岳飞原来已是镇宁、崇信军节度使,镇宁军是开德府的节度使军名,崇信军是随州的节度使军名,武胜军是邓州的节度使军名,定国军是同州的节度使军名。按宋时官制,节度使移镇,也是一种升迁。至于宣抚使的职权其实与制置使、招讨使没有多大差别,但级别最高,其官位已相当于执政,由于岳飞的官位暂时还不够高,所以就以宣抚副使行使宣抚使的职权。

岳飞当即下跪,一面流汗,一面说:"中原地土,尚未得有尺寸恢复,而陛下底厚恩醲赏,早已逾越臣子底微劳,臣岂敢祗受。"说完,就伏地叩头不止。宋高宗说:"卿智勇皆备,秉性忠义,朕今日升迁卿宣抚副使,正是责成之意。卿不需辞免。"岳飞辞谢再三,而皇恩终究是不得回收的。

岳飞退殿后,即与梁兴等人坐船赶回鄂州。

[贰陆] 淮阳军之战

韩世忠从镇江府返回楚州几天后,就发兵渡过杜充改道后合流的黄河与淮河,径直北上。二月十六日,韩家军的前锋二百骑,由统制岳超率领,作为硬探,到达淮阳军所属宿迁县。当时伪齐已将淮阳军改名邳州。岳超所率的前锋部队,正好在圣女墩与伪齐邳州知州贾潭指挥的一千骑兵遭遇。

韩家军的骑士们见到敌众我寡,不免有点怯战,有军士说:"岳太尉,自家们兵少,不如归去,迎候韩相公底大军。"岳超却鼓励军士说:"若是遇敌不战而归,自家们怎生见得韩相公?"他手持一杆茅叶枪,麾军从圣女墩的高坡上急驰直下,突入敌阵。一人连刺两名敌骑。二百名骑士冲乱了敌阵,杀敌三十多人,自己方面无一人战死,但也有几十人受轻伤。贾潭反而怯战,率优势的敌军逃遁。岳超的部队带回敌人的首级,向韩世忠报功。韩世忠高兴地说:"既是初战告捷,明日便进兵淮阳军城。"

十七日,韩世忠率三万六千大军北上,离城东南约二十宋里,却遭遇金军的拦截。金军阵中破例有一面大白旗,上面用墨色汉字写着"元帅左监军前军万户大",原来此军正是由大挞不野统率。韩世忠亲自跃马登上高坡,估计敌人约有五千,步兵和骑兵参半。

金军的一个悍将驰马而出,向韩家军挑战。猛将呼延通抡动麦穗枪出阵。那个女真人会说汉话:"自家是大金猛安孛堇纥石烈牙合,尔可解甲投拜,免尔一死。"呼延通大喊:"我是呼延通,我祖呼延太保在祖宗时与契丹厮杀,立得大功,尔女真小丑,侵我王界,我岂得与你俱生!"说完,就挺枪直刺敌人,纥石烈牙合也持枪迎战。两人战不多时,因用力过猛,两条木枪杆撞击后,一齐折断。呼延通举断枪杆把纥石烈牙合打下马,自己也跳下马来,准备生擒敌人。身披重甲的纥石烈牙合仍然从地上跃起,呼延通扔掉枪杆,扑上去,准备徒手抓住敌人。不料纥石烈牙合抽出箆刀,向呼延通刺来,呼延通连忙一躲,箆刀正刺中他的左腋,鲜血直流。但呼延通还是用脚踢去纥石烈牙合手里的刀,用双手箍住纥石烈牙合的颈脖,几乎把他掐死。宋金双方都出动几名骑兵,前来营救。但呼延通抢先翻身上马,抓住纥石烈牙合的一条右腿,将他拖回阵中。

韩世忠见呼延通得胜而归,大喜,说:"呼延太尉立得大功,当职自有重赏。"呼延通说:"那厮虏人是一个千户,名叫纥石烈牙合。"韩世忠吩咐在俘虏身上搜索,果然搜到一块千夫长的银牌,他吐了吐舌头,厉声命令说:"将那厮当阵斩首,以张军威!"于是纥石烈牙合的首级立即被悬挂在一条长竿上,突出阵前。

金军的一员猛将被擒杀,士气大挫,大挞不野当即下令撤退。韩世忠见敌阵移动,立即把手里的"信"字旗高举挥舞,于是各军争先恐后,向退敌进击。大挞不野也不愧是一员宿将,他率领部队且战且退,却并不退回淮阳军城。

十八日,韩家军乘胜包围淮阳军城。军城位于伪齐的最南端,多年以来,伪齐军大力加固城防,城高濠深,不易攻打。韩世忠策马环城一周,亲自进行侦察,不免感叹说:"军城虽小,竟无可乘之隙。若是强攻,伤亡必大。"他回营后,召众将会商,下令从明天开始,以小部队不断进行佯攻,引诱敌人多施放矢石,等几天后再相机攻城。

提举一行事务董旼说:"淮阳军城虽是守御坚固,下官料得,若是迟以时日,必是攻克无疑。然而此回虏将大挞不野引兵退去,切恐虏人大军前来,里应外合。"韩世忠吐了吐舌头,对幕僚陈桷说:"你可为我起草二咨目,一与都督张相公,二与张七,教张七出兵,阻绝虏人底援兵,助我成功。"陈桷应命,当场为韩世忠起草了两份咨目,并且为韩世忠念了一遍。韩世忠感到满意,马上命令亲校耿著和温济两人分别带咨目前去镇江都督府和建康宣抚司,他特别对温济说:"你可说与张七,他与我本是已故王枢相属下底同僚,在苗刘之变时患难相助,此回淮阳军一战,事关大宋军威,切望他能出一只手,助自家一臂之力,便是感激。"他所说的"王枢相",当然是指苗刘之变中被杀的王渊。耿著和温济禀命兼程而行。

不少人都认为,即使是张浚下令,张俊也肯定不会出兵援助的,董旼说:"若是张七相公不出兵,便当如何?"韩世忠说:"且严密探伺虏、伪底动静。"

淮阳军被围后,每天就在城里的烽火台上烧起烽火,第一天是一堆火,第二天又增加一堆火,直到第六天,已经是六堆烽火,在仲春的夜间,格外明亮。到了第七天早上,韩世忠得到紧急探报说:"虏人四太子、监军与刘猊亲率五万大兵,离此不过五十里。"韩世忠听说完颜兀术统兵前来,只能叹口气,下令说:"大军且挪回!"韩家军迅速撤退,韩世忠率受伤的呼延通等将亲自断后。

龙虎大王完颜突合速和刘猊率骑兵追来,韩世忠勒兵,严阵以待。追赶的金军与伪齐军只见敌阵中高阜处,飘扬着一面"忠勇韩世忠"的大纛,大纛之前有一员大将,宋军军士们齐声高喊:"锦袍骢马立阵前底,便是韩相公!"完颜突合速和刘猊不由惊疑。完颜突合速想了一下,命令一个悍勇的百夫长说:"你率五十精骑前去,若是活捉得韩世忠,便是大功。"

那名百夫长挑选了五十骑士,身披重甲,向韩世忠立马处急驰。然而他们离敌阵不远,很快遭到一阵强弓劲弩的攒射,那名百夫长首先落马阵亡,五十骑士也有半数死亡,剩余的二十六骑只能逃回阵中。

完颜突合速又命令一千骑兵,分兵两路,从正面和左侧向宋阵夹攻,目标还是要擒杀韩世忠。宋阵中擂起战鼓,在用弓弩射退敌骑后,步兵们手持大斧等以步击骑的利器,向敌骑进击,一千金骑战败,向后驰奔,反而冲乱了己方的阵势。于是完颜突合速和刘猊只能拨马退遁。韩家军也不追赶,乘胜收兵,退渡长淮而去。

当韩世忠退兵时,岳飞还刚离开临安,在前往鄂州的路上。韩世忠退回楚州,才先后得到耿著和温济的回报。原来张俊自从都督府会议后,还是一直呆在建康府,迟迟不向盱眙发兵。温济拜见张俊,呈上韩世忠的咨目,除了传话之外,还说了许多好话,张俊笑着说:"韩五与我情同骨肉,理应伸出一只手。然而他出兵过于急迫,自家城守盱眙底事尚未有眉目,如何又发兵淮阳军。你归去，可道我慰劳底意思，教韩五且见机行事，若是一时破不得淮阳军，待我防拓盱眙稳当，与他共力，决不相负。"韩世忠听后，生气地说："张七此回直是无情义！"他想了一天，就决定前往镇江府，再次找张浚商量。

韩世忠从扬州渡江，径往镇江城里的都督府，求见张浚。张浚首先向韩世忠表示慰劳之意，说："此回韩太尉出兵，虽是未得淮阳军，却是大挫虏、伪底威风，而张王师底锐气，其功非细。主上已降手诏褒奖。"他说完，就取出宋高宗命他转达的手诏，为不识字的韩世忠念了一遍。

韩世忠听到手诏中"义独奋身，长驱济淮，力战破贼，俘获群丑"等言词，心中也并不觉得宽慰。他说："自家此回进兵，须是取淮阳城，然而兵力不济。"张浚问："韩太尉以为，当如何济事？"韩世忠说："若教张七援我，直是难于上青天，不如抽摘张七属下赵密一军，归我属下。"张浚说："怎生使得？"韩世忠说："张七无意于厮杀，我欲向前厮杀，又如何使不得？"张浚也感到为难，说："韩太尉且消停，待当职与朝廷计议稳当。我近日便去临安。"韩世忠只能告辞，说："下官且等候佳音。"他稍作停留，就返回楚州。

张浚身为宰相兼都督，在韩世忠面上不好说张俊什么，但心里也对张俊相当恼怒，他接连下都督府札，督令张俊带兵渡江，一定要在六月之前修筑盱眙城。张俊仍然不想动身。他属下有一个文官建议说："暑月虏人不用兵，此正是修城底良机。若不及时修筑，切恐官家不悦。"张俊经他提醒，才立即带兵过江。督率军士冒着剧暑劳作，总算在六月修筑完工。与此同时，刘光世也带兵进驻庐州。两人于是都可以向朝廷交差了。

完颜粘罕曾规定宋朝不能在淮南驻军，如今却是三支大军一齐部署在淮南，这对卑屈的宋朝，也算是一件前所未有的事。

[贰柒]
投鼠忌器

　　张浚从前沿回到临安，因为有几件事，必须在朝廷商量。他到临安的当夜，就与赵鼎、折彦质三人在政事堂夜宴，用现代语说，也算是工作晚餐，以便明日面对。

　　赵鼎首先介绍王彦的情况，说："朝廷命薛弼知荆南府，教王彦移军襄阳府。然而王彦上奏，言道他与岳飞有宿憾，不服岳飞节制，不愿移屯襄阳府。下官深恐军中生事，不敢强令王彦移屯，而王彦近日病体亦自痊愈。"张浚说："下官以为，八字军皆是中原劲兵，然而王彦年老体衰，终须命良将取而代之，不如教他带兵赴行在，日后另委刘锜代统此军。"赵鼎点头称是，说："薛弼是足智多谋之士，可另作书，教他抚定王彦一军，以防变生肘腋。"他说完，就用征询的目光望着折彦质，折彦质表态说："便依此议，明日奏知圣上。"于是第一件事就此决定。

　　张浚又提出韩世忠要求统率赵密一军的问题。赵鼎说："张俊军中底勇将，第一便是赵密，若是教赵密归韩世忠，切恐张俊不服，又因此与韩世忠不和。"张浚说："当今所患，便是朝廷号令诸将，不得如臂指相应，若以都督府下札，教张俊听命，此亦是一新军政。"赵鼎笑着说："下官有一移花接木之计。杨沂中底武勇，决不亚于赵密。可教杨沂中统本军到淮东，支援韩世忠，却不受他节制，而命令赵密统一军护卫行在，张俊便是无以为辞。"张浚听后，不由不敬佩地说："此是元镇底妙计，下官不能及。"折彦质也附和说："此岂止是移花接木，便是瞒天过海。"

　　张浚又提出另外一件事，说："下官得刘豫底榜帖，不得不请二相公传阅。"赵鼎和折彦质从张浚手里接过此份榜帖,只见其中主要是对宋高宗作人身攻击,特别指名道姓,说宦官冯益恣受贿赂,为皇帝物色美女、飞禽等劣迹。赵鼎和折彦质看后,只是长吁短叹,不再说话。张浚还是不甘心,说:"此事上累圣德,刘豫虽是桀犬吠尧,亦不可不奏闻。况且此等城狐社鼠之辈,自家们久欲下手,恨无机会。"赵鼎把榜帖还给张浚,说:"此事不得心急,待自家们从长计议。"

张浚又提出最后一个建议:"自官家渡江以来,曾以建康为行在。依下官底意思,如今国势已定,不如将行在北迁建康,以便进取。"折彦质马上表示反对,说:"一动不如一静,如今临安已成规模,何须另行劳民伤财。"张浚说:"不迁行在,便难以立恢复之志。"两人进行争论,却都无法说服对方。赵鼎静听多时,他最后说:"此事莫须待他日从长计议。"张浚望了望赵鼎,他心里明白,赵鼎其实是倾向折彦质的,就不再讨论。

翌日宰执第一班面对,宋高宗见到从前沿归来的张浚,当然需要说一些慰问的话:"此回韩世忠既捷之后,整军还屯,进退合宜。朕每忧韩世忠发愤直前,奋不顾身,而反有失误。此亦是张卿指授之方,深得用兵之道。"张浚说:"臣愚唯是仰承陛下圣算。"

赵鼎接着就提出对王彦、杨沂中和赵密三军的处置方案,宋高宗望着张浚和折彦质说:"二卿底意思如何?"折彦质说:"此是昨夜臣等同共计议。"宋高宗说:"甚好!便依卿等所奏。"

张浚用眼神向赵鼎和折彦质示意,然后口奏说:"臣以为东南形势,莫重于建康,实为中兴底根本。人主居住建康,则北望中原,不敢自暇自逸,而常怀愤惕之志。临安僻居一隅,内则易生逸豫之心,外则不足以号召远近,系中原百姓之望。臣以为,今年秋冬,若以车驾亲临建康,便得抚慰六军,以图恢复。"

赵鼎和折彦质听张浚单独提出搬迁行在的主张,心里都颇感不悦,折彦质说:"臣愚以为,陛下既有中兴底大志,又何处不可驻跸,国家财力不丰,迁移行在,必是劳民伤财。"宋高宗又问赵鼎:"赵卿以为如何?"赵鼎说:"此事甚大,不如教群臣集议,然后恭请陛下圣断。"宋高宗说:"便依赵卿所议。"

张浚心里对赵鼎和折彦质不高兴,当然也不好再说什么。他又从笏后取出刘豫的榜帖,说:"此是僭逆刘豫吠日之词,然而臣亦不敢不恭请陛下圣览。"今天正好是冯益在殿上值班,他从张浚那里接过榜帖,摊在御案上。赵鼎和折彦质都大吃一惊,他们根本不曾料想到,张浚居然不经他们的协商和同意,敢于冒险,把刻意羞辱皇帝的文字,呈送皇帝。折彦质转而怀着一种幸灾乐祸的心理,如果皇帝真正发怒,看你张浚怎么下台,而赵鼎却是在盘算着,自己身为左相,还是不应计较张浚的褊狭,如何从大局出发,相机进行调解。

宋高宗尽管有了受刘豫毒骂的心理准备,一旦看到那份榜帖,额头上顿时流出豆大的汗珠。他尽管已经有了十年做皇帝的经验,经历了各种复杂事变,但今天面对着大臣,却一时不知怎么说话。冯益站在宋高宗的左后侧,最初是怀着好奇心,偷看这份榜帖,但当看到其上指陈自己的劣迹,并且只点自己一人的名,却没有提王继先和其他宦官,顿时变了脸色。殿上的空气一时简直凝固起来。

宋高宗想了多时,好不容易才找到了下台词,他恼羞成怒,又是字斟句酌地说:"古人见得无礼于君父底,必是千方百计,必欲杀而后快。如今刘豫、刘麟四出文榜,指朕为孽庶与首恶,毁斥诟骂,无所不用其极。朕固不德,而因此招致恶言,卿等蒙被国恩,尚忍见此文词,而不思为君父复仇,为社稷雪耻?"于是三名宰执立即下跪,同时带着哭调说:"主忧臣辱,主辱臣死,臣等死罪!臣等死罪!"接着是不断地叩头。

宋高宗满腔羞恼,只是听任他们叩头,叩头好几十次后,三名宰执也累得满头大汗。直到三人叩头约近百次,宋高宗才慢吞吞地说:"卿等且起,此是朕之不德,又与你们何涉。卿等有报国复仇之策,朕当悉心听纳。不斩逆臣刘豫,朕身为大宋皇帝,又何以自立于天地之间!"最后几句,当然是带着极大的愤慨之情。

赵鼎顾不得大汗淋漓,连忙应答:"陛下受僭逆之辱,臣委是愧立于殿庭之上。唯有与群臣辅助陛下,励精图治,整饬六军,必期扫灭僭贼,以报陛下底深仇大恨。"张浚早已准备了话,他用悲愤的语调说:"陛下圣明天纵,孝悌绝人,天下共知。臣愚自得刘贼吠日底伪榜,数夜不得成寐。此亦是臣底无能,招致僭贼猖獗,便是万死,亦不得黜臣底罪愆。唯愿陛下思父兄之仇,僭逆之恨,朝夕惕励。不斩刘豫,臣誓不为臣!"

臣僚们得体的话，算是多少给皇帝挽回了点面子，宋高宗打算由此收场，他说："朕誓期中兴，唯是依赖卿等协力。若是卿等别无他事，今日且退殿。"张浚说："臣另有奏陈，唯是陛下须教冯益退殿。"冯益心里已经对张浚十分恼恨，但听到这句话后，不由吓得脸上变色，他只得走到宋高宗面前，下跪叩头不止，却不敢说一句话。宋高宗厉声说："冯益退下！"冯益战战兢兢地说："小底遵旨！"他起立后，用哀求的目光望了望三名宰执，然后退殿。

张浚等冯益退走后，接着口奏："陛下睿断英果，今日底事，唯是冯益胡作非为，有累上德，臣请斩冯益，以释毁谤。"宋高宗说："刘豫伪榜，无非是无中生有。冯益侍奉朕多年，恭恪勤谨，苗刘之变时，又多有功劳。朕岂忍以诽谤底言语，而致死于他。"宋高宗认为，如果因此斩冯益，就等于自己承认有刘豫揭发的秽行，所以无论如何必须保护冯益。

赵鼎说："冯益底事，诚属暧昧不明，然而虽是疑似，亦为有关国体。若是朝廷不稍加处罚，亦是有累圣德。臣愚以为，不如暂解冯益内庭职事，教他到外州奉祠，以释众疑。"宋高宗问折彦质："卿以为如何？"折彦质说："臣以为赵相公言之有理。"宋高宗只能叹息说："朕待众宦官，未尝不尽恩意，然而才闻他们底过失，亦不得宽贷，此便是祖宗之法。卿等退殿之后，便与冯益拟一个外地宫观优便差遣。"赵鼎和折彦质连忙说："陛下圣明！"张浚也只得附和说："陛下圣明！"

退殿之后，三人来到都堂，赵鼎感叹说："德远今日煞是大胆，然而亦须早与自家们计议。"张浚说："下官与尔们并非无计议，然而尔们持重，下官只得尽臣子底职事。然而不得斩杀冯益，便是下官底深憾。"这句话当然也含有批评赵鼎与折彦质不尽臣职之意。

赵鼎解释说："下官所以持重，唯是投鼠忌器。自古欲除去城狐社鼠，如操之过急，他们必是齐心合力，与臣僚相抗，甚至贻害社稷。如是相机缓行，或可教他们自相排挤。如今冯益底罪行，虽是斩杀不足以快天下人意，若是教城狐社鼠辈人人自危，必是群策群力，结成死党，营救冯益，自家们终是欲杀而杀不得。如今依主上底意思，将冯益远谪，城狐社鼠辈庆幸他去位，可以取而代之，依次升官，便不与自家们相抗，亦教他们以冯益为戒，稍事收敛，不敢作恶过甚。"张浚内心不由赞佩说："此说煞是深通戒饬城狐社鼠辈底三昧。"就不再说什么。

折彦质补充说:"如是诛戮得冯益,阉宦中底宵小辈上累圣德,亦非冯益一人。便是医官王八司命,自家们亦是无可奈何。息事宁人,亦是不得已底上策,最为稳当。"张浚只能长吁一声,既然城狐社鼠辈的靠山就是皇帝,他还能再说什么。

冯益一条饶舌,平时又飞扬跋扈,目空一切,其实已经引起不少宦官的不满。张去为得知冯益行将离开行宫的消息,就当作一条喜讯,前去报告王继先。王继先拍手说:"此亦是跋扈底报应!不如将他底指斥言语,尽底奏知官家。"张去为却说:"如今冯十五既已落难,自家们亦无须落井下石,不如做得人情,设宴送行。"王继先笑着说:"会得,今夜便是自家出资设宴。"

于是王继先和众宦官仍然在西湖的那艘"百花"画舫中举行宴会。冯益触景生情,马上联想起两年前送张婕妤、吴才人等到福建前,也还是这些人,也还是在这艘画舫上举行宴会,不由心绪沮丧到极点,只顾低头吃食。其他人却言笑一如平时,有一个宦官还是对冯益说点规劝之中带挖苦的话:"冯十五,常言道,人无千日好,花无百日红,有盛必有衰。然而你去福州,享受数年清福,官家或须又召你回宫。"另一个说:"日中则昃,月满则亏,亦是天理之常。"

冯益再也难以抑制自己的感情,他说:"自家虽是咎由自取,然而你们难道不进奉美女与飞禽?"王继先稍用一点揶揄的口气说:"唯是刘豫那厮不说他人,而只说冯十五,便见得祸福无常。"冯益苦笑着说:"唯愿尔王八司命自此以往,有福而无祸。然而自家亦劝尔稍事收敛,少作威福。若是数年后,刘豫那厮在榜帖上说是王八司命怎生底?切恐尔亦是难逃自家今日底下场。"王继先又改用规矩的口吻说:"下官当听取冯十五底忠言,自后稍事收敛,少作威福。"

张去为为冯益满斟一盏酒,说:"冯十五,福州亦是繁盛底去处,非比广南。人生无常,得欢娱处且欢娱。"冯益也稍开愁颜,说:"张十六有义气,亦不枉自家们相好一场。"说完,就举盏一饮而尽。

众宦官来回劝酒,很快把冯益灌醉。冯益因为心绪烦闷,醉后大吐,吐后头脑又稍为清醒,他乜斜着醉眼说:"王八司命与众大官,你们且听我言语。我由进奉女色、飞禽而离行宫,日后亦当以此而复归行宫。"王继先说:"唯愿冯十五此回去福州,寻访得一个绝色女子,再到行宫,与自家们快活。"于是夜宴还是在欢快的气氛中结束。

[贰捌]
丁忧和起复

岳飞一行返回鄂州，他们在沿江航行时，就不断商量和部署军务，准备发兵。座船还未到江州，梁兴和董荣对岳飞说："岳相公出师在即，自家们欲取陆路，先去太行山，以便日后与大军互为犄角。"岳飞想了一下，对岳雲说："你可与梁、董二太尉先归鄂州。目即军中少弓，你可将宅库中所有物事，除圣上宣赐底金器存留外，尽底出售。教军匠造弓两千张。"黄纵说："军器自当破官钱。"岳飞说："朝廷财力拮据，便是乞得，亦须上几个札子，极费周折。此是北伐急用，自家底钱财，无非是朝廷赐予，正宜破费。"几个幕僚见到岳飞以私财佐军用，内心都十分感动，张节夫叹息说："若是教张相公破费他家一个'没奈何'银球，切恐亦当痛断肝肠。"

岳雲和梁兴、董荣就在江州登岸，取道陆路，兼程赶回鄂州。梁兴和董荣不等岳飞归来，就经王贵和张宪安排，取道襄阳北上。

岳飞回到鄂州城里，第一件事当然是拜见母亲姚氏，除了芮红奴之外，众女眷都在场。在请安之后，姚氏说："今有一事，须是待五郎归来定议。"岳飞问道："甚事？"姚氏说："六新妇在我家十余年，同历患难，煞是贤德，自六郎不幸去世，守寡亦已五年。虽是张衙内做她底义子，然而青春守寡，终非了局。老身与众人计议，欲与六新妇另嫁。"

岳飞听到母亲提出芮红奴改嫁的问题，估计大家早已有了合适人选，就问道："儿子忙于军务，煞是愧对六嫂，妈妈等既有主张，儿子自当听命。"姚氏的目光转向李娃，李娃说："本军底高太尉文武皆资，并无妻室。"李娃所说的高太尉是指前军第二副将高林。高芸香说:"奴家教我家公体问,高太尉亦是情愿。"岳飞听说张宪出面商谈,就问:"此事唯是取六嫂情愿。"他所以说这句话,是因为当年高林的义兄弟杨再兴杀死岳翻。姚氏说:"老身已是说得六嫂情愿,唯是等候你归来。"

岳飞想到自己刚命令岳雲将家财变卖造弓,就说:"六嫂虽是再婚,万万不得苟且,然而家中余财无多。"姚氏说:"五郎放心,六新妇虽是识道理,自家们亦必是不得亏负她。"李娃解释说:"数年以来,阿姑已是为姆姆积攒得铜钱四百贯,足供婚事。"岳飞没有料到母亲早已有准备,心里感到十分宽慰,他又问道:"不知张衙内夫妇如何?"岳银铃说:"张衙内夫妻愿叫高太尉为义父。"岳飞得知张宗本夫妻的态度,更加高兴,说:"既是恁地,恭请妈妈择吉日。"

岳飞参加高林和芮红奴的婚姻典礼后几天,立即亲统大军前往襄阳府。由于任士安调往江南西路,崔邦弼升任胜捷军同统制。岳飞与众将和幕僚商议,认为商州、虢州等地多山,粮运不便,也不易展开兵力,所以此次出征,留姚政的游奕军守鄂州,杨钦和黄佐的水军驻汉阳军部署江防,张宪率自己的前军、还有李道的选锋军、王万的破敌军和崔邦弼的胜捷军驻襄阳府,作为机动后备兵力,而岳飞亲统郭青的背嵬军、王贵的中军、牛皋的左军、徐庆的右军、寇成的后军和董先的踏白军出战。新婚燕尔,岳飞特别让高林改任游奕军第二副将,在鄂州参加留守。在幕僚中,岳飞安排孙革留在鄂州,张节夫随张宪驻襄阳府,其他人都随军北上。

岳飞大军渡江后,取道汉阳军北上。岳飞与王贵、张宪、郭青以及李若虚、黄纵、于鹏、王敏求、李廷珪、岳雲、都训练霍坚等同行。岳飞与李若虚策马并行,突然,他发现路边一家食店的新盖茅屋上缺少一束茅草。岳飞当即下马,向食店走去,其他官员当然也跟着下马。店主上前长揖问候,说:"敢问官人须吃甚底,小店中备有佳酿,亦有鸡、猪肉,足供官人们饮食。"岳飞说:"我并非前来饮食,敢问店屋上如何少得一束茅?"霍坚忍不住介绍说:"此便是本军底宣抚岳相公。"

店主连忙下跪叩头,说:"男女拜见岳相公!岳相公底军兵未尝有一毫扰人,小店新盖时,原是少一束茅草。"岳飞当即将他扶起,客气地说:"岂有新盖店屋,而缺一束茅草。军律如山,你休得掩覆。"他当即命令王贵、张宪和郭青说:"你们可通报各军,根刷过犯军兵。"三人禀命而去,岳飞与其他幕僚就坐在店里等候。

不多一会儿,王贵、张宪和郭青押着一名背嵬骑兵来到店里,那名骑兵跪在岳飞面前,岳飞严厉地说:"实道来!"那名骑兵说:"男女行军时,系马于屋檐,到店中买一炊饼。不期闻得岳相公到,急急上马,误掣下一束茅草。"岳飞问店主说:"此人供通端的是实?"店主说:"此长行健儿端的并无过犯,乞岳相公宽贷。"店主妻也上前下跪:"奴家久闻岳相公军纪严明,然而今日此长行误掣茅草,端的未曾扰人,若是将他置于军法,自家们便是无地自容。乞岳相公慈悲为怀。"那名店主也随着妻子下跪求情。

岳飞把店主扶起,说:"我自当原情宽恕。"他对那名军士说:"你是我背嵬亲兵,上阵厮杀,全仗你们与众长行用命。然而有过犯,亦须依法论处。"他命令郭青说:"可将他责杖一百。"又对王贵和张宪说:"可依此通令全军,不得扰动民间一草一木。"一对店主夫妻一面谢恩,一面把岳飞等人送走。

大家上马,继续行军。李若虚忍不住说:"依下官看来,今日鹏举处分过重,便是责杖二、三十,亦足以为儆戒。"岳飞说:"你何不早说?"李若虚说:"军中贵于论阶级高下,下官若是驳议,有妨大将底威令。况且此长行已无处死之忧,唯是刑责或轻或重,处罚虽重,却是尤足以儆戒全军。"岳飞对众人说:"日后如是遇此等事,你们以为我处分不当,便直道来。"

岳家军出汉阳军地界,行进到复州(治今湖北天门),有鄂州传来急报,说是姚氏病危,这对岳飞说来,简直是晴天霹雳。他立即召集众将和幕僚,说:"妈妈病危,我不得不归鄂州。然而大军北进,岂可因自家底私事而妨废。请王、张二太尉依原来定议,处分军事,我当急奏朝廷。"王贵说:"下官遵命。然而岳相公既是归鄂州,宣抚司亦不可无人。"张宪说:"下官以为,李参议与黄机宜当随岳相公归鄂州。"岳飞用征询的眼光望着众人,见大家并无异议。于是黄纵当即为岳飞起草了急奏,岳飞封发急奏以后,就与李若虚、黄纵、岳云率一百亲骑,赶回鄂州。

七十岁的姚氏在岳飞出行前,身体似乎还比较健康,却在岳飞出行后突然一病不起,到三月二十六日黎明前去世。岳飞父子晚到了几个时辰,来不及送终。他们得知姚氏死讯,立即更换白麻孝服,跣足来到姚氏灵前,失声痛哭。岳飞问姐姐:"妈妈临终前,有甚遗言?"岳银铃回答:"妈妈自得病后,终日昏迷,并无遗言。"岳飞悲痛地说:"做儿子底不孝,万诛何赎!"他悲痛得接连三天,不饮不食。最后在家人的反复苦劝下,才开始进食。由于朝夕号恸,眼病又很快复发。

李若虚和黄纵眼看这种情形,就决定立即向朝廷上急奏,报告岳飞已经丁忧,并且临时代岳飞全权处理宣抚司的日常事务。

哀痛过甚的岳飞简直无法处理母亲的丧事,幸亏李娃、岳银铃、高芸香和芮红奴主持丧事。芮红奴自从改嫁以后,仍然与岳家保持原来的亲密关系。只是大家不能再称呼她"六新妇"之类,而一律称她为"芮孺人"。她按过去儿媳的规矩,仍然为姚氏服重孝。大家一致决定,将姚氏葬在江州岳家市附近。高泽民在江南西路做袁州监酒税官,岳家通过邮递通知他,他也立即丁忧告假,前往江州。

经过了造弓和芮红奴改嫁两次支出,岳家确实没有多少余财。李娃与众人商量,并且经岳飞本人同意,把家里所有的宋高宗宣赐金器也全部变卖,而且又支用一部分宣抚司公用钱。按当时的公用钱其实是官员的私用钱,只是岳飞平时从未私用而已。岳飞对李娃等人说:"自家们平日爱惜钱财,然而此回妈妈底丧葬,亦当不拘常情,务从优厚。我未得送终,已是不孝。如是安葬过于俭薄,便是不孝之罪上通于天。"李娃说:"鹏举放心,如是阿姑底葬礼苟简灭裂,奴家亦是大不孝。"按古人的观念,如果丧葬不能从厚,就是大不孝,所以不管岳家平时如何节俭,这次姚氏的葬礼,就必须铺张。

高林和张宪论亲戚关系,其实都是相当疏远的,张宪主动为姚氏戴孝,匆忙从半路赶回参加吊唁后,又依岳飞命令急忙返回襄阳。李若虚特别命令高林率一百名亲兵,护送岳家人前去江州,参加葬礼。

当年的四月初夏已经相当炎热,岳飞和岳雲父子光着脚,与十名被雇的民夫抬着姚氏的棺材,取陆路向江州进发。抬棺材的民夫轮流替换,而岳飞父子却始终扛抬,不让人替换。其他的岳氏家眷,包括只有两岁的岳震,都身穿重孝随行。暑日多雨,他们离开鄂州的第二天就逢着大雨,人们或是使用雨伞,或是披蓑衣,岳飞和岳雲却是身穿孝服,冒雨在泥泞中跋涉。高林实在看不下去，就命令军士为岳飞父子张伞，岳飞说："不须，妈妈生前不得尽孝，已是抱恨终身。如今正是赎不孝之罪。"高林还想亲自劝说，却被李娃制止，说："不如此，便不足以尽鹏举底哀思。"直到在一个驿馆休息时，李娃和巩岫娟才分别为岳飞父子擦干身体，换上干净孝服。李娃还须服侍岳飞吃药，医治眼痛。

岳飞一行不断冒雨行进，在四月十二日抵达江州瑞昌县，当地知县等特别为他们安排住宿等事，还给岳飞转送了宋廷发出的三省、枢密院札。宋廷的命令有两条：第一是在常格之外，特赐岳飞银一千两、绢一千匹，襄助丧事；第二是命令岳飞起复，立即回军，措置进兵，而不让王贵和张宪代岳飞统军北伐。按照古代典礼，遇有紧急事宜，丁忧的臣僚可以特旨免于守孝三年，称为起复。

岳飞只能忍着眼痛，连夜亲自抄录李娃起草的奏文，说自己"以身服戎事，未尝一日获侍亲侧，躬致汤药之奉。今者遭此大难，荼毒哀苦，每加追念，辄欲无生"。"臣重念为人之子，生不能致菽水之欢，死不能终衰绖之制，面颜有腼，天地弗容"。"伏望圣慈矜怜余生，许终服制"。此外，奏文还恳求辞免朝廷特赐的银和绢。

岳飞一行来到庐山，将姚氏的棺材停放在东林寺里，请慧海率领本寺和尚为姚氏做道场。岳飞和三个儿子岳雲、岳雷、岳霖就住在东林寺里，而李娃与其他眷属住岳家市。高泽民赶到东林寺，见着舅父和表弟们，大哭一场，他也陪岳飞住在寺里。

岳家请葬师在岳家市附近为姚氏选择一块山地，据葬师说，此处有"卧虎舔尾"的地势。到了殡葬的那天，不但岳氏的宗族全部参加，还有高林率领的全体军士，以及当地官员、百姓等。在平时颇为幽静的山间，顿时喧闹非凡。岳飞率领亲属在坟前进行烧纸钱等各种吊唁仪式，最后又跪在坟前不断叩头，哀痛欲绝。直到天黑，岳飞才在高林与军士们的扶持下，返回东林寺。

深夜里，屋外依然传来和尚们的诵经声，而困乏的岳雲、高泽民等人终于睡着。唯独岳飞却仍哀思不绝，他学和尚的打禅，坐在蒲团上，闭着双眼，而泪水依然断续地流淌在脸颊上。突然，窗上传来了轻微的敲击声，接着，慧海就轻手轻脚地推门而入。岳飞见到慧海，连忙起身长揖，慧海也合掌致礼,他做了个手势,教岳飞依旧在蒲团坐下,自己也找来一个蒲团,与岳飞对坐。

慧海望着岳飞红肿的眼睛,十分消瘦而疲乏的面容,心里也很不是滋味。他是应李娃私下的请求,准备前来劝说。李娃知道丈夫的脾性,岳飞当前正深深地陷入悲痛之中,他对姚氏有一种极重的负疚感,自己作为妻子,反而不好劝说,而最合适的规劝者非慧海莫属。

慧海是一位由儒入佛的高僧,他对儒学经典和佛经同样精通,并且知道印度佛教入中土之初,在孝道上曾与儒家有尖锐的对立,直到禅宗变通为肯定孝道,才使佛、儒两道在教义上有所调和。慧海当然不能把佛教教义的变化,对坚持孝道的岳飞深说,他只是说:"老僧知得,岳相公近日哀痛无极,形神皆苦。然而岳相公既是欲皈依佛法,须知无动无静,无生无灭,无去无来,无是无非,无住无往,坦然寂静,即是大道。国夫人生前积德行善,涅槃之后,解脱得人世罪苦,便是得道。"

岳飞听后,顿时感到有所慰藉,他说:"感荷长老指点迷津。下官自幼多蒙妈妈恩养训导,而生性愚鲁,屡犯过失,已是有负妈妈底慈恩。此后做佃客,从军在外,致使妈妈流离失所,饱受惊悸。国家南渡之后,自家王命在身,又不得尽孝。思前想后,我不孝之罪,端的是天地难容。"

慧海只能用儒学的道理说:"老僧知得,唯是大孝底人,便常说自家不孝,而深自切责。岳相公恪遵母命,为国事驱驰东西南北,此便是大孝,若唯是在家侍奉药食,而违母命,此只是小孝。国夫人虽未得有临终遗言,然而岳相公亦当体念国夫人底至意,如只是终日痛楚忧苦,寝食不安,切恐国夫人在天之灵,亦是难安。国夫人本已解脱罪苦,岳相公却是贻慈母之忧,切恐亦非是孝道。"他的一番话,使岳飞在精神上得到慰藉和开脱,心境顿时稍觉松快。慧海看着岳飞神色的变化,知道自己的劝说有效,又说:"岳相公连日痛心疾首,老僧切望今夜得以安卧,以慰国夫人之灵。"说完,就向岳飞告退。

三天之后,宦官黄彦节奉旨赶到江州,会同知州等官员,一齐来到东林寺,敦请岳飞起复。岳飞穿着一身衰服出见,黄彦节说:"圣旨命岳相公起复,岳相公须是身穿朝服,方得跪领圣旨。"岳飞面有难色,他想了一下,说:"圣上有旨,自当遵禀。然而黄阁长须念下官终日忧苦号泣,两目昏赤,方寸已乱,亦是难以措置军务。下官上奏,恭请圣上命王贵与张宪代统本军,方得不误军机。"黄彦节说:"自古忠孝是一理,在家为孝,在国为忠。如今君父有命,做臣子底自当祗受。国夫人大贤大德,人所共闻,她在天之灵,亦当以岳相公恭依君命,而万分欣慰。下官恭请岳相公更衣。"岳飞无言对答,却仍不愿更衣。

双方正僵持不下,有军兵向岳飞报告:"今有江南西路安抚制置大使司都统制兼中军统制任太尉求见岳相公。"岳飞听说任士安前来,正准备出屋迎接,不料任士安已经抢先进屋,两人互相作揖后,任士安说:"李相公得知岳相公丁忧,教下官专程传送书信一封,恭请岳相公阅读。"说完,就把李纲的信呈送给岳飞,岳飞开拆后,只见信中说:

> 伏惟哀慕之余,孝履支福,窃承有旨起复,再降指挥,不许复有陈请。宣抚少保以天性过人,孝思罔极,衔哀抱恤,犹未祗受,虽士论叹仰,而某深窃疑之。何则?君、亲之分,一也,孝于亲,忠于君,势难两全。古人执亲之丧,而有墨以即戎,经而从政者,不敢以私害公也。上眷倚之隆,以方面之重,夺情视事,固有常制。岂可稽留明命,以私恩而废公义哉!诚愿幡然而起,总戎就道,建不世之勋,助成中兴之业,上以副委任之意,下以慰士夫之望,方所以为达孝也。

岳飞对这封信阅读再三,最后不免长吁一声,对黄彦节说:"待下官更换朝服,跪接圣旨!"黄彦节高兴地说:"岳相公深明大义,下官亦得以奏禀官家。"

岳飞对母亲的丧事稍作料理,就在翌日与岳雲、高林等登程回鄂州。至于李娃等其他眷属,又在江州稍留时日,等东林寺为姚氏做完道场,一切善后事宜处理完毕,才返回鄂州。

岳飞在五月初返回鄂州,他在伤心和哭泣过度后,眼病剧烈发作,只能服药调理。王贵、张宪、徐庆、牛皋、董先等重要将领都从襄阳府赶来,岳飞眼睛蒙着白纱,参加军事会商。王贵说:"自家们计议,目即正值炎夏,虏人避暑不用兵。王师北伐,亦只是与刘豫交锋。不如待秋凉发兵,改防秋为秋攻,以便与虏人大军厮杀。若得与韩相公同时进兵,煞好!岳相公且在鄂州静养一月,到七月再至襄阳府。"

岳飞见众人都持此议,就对李若虚、黄纵等幕僚说:"请你们上奏朝廷,并写咨目与张相公、韩相公等,备述本末。"李若虚说:"鹏举当安心疗养,自家们便依今日所议,撰写文字。"于是,岳飞统兵北伐的事,又再次推迟。

[贰玖]
旧 嫌 难 释

　　直徽猷阁、新任荆南知府薛弼办理完荆湖南路转运司的移交工作,直到四月才前往荆南府赴任。薛弼带了家眷和婢仆到荆南府衙,却被军士拦阻在外,仆人气愤地向薛弼禀告:"王都统底军兵出言不逊,言道王都统尚未离任,新知府不宜在府衙住,且请另觅住所。"薛弼听后,微笑着说:"既是恁地,当职初到荆南府,正宜另觅馆舍。"他认为,自己目前地理和人情不熟,不宜与王彦发生龃龉或冲突。

　　薛弼正准备命令仆人另找住所,有一名吏胥前来,向薛弼唱喏,说:"万俟提刑恭请薛知府暂住提刑司。"原来万俟卨正好在不久前,改任荆湖北路提点刑狱,按宋时的行政区划,作为荆湖北路长官之一的提点刑狱,是在荆南府设立专司。万俟卨的特别邀请使薛弼感到高兴,于是,他就带着家眷,随那名吏胥前去。万俟卨已经临时腾开一部分住屋,并亲自出迎。薛弼暂时安顿之后,万俟卨让妻子侯氏接待薛弼妻子胡氏等人,自己则设宴招待薛弼。

　　薛弼对万俟卨的接待,内心是相当感激的,他在酒席上再次致谢说:"下官初到荆南,不意遭遇此等事。唯是元忠念同榜之谊,收容下官,委是感恩不尽。"原来两人都是政和二年进士出身,而万俟卨的年龄大六岁。万俟卨说:"直老既是与下官叙同榜之谊,便不得有彼此之分。自军兴以来,武夫辈乘时而起,跋扈自恣,目空一切,不遵法制,藐视朝廷。王彦凭恃军力,有割据之势。下官已密奏朝廷,乞早下处分。"万俟卨在鄂州已与岳飞发生龃龉,他原来庆幸自己得以离开鄂州,然而到荆南府以后,又很快与王彦有矛盾。他听说岳飞在平定杨么时,十分赏识薛弼的才干,所以只说王彦,不提岳飞。

薛弼明白,万俟卨的话其实是怀着文官轻视武官的传统观念,然而就自己的本心而论,倒是反对这种观念,认为武人被压抑已久,如今乱世用武,武官的地位有所提高,也是顺理成章的事,但在今天这种场合下,他也不愿意就武将的问题与万俟卨争论,就说:"下官闻得,王都统当年在河北,迭经磨难,不肯降虏,而尽忠朝廷,创建八字军。他有孝行,居官廉洁,便是子弟有战功,亦不与推赏,故甚得军心。今日所为,虽是无礼,依下官所料,日后劝谕,他亦当遵奉朝命,不致有他。"万俟卨不料薛弼居然还为王彦说好话,就不好再说什么。

当酒宴行将结束时,有急递传送到三省、枢密院的省札,还有赵鼎和张浚给薛弼的咨目。薛弼看后,为了表示对万俟卨的友好,又当场递给他传阅。万俟卨看后,皱了皱眉头,感叹说:"朝廷底意思深得驭将之道,然而直老煞是难以理会。"薛弼说:"如是王都统无忠心,便难以理会;他既是有忠心,自当听命于朝廷,不致有二三。"万俟卨问:"不知直老怎生处分?"薛弼反问说:"不知元忠有甚见教?"万俟卨摇了摇头,说:"下官无计可施。"薛弼笑着说:"此事须是三思而后行,然而八字军本是中原劲兵,自当以晓谕朝廷底意思为上。自家们且思忖一夜,待明日再行计议。"罢宴之后,两人各自就寝。

翌日清晨,薛弼正在吃早饭,万俟卨急匆匆前来,显得神色慌张,他说:"闻得王彦强梁,不肯受代,依下官底计议,直老不如暂避,以防不测。"薛弼笑着说:"若是欲除去王都统,下官一介书生,自非所能。若是欲取代王都统,我料得带一个仆夫去,便足以行事。下官感荷元忠底好意,然而元忠不需忧。"万俟卨再三规劝,而薛弼执意如初。

早饭过后,薛弼就只带了一个仆人,骑马前往荆南府衙。那名仆夫因为昨天已经与王彦的部兵顶撞,说:"小底唯恐王都统下军兵依旧言语不顺,薛知府便须徒劳一回。"薛弼只是说:"你且随我去!"两人来到府衙前,薛弼下马,他望仆夫有些畏怯的神色,就吩咐说:"你且看守自家底坐骑。"就单身一人走到衙门前,看门的吏胥和军士望见一位官员模样的人前来,自然不敢怠慢,问道:"官人,敢问到此有甚事?"薛弼说:"你们可关白王都统,言道有直徽猷阁、前荆湖南路薛运判前来相访。"他不等通报,就径自进入。

王彦正在坐衙,他听到一名吏胥的禀报后,不意薛弼已经出现在堂上,只好起立,与薛弼互行揖礼。薛弼上前亲切地握住王彦的手,说:"下官初到,人地生疏,恭请王都统依旧坐衙,下官自当敬陪末座。"说得王彦反而有些尴尬,他吩咐吏胥为薛弼搬来坐椅,请薛弼与自己对坐。薛弼笑着说:"堂上不是说话处,且请王都统理会公事了毕,下官自当与王都统倾心吐胆。"他请王彦命令一名兵士,把自己带到另一小间房中。

过了约一个时辰,王彦来到那间房里,薛弼再次起立,与王彦互相作揖,然后坐下叙谈。王彦首先开门见山地说:"下官坐镇荆南,并无过犯,只为岳飞十年前曾是自家底部曲,不遵将令,违犯军律,如今他却是起并吞本军之心,下官以此不愿前去襄阳。朝廷教薛直阁前来,莫非是强令下官致仕,以成全岳飞并吞底意思。"

薛弼说:"且不需议论王都统与岳宣抚十年前底恩怨,是非曲直。如今岳宣抚既是宣抚荆湖北路、京西南路,襄阳府固然是他底分地,难道荆南府便不是他底分地?不知他有甚凌犯王都统底事?"王彦无言以对。薛弼望了望对方,又继续说:"朝廷知得王都统不乐于隶属岳宣抚,所以特命下官知荆南府,而教王都统率本军归属行在,此正是成全王都统底心意,又有甚可疑?"

薛弼只用三言两语,就完全打消了王彦的顾虑,王彦说:"既是恁地,下官自当即刻受代。"说完,就吩咐吏胥取来官印之类,当场与薛弼办理移交手续。王彦又当即带自己的家属搬出府衙,改住军营。薛弼也就顺理成章地将家眷接到府衙。万俟卨亲自将薛弼的家眷送到府衙,顺便看望薛弼,对薛弼表示钦佩说:"直老端的是智计之士。"薛弼应答说:"非是下官有甚奇谋妙策,唯是料得王都统忠义,别无异志。"

薛弼到任不过三月,到六月间,宋廷又发表他出任岳飞宣抚司的参谋官,而另外任命王庶为荆南知府兼荆湖北路经略安抚使。王庶在本书第四卷已经出场。当时王彦还带着他的队伍留在荆南府,正在作移屯的准备。薛弼亲自到军营,向王彦辞行,而新任知府王庶也与他同行。

经过两三个月的相处,王彦本来对薛弼已经没有多少隔阂。但薛弼却是自然而然地把岳飞与王彦两个武将做了一番对比,他的直觉是岳飞显然比王彦容易亲近得多。岳飞的心扉对别人,特别是对自己那样的文士是敞开的,而王彦却多多少少是半开半闭的。薛弼也能猜测和理解王彦的心态,屯兵在一个当年有过龃龉的下级的战区内,而这个下级如今的官位、威名和战功又远胜于自己,他总是非常不自在。岳飞几次写信,向王彦表示修好,却反而加深王彦的反感,他拒不回信。薛弼懂得,现在自己作为岳飞的参谋官离任,当然更会使王彦产生新的不信任感。

薛弼和王庶出荆南城东,进入王彦军营。王彦表面上只能客气地迎接,与他们寒暄一番。薛弼说:"王都统当已知得,下官依朝命,前往鄂州任宣抚司参谋官。三日后便须离荆南府,已与王知府交割,今日特来见王都统辞行。"王彦冷淡地说:"下官恭贺薛直阁底新命。"

薛弼决定进行单刀直入式的谈话,他用眼神向王庶示意后,就说:"当年王都统与岳宣抚有嫌隙。然而下官唯是奉命做岳宣抚底参谋官,与王都统相亲相敬,数月以来,别无恩怨。下官料得,王都统身为一代忠义之将,自有容人之量。"王彦只能应对说:"下官自与薛直阁别无暌违。"

薛弼说:"岂但是下官,便是王都统与岳宣抚,既是同朝为官,自当同心协力,弃私怨,报国耻。"他的话立即引起王彦的猜疑,但王彦在表面上也无法反驳,薛弼瞧着王彦的脸色,又解释说:"王都统且安心,既是朝廷有令,教王都统率前护副军万人前去行在,岳宣抚岂得违抗朝廷,另生异意。"他说完,就从袖里取出岳飞的一封书信,递给王彦,说:"岳宣抚数回修书,未见王都统回函。今教下官转呈书信一封,无非是欲与王都统捐弃前嫌。"

王彦把岳飞的来信看了一遍,信里还是表示了言归于好的诚意,并且邀请他的军队途经鄂州时相会,以慰渴想。王彦当即回话:"既是岳宣抚诚心相邀,下官亦岂得不愿一会。请薛直阁传语岳宣抚,下官期于七月十五日与全军将士登舟,直下江南。当于十六日到鄂州舣舟,与岳宣抚一见,以解旧怨。"薛弼没有料到王彦竟是如此爽快地应允,心境也感到轻松,他感奋地说:"今日方见得王都统是国士!"王庶也感到高兴,说:"薛直阁与下官交割时,已是商定,待王都统移军之时,本府自当尽帑藏所有,犒赏前护副军将士。"王彦说:"感荷薛直阁与王知府底盛情。"薛弼与王庶最后在愉快的气氛中离开了军营。

薛弼很快离开荆南府,乘船到鄂州。岳飞率领一批部将和幕僚,早已在大江之滨迎候这位本宣抚司级别最高的幕僚。按照宋时官制,薛弼的参谋官是高于李若虚的参议官。等薛弼登岸后,岳飞抢步上前,向对方恭敬长揖,说:"下官愚陋,少知寡识,久盼直老到幕府,共济国难,助成中兴大业,今日方得如愿,一慰渴想。"岳飞发自内心的谦恭态度,使薛弼受到感动,他说:"下官只是一介文士,不知用兵行师,如今既到鄂州,唯愿受鹏举驱策,敢不勉竭驽钝。"由于在平定杨幺时有过一段共事关系,薛弼与岳飞的部属大多相识。岳飞对薛弼未曾见过的官员,如张宪等人又逐一作了介绍,而王贵、牛皋、董先等重要将领都屯兵襄阳府,不在鄂州。鄂州城里早已准备了空房,等薛弼安顿了家眷后,岳飞当晚设宴欢迎新上任的参谋官。

在酒席上,薛弼介绍了王彦的情况,岳飞指着寇成和郭青说:"当年下官与寇太尉、郭太尉等违犯王都统将令,虽是事隔十年,亦是不胜后悔。唯是王太尉已成故人,不得再与王都统相会,煞是憾事。"寇成对薛弼解释说:"王统制曾经与自家追随张招抚,情同手足,后王统制屯兵广州,不幸病故。"郭青又详细介绍了从新乡之战到岳飞去共城县西山向王彦谢罪的全部经过。薛弼嘴上不说什么,心里想:"王彦底心胸亦是狭隘,十年前底旧嫌,又何至于如此耿耿在怀。"

次日,岳飞召集军事会议。其实,岳家军此次北伐的作战方案早在春季即准备就绪,完全是因为姚氏病逝而延误。岳飞所以召集这次会议,主要是为征求新上任的参谋官的意见。他向薛弼出示了张浚的都督府札,说:"张相公底指挥,以为如今距防秋不远,教众将先图自守,诱虏、伪出兵,然后乘机破敌。下官与众官人计议,中兴之业,不可自守以待敌,须是远攻而求胜。若是刘、张二相公之军兵临淮上,韩相公一军攻京东,下官一军攻京西,教刘豫首尾不得相顾。虏人挞懒郎君、四太子必是发大兵救援,正可与虏人决战于中原。不知直老有甚妙策,下官与众官人愿虚心听纳。"

薛弼详细询问了用兵方案的各个细节,然后说:"下官不知兵机,出师之后,全仗鹏举与众官人随机应变。然而既是都督府有令,且不论刘、张二相公之军,若是韩相公遵依都督府底指挥,鹏举此举,岂非是孤军独进。虏人以大兵全力与王师厮杀,不知鹏举与众官人可有胜算?"张宪解释说:"自家们熟议,便是孤军,亦须与虏人大兵决战。"薛弼也就不再说什么。

岳飞最后对薛弼说:"自家们计议,直老初到军中,此回不当烦劳亲行,便请直老在鄂州留守,催督粮食。"薛弼说:"下官遵命!"

岳飞又再次亲笔写了书信,命令于鹏前去荆南府,当然是利用于鹏与王彦的旧关系,进一步表示修好之意。他在信中特别强调,自己为部署北伐,本当前去襄阳府,但为了与故帅一见,决定暂留鄂州。于鹏回来禀告岳飞,说:"王都统未及修书,教下官回报岳相公,他亦愿与岳相公重修旧好,期于七月十六日在鄂州城东江岸相见。"岳飞听后,感到高兴,他命令做好迎接王彦行营前护副军的准备,主要是安排将士们的一顿饭食。

七月十六日清晨,岳飞和全体部属出武昌门,到达大江南岸。这是一个秋高气爽的良辰,天空晴碧,万里无云,西风徐吹,浩荡的江水缓缓东流,北岸的树木、江心的走舸,都历历在目。薛弼对众人说:"依目今底风势江流,王都统底征船当提前到此。"不多会儿,只见西南方向出现一支船队,自远而近,人们逐渐看清楚,为首的一艘大船上树立一面大红纛,上面刺绣黑字"行营前护副军都统制王"。岳飞见到这面大纛,不知怎么,心里既是高兴,又有一点紧张。他盘算着,自己现在虽然是两镇节度使和宣抚副使的高官,但等到船只靠岸,自己还是应当抢先上前行礼。

由于顺风顺流,前护副军的船队行驶相当快速,没有多久,已经到达与迎候者的最近距离。然而王彦的船队却并不泊岸,而是依然向东北行驶,这不免使众人感到惊讶。薛弼最早领悟到对方的用意,他对岳飞说:"鹏举,此分明是王都统有心背约,无意释嫌,自家们不必在此迎候。"众将经薛弼点破,也不由感到愤怒,特别是原先曾属河北西路招抚司的将领,如寇成、郭青等人,郭青气愤得直呼其名,说:"不意王彦底心胸竟是通不得一针一线!"寇成骂道:"自家原以为王彦是丈夫汉,如今看来,直是一个无信无义底不晓事汉。"其他人也跟着七嘴八舌,责骂王彦。

岳飞皱着宽阔的眉宇,听众人发泄对王彦的不满。他的内心也很不好受,显然,王彦今天的做法,首先就是有意侮弄和羞辱自己,身为两镇节度使和宣抚副使的高官,居然当众受辱,岳飞作为一个赳赳武夫、刚烈男儿,简直就无法忍受。但岳飞偶然见到了李若虚投来的一瞥眼色,又马上心领神会。他以最大的努力克制自己,说:"王都统当年兵败新乡,却是聚众退守共城西山,面刺八字,尽忠朝廷,重振军威,屡破悍敌,又岂得说他不是丈夫汉。今日他虽是不愿释旧嫌,而自家们亦岂得以一叶蔽目,不见泰山。唯愿自家们多念王都统底好处,日后在战阵上同共报效,协力厮杀,此方是大丈夫底所为。"众人听后,就不再说话。

岳飞眺望这支远去的船队,直到看不见帆影,方才与众部属上马,返回城里。他与薛弼、李若虚并马而行。薛弼感叹说:"今日方见得鹏举底容人之量。"岳飞转头望着李若虚说:"今日若无洵卿指点迷误,自家亦是奇恨难消。人非圣贤,孰能无过,而况下官少读经史,尤须你们满腹经纶底,不时匡正,方得做事少误。"

薛弼说:"今日且不说鹏举,便是自家亦是恼羞成怒。我到荆南,与王都统开心见诚,曲意弥合,劝谕他服从朝命。不意他竟是出尔反尔,直是教下官愧对鹏举。"岳飞说:"此事又与直老何涉。然而自家们亦须念王都统底为难处,王都统大节分明,何须求全责备。"

再说王彦率领行营前护副军抵达临安。他的军队不久就交付刘锜指挥,本人在三年后病死,享年五十。四年之后,刘锜指挥八字军赢得顺昌之捷。这将在本书第七卷中叙述。

[叁零]
袭破镇汝军

在王彦违约,拒绝与岳飞会见的当天下午,岳飞就与张宪等将,李若虚等幕僚统军来到江滨,准备自汉阳军直奔襄阳府。薛弼与游奕军统制姚政、水军统制杨钦、副统制黄佐等到江岸相送,岳飞只是简单嘱咐姚政等将:"我去襄阳府后,薛参谋便是一军之主,尔们须是听他底号令!"姚政等人应答说:"遵命!"薛弼说:"下官恭祝鹏举旗开得胜,马到成功。"岳飞笑着说:"此回出师,如是虏人大兵前来,便是大胜,如是占得数州之地,只是小胜。唯愿昊天上帝与大宋列祖列宗护佑。"说完,就登船渡江。

岳家军的大部分兵力集中到襄阳府后,岳飞与众部属举行了战前的最后一次会商。王贵以提举一行事务,负责前沿战事的身份,首先报告最新的军情和具体作战方案,他说:"目即虏人挞懒郎君与四太子在燕山府,并未在各路签军,今秋似无大举用兵底意思,而刘豫底重兵却是屯驻东京。此回出师,须行声东击西底方略,请牛太尉率左军先破镇汝军,东向蔡州,然后下官统军夺取商、虢二州。若是虏人大兵渡河救援,张太尉便率诸军自襄阳府北上会合,相机与虏、伪军在西京一带决战。梁太尉、董太尉所统两河忠义军,亦当出战,截取虏人粮纲等,扰敌后方。"

镇汝军就是牛皋的家乡汝州鲁山县,原来伪齐更改一些北宋的地名,将鲁山县升格为镇汝军,并且特命骁将薛亨为知军。牛皋为收复自己的故乡,就主动请缨。岳飞望着牛皋说:"闻得薛亨是一员悍将,牛太尉此行可有成算?"牛皋说:"下官不才,愿生擒薛亨,献于岳相公麾下。"

岳飞说:"恭祝牛太尉成功。然而用兵须是备谋、详虑、竭智,方得有济。众官人须是熟悉此回出师底方略,教虏、伪无可乘之隙。"徐庆说:"体探得刘豫在商、虢二州并无重兵,下官一军不如且驻邓州,以为牛太尉一军底后援。"张宪说:"襄阳府距邓州尚有近一百八十里,而邓州距鲁山县界二百七十里,距西京六百里。虏人长于骑战,倏来忽往。商、虢二州多山,利于步兵,而不利马军。虏人若要救援刘豫,当是先与牛太尉左军交锋。下官以为,不如将大军聚集邓州,以便为牛太尉左军底后援。"

岳飞等众人发表完意见,就说:"依目今兵势,除牛太尉率左军攻鲁山县外,王、董、寇三太尉可率三军分布经略商、虢二州。我当与张太尉率众军出屯邓州界首,以便与虏人大军厮杀。信阳军僻远,亦须防刘豫窜犯,崔太尉可统胜捷军前去防拓。李太尉依旧率选锋军守襄阳府。如是众官人别无他议,便依此方略施行。"这次临时改变作战方案以后,岳家军以背嵬军、前军、右军和破敌军四军,作为对付金军的机动兵力,集结在邓州边界,由岳飞和张宪亲自统率。

七月二十三日,牛皋和傅选率左军六个将的编制单位,计将士七千人,首先离开邓州地界,向镇汝军隐蔽行军。岳雲作为宣抚司的书写机宜文字,也临时隶属牛皋,参加这次军事行动。鲁山县位于今华北平原的西南,一条滍水横贯县境,而县城就在滍水以北。牛皋对家乡的地理当然十分熟悉,他选择的行军路线是夜间取小道,在上游涉滍水过河,然后沿北岸东进。

牛皋亲自率左军第一将先行,命令副统制傅选统军在后,他与左军第一将正将韩清、副将李德、准备将何宗元和岳雲,骑马走在最前列。队伍只在夜间休息一个时辰,又实施急行军。岳雲望着阳光下相当清澈的滍水,两岸的沙滩简直如白雪一般,就说:"如此洁净莹白底沙滩,端的是天下少有。"牛皋说:"我小儿时牧牛,便最喜在此沙滩上玩耍眠卧。可惜好水好沙滩,竟沦入贼人之手。"岳雲说:"小将读史书,当年东汉光武帝昆阳之战破王莽大军,夏日六月,大雨如注,滍川盛溢,王莽军溺死底竟达万人,水为之不流。往事已千年,今日自家们又须在此交兵。"牛皋说:"离此二、三里,便有汉光武祠,香火甚旺,土人传说,与岳机宜所言相符。"

军马很快来到汉光武祠前,牛皋一行下马进入。在战乱之余,整个祠庙建筑显得相当破旧,庙里没有庙祝,大殿之上,汉光武帝刘秀的塑像上也满是尘土和蛛网。这种凄凉的情景,尤其使土生土长的牛皋感到伤怀。一时还没有香烛,众将只是跪倒埃尘,向刘秀塑像叩头,牛皋祷告说:"下官自幼敬礼汉光武皇帝神明,如今兵荒马乱,不得严奉,唯是祈求天神保佑王师破敌。他日收复中原,下官必是为天神整葺庙宇,重塑金身。"大家出大殿后,互相对视,都不免发笑,原来因为在埃尘之中叩头,脸上都沾满了灰土。

众将掸去脸上和身上的灰土,重新上马行进。李德说:"闻得薛亨做知军时,曾对刘豫口出狂言,如是王师攻城,他必是教官兵于城下丧师万人。"岳雲转头望了望牛皋,牛皋对岳雲介绍说:"县城周长五里,高一丈五尺,无雨时节,濠深五尺,开东、西、南、北四门,四门之上有楼橹。然而体探得薛亨做知军后,亦未修浚城池。下官知得此城坚脆厚薄之处,待今夜奇袭,自当一举破城。"

正说话间,前面突然出现一队伪齐骑兵,何宗元当即率领骑兵向敌人冲锋,伪齐兵不敢交战,只是向鲁山县城方向狂逃。何宗元的骑兵用箭射杀敌军五名,又俘获了四名,但其余的四十一名敌人竟逃窜回城。

牛皋亲自审讯俘虏后,感叹地说:"既是有贼军逃归,今夜便奇袭不得。"韩清说:"薛亨属下有一千四百步军,一百马军。若是出战,自家们以七千人马迎敌,必是摧枯拉朽,然而如是死守城池,官兵亦是攻城不易。"岳雲说:"此回左军初战,须是以迅雷不及掩耳之势,教刘豫救援不及,便得攻克鲁山县城。"牛皋说:"上策便是诱使薛亨出战,万不得已,亦须攻城。"他命令李德和何宗元说:"尔们可率轻骑三百,兼程前去,埋伏于宝丰县、鲁山县之间,此正是前往东京底要道。我料想薛亨知得王师前来,必是命人飞报刘豫,尔们截取信使,便是立功。"李德与何宗元禀命而行。他们果然俘虏了九名往开封求援的敌骑。

牛皋指挥军队离鲁山县城二十余宋里扎营。扎营之后,他马上召集傅选和岳雲,还有左军六将的正将、副将、准备将等人参加的会议,岳雲说:"小将不才,明日愿率五十骑充饵兵。"牛皋面露犹豫之色,因为岳雲是主将的儿子,只以五十骑前去诱敌,如果有个三长两短,就难以向岳飞交待。岳雲明白牛皋的心理,他慷慨激昂地说:"阿爹命小将随牛太尉出战,非是教我在军中养尊处优,侥冒军功,而是教我冲锋陷阵在前。常言道,大丈夫临阵,不死犹带伤。牛太尉不须顾虑。"傅选说:"既是恁地,五十骑甚少,不如且率一百骑前往。"岳雲却坚持只带五十骑士。牛皋考虑一下,就嘱咐说:"且依岳机宜底计议,然而须要小心,薛亨是骁将,岳机宜不得轻敌。"岳雲说:"小将遵命!"

牛皋接着又对傅选说:"鲁山县城东北正当去宝丰与东京底要道,又是城池底脆薄处,傅太尉可率第五将、第六将贪夜前去伏兵,与李、何二将互为犄角,若是明日薛亨出战,便可乘机一举破城。"傅选也连夜率领左军第五、第六将隐蔽移屯。

二十五日黎明,岳雲率精选的五十名骑士直驰鲁山县城西门下。由于薛亨已经得到败兵的报告,所以伪齐军在城上加强了戒备。五十骑士在西门前大喊:"今有岳相公之子赢官人亲来挑战,谁敢出城迎战?你们若是识逆顺,自可速开城门投拜。"原来自从岳雲参加攻破随州和邓州的战斗后,一些军士就称他为"赢官人",这个称号很快在岳家军中流传。岳雲接着驰马直前,大喊道:"自家便是岳相公之子岳雲。"言犹未了,弯弓搭箭,一箭正中城上一面大黑旗的旗杆。原来伪齐必须追随金朝,按五行相生相克之说而推论为水德,旗帜一律尚黑。

一名伪齐兵费了很大的力气,才拔出这枝箭,呈送薛亨。薛亨也不由惊叹说:"直是天生神力!"一名部属建议说:"岳雲兵少,薛知军不如乘机出城,若是将他活捉,亦可与大齐官家报功。"薛亨觉得此人言之有理,就急速下城,亲自点集城里所剩的九十一名骑兵,还有四百名步兵出城。

岳雲见敌人出城,就挥兵缓缓退却,本人亲自断后。伪齐骑兵抢先追赶,岳雲弯弓背射,接连射倒最前列的三个追兵。薛亨命令步兵从正面追赶,而骑兵分南、北两路急驰,企图包抄岳家军的五十一骑。岳雲当机立断,他手持双铁锥枪,指挥五十骑士回马,首先冲击敌人的步兵。伪齐的四百步兵顿时被冲个七零八落,溃不成军。

就在岳雲率五十骑反击之时,牛皋指挥左军第二、第三、第四将,自北而南,向薛亨的军队发起了围歼战。与此同时,韩清指挥第一将也向县城西门进攻。他手执茅叶枪,乘着伪齐军来不及关闭城门,第一个飞马突入城里。傅选指挥左军第五、第六将也从城东北攻入城中。岳家军大喊:"投拜底不杀!"于是守城的伪齐军纷纷扔弃兵刃投降。傅选和韩清很快挥兵占领县城。

薛亨军在岳家军优势兵力的围逼下,已经无法退回城里,只能纷纷向溵水北岸逃遁。他们在岳家军的喊话下,纷纷投降。薛亨最后只剩一人一骑,逃到了溵水之滨。他打量着水势,企图泅渡过河。牛皋带兵追到,一个降兵对他说:"此人便是薛亨。"牛皋命令军士大喊:"薛亨投拜,亦是不杀!"薛亨却头也不回,只顾纵马涉水。牛皋飞马直前,张弓射箭,一箭正中薛亨乘骑的小腹,那匹黑马惨嘶一声,把薛亨颠落水中。薛亨还是从水中跃起,手持铁笔刀涉水走向岸边,嘴里不断地喊道:"自家便是薛亨,谁来就死?"

牛皋立即翻身下马,他不用铁矛,只是抡动一条铁鞭,厉声喝道:"今日须是教逆贼薛亨知得大宋底兵威。"两人就在河岸沙滩上格斗,战不多时,牛皋一鞭把薛亨打倒在地,军士们一拥而上,将薛亨活捉。牛皋也脱去兜鍪,露出黑里透红的脸和浓密的虬髯,薛亨曾经在伪齐小朝廷见过牛皋,他当即跪拜说:"男女曾与牛太尉相识,今日不自量力,冒犯牛太尉底虎威,如今委是心服口服,乞牛太尉宽宥。"牛皋说:"你若是在战前投拜,亦不失是识逆顺底好汉,如今却是已成俘囚,方乞宽宥,岂不太迟。本当将你在城头斩馘,以示四方。然而当职好生之德,且将你押往宣抚司,恭听岳相公处分。"

军士们将薛亨押走后,牛皋带领其他将领,进入鲁山县城。他亲自慰问故乡的父老乡亲,下令开仓赈贫,并且对一千多名战俘进行教育和宣传之后,予以释放。牛皋在鲁山县处理善后事务以后,正准备继续进军蔡州,有于鹏前来,他传达岳飞的将令说:"牛太尉初战告捷,一日之内,便克鲁山县城,擒获薛亨,大快人心,岳相公甚是欣喜。请牛太尉休兵三日,且看虏、伪有甚动静。若是虏、伪以大兵前来,岳相公当亲统王师,与他们决战。若是别无动静,牛太尉且依前议,统军前往颍昌府与蔡州扫荡。"牛皋就遵照岳飞的命令,暂时屯兵鲁山县城。

再说在开封皇宫的刘豫,接到了镇汝军竟在一天之内被攻破的败报,深为震恐,立即召集群臣会商。郑亿年说:"岳飞兵势甚锐,切恐大齐难以抵御,上策便是请大金元帅府出师。"刘豫马上命令郑亿年为自己起草向金朝求援的书信。李成毕竟还是懂得军事,他说:"依目即兵势,大齐唯有集大兵于开封,守得京城完固,以待大金底援军,而不得轻举妄动。"刘麟问:"若是岳飞兵犯诸州,又当怎生战守?"李成说:"且令他们州自为战,城自为战,以待大金底援军。"事实上,伪齐群臣也不可能有更高明的主意,刘豫就按李成的提议,向各州县颁发命令。其中的一份发往宝丰县的命令,被牛皋左军的一队担任硬探的骑兵截获。

牛皋得到这份情报后,一面飞报岳飞宣抚司,一面就下令向颍昌府(治今河南许昌)进兵。左军在广阔的平原地区挺进,伪齐军在沿途根本没有作任何抵抗。牛皋率本军在颍昌府城外耀武扬威,而伪齐军就是奉命守城,不出城应战。牛皋率众将策马环城一周,察看形势,他说:"此城不便强攻,可依岳相公底将令,折向蔡州。"

左军又撤离颍昌府,往东南方向的蔡州(治今河南汝南)进兵。军队途经颍昌府的临颍县、郾城县和蔡州的西平县、上蔡县,少量的伪齐守兵都望风而遁。牛皋一军也并不分兵占领这些县城,只是开仓赈贫,焚烧积聚的草料和兵械,然后直下州治汝阳县,时为八月上旬。

牛皋见到蔡州城濠水深阔,就下令驻军蔡州城西,暂时不攻城。两天之后,于鹏又前来传达岳飞将令说:"牛太尉兵锋所向,伪军莫敢迎战,然而大军粮食不足,且请牛太尉率本军回信阳军歇泊。"于是牛皋就率领左军凯旋,南下信阳军。驻守信阳军的胜捷军统制崔邦弼和统领陈照也奉命率部北上,将接连扫荡三个州府的左军迎回。

[叁壹] 攻占虢州

王贵指挥中军、董先的踏白军和寇成的后军，只等牛皋左军告捷之后，才向虢州州治卢氏县进发。虢州州治原来在虢略县（今河南灵宝），伪齐临时改在卢氏县。按宋时的行政区划，虢州和商州（治今陕西商州市）属陕西路，应是吴玠行营右护军的战区，岳飞在出师前已向吴玠发出咨目，希望得到配合和协同，但并未得到吴玠的响应。

如何在山地行军作战，王贵与三军的统制、统领和将官们反复商议很久。当时，后军副统制李山应李纲的请求，带一千三百兵马前去江南西路，弹压当地盗匪，不在前沿，岳飞临时改派背嵬军第四将副将杨再兴率八百精兵，参加此次军事行动。按照计划，王贵与中军副统制郝晸、统领苏坚，董先和踏白军统领李建率领两军直攻县城。寇成指挥后军则抄小路直取县城北四十宋里的要隘铁岭关，一可以断绝虢州城伪齐军的退路，二足以拦截敌人的救援。

王贵和董先两军从邓州西北的内乡县出发，沿着淅水河谷向西北行进，进入卢氏县界。中军统领苏坚和第一将正将冯赛率领中军第一将人马为前锋。苏坚早先追随董先，就在商、虢州一带作战。冯赛原是河东抗金义军首领，后来渡过黄河，隶属川陕部队，又随张浚到东南行朝。两人都熟悉这里的地理，所以王贵特别委任他们两人。

岳家军在朱阳山的隘口，遭遇了第一支迎战的伪齐军，由虢州横涧寨巡检许友定统率，计八百人马。伪齐的军马在隘口列阵，并且占据了山险。苏坚命令冯赛统兵压阵，自己单刀匹马，直驰敌阵前，大喊道："自家便是大宋岳相公麾下中军统领苏坚,如今王师北向,你们须识得逆顺,若愿投拜底,便是识时务底好汉。"他只见敌阵中全是步兵,只有两员将领骑马,一个手执一条狼牙棒,一个手持一柄掠阵刀。那个执狼牙棒的喊道:"此处有大齐军马依险把截,任凭岳飞有千军万马,亦休想通行此隘。"不料他话音未落,另一个将领就抡刀将他的人头砍下,他大喊说:"我已决意投归岳相公,众长行当听我号令!"此人是伪齐武义郎、监虢州酒税杨茂,而被他当阵劈死的正是巡检许友定。于是众伪齐军纷纷扔下兵器,坐在地上。

苏坚、冯赛等当即对杨茂嘉奖一番,并且引领他拜见王贵。王贵、董先等人听说兵不血刃,就初战告捷,十分高兴,他们马上接见杨茂,王贵立即宣布:"杨武义投拜,立功非细,当职与你申报岳相公,自当升擢官封。自今之后,你便在中军第一将做准备将。"杨茂拜谢之后,对众将详细介绍了虢州的防守情况,他说:"虢州有兵马两千三百人,除投拜底八百人,另有一千五百人守城。此去卢氏县城,别无守隘人马,王师自可长驱直入。城中有贮粮十五万石,足供军食。"

王贵听说卢氏县城里有那么多贮粮,更加兴奋,他立即命令苏坚和冯赛急速进军,由杨茂率八百降兵为向导。大军行经风光秀丽、形势险要的横涧寨,涉过不宽的洛水上游,直逼卢氏城下。卢氏县城是一座土城,虽然经过修筑,仍然不高,周长四宋里多,设有东、西、南、北四个城门。岳家军在七月的最后一天二十九日抵达城下,王贵与郝晸分率中军驻北门和西门,而董先与李建分率踏白军驻东门和南门,将卢氏县城四面包围。

伪齐的虢州知州名叫侯湜,他将侄女进献刘豫,不仅免除了贪赃万贯的罪罚,还不断得到升迁。本卷第一章中所说的那名侯姓的刘豫宫女,由于萧庆把她带往北方,受到宠爱。刘豫为了取悦萧庆,又须进一步提拔侯湜,四个月前,他由临汝军(治今河南新蔡县)通判升任本处知州。到任之后,马上在当地横征暴敛,百姓怨恨入骨。侯湜满以为虢州是个比临汝军安全的地区,不料岳家军竟出其不意,兵临城下。侯湜是个文官,不懂军事,在惊慌之中,只能找通判荆趯商量。荆趯是伪齐鄄州知州荆超的弟弟,因为三年前荆超在岳家军攻破鄄州时自尽,与岳家军有杀兄之仇。侯湜惶恐地说:"此回岳飞兵势厚重,当怎生抵御?"荆趯其实也没有什么高明的对策,他说:"如今唯有固守待援,料得官家必不坐视虢州被围。"他只是命令城里的一千五百人马全部上城,平均分布在县城的四周。

八月一日,王贵率领苏坚、冯赛、杨茂等将在北门下列阵,由杨茂出马到城前喊话。侯涚吓得只是躲在州衙里,不敢上城,只有荆趜上城答话。荆趜的回答也相当干脆:"自家与岳飞有杀兄之仇,万不能投拜,唯有力战以报大齐官家。"王贵当即下令攻城,一部分军士向城上抛射炮石,发射箭矢,另一部分军士则熟练地组成人梯,踏肩登城。在战斗中,城下的一块炮石飞来,正好击中荆趜的头部,打得他脑浆迸流,倒地死亡。伪齐军本来就斗志不高,由于将领身亡,更是乱成一团。冯赛、杨茂等将杀上城头,打开城门,于是中军就蜂拥入城。

与此大致同时,郝晸率中军,董先和李建率踏白军,也分别自西、南、东三门突入城里,伪齐军纷纷投降,战斗并不激烈。董先首先率军队进逼州衙。侯涚万般无奈,只能在脖子上挂了官印,跪在衙前,向岳家军投降。王贵听说一些侯涚的不法劣迹,但因为有不杀降官的军令,只能暂时将他看押起来。

再说寇成的后军到达铁岭关,那里并无伪齐军。寇成很快得到中军和踏白军占领卢氏县的消息,他就指挥后军继续北向推进。八月二日,收复朱阳县城,四日,又进据虢州旧州治虢略县城。伪齐在两县城各有守军二百人,他们随着县官逃遁。于是岳家军很快就占领虢州的三县,只剩下了另一栾川县。

王贵占领卢氏县城后的第一件要务,当然是亲自检查粮仓。果然如杨茂所说,粮仓里贮藏了十万石麦和五万石粟。王贵见到那么多的粮食,不禁喜笑颜开,说:"恁地多底粟麦,此回便足供大军食用。"他下令按照惯例,开仓济贫。不料消息传开,本州各地的百姓就纷纷前来取粮。原来侯涚所以能够贮备十五万石粟麦,全是凭借暴力,强征百姓的余粮,其实是夺取他们活命的口粮。一时之间,取粮的人群络绎不绝,根本无法遏止。几天之内,十五万石粟麦就发放了近一半。王贵担心军粮不足,下令停止发放,但许多百姓还是不断来到粮仓,请求发放粮食,并且不断有人向岳家军控诉侯涚的贪赃枉法行为。

按岳飞的命令,干办公事孙革赶到卢氏县城,他对王贵说:"岳相公以为,王师自当拯救京西百姓于水火之中,教下官前来理会赈粮。"王贵就带他来到粮仓,只见百姓们依然拥挤在粮仓前,焦急地等候。孙革见到人们褴褛的衣服和饥疲的神色,不由感觉心酸,他对众人说:"侯湜肆意诛求,夺百姓底口中食,王师岂忍坐视百姓饥饿,须是将粟麦归还你们。然而放粮亦不得无度,须是防强梁底多取,而幼弱者少得。你们须听号令,依次领粮,不得多取。"

经过孙革的安排,赈粮工作井然有序,最后,十五万石粟麦仅剩下了约五千石。董先不免叹息说:"岳相公煞是行仁政,然而却是无补于军粮底不足。"孙革说:"岳相公底意思,宁愿官军受饥冻,亦不得亏负百姓。"侯湜另有私财两万四千多贯,孙革按照岳飞的命令,全部充中军、后军、踏白军以及杨再兴所率八百背嵬军将士的犒赏。

余下的一个麻烦问题,就是如何处理投降的侯湜。王贵对孙革说:"孙干办饱读诗书,此事当教你理会。"孙革也并不推辞,他独自坐衙,吩咐军士将侯湜押到堂上。侯湜面如死灰,上堂之后,就不断叩头,说:"小底自知为政苛虐,民怨甚重,然而自家毕竟是识逆顺而投拜,乞恕我一命,自今以后,当洗心革面,不敢为非作恶。""小底"是卑贱者的自称,侯湜作为一个文官,居然也自称"小底",使孙革更加藐视他,孙革说:"恩赏归正,便是守信;而处分赃罪,则是行仁。你甘心侍奉伪庭,敬献女色于逆臣,煞是无耻之尤,直到城破,无处逃生,方在州衙前跪降,此非归正之比,而赃罪深重,虢州百姓切齿痛恨,岂得不予根勘?"

他命令控告的百姓上堂,逐一与侯湜对质,并且记录口供。最后,孙革说:"侯湜,你亦是文士,须知太祖官家时,尤重贪墨之刑。"侯湜马上应答说:"然而平蜀时,大将王全斌等有贪墨等罪,百官议刑,以为王全斌等人法当死罪。太祖官家特旨赦免,此后又复王全斌节度使,圣旨言道:'抑卿数年,为朕立法。'天下底官吏,贪赃底十常八、九,循良底十无一、二,若要严加惩治,便是治不胜治,惩不胜惩。常言道,得饶人处且饶人。下官底性命,今日在孙干办之手,唯祈孙干办手下留情。救人一命,胜造七级浮屠。"他说完,还是不住叩头哀求。

孙革所以抬出开国太祖皇帝,是因为他也痛感目前对贪赃惩处不严,不料侯湜竟以宋太祖徇情屈法的事例作为反证,不能不增重了他内心的惶惑和矛盾,他心里感叹说:"侯湜底言语,直是盗亦有道,却亦是说破治贪赃底真谛。"他不由联想自己的所见所闻,联想到大将刘光世和张俊,又联想到行朝的医官王继先和众宦官等人,再联想到岳飞常说的"文官不爱钱,武将不惜命,天下当太平",就不免下意识地唉声叹气,轻声自语:"亦不知何日方得重造清平世界?"

侯湜对孙革的言语和表情当然十分敏感,他对活命似乎有了希望,就趁热打铁,哀求说:"乞孙干办屏退左右,小底另有要事关白。"孙革感到不解,他吩咐左右暂且回避,侯湜见堂上只剩下自己和孙革两人,就迫不及待地说:"若是孙干办活小底一命,便是再生父母。小底自当重酬。小底故里商州上洛县丹枫乡通津里尚有黄金一千二百两。小底愿以千两为酬,唯求生全。"按当时的金价,一千两黄金就相当于三万贯铜钱,这确是十分诱人的财富。

孙革听后,不由怒不可遏,他马上命令左右回堂,当面斥责侯湜说:"当职尚是初知义理,今日须教你知得,岳相公麾下尚有不爱钱底文士。"又命令军士们说:"可将侯湜依法处斩,以平民愤!"于是,军兵就在侯湜的不绝哀嚎声中,把他押到州衙前斩首,当地百姓人心大快。

[叁贰]
智 取 商 州

　　王贵在卢氏县主持军事会议,与众将进一步研究夺取商州的部署。他说:"商州端的是要害之地。西接京兆府,相距二百一十五里。绍兴三年,虏将撒离喝便是自商州上津县取道,直入金州,径攻饶风关。邵隆原是民兵首领,他率军转战入蜀,便上奏朝廷,以为商州不可不力取,得此州,则可以经略关中。朝廷命他为知商州,教他与知金州郭浩同共经营收复。岳相公为此专与吴相公咨目,请他举兵会师,然而至今未知动静。下官又已照会邵、郭二太尉,亦是未见回音。"孙革说:"岳相公教下官前去关白邵、郭二太尉,然而此不妨众太尉进军。"

　　董先说:"下官曾驻军商州,粗知地理。商州城东南一百八十里有武关,是一险隘之地,如今体探得伪知商州贺必达率全军两千人屯武关,妄图阻挠王师。下官愿统本军取小道,先破得州治上洛县,然后与王太尉底正军夹攻武关,必获全胜。"

　　王贵望着众将,见大家别无异议,就指着地图说:"伪齐以西京伊阳、长水、永宁、福昌四县另设顺州。如今乘王师收复虢州底锐气,不如挥军直取四县。"杨再兴说:"下官奉岳相公将令,率军追随王太尉,却未曾立功。自家愿统背嵬壮士八百,一举收取长水县,然后东进永宁、福昌。"寇成说:"下官愿统本军先破本州栾川县,然后席卷伊阳县。"

　　王贵说:"下官料得,自家率中军,与董太尉合击,便足以收复商州,寇、杨二太尉正可统军前往。然而杨太尉兵少,当由苏统领继援。此回三路出击,须获全胜。四县地界密迩西京城,若是虏、伪大举反扑,寇太尉可并统二军,与敌相持,下官与岳相公亦当继发援军,与虏、伪决战。"他命令中军统领苏坚和第一将正将冯赛率军作为杨再兴的后队。

各路人马分拨已定,孙革首先动身前往金州,去见郭浩和邵隆。董先和王贵同时出师。王贵的中军作为正兵,往西南方向涉过洛水,大模大样地直奔武关;而董先的踏白军却是在崎岖的山间潜行,进兵上洛县城。这是一次十分艰苦的行军,不少地段甚至连小道也没有,踏白军将士在山岩重复、林木蔽密处夜行昼宿,董先本人在大部分行程中也是牵马步行。他命令李建押后,自己亲率第一将充前锋,第一将正将张玘是西京渑池县人,当年也跟随董先在商州一带抗金,当然十分熟悉地理。

上洛县城在丹水北岸,城周约五宋里,开东、西、南、北四门,由于知州贺必达率军出屯武关,城里只剩通判陆泛率领一百弓手守卫。八月六日夜三更,董先麾军绕道到上洛县西城,张玘说:"连日行军,将士疲乏,不如且歇泊一日,然后破城。"董先说:"此回出师,唯是出奇制胜,待破城之日,再教官兵歇泊。"他果断地下令立即攻城。上洛县西门一带城壁较矮较薄,正是防御的薄弱处。董先手执宝剑,张玘手持掠阵刀,踩在军士的肩上,捷足先登。踏白军第一将将士很快杀散看城的少量弓手,占领西门。李建率其他五将的部队就源源拥入城里。守城的伪齐弓手并无战斗力可言,他们几乎没有迎战,只是逃窜或投降。不到四更,踏白军就夺取了全城。

陆泛在睡梦中惊醒后,慌忙骑了一匹马,出东城逃遁。他沿着丹水北岸,往东南方向逃到商洛县城,却不敢在那里停留,而是直奔武关,去见贺必达。再说贺必达率伪齐军屯武关,已经接到探报,说宋将王贵率大军鼓行而西。他也没有别的军事计划,只是下令一面在武关防守,一面飞报刘豫,等待援军。王贵指挥中军兵临武关,然而只是在关东屯驻,并不攻关。七日夜间,陆泛逃来见贺必达,说:"赵氏底军兵亦不知从何而来,竟在一夜之间,占夺商州城。"贺必达大吃一惊,说:"此煞是飞来底兵,不知是甚人统兵?"陆泛说:"下官唯是惊梦之后,匹马单骑直奔武关,亦不知是甚人统兵,破得州城。"贺必达禀性暴戾,他本来就与陆泛不和,就发怒说:"既是州城失守,有何面目前来见我?且将这厮押出斩首!"任凭陆泛如何叩头求饶,军兵们还是把他押出营外砍头。

贺必达虽然杀掉陆泛，但内心也十分惊慌，他连夜召集属官们，大家在油灯下商议对策。有人说："如今前有王贵军，后有另一支岳家军，自家们驻武关，便是腹背受敌。如是退军商洛县，商洛县介于武关与上洛县之间，亦是进退失据，不如退往西北底洛南县，一是未出商州地界，尚是尽守土之责，二是若有缓急，便可退到华州或京兆府求援。"贺必达叹了口气，说："亦只得如此！"又有人说："兵贵神速，事不宜迟，不如今夜便行退兵。"贺必达说："便依此议，今夜三更造饭，将士们饱食之后，当即撤军，然而不得声张喧哗。"

伪齐军在四更前放弃武关，往西北方向退遁。王贵很快得到消息，就率军在后追赶。八日申时，贺必达率领两千名疲乏的伪齐军，逃到位于洛水之南的洛南县城。这是个小县城，城周只有三宋里多，只开东、南、西三门，北城濒临洛水。贺必达骑马首先来到城南，只见南门洞开，突然城上树立起红旗，一群军士簇拥着一员将领，对城下大喊："岳相公麾下踏白军李统领已在此等候多时，贺必达速来就死！"

贺必达眼看形势不妙，就率领伪齐军向城东逃遁，企图涉过洛水。李建把手里的红旗一举，城上擂起战鼓，踏白军从洛南县的三个城门中突出。与此同时，董先亲自率伏兵从城东杀来，张玘率伏兵从城西杀来，而王贵也率中军及时从后面赶到战场。岳家军的两个军对伪齐军展开了一场围歼战。

面对着在兵力和士气上都占优势的岳家军，伪齐军纷纷扔弃兵器，向岳家军投降。只有贺必达抡动一柄眉尖刀，率领二十多骑，仍然企图突围。他们挣扎到洛水之滨，董先亲自指挥军队在侧后追击。董先根据降兵的指点，下令说："为首使眉尖刀底，便是贺必达，此人狠勇，可先将他射杀。"于是二十名神臂弓手就向他攒射。贺必达果然身中七箭，受了重伤，跌下马来，被踏白军活捉。其他的伪齐骑兵也无一漏网。战斗在天黑前结束。

王贵的中军和董先的踏白军在洛南县城胜利会师。在县衙的堂上，点起火把和油灯，王贵与董先等踏白军将领相见，他高兴地执着董先的手，称赞说："此回董太尉煞是神机妙算，立得大功！"董先笑着说："若无王太尉率正军牵制诱敌，下官与众将士亦难以兵不血刃，夺取上洛城。"

两人稍作交谈,就下令两军将士休息。

翌日,王贵和董先亲自坐衙,审讯贺必达。贺必达伤势很重,被军士们用麻布抬到堂上,还是不断地呻吟。王贵说:"贺必达,你自不量力,追随逆臣刘豫,妄图螳臂挡车,今日得此下场,岂非自作自受。"贺必达叹息说:"我如今亦是追悔莫及。敢问是甚个飞将军,插翅占夺商州?"

王贵指着身旁的董先说:"他便是踏白军底董太尉,原曾驻兵商州,熟知地理。"贺必达感叹说:"自家久闻董太尉底威名,今日相见恨晚,然而煞是心服口服。"董先不由起了怜悯之心,他说:"你若是作书叫商洛、丰阳、上津三县迎降官兵,尚可以将功折罪。"贺必达哀叹说:"感荷董太尉底恩德,然而自家伤重,已是难以提笔。"王贵吩咐军吏为贺必达写了三封信,贺必达在军士的扶掖下,艰难地在每封信上写了"速降"两字,并且画押。王贵接着命令军士将贺必达押到一间房里养伤,又挑选六名俘降的伪齐小武官,命令他们带着贺必达的书信,分别前往商洛等三县劝降。但是,两天之后,贺必达因伤势过重而身亡。

等押走贺必达以后,王贵对董先说:"不论三县是战是降,商州底胜局已定,董太尉以踏白一军,足可收复商洛、丰阳、上津三县。待下官率本军回归虢州,以便应援攻长水与伊阳底两军。"董先说:"会得。"王贵的中军只休息一天,就返回虢州卢氏县。

董先挥师南下,伪齐的商洛县令当即迎降,而上津县令也回信表示愿降。惟有丰阳县令田鸿宾是刘豫的远亲,他杀了两名送信的原伪齐小武官,就率领本县的二百人马,逃往京兆府。董先得知情况后,大怒,命令张玘率第一将兵马追赶。在商州与京兆府的交界处,张玘的军队终于俘虏了田鸿宾。

商州的五县全部收复了,孙革也从金州来到上洛县,对董先说:"邵太尉得病,一时难以赴任,教自家们暂且把截。只俟他病愈,便来商州。"董先说:"商州不比虢州,所贮钱粮不丰,切恐难以开仓济贫。"孙革说:"依岳相公底号令,亦不得不稍济百姓底饥乏。此处丹枫乡通津里正是侯湜底故居,他言道,有黄金一千二百两,亦足以为济贫与犒赏之用。"董先经孙革提醒,十分高兴,就请孙革带领二百名军兵前去,果然在侯湜的庄宅里抄到了黄金,还有粟麦八百石和其他物资。一千二百两黄金铸成十二个大金锭。

当孙革带着抄到的财物回到州城,董先见到黄灿灿的金锭,不免起了垂涎之意,他对孙革说:"金锭大如许,怎生犒赏,不如且留军中,待凯旋之后,到襄阳或鄂州换取铜钱,然后分发军兵。"孙革知道,牛皋和董先确是两员猛将,但牛皋的毛病是嗜酒,有时可以醉倒两三天,不省人事;而董先的毛病是贪财,就稍微讽示说:"董太尉底意思甚好。岳相公统兵,一钱不私藏。十二金锭既是难以犒赏,且待日后乞岳相公分赐军兵。"董先还是听明白了孙革的话,他懂得,如果自己想私占十二个大金锭,孙革必然报告岳飞,后果不堪设想,因而就勉强地顺应着说:"便依孙干办底意思。"孙革见他脸上仍然显露了不快,就说:"董太尉此回智取商州,奇功非细,下官料得岳相公必当申奏朝廷,为董太尉乞功赏。董太尉骁勇敢战,军中少有,若能深明大义,岂非是德才兼备。"董先听了孙革这番话,才回嗔作喜。

张玘将田鸿宾押回上洛县城,董先就请孙革审讯处理。孙革说:"田鸿宾既是刘豫底亲戚,何须勘问,唯是将他斩首示众,以为叛逆之戒。"于是董先就下令将田鸿宾在上洛县的闹市中处斩。

[叁叁] 突击伊阳

寇成指挥后军,从卢氏县涉过洛水上游,往东南方向挺进虢州栾川县。在今年春季,有伪齐修武郎、栾川知县李通率五百人马,投奔岳飞,如今李通作为后军第二将副将,与正将高道为前锋。高道原是江南西路安抚司的统领。高道和李通率领本将官兵在八月六日傍晚抵达栾川县城,这是一座不大的土城。伪齐官兵已经闻风而逃,后军第二将当即占领县城,寇成统后军其他五将人马随后赶到。

寇成下令后军在栾川县休兵一天,自己则在县衙与众将讨论进军伊阳的方案。他指着地图说:"当年忠护军翟太尉奋身血战,扼守伊阳,与刘豫相抗,不幸被叛贼暗害。如今自家们须是收复翟太尉所辖底故地,唯愿翟太尉底忠魂护佑。闻得翟太尉当年依凭山险,先后在西碧潭、太和镇、凤牛山设寨。其中太和镇正当进军伊阳县城底要冲,体探得伪齐已屯泊军马,恃险把截,所当先取。"他所说的"翟太尉"当然是指翟兴,关于翟兴,在本书第二、三、四卷都有简单交待,宋廷命名他的部队为"忠护军"。

李通介绍说:"太和镇西便是太和山,山间有一大潭,潭水清碧,取名西碧潭。当年翟太尉屯兵设寨,足供人马饮水。此后伪齐占据,将西碧潭寨焚毁。"高道说:"如今伪齐唯是据守太和镇,官军如是先占西碧潭与太和山,便可得地利,居高临下,俯瞰太和镇。"寇成说:"山路曲折,摆布不得大阵。伪齐军既是屯集太和镇,高、李二太尉可率第二将鼓行而前,姑且不与厮杀。我率本军人马掩取西碧潭,然后并力破敌。"

寇成率后军五将在七日夜间出发,在向导的引领下,穿山越岭,到八日午时,终于占据了西碧潭周围的山险。寇成望着一泓潭水,依旧是澄碧清澈,而当年的翟兴的寨栅,却只是剩下一些烧焦的木头、断枪、遗镞之类,而最重要的遗迹则是在潭北的一片墓地,大约上千个小丘,埋殡着大批战骨,却没有一块石碑,不免感叹不已。他说:"今日重占西碧潭,岂可不告慰忠护军阵亡将士底忠魂。"于是就率领将士跪在墓地边,焚香祭奠哀悼。

寇成为了抓紧战机,与众将士稍事休息,就挥军进攻太和镇西的山地。伪齐顺州知州兼安抚使张玄成命令都统制孙铖带兵三千人,到太和镇拒守。孙铖将通往太和镇的两条山路筑起若干道石垒,实行封锁,只派少量兵力占守太和山。当高道和李通率第一将人马沿栾川往伊阳的山路挺进时,孙铖果然错误地判断,以为来者就是攻伊阳的正兵,所以屯集人马,加强防守。寇成亲自执剑,冲锋在前,率将士驱逐少量守山的伪齐军,一鼓作气夺取了整个太和山,占取了居高临下的有利地形。于是屯驻太和镇的伪齐军不免一片慌乱。

此时天色已近傍晚,寇成下令说:"乘胜收复太和镇,方得休息。"他指挥将士们冲下山来,与此同时,高道和李通也乘机率第二将突破沿路的敌垒,与其他五将会合。在岳家军的猛攻下,孙铖不敢拒战,只能率伪齐军逃回伊阳县城。后军夺取太和镇时,天色尚未全黑。寇成到此方才下令全军在镇上休息。

由于连日奔波和作战,寇成下令后军在太和镇一带休息一天,然后再向伊阳县城进兵。不料到九日下午,张玄成和孙铖又率近四千人马,向太和镇举行反扑。寇成得到探报,就对众将说:"太和镇以北一片平地,正宜用兵。当职率第一、第二将在镇前列阵迎敌,其余第三、第四、第五、第六将可分道绕出山间,夹攻破敌。"众将都无异议,分别行动。

张玄成和孙铖率领伪齐军自北而南,在申时到达太和镇,只见岳家军已经严阵以待。孙铖望着敌军的阵形,带着几分怯意,看了看张玄成,张玄成向孙铖瞪一眼,厉声说:"此回不得夺回太和镇,又怎生朝见大齐官家?谁愿统兵掠阵破敌?"这支不大的队伍,却依惯例分成五军,各设统制一员,孙铖兼任中军统制。前军统制钱璧是张玄成的亲信,他说:"小将愿率本军为前驱。"张玄成说:"你若是成功,当职便与你上奏大齐官家,依奇功升官。"伪齐军本来全是步兵,最近,从西京洛阳监发来五百匹马,张玄成就全部拨给了前军。钱璧所以敢于充当前锋,就是依仗他的骑兵。

钱璧指挥五百骑兵,向岳家军发起正面冲击。然而,这支新组建的骑兵,马术并不熟练,当战马奔驰时,不少军士就掉下马来。寇成在阵前部署强弓硬弩,很快就射退了敌人的进攻,钱璧中流矢,落马身亡。寇成把手里的剑一挥,说:"如今正可乘胜反攻。"于是,第一将和第二将就分别向敌人发起冲锋。接着,另外四将的军马也绕道赶到战场。伪齐军很快溃不成军,张玄成、孙铖等率败兵北逃。

傍晚开始下起秋雨,并且愈下愈大。寇成下令:"全军连夜追击,不容伪齐军有喘息之机,追杀敌人,直到伊阳县城,方得歇泊。"于是后军六将人马,迎风沐雨,依次在暗夜整队北向追击。他们在十日清晨,来到伊水南岸。雨过天晴,旭日初升,给伊水之滨的秋景增添了特别的妩媚,然而经过一阵大雨,伊水上涨,流速加快,又使后军将士不敢贸然涉河。寇成只能命令军士到附近找来村民,询问水情。

寇成见军士带来的五人,衣衫褴褛,都面带惶恐之色。他们见到寇成,只是下跪叩头。寇成把他们逐一扶起,和颜悦色地宽慰说:"当职便是大宋岳相公下后军统制寇成,自家亦是北人,知得你们备受刘豫那厮暴政苛敛,如在水火之中,如今奉命统官兵前来,解救你们。"其中一个年纪稍长的开始感泣起来,抽噎着说:"自家们亦是久闻岳相公底威名,朝夕盼望王师诛除刘豫,不期今日得见大宋底寇太尉。"另一个村民望着寇成和众将士浑身湿透的绯红军服,说:"天可怜见,寇太尉与众官兵一夜辛劳,衣衫沐雨,尚不得休息。"寇成说:"唯是求你们做向导,济渡得伊水,便可直捣伊阳城。"那个年纪大的说:"此处端的涉不得,然而上流去此四里,便有一水浅处,可涉足济渡。"寇成十分高兴,说:"既是恁地,便请你们领路,当职自当颁降赏赐。"他吩咐给每个百姓赏一个五两银锭,却被五人拒绝,他们说:"为王师引路,自是天理当然,岂得受赏。"

寇成所率的后军将士在五个村民的引领下,来到伊水的浅处,寇成第一个挥剑纵马,涉过伊水,全军将士也不顾疲劳,跋涉过河,向伊阳县城挺进。张玄成不敢在伊阳死守,率败兵弃城而遁。后军就在当天午时进入伊阳城。寇成此时才下令军队休整。

张玄成带兵逃往长水县,但为了在刘豫面前稍微减轻一些失地的罪责,他派右军统制裴先知和左军统制卞天禄率领两军约一千人,控扼位于县城西北的凤牛山寨,象征性地显示自己仍然占守着部分伊阳地界。

寇成的后军休整一天后,就根据探报,向凤牛山寨进军。凤牛山是当年翟兴和翟琮父子在西京地界的最后一个据点,翟兴因为西碧潭一带离西京城较远,所以另选凤牛山,以便更接近西京城,对刘豫构成更大的威胁。然而后来由于李横兵败,翟琮也只能放弃凤牛山寨,退往南方。寇成带兵抵达凤牛山麓,观察山势,不免对众将感叹说:"凤牛山端的是易守难攻,当年翟太尉深谋远虑,故选此山设寨。如今王师欲攻拔山寨,亦极是不易。如是强攻,伤亡必众。"他考虑的中心,是怎么才能减少军队攻山时的伤亡。

寇成盼咐找来附近的乡民,询问地形山势,自己又环山侦察。一天之后,才召集众将会议,寇成说:"凤牛山唯有一小径,贯通南北。若是沿小径强行登山,势必难攻。如今体探得凤牛山东坡较峻,西坡稍缓。今以第一将、第二将控扼凤牛山南北通道,当职率众官兵乘暗夜登山,势必攻其不备,可以得利。"众将官没有异议,于是寇成与大家研究了攻山的具体方案,最后决定以第一将和第二将的兵力部署在凤牛山北麓,既要拦击敌人下山逃窜,也要阻止北方敌人可能的增援。第三将的兵力部署在凤牛山南麓。寇成从第四、第五、第六将中选拔两千壮士,身穿黑衣,作为突击部队。

秋空黑夜,下起了绵密的细雨,众将说:"天雨石滑,切恐难以登山。"寇成却力排众议,说:"此正是攻敌不意底兵机。"他与突击部队的将士穿上草鞋,准备了大量绳索,冒雨爬山,他们利用山上的木石,拴上绳索,踏着滑溜溜的山坡,攀缘而上。大家终于在天色微熹时分,登上山巅。

伪齐方面,右军统制裴先知和左军统制卞天禄只是注重凤牛山的南北通道,他们兵分南、北,重点防守。特别是在雨天,更加松懈了对东、西山坡的守卫。当寇成率领两千将士实施突击时,伪齐军顿时乱作一团。很多人纷纷扔下兵器投降,负责守南路的裴先知和守北路的卞天禄分别在睡梦中惊醒,他们急忙率少量军士作抵抗,但很快就死于乱军之中。另一部分伪齐军沿山路向南北逃跑,也被第二、第三将的官兵拦截,当了俘虏。到天色大亮时,细雨依然下个不停,而寇成所率的后军完全占领了凤牛山寨。

寇成听说山上有翟兴的坟墓,就向被俘者询问。有知情者说,翟兴的坟确是在山上,但因为刘豫深恨翟兴,所以将他的尸骨从坟里挖出,焚尸扬灰。寇成听后,不免落下了英雄泪,他说:"刘豫狠毒如此,日后活捉得他,须是碎尸万段!"他还是命令知情人引领,前往葬地,与众将士冒雨下跪,叩头吊唁,然后与众人暂时堆上土石,修成一个冢坟。寇成再次跪在坟前说:"翟太尉忠心报国,虽死犹生。自家们日后扫平虏、伪,誓当与翟太尉修坟立庙,以慰忠魂。"古人把墓葬和立祠庙都是看得极重。

[叁肆]
进军长水

杨再兴蓄锐既久,不胜技痒,进军商、虢州,王贵没有安排他所率的八百背嵬精兵参战,只是作为预备队,所以这次特别命令他进军长水,其实是奉送一次立功的机会。本来杨再兴准备与寇成同日出兵,不料临时得病,只觉得浑身滚烫,其实是发高烧。杨再兴还想熬病出征,却被苏坚、冯赛等人坚决劝阻。直到八月十一日下午,杨再兴虽然还是病后身体发软,却仍然带兵踏上征程。这支队伍从卢氏县城出发,沿着洛水北岸,往东北方向行进,苏坚和冯赛知道杨再兴立功心切,所以只是统军尾随,他们按照王贵的指令,作为预备队,只准备在战事不利时紧急支援。

再说张玄成和孙铖自从伊阳失守后,就退守长水县,临时将长水县城作为顺州州治。张玄成得到探报,说另有一支岳家军已经突入县界,就命令孙铖带兵出战,张玄成用威胁的口吻说:"你在伊阳已是败绩,此回须是将功折罪!"孙铖望了望张玄成,在心里不满地说:"难道伊阳失守,你竟无罪责?"但嘴上不好说什么,只能自率中军,与后军统制满在同行。自从钱璧阵亡后,一时还没有恢复前军的编制单位,孙铖只是将前军的残部全部收编为中军。中军和后军合计有两千五百人。

杨再兴毕竟是病后,平时抡动如飞的那杆三十六宋斤虎头紫缨浑铁枪,握在手里,只觉沉重,只能挂在马鞍前后。但他还是强打精神,与准备将蒋世雄麾兵行进。十三日,队伍来到一个名叫业阳的地方,难得在连绵的山区出现了一片开阔地,只见伪齐军已经列阵以待。杨再兴当即下令向敌阵冲锋,他本人手持浑铁枪,率一百骑兵在前,而蒋世雄统七百步兵在后。伪齐军向背嵬骑士发射弓弩,有六名骑兵中箭倒地,另外还有十多人中箭受伤,杨再兴本人也左臂中箭,穿破皮肉,鲜血直流。但杨再兴仍然率领九十四名骑士突入敌阵,纵横驰骋。接着,蒋世雄也率七百步兵大呼陷阵。

单就兵力而论,伪齐军是杨再兴所部的三倍,但双方的素质和斗志是无法比拟的。伪齐军基本上是步兵,只有孙铖和满在各自拥有一百亲骑。杨再兴看准了敌方的骑兵,认为必定是敌将的所在,就首先攻击孙铖的护卫骑兵队。他持枪在前,接连刺死两名敌骑。伪齐骑兵顿时溃散,孙铖不敢迎战,准备拨马逃跑,却被一名背嵬追骑挥刀劈下首级。

杨再兴攻击孙铖的骑兵取胜后,又准备攻击另一支敌骑。不料蒋世雄已率步兵抢先,他指挥步兵们包围这支敌骑,挥刀斧专劈马足,然后活捉敌人。满在挥眉尖刀迎战,蒋世雄也手持双钩枪上前格斗,两人战不多时,蒋世雄的枪刺中满在右胸,满在受重伤落马,被军兵活捉。

一场击溃战很快结束了。杨再兴就暂时屯兵在业阳休整,他与蒋世雄一起审问俘降者,终于判明了满在的身份,并且验证了孙铖已经当阵被斩,特别为斩孙铖的骑兵记功。苏坚和冯赛率后续部队稍晚也到达业阳。双方会面,苏坚说:"杨太尉今日已是大展军威,奇功非细。然而杨太尉既是疾病初愈,又左臂受伤,不如在此调养,明日待下官与冯太尉进取长水县城。"杨再兴当然不肯,他说:"常言道,大丈夫临阵,不死带伤,区区微恙小伤,何足挂齿,明日正是乘胜直取长水底时机。"大家知道杨再兴勇往直前的脾性,就不便再劝。

背嵬军战死了三十多人,杨再兴和蒋世雄又留下了六十多名伤员,十四日天明,他们只统七百人的队伍继续行进,另外还挑选了十名俘降的伪齐军做向导。军队来到一处溪涧,名叫孙洪涧。张玄成指挥伪齐残兵两千多人,部署在孙洪涧的东岸,企图再一次阻击岳家军。杨再兴和蒋世雄接到探报,就挥军来到孙洪涧的西岸。这是一道清澈见底的涧水,有几丈宽,两岸是洁净的沙滩,沙滩之后,各有稀疏的林木。如果在太平时节,骚人墨客来到此地,可以濯足涧水,远眺山峦,是一处令人流连忘返的清幽胜景。然而在今天,孙洪涧却成了战场。

杨再兴和蒋世雄观察一下地势,蒋世雄说:"待下官率步军在涧边列阵,与伪齐军相持。杨太尉可率马军取上流小道,绕出敌阵之后,必是全胜。"杨再兴只是说了声"会得",就命令熟识地理的降兵领路,率骑兵出发。

蒋世雄率领步兵也到涧边列阵,他先命令军士们喊话,劝伪齐军投降。张玄成害怕动摇军心,下令对岳家军隔岸放箭,于是蒋世雄也下令军士们一面用盾牌挡箭,一面射箭还击,双方相持了一段时间,杨再兴的骑兵赶到战场,向敌人的侧后发动突击,蒋世雄也亲率步兵涉水进攻。伪齐军一战即溃,张玄成率几十骑狂逃,岳家军很快结束战斗。

杨再兴与蒋世雄指挥军队收拾战场,抚慰俘降者。他们问明敌情,决定继续进军。十五日半夜二更时,这支队伍就乘胜进入长水县城。张玄成早已弃城逃跑,他不敢再在同属顺州的永宁和福昌两县,而是径自逃到西京洛阳城,投奔伪齐的西京尹成秉科。

长水县的粮仓贮粮达两万余石。苏坚和冯赛也率中军第一将来到长水,与杨再兴、蒋世雄共同安排开仓赈济等事务。他们听说伪齐军已经放弃永宁和福昌两县,又率军马挺进两县。王贵率中军从商州赶到了福昌县城,寇成率后军也几乎同时到达这里。大家聚集在县衙,正拟商量今后的军事部署,有军士报告说:"岳相公与背嵬军郭太尉率马军四千,已进入城中。"

于是王贵、寇成等出县衙迎接。双方行礼毕,岳飞特别关切地执着杨再兴的左手,问道:"杨太尉底伤势痊愈否?此回你不顾伤病,奋身厮杀,立得奇功,端的可嘉可贺。然而亦须安心养伤,不得掉以轻心。"杨再兴振奋地说:"下官唯求再上阵厮杀。"岳飞说:"自家们须是徐议日后兵机。"

岳飞和郭青进入县衙后,立即与众人商议军事。岳飞一改以往先请众将发言的习惯,首先说:"此回用兵,连破汝、颍、商、虢等地,却未得与虏、伪大军决战。已得薛参谋公文,言道鄂州寨中缺粮,有军兵饥饿闪走,而自襄阳到商、虢州,山路运粮,又极是艰难。我已命张太尉率四军挪回鄂州。刘豫有伪命照会各地,教他们自守,不发援军。既是粮食不济,大军便在此难以久驻。怎生以些少兵力,防拓已收复底州县,且听你们计议。"他说明因军粮不足,只能停止进攻,而转攻为守。

寇成说："依目即兵势，亦只得暂停用兵，待来年另谋北伐大计。下官不才，愿率本军防拓已复地界。"王贵说："商、虢州与长水等四县地界阔远，不如待下官与董太尉、李太尉率中军、踏白军、选锋军屯驻襄阳，以备缓急应援寇太尉底后军。"苏坚说："便是恁地，寇太尉分军把截二州及长水等四县，亦是兵力散漫，须是团结乡兵，共尽守土之责。"岳飞对王贵和寇成说："苏太尉底计议甚是，寇太尉须是以本军守城，而晓谕当地百姓，团集忠义乡兵，分守各处要隘。王太尉提举一行事务，可与董太尉屯兵襄阳，以便照应新收复地界。"王贵和寇成说："下官遵令！"

岳飞安排了大军班师后的防务，又改变话题，说："国朝养马，曾在河南府设置洛阳监，真宗皇帝时秣马五千匹。此后朝廷废洛阳监，将牧地租佃与民。如今体探得刘豫买得马万匹，大抵是幼驹，另设新监。若是幼驹日后成长，便可创建马军万人。此回进军既已到西京地界，岂可不乘机占据牧马监，夺取幼驹，以壮我军威。"众人都明白夺取这批重要军备的意义。大家商量后，寇成的后军就开始部署留守军务，而岳飞和郭青亲率所统的骑兵，还有王贵的中军则连夜出发。

伪齐新设的牧马监位于寿安县东北，洛水北岸的河谷，接近与新安县、州治河南县的交界。由于岳家军兵临西京，伪齐西京尹成秉科已经接到刘豫的命令，准备将这一万匹马迁移到洛阳以东。然而要迁移一万匹马绝不是轻而易举的事。设立牧马监，主要是依靠草场养马，现在要转移一万匹大多是未成年的马驹，刍豆的供应，马群的安置场所都十分困难。

成秉科正为此发愁，他最担心迁移的马群大批死亡，无法向刘豫交待。有吏胥报告，说是顺州知州张玄成已逃到西京城里求见。成秉科听后，计上心来，马上召见。张玄成虽然也是一州之长，但显然无法与成秉科亢礼，特别是在兵败逃窜之余。他上堂向成秉科唱喏，成秉科才起立还揖礼。张玄成向成秉科报告战况，成秉科却没有兴趣听他噜苏。他取出伪齐小朝廷的札子，递给张玄成，说："张知州失守顺州，只是军力不侔，虽败犹荣。今朝廷有迁移牧监底指挥，此正是张知州戴罪立功之机。下官欲分张知州一千人马，前往牧马监，保全得万匹幼驹，官家必是欣喜。"张玄成已经明白对方的用心，但由于自己当前的困难处境，又是不容推辞的，他问道："不知将万匹幼驹在甚处顿放？"成秉科说："朝廷并无指挥，甚处可以顿放，便在甚处顿放。此事紧切，恭请张知州饭后便出行。"

张玄成满腔的怨恨，却又不得发泄，他只能接受这个艰难的差使。他带兵来到牧马监后，立即与牧马监官安继升所率的一千人收拾行装和刍豆，准备启程。安继升问道："哪里去？"张玄成带着几分恼怒说："到东京城下，见得官家，便有顿放处。"这也是他一路上盘算多时的决定。要转移一万匹马驹，可不是说走就走，张玄成和安继升决定给每匹马驮上一个麻袋，装上约供十天的饲料。

这支两千人的队伍正准备出发，岳飞亲率由各军混合编组的骑兵，已及时赶到，封锁了牧马监东与北两个大道，王贵率中军也紧跟着抵达牧马监的西部，并且沿牧马监南洛水北岸挺进，形成包围态势。在岳家军一片"投拜底不杀"的喊声中，大部分伪齐军纷纷投降，张玄成和安继升只能率领少数亲从，落荒而逃。这是一片四千多顷的草场，占地既广，小路也多，两人不敢径自往东逃往京城，安继升估计岳家军在北面的兵力肯定比东面薄弱，建议往北先逃到新安县，然后再折向西京城。两人最初没有遇到岳家军，张玄成稍感宽慰，对安继升说："你煞是熟知此处地理，自家们……"言犹未了，郭青率一支骑兵突出，对他们实施拦截。在一阵密集的箭雨中，逃在最前面的张玄成和安继升都中箭身亡。

战斗很快结束，岳飞下令，凡是伪齐军士愿意回家的，一律放行，最后剩下四百五十多人愿意参加岳家军。岳家军正好利用伪齐方面的人力和准备转移的物资，将这一万匹马押送南行。

队伍回到襄阳府，岳飞决定亲自留在当地，以便与王贵共同处理前沿军务，而命令郭青押送马群南下。张宪、薛弼等人商议，并且得到岳飞批准，决定在汉阳军设立一个孳生监，负责马群的饲养和繁殖。此后，岳家军的骑兵得以有较大的扩充。

当岳家军南撤后，金朝元帅府才派龙虎大王完颜突合速率三万人从李固渡渡黄河，分驻东京开封府和西京河南府城。但按照完颜挞懒和完颜兀术的命令，完颜突合速的任务只是帮助刘豫守卫两京，不得主动向岳家军挑战。

岳飞在襄阳住了一段时日，突然眼病剧烈地发作，于是只能返回鄂州就医。他与李若虚等幕僚在九月二十八日，回到了鄂州。

[叁伍]
行在迁移平江府

在临安行朝,行在定在何地,一时成了臣僚们集议和争论的中心话题,廷臣们大都反对张浚移都建康的建议。赵鼎几次面对,探察到皇帝的意向,似乎对张浚的建议心有所动,感到自己应当争取主动。七月末,宰执们又一次面对,宋高宗手持一份岳飞的奏疏,说:"岳飞上奏言道,定于本月下旬出师商、虢州,众卿可曾得岳飞照会?"张浚以主持军事的都督身份口奏说:"臣原拟防秋在即,命诸大帅先图自守。如今岳飞以为今秋出师,可以攻敌不备,此亦是一说。臣愚以为,陛下若乘此机会进跸建康,亦足以鼓舞将士为国立功。"宋高宗以征询的目光望着赵鼎,赵鼎说:"臣僚们以为临安驻跸已久,一动不如一静。然而陛下欲示恢复底远图,臣愚以为可以巡幸平江府,亦足以号召远近。"张浚对赵鼎的折中方案不满,正在准备反驳,不料宋高宗竟爽快地答应:"便依卿议。"于是张浚就不能再说什么。后来经过进一步商议,又确定皇帝在九月初一启程。

从八月初开始,行朝和行宫开始为繁杂的搬迁事务忙碌。正是在初二那天,一对结束了五年寓居生活的夫妇,从温州重返行朝,他们就是秦桧和王氏。他们通过对外廷的张浚和内廷的王继先、众宦官两方面的打点,终于如愿以偿。秦桧这次是以观文殿学士、新任绍兴知府的身份来到行朝,按照制度,自然必须入见皇帝。秦桧骑马,王氏乘轿,在一大群随从的簇拥下,进入城东南的候潮门。秦桧见到街市比起自己罢相时显得繁荣,不免轻声感叹说:"潜居五载,今日方得重睹天日,然而前途尚是难测。"

秦桧夫妇穿行一条正在扩建的贯通南北的十里禁街,到城西的馆舍稍事安顿后,立即分别行动。秦桧首先拜访右相张浚,而王氏则先去干兄弟王继先家。秦桧懂得,这次得以结束闲居生涯,重归政坛,主要是得力于张浚,而阻碍自己前程的第一号政敌则是赵鼎。原来赵鼎向来不喜欢秦桧,张浚屡次向他建议重新援引秦桧,却被赵鼎拒绝,他只是简单地说:"若是秦十得志,自家们便无立足之地。"张浚却一直苦劝:"此须是为国事计,当置自家们底利害于度外。"其实,张浚也并不是真为什么国事计,他只是觉得,既然赵鼎援引折彦质当执政,自己也必须援引秦桧,以便与赵鼎抗衡。

秦桧通过各种渠道,得知张浚与赵鼎明争暗斗的一些内情,带着砚童,轻装简从,来到距离馆舍不远的张浚府第。砚童到府第门前与胥吏会话后,就回来禀报:"小底回报秦相公,张相公目即在都堂议事,未曾回府。"

秦桧想了一下,就决定去都堂,反正赵鼎的面,也不得不见。他们来到都堂,即政事堂,看门的一名吏胥虽然分别五年,当然认识秦桧,连忙同另一名吏胥主动上前唱喏,说:"待男女禀报政事堂众相公。"秦桧笑着说:"不须,待我径入。"那名吏胥只能抢先进入,向政事堂上的赵鼎、张浚和折彦质禀报,而秦桧也就接踵进入,并且主动与三位宰执长揖,三名宰执当即起立还礼。双方的会面其实也没有什么重要的商谈,无非是客套酬酢而已。但秦桧特别谦恭的态度、含而不露的献媚,还是多少改变了赵鼎对他的印象。

初四日,宋高宗特别安排秦桧单独面对,这当然是罢相以来的第一次。秦桧进殿,向皇帝跪拜,用激动的语调说:"臣愚猥蒙天遣,违离阙下多年,今日方得重睹天颜,恭祝陛下圣躬万福!圣躬万福!圣躬万福!"他特别用哭调连呼三声,泪流满面。他的神态声调,还是赢得了宋高宗的好感,宋高宗想:"当初朕废黜秦桧,然而秦桧今日见朕如此,亦是足以见其爱君底忠心。"但在表面上,皇帝还是不露声色,只是平淡地说:"秦卿少礼。"

接着,宋高宗又吩咐站立殿上的宦官们:"可与秦卿赐座赐茶。"秦桧面露惶恐之色,说:"臣一介么微,百无一能,唯知闭门思过。陛下宠渥至优,臣岂敢衹受。"在殿上服侍的张去为明白,今天确是皇帝的殊礼,上次李纲面对,就没有赐座赐茶。秦桧还是遵从圣旨,但他只占用了坐椅的三分之一面积,用双手恭敬地捧着一只官窑月白茶盏和盏托,望着其中的莹彻的玉叶长春御茶汤,只是不断地闻着清幽的茶香,始终未曾呷一口。无论如何,秦桧的举止又赢得了皇帝的进一步好感。

宋高宗召见秦桧,本来只是出于对前任宰相的礼貌,没有什么要事必须征询秦桧的意见,所以谈论问题也相当随意。他随便说:"近有遂宁府府学教授程敦厚应诏上书言事,言道今日底事机,战未必是,和未必非,唯是不得教房人执其权,朝廷反而受制。宰相有好功之志,非是社稷之福,恢复底事,宁拙而迟,无速而悔。卿意以为如何?"他说完,就命令张去为把这份上书递给了秦桧。

秦桧已经打听到了程敦厚的上书,这在当时抗金气氛高涨的情势下,倒是唱了一种反调。赵鼎相当欣赏这份上书,而张浚却表示反感,但最后朝廷还是发表程敦厚升任彭州通判。秦桧在皇帝面前却佯作不知,认真地、仔细地阅读起来,最后他用模棱两可的态度说:"臣以为,程敦厚底上书,可备一说,然而陛下庙算高明,和战大计须取自圣断。"

宋高宗笑着说:"朕忆得去年命卿等条陈战守之策,卿底书奏,与程敦厚上书颇有相合之处。"秦桧说:"臣至愚极陋,然而忠爱陛下,始终不移,臣所陈只是千虑之一得,陛下睿断英果,圣意宏远,必可奋然独断。"宋高宗没有再说什么,只是望着秦桧微笑。

事后王癸癸得自王继先方面的消息,说秦桧这次面对是成功的。十二日,宋廷发表秦桧以醴泉观使兼侍读的头衔改任行宫留守。从职务上说,不过是为北上的皇帝看守临安府的行宫,仍属闲职,却是显示了他在政治上的东山再起。另外根据王继先提供的消息,这次改任,不但由张浚提名,而赵鼎也立即在皇帝面前表示赞同。但急不可耐的秦桧却想趁热打铁,他马上连夜起草奏疏,奏中说:"伏睹陛下亲御六军,往护诸将,而臣罪戾之余,猥蒙召用,切愿扈从銮辂,身冒矢石。伏念臣陷虏累年,虏人诡计,稍知一、二,贼豫狂谋,备见本末。若有探报远近,或可以备顾问。"请求辞去行宫留守的闲职,随同皇帝北上平江府,争取参与朝廷事务。所谓"身冒矢石",当然可以大言不惭,其实不论是宋高宗或大臣,都根本不会亲上战阵的。延挨到八月末,宋高宗算是下了一份奖谕诏,仍然命令秦桧在行宫供职,秦桧又因此无可奈何地唉声叹气了多日,却又必须上奏,拜谢圣恩。

九月一日,宋高宗在启程前,先去上天竺寺进香,为二圣,即宋徽宗和宋钦宗祈福,这是临时决定,还是昨夜吴才人在枕边出的主意。当时,上天竺寺、中天竺寺、下天竺寺、灵隐寺等都是临安的名刹。上天竺寺相传是五代时有一个和尚在这里结庐念经,见到一段奇木,在夜间发光,就请工匠将奇木刻成观音像。从此此寺就香火旺盛。完颜兀术曾到上天竺寺,十分喜爱这尊观音像,就将它抢走。吴才人得知此事,就出资重雕了一尊香檀木观音。吴才人所以给皇帝出此主意,自己的私意,就是想乘机看一下重雕的观音像,并且为本人求子求福。

当天上午,宋高宗骑马,张婕妤、吴才人、赵瑗、赵璩等人坐轿,在仪卫的簇拥下,来到上天竺寺。潘贤妃当然仍旧遭受冷落,独居行宫。臣僚之中,只有赵鼎、张浚和折彦质三名宰执随行。皇帝的仪卫队途经中天竺寺时,只见有武官手持黄旗,站立通道的左侧。按照制度,这是前方报捷者。宋高宗命令宦官教这名报捷者尾随仪卫。

上天竺寺的住持僧临时接到通知,与众和尚在寺院山门前迎接。宋高宗进入山门,急于要知道前方的战况,又不便以帝王之尊,凌驾佛殿上的泥塑木雕,就吩咐临时在院落中设座,宣召执黄旗者进入,而三名宰执就站立在皇帝的两侧。报捷者是岳飞军前的武翼郎李遇。他进入山门,跪拜皇帝足下,说:"小臣叩见陛下,恭请圣安,圣躬万福。今奉上湖北、京西宣抚副使岳飞底捷奏,官军已克复虢州寄治卢氏县。"说完,就由张去为取过捷奏,拆封后进呈皇帝。这其实是一个月前的事,而李遇路上行程竟走了整整二十九天。宋高宗看后,面露喜色,感到这是自己北上的一个吉兆,又让宦官把这份捷奏给大臣们传阅。

宋高宗步入大殿,由宦官们供上香烛,他屏退左右,单独在如来佛像前跪拜,说了一通早已准备好的政治套话:"小子无德,当丧败之余,蒙祖宗托付以宗祀之重。唯念父兄在远,朝夕惕励,不敢违宁。恭念我佛祖大慈大悲,普度众生,唯求施大法力,救我父兄脱此苦海,早日南归。他年他月,当到此处敬礼佛祖,重塑金身,大葺宝刹。此是弟子赵构底至诚心愿。"说完,才站立起来。为了维护九重之主的尊严,此类话自然不宜当着宦官和臣僚说。

与此同时,吴才人和张婕好也来到了白雲堂。两人明争暗斗愈是激烈,表面上就愈加亲热,他们仔细地欣赏了雕刻精致、完工不久的观音像。张婕好表面上赞叹不已,她说:"吴娘子怀至诚之意,重建慈悲大士像,必有后福。"心里却充满酸意,只恨自己下手太晚。宫女们供上香烛,张婕好和吴才人跪拜在像前,诚心默祷。其实,彼此祷告的内容也大同小异,无非是祈求早生贵子。

由于到上天竺寺进香,宋高宗北上的计划临时作了调整,当夜住宿在临安北郭的税亭,改在二日正式启程。到初五晚上,船队临时在秀州的运河里夜泊。宋高宗在河边的一个亭中召宰执面对。宋高宗首先说:"岳飞此回出师,捷音二至,甚惬朕意。如今淮上刘、张、韩三将分屯要害,为必守之计。然而朕思虑数日,兵家不虑胜,唯是虑败。如万一小有蹉跌,又不知后段怎生收拾?又兵家不无缘饰,卿等可通书岳飞底幕僚,叩问仔细。此并非只为核实战绩,欲知岳飞军势与措置之方。"

宰执们已经明白皇帝的用意,其实还是为岳飞这次出兵提心吊胆,忧心忡忡,张浚当即口奏说:"臣知岳飞底措置甚大,如今既已进军到伊、洛一带,必与太行山梁兴通谋。"赵鼎说:"依臣所知,岳飞慎于用兵。他曾有咨目,言道欲与虏、伪在汝、商、虢等处决战,唯愿淮上三大将亦乘势分进合击,大破虏、伪军。"宋高宗马上否定说:"十年间完聚底数十万大军,不得孤注一掷。可召韩世忠到平江,且听他有甚谋议。"

宋高宗君臣在北上途中,于七日又得到岳家军克商州的捷报。八日,宋高宗一行抵达平江城,由于水门狭隘,无法通行御舟,就在城外登岸,百官扈从,送皇帝到行宫。行宫还是设在两次"巡幸"的子城。宋高宗与宫女、宦官在行宫安顿后,就下诏让百官沐浴三天,暂停朝会。十日,宋高宗与宰执到天宁寺进香,正好接到岳家军收复伊阳的第四份捷报。当天傍晚,韩世忠奉召,从楚州来到平江府。宋高宗立即召见,并且命令宦官在当夜设宴,代表皇帝招待。

两天后的傍晚,三名宰执到南园拜访韩世忠。原来在两年前,韩世忠上奏,请求承买原属北宋宠臣朱勔的南园,租佃官地一千二百亩,宋高宗顺水推舟，下诏将南园和官地都赐予韩世忠。于是韩世忠就成了这所著名园林的新主人。韩世忠当晚就在园内最有名的熙熙堂上，设宴招待三名宰执。

三名宰执此行的目的，并不是与韩世忠应酬，而是奉皇帝的圣旨，要与韩世忠商议军事。原来在宋高宗亲自召见时，就试探让韩世忠乘机进兵，与岳飞配合行动，但韩世忠却支吾其词。所以今天宋高宗在召见时，对三个宰执说："朕教韩世忠进军，而韩世忠别无他语，唯是言道，欲与宰执议定，然后同共面对。卿等可去仔细诘问缘由。"为此目的，赵鼎请韩世忠屏去妓乐，只是四个人各占一张食桌，相向而坐，一面品尝丰盛的酒肴，一面谈心。

张浚忍不住首先发问："圣上教韩太尉出兵，不知尊意如何？"韩世忠微笑着说："此事下官早已与相公们屡次进言，并无新说。"三名宰执明白，韩世忠的方略，是不赞成张俊修筑盱眙城，只是希望宋廷命令刘光世和张俊出战，引诱敌人，然后在有利的时机和地形合军一击，可分胜负。今天得一州，明天夺一城，对战争的大局不会产生重要影响。

赵鼎说："军事乃是凶机，圣上屡有旨意，不得只虑胜，不虑败。先议守，然后议战，方得保万全。如今在江北修筑城垒，分选精锐坚守。若是虏、伪冢突进犯，大军可依旧坐据大江之险，教他们不得济渡，而又首尾不得相顾，如此似为稳当。"韩世忠听后，以为三名宰执的意见都是如此，就说："若是恁地，又不知甚时可以收复中原，迎还二圣？"

张浚说："韩太尉，你岂不知张太尉素来用兵持重，他岂肯先出兵，教你相机乘隙而动？你如欲为国立功，便须是快人一言，快马一鞭。"韩世忠说："如今已体探得虏人龙虎大王有精兵三万余人渡河，必是迎战岳五，不如且看军势如何，再议进军事宜。"这次晚宴终于在议而不决的情况下散席。

十三日，宋廷接到了岳家军克复长水县的捷报，接着又得到岳飞上奏，说是因粮食不继，已经收兵回鄂州。于是韩世忠出兵响应的争议也就终止。

[叁陆]
铤而走险

刘豫困守在开封城内,正值一筹莫展,听说龙虎大王完颜突合速带兵前来,顿时有一种绝处逢生之感,他亲自率文武百官和仪卫队出外城东北的永泰门,把完颜突合速迎入大内。完颜突合速手下有四名万夫长,他们是完颜聂耳、兀林答泰欲、高召和式和王伯龙。刘豫父子专门在集英殿设宴,招待完颜突合速和四名万夫长,并且特别挑选了二十名宫女,服侍这五名金军将领。

宾主分东西向对坐,刘麟以皇子的身份,首先执酒壶,为五名金军将领斟酒劝盏,他满脸堆笑说:"此回岳飞举兵,端的是猖狂一时,然而大金兵威所临,岳飞已自不战而遁。"五个金军将领都不作回答,因为他们心里都明白,岳飞的撤兵是与他们统兵渡河无关。他们除了与宫女们调笑之外,都不谈军事。刘豫向刘麟使了个眼色,父子俩只能耐心陪着他们说些闲话。

直到吃了有七、八分饱,刘豫又忍不住说:"大金唯是秋冬用兵,春夏休息。此回大金未曾兴师,而岳飞却是于秋季举兵。占夺小国底州县事小,而损伤大金底国威事大,难道挞懒郎君与四太子便不思报复。依自家们君臣之见,乘岳飞退师之际,攻康王之不备,正是出奇制胜之策。"完颜突合速说:"自家奉挞懒郎君与四太子底将令,唯是前来助齐国守东、西两京。自家与聂耳、泰欲字董守东京,而高、王二字董率本部兵马守西京。若是岳飞举兵前来,自当与他厮杀。目即既是岳飞退兵,自家们便是相安无事。刘殿下欲兴兵攻康王,自当上奏与大金皇帝,教元帅府定议。"

刘豫父子见完颜突合速回绝，也不好再说什么，只能在宴会结束时，每人奉送四名宫女。按照金朝的民族尊卑等级，完颜突合速首先挑选了四人，接着又由两名女真万夫长选八人，而汉儿王伯龙只能在渤海人高召和式选了四名女子之后，带走剩余的四人。

刘豫白送了二十名宫女，却没有任何收获，心中不免烦躁。他在翌日就召见群臣商议，大家的主意无非是飞奏大金郎主，请求出兵。于是刘豫就命令郑亿年起草，奏中无非是强调了如果出兵，不至于像前年那样，必定大有战绩。

金熙宗即位已是第二年。但是，这个年仅十八的少年天子并不觉得有多少当皇帝的乐趣。满朝的官员大多是自己的长辈，他欣慕汉文明，最讨厌女真贵族的粗野。身为继父的完颜斡本，自然事事处处维护继子的皇帝权威，依然是金熙宗惟一信任的人。此外，他最喜欢接触的当然是宇文虚中。金熙宗几乎每天必定要抽出一段时间，请"国师"讲学，传授汉文明的知识。

金熙宗的正妻是裴满氏，此人还是相当厉害，如今封为贵妃，尚未得到皇后的名号。这是因为金熙宗对她并不太喜欢，而裴满氏却凭借自己的手腕，已处于任何女子无法取代的地位。前面说过，完颜讹里朵死后，完颜兀术合法地继承了他所有的女妾，其中有一个张氏，最为美貌。张氏原来是宋高宗母韦氏的侍女的女儿，靖康元年当俘虏时，年仅九岁。七年之间，成长为美女，最初被完颜讹里朵占有。完颜兀术把她作为第一百八十六娘子，备受宠爱，这当然为耶律观音所不容。耶律观音就建议完颜兀术把张氏献给侄儿金熙宗。完颜兀术几次三番向耶律观音请求："唯求第一娘子开天大底恩，留得第一百八十六娘子在家，她年龄幼小，岂得动摇第一娘子底尊位。"耶律观音的回答也十分干脆："奴家眼底觑不得张氏，若是教她留在家中，终有祸害，奴家一日不得安宁。你若是顾惜张氏底性命，便将她送与侄儿小郎主，彼此相安无事。"完颜兀术经受不住耶律观音的威逼，万般无奈，最后只能忍痛割爱，将张氏奉送给金熙宗。

张氏到御寨后，立即成了金熙宗的专房之宠。张氏的母亲与韦氏是同乡，也正是春秋时代著名美女西施的故土，所以金熙宗对张氏昵称"小西施"。当然,按照金朝的民族歧视惯例,张氏既然是汉人,就没有资格取代正妻裴满氏的地位,作为未来的皇后人选。

一天,金熙宗见张氏愁眉不展,面带泪痕,就发问说:"小西施有甚不乐,宫中又有甚人欺负你?"张氏说:"郎主皇恩如山,宫中未有人欺负臣妾。臣妾闻得,刘豫那厮教郎主兴兵,为他夺江山,与康王厮杀。康王虽是鼎鱼假息,然而南北争战,又有多少无辜百姓受罪受苦,肝脑涂地。"张氏幼年当俘虏,留下了悲惨的、不可磨灭的记忆,她厌恨战争,希望借此劝金熙宗休兵。

金熙宗感叹说:"宇文国师亦是苦劝朕不得用兵。然而朕贵为郎主,却是做不得主。明日御乾元殿,须是听大臣们底计议。"张氏说:"莫须先与仲父计议?"原来女真人贵壮贱老,不论长幼尊卑,但宇文虚中依据汉人的传统,认为既然完颜斡本是皇帝的继父,就应当另有称呼,他参考秦始皇称吕不韦为"仲父"的老例,为金熙宗确定了这个称呼。金熙宗从此对完颜斡本放弃称女真名的惯例,在一切场合都改称"仲父"。称"仲父"的本意当然是为抬高完颜斡本的地位,使他高踞于众贵族之上。但是,完颜斡本的能力显然无法承受这种抬举。他的心思和才智只是花费在如何维护和巩固继子的皇权上,至于对军国大事简直就拿不了什么主意。金熙宗虽然找完颜斡本私下谈话,而完颜斡本在是否对宋用兵的问题上却没有主张。

于是,对宋战争的问题又在乾元殿举行廷议。但是,参加廷议的只有领三省事完颜粘罕、完颜蒲鲁虎、完颜斡本、尚书左丞相完颜谷神等人,此外,尚书左丞高庆裔和尚书右丞萧庆虽然不是女真人,却是以执政,即副相的身份,也参加廷议。但按照新制,这些人都没有兵权,而执掌兵权的右副元帅完颜挞懒、元帅左监军完颜兀术却没有参加。

金熙宗居中坐在御榻,他宣布会议的宗旨,接着就由分坐两侧的大臣们发言。完颜粘罕直到被取消兵权以后,才相当后悔。他与高庆裔、萧庆等人私下商议,认为这是一个难得的机遇,第一,自己必须做刘豫的靠山;第二,他们估计完颜挞懒和完颜兀术用兵不会成功,希望设法乘机取代他们,重新执掌兵机。所以完颜粘罕首先发言说:"康王猖獗,如今已是出兵占夺刘豫底地界,如是不出兵讨伐,岂不伤损大金底国威?"完颜谷神立即附和:"须是教挞懒与兀术急速出兵。"但高庆裔和萧庆并不附和,因为他们毕竟不是女真人,在这种场合,就只能沉默,不宜开口。

多少年来,完颜蒲鲁虎一直把完颜粘罕一系当做仇敌,他马上反驳说:"阿爹所以教刘豫做子皇帝,是欲教他辟疆保境,而大金便得以安民息兵。岂料刘豫那厮既不得进取,又不能自守,兵连祸结,愈无休息。如今若是依从刘豫,战胜便是他得利,战败却是大金受弊。前年因刘豫乞兵而出师,讹里朵、挞懒、兀术三人不利于江上,此回岂得依允。"

金熙宗听了宇文虚中和张氏的劝说,内心并不打算用兵,他认为完颜蒲鲁虎的说法有理,但是,他还是把目光转向完颜斡本,说:"仲父又有甚说?"他开口闭口叫"仲父",但不论是完颜粘罕一系或是其他女真贵族,都讨厌这种称呼,不把"仲父"放在眼里。完颜斡本说:"便依蒲鲁虎底意思。"金熙宗立即附和说:"既是恁地,便依仲父与蒲鲁虎所议。"

他说完,就从御榻上起立,准备退殿,却被完颜粘罕喊住。他说:"郎主且慢走。自家底意思,便是不出兵,亦须教兀术提兵屯黎阳。如是康王发兵相攻,亦须及时救援,以免误事。刘豫是自家们底臣皇帝,如是他不得保境,又怎生维系大金底军威?"完颜蒲鲁虎听从完颜挞懒的意见,对刘豫全无好感,他说:"便是刘豫逃到大金地界,亦不须收留。"

金熙宗又用困惑的目光再次望着完颜斡本,这次完颜斡本却采取折中的主意,说:"大金虽是不出兵,然而兀术屯兵黎阳,亦可以助长刘豫底声势。"金熙宗马上应答:"便依仲父与粘罕底意思。"他说完,就再次从御榻上起立退殿。

刘豫急切盼望金朝出兵,最后竟是得到如此答复,不免灰心丧气。他在文德殿召集臣僚会议。多数文官都认为,既然金朝不肯出兵,不如按兵不动。李成却提出异议:"臣观康王窃据江南,第一便是依仗岳飞。岳飞此回出兵,其实已成强弩之末。我大齐若乘势反攻,亦是出其不意,攻其不备。"刘麟问道:"依李太尉底意思,莫须重新占夺襄汉六郡。"李成说:"用兵之道,须是避实击虚。康王东南四将,岳飞与韩世忠是实,刘光世与张俊是虚,两人素来怯战。"

刘豫也被李成说服,倾向于铤而走险,他说:"淮西密迩杭州,又是刘光世与张俊屯兵所在，所当先取。占据淮西，破袭刘光世与张俊两军，亦足以扬我兵威，洗雪三年间用兵不利底耻辱，教天下不敢小觑我大齐。卿等可详议用兵方略。"既然刘豫亲自表态，伪齐群臣也只能附和，大家纷纷从如何用兵的角度出主意，想办法。最后定议，强行签发乡兵二十万，号称七十万，分三路进犯淮西。东路军由刘豫的侄子刘猊统率，攻打濠州定远县，中路军由刘麟统率，再次进犯庐州，西路军由宋朝降将孔彦舟统率，进攻光州和六安军。为了给自己壮胆，郑亿年还出了个主意，命令一些乡兵身穿胡服，改扮成金军，在各州县往返招摇，诡称金朝已经发兵，与伪齐军联合行动。此外，李成还是驻军开封，与完颜突合速所统的金军共同守卫东、西两京。

九月下旬，伪齐发动的色厉内荏的攻势开始了。刘豫还特别封刘麟为淮西王，以示志在必得淮西之地。

[叁柒]
反击的曲折

伪齐发动攻势的情报很快传到平江府行宫,宋高宗当即在后殿召三名宰执面对。宋高宗首先发问:"众卿可知虏、伪举兵进犯底事?"赵鼎说:"臣等亦是方得刘光世底急报。"宋高宗又忧心忡忡地发问:"岳飞方收兵,虏、伪便出兵,卿等以为事势怎生底?"还是赵鼎应答说:"臣等未及计议。然而据事势,既是在岳飞退师之后,立即大举,便足以见其包藏不浅。虏人休兵已及三年,如今正是秋高马肥、纵横驰突底时节,据刘光世所言,河南已是处处有虏骑。"

张浚听得出,赵鼎的回答其实意味着长敌人的威风,灭自己的志气,他正盘算着如何表述自己的意见。宋高宗又专门向张浚问话:"不知虏酋是甚人统兵?虏、伪号称七十万,依卿之见,实有几何?"张浚说:"刘光世亦未曾说虏酋是甚人统兵。前年冬,统兵底是三太子、挞懒郎君与四太子。如今三太子已死。虏人以粘罕国相最善用兵,然而他已多年在御寨掌政,未见他统兵出战。虏人出兵,自来至多不过十余万,而伪齐以河南之地,亦仅得养兵不足十万。"赵鼎说:"然而此回刘豫在各地强签乡兵。"张浚说:"此是乌合之众,唯足以虚张声势。"

宋高宗又问:"卿等以为,当怎生退敌?"赵鼎和折彦质一时并无主意,只是都用征询的目光望着主持军事的张浚,张浚说:"处分军事,当以镇静为上。前年虏、伪大举,亦唯是损兵折将。如今虏势已是由盛转衰,不足顾虑。依臣愚之见,刘光世素来怯战,故常是张大敌势。不如待臣到镇江视师,体探敌情,然后再计议退敌底方略。"宋高宗又望了望另外两名宰执,赵鼎和折彦质都不说话,他于是说:"既是恁地,卿可急速启程,前去镇江,宽朕忧顾。"张浚说:"臣恭领圣旨,今日便前往镇江。"宋高宗高兴地说:"卿尽忠王室,真可谓是社稷之臣。"

张浚当天就急忙动身。他离开行朝后,转眼就是十月,赵鼎和折彦质接连收到刘光世和张俊的咨目,其内容无非是说金军与伪齐军声势浩大,请求朝廷派兵支援,否则就难以在淮西坚守。赵鼎和折彦质商量之后,决定向宋高宗面奏,提出自己的方案。宋高宗召见他们时,又另外召了一个吏部侍郎兼都督府参议军事吕祉共同面对。赵鼎和折彦质明白,吕祉其实是作为张浚的代表,而参加这次重要的讨论。

赵鼎首先口奏:"虏、伪此回兵势厚重,非前年之比,又淮西平旷之地,正利于虏骑驰突。臣愚以为,既是军情紧急,便不必拘守前议。可教刘光世、张俊、杨沂中退师善还,先为保江之计。岳飞屯兵鄂州,声势不相及,可教他统兵沿江东下,庶几可保东南无虞。"宋高宗望着折彦质,示意听他的意见,折彦质说:"臣意与赵相公同。孙子言道,用兵之法,不若则能避之,小敌之坚,大敌之擒。刘光世等兵马不得浪战,须是待岳飞东下,方得相机与虏、伪决战。又平江府濒临大江,非是万全之地,陛下不如且移跸临安,待虏、伪退兵后,另作计议。"

宋高宗听后,大体已倾向于两人的建议,但他还是把目光转向吕祉,说:"卿以为如何,当悉心与朕开陈。"吕祉望了望两名宰执,说:"臣愚以为,陛下十年生聚,养兵数十万,似不得望风怯敌。虏、伪屡败之余,冒险跳梁,不足深忧。刘光世与张俊素来畏敌怯战,正宜督责他们振作士气,向前效命,挫败贼锋,岂得不战而退,自示怯弱。"

吕祉的看法正好与两名宰执针锋相对,赵鼎显示了宰相的雍容大度,面无愠色,而折彦质却气急败坏地说:"书生不知兵,唯是高谈阔论,必误军国大计。异时虽斩晁错以谢天下,切恐亦有噬脐之悔。"吕祉虽然官位较低,但是在皇帝面前也不相让,他听见对方引用汉朝斩晁错的故事,就反唇相讥说:"汉景帝斩晁错,唯是示弱,平不得七国之乱,而后全仗周亚夫用兵。"

宋高宗和赵鼎都感到折彦质使用典故不当。但宋高宗认为,还是应当给执政官保留体面,就说:"吕卿可即日去都督行府供职,将廷议底委曲,关白张浚,教张浚上奏,条陈己见,朕当虚心听纳。"吕祉已经明白皇帝的用意,就下跪叩头,说:"臣谨遵圣旨,即时便去行府。然而士气可鼓而不可泄,陛下当以前年冬亲征之勇,率励六军,仁义之师必是所向无前。若是一有退意,国家大势,便是一蹶不振,既不得保淮,又何以保江,切望陛下三思。"他说完,就起立下殿。

剩下了赵鼎和折彦质两人,又再三向皇帝劝说,折彦质的言语尤其激切:"陛下以国事之重,委寄微臣,臣岂敢不输丹诚,以报陛下。淮西三将收兵保江,此是万全之策,宜速不宜迟。虏骑素来快速,如是三将底兵马被虏骑追歼,切恐有退兵失时之悔。"赵鼎说:"吕祉言道:'不得保淮,又何以保江。'此说甚是,然而须待岳飞底兵马东下,方得议收复淮西底大计。"本来就犹豫不决的宋高宗最后说:"卿等可移书张浚,备述曲折,另拟条画项目,明日面对。"

赵鼎和折彦质退殿后,共同写了咨目,用急递发往镇江的都督行府。次日,两人又持草拟好的几条紧急措施,向皇帝进呈。宋高宗也一夜没有安睡,他看了一遍,就亲自抄录,作为手诏,发往镇江,命令张浚遵照施行。

吕祉到达镇江府城的都督行府,马上向张浚报告情况。张浚说:"自家已得赵、折二相公几个咨目。今已体探得刘豫此回唯是自家出兵,并无虏骑,只是教乡兵伪装胡服,于河南州县十百为群,假借声势。"吕祉说:"此事至关紧切,张相公莫须上奏,教主上安心。圣上不畏刘豫,而是虑虏人。"

张浚认为吕祉所说有理,就与吕祉共同起草。他们正在写奏疏,却又接到赵鼎和折彦质的再一次咨目,接着又传来了宋高宗的手诏,张浚行遥拜跪领礼后,立即开拆御前文件,只见皇帝手诏其实只是把赵鼎和折彦质过去的议论归纳成几条命令,命自己立即执行。就对吕祉说:"下官以为,此回须是相烦吕侍郎再去行在,持奏面对,方得有济。"吕祉爽快地应答说:"会得。"

两人经过仔细商量后,吕祉又带着张浚的奏疏返回平江府,并且马不停蹄,径自深夜到行宫,请求皇帝召见。宋高宗近日已是魂梦不安,他得到内侍的禀报,就立即从床上跃起,整衣冠坐在便殿。吕祉进入,只见殿上蜡烛荧煌,只有四名小宦官陪伴皇帝。他上前行臣礼毕,就先呈上张浚

的奏疏。小宦官接过,将奏疏铺在御案上。张浚的奏疏大体重复他和吕祉过去的意见,最重要的是以下一段话:

> 淮西之寇,正当合兵掩击,令士气益振,可保必胜。若一有退意,则大势去矣。又岳飞一动,则襄汉有警,复何所制。

宋高宗得知此次没有金军参战,心头的千斤重石顿时落地,有一种前所未有的轻松感,他开始用振奋而激动的语调说:"张浚所奏,措置方略,审料敌情,甚有条理,朕复有何忧。"他当场就提笔把刚才所说写成一份给张浚的手诏,交付吕祉。吕祉说:"张相公与臣底所忧不在刘豫乌合之众,而在淮西三将不愿用命,拥兵玩寇,此是军中积弊。"宋高宗问道:"卿等以为,当怎生处置?"吕祉说:"都督府札岂比得陛下手诏,闻得刘光世已自庐州退兵。"宋高宗明白,刘光世的撤兵是自己同意赵鼎和折彦质的意见所致,就感慨说:"此是赵鼎与折彦质误朕!卿可为朕草诏。"吕祉早已胸有成竹,他当即为皇帝提笔起草:

> 有不用命,当以军法从事!

宋高宗就依吕祉的草稿复写三份,后面分别写上"付刘光世","付张俊"和"付杨沂中"。吕祉此行,得到了完全满意的结果。他退殿后,回家稍稍浅寐约一个时辰,就马上动身,返回镇江府。

赵鼎和折彦质次日面对,方才得知昨夜的情况,宋高宗还让两人看了张浚的奏疏。两人得知金朝没有出兵,固然稍感高兴,但皇帝采纳了张浚、吕祉方面的对立意见,又不免有点难堪。赵鼎想了一下,就说:"臣愚以为,张浚意欲在淮西与僭逆决战,岳飞底兵马便不可不动。"他的折中方案,其实也是为自己挽回一些体面。折彦质立即附和说:"臣愚底意思与赵相公同,岳飞底兵马不到,切恐便难以破敌。"

特别是最近三年以来,宋高宗已经对岳飞养成一种依赖心理,他似乎不加思考地说:"卿等可作书与张浚。朕亦当亲赐岳飞手诏。"赵鼎说:"据薛弼、李若虚奏,岳飞目疾昏痛,不能视物,在假服药医治。"宋高宗说:"君命召,不俟驾,臣子不得以微疾而忘国事,赵卿可为朕草诏。"于是,赵鼎又为皇帝起草一份手诏,宋高宗亲笔誊写,一字不改,马上由宦官用御前金字牌发往鄂州。赵鼎和折彦质退殿时,宋高宗又向他们强调:"卿等可传朕旨意,教张浚亦以督府札催督岳飞统军东下。"

吕祉到镇江都督行府再次会见张浚。张浚说:"淮西三将,杨沂中尚是敢战,唯有刘光世最是畏怯。下官底意思,须是相烦吕侍郎不辞辛劳,持手诏亲往,严加督责。"吕祉虽然往返奔波,相当疲劳,还是说:"军情紧切,机不可失,既是张相公委任,下官当即启程。"张浚说:"吕侍郎亦须休息。"吕祉慷慨地说:"下官便在马上休息!"张浚说:"不可!"他亲自拉着吕祉的手,强令他休息两个时辰。

刘光世率领全军五万二千人,连同约二十万家眷,撤退到了和州地界,缓慢地向大江北岸行进,准备从采石矶渡江。刘光世按照惯例,当然是逃跑在前,他让众妻妾登上一艘最大的渡船,自己正准备吩咐一下王德、郦琼等将,然后上船。只见有一条官船向自己的方位划来,船头上站立着一个官员。船只泊岸,那名官员登岸,刘光世方才得到军士禀报:"都督行府吕参议前来拜见刘相公。"刘光世不敢怠慢,亲自迎接。

双方行揖礼后,吕祉开门见山地说:"下官奉张相公命,到此督刘太尉反击伪齐军。"刘光世见来者不善,就用略带讥刺的口吻反驳说:"下官亦是奉赵、折二相公所传圣旨,收兵保江南。"吕祉听对方抬出宰执和圣旨,就提高嗓门说:"若是下官无圣旨与都督府令,岂敢到刘太尉军前督战。"说完,就向刘光世递交了手诏和都督府札。

不识字的刘光世在江边行遥拜跪领礼后,就命令幕僚给他念两份文件。刘光世听着,不由额头流下了汗珠,他懂得,皇帝强调"依军法从事"还是没有前例的,这次再要依旧例行事,不与伪齐军拼杀一场,已无法向皇帝交账,就对王德、郦琼等将说:"你们可整军北向,迎战刘豫。当职自当率全军老小济渡,安泊得稳当,免你们后顾之忧。"

吕祉连忙拦阻,声色俱厉地说:"刘太尉,建炎四年时救楚州,圣上教你渡江,你巧言抗旨,唯是以轻兵渡江,虚报战绩。然而如今非是建炎四年时,下官识得刘太尉,匣中有张相公所付宝剑,便识不得刘太尉。全军老小自可渡江安泊,然而刘太尉身为大将,岂得尸位素餐,不亲自督战。张相公教下官传言,若是虏、伪合兵前来,尚有可说,此回唯是刘豫小丑跳梁,刘相公若是破不得刘豫,岂不取笑于天下?张相公底宝剑亦岂能容情。"说完,就把腰间的佩剑抽出了一半。

刘光世自从当大将以来,还是初次遇到了这个难对付的书生,他已无法顾及自己的体面,面带惊慌的神色,用半是命令、半是哀告的语气,对王德等众将说:"你们且向前,救取吾首级!"于是王德和郦琼就率各军返回庐州,而刘光世也率领亲兵部落军随后出发。吕祉在分别前,对刘光世再次强调:"圣主与张相公专候刘相公底捷报!"刘光世苦笑着说:"此回若是不得破贼,亦是难以再见吕侍郎。"

伪齐虽然分三路进兵,而新封淮西王的刘麟当然是处于主帅的地位。但刘麟也汲取前年的教训,自己不亲上战阵,只是屯驻在淮北的顺昌府(治今安徽阜阳),命令东、西两路军先渡淮水,又命令崔皋、贾潭、王遇各率三千人渡淮进行硬探,即军事侦察,不敢径攻刘光世行营左护军的大本营庐州。

王德和郦琼回兵之后,就带兵从庐州出发西向,来到寿春府安丰县芍陂以南的谢步镇。他们得到探报,说伪齐一支军队渡淮之后,进犯霍丘县,于是就率军迎战。伪齐崔皋一军只有三千人,当然根本不能与王德等的大部队相抗,很快败走。接着,王德等军又渡过淮水,攻击退兵到顺昌府颖上县正阳镇的贾潭军,又到前羊市攻击王遇军,然后收兵到淮南。于是刘光世的行营左护军就与刘麟军处于隔淮相持的势态。

再说张浚另派都督府的两名属官前往张俊和杨沂中的军中。当时,权主管殿前司公事杨沂中奉命统本军到盱眙城,会合他的老上级张俊。按赵鼎和折彦质的意图,一是满足张俊请求增兵的要求,二是让两军相机共同撤兵。杨沂中在将到盱眙城时,才接到宋高宗的最新手诏和张浚都督府札。他立即加快行军速度,进入刚完工不久的盱眙城,要与张俊商量对策。

张俊在众将中,与杨沂中关系最好,他知道这个旧部属对自己还是相当听话。他接到禀报,说是杨沂中统兵前来,就高兴地说:"此回便可以厮杀,教官家与相公们快活。"他亲自出迎,执着杨沂中的手,进入自己的宣抚司。

杨沂中坐定后,就向张俊出示手诏和都督府札,张俊笑着说:"我亦是恭领圣旨与都督府札,与杨十底全同,目即都督府属官尚在城中。"杨沂中说:"此回主上与都督府督责之严,前所未见。张相公以为,当怎生厮杀?"张俊说:"若是虏人与刘豫俱来,便难以措置。如今既是刘豫自来,自家们又有甚惧怕?体探得刘猊一军渡淮之后,已到定远县。自家们可先破刘猊一军。"杨沂中自告奋勇,说:"既是恁地,我愿统本部军为前锋,请张相公发大兵增援。"张俊就是等杨沂中说这句话,他高兴地说:"我当命前军统制张十三、田十七等五军相助。"

张俊设盛宴招待杨沂中。翌日,张俊又亲自将杨沂中送出城,在告别前,为杨沂中满斟一盏酒,说:"此是建康府所产芙蓉美酒,你当满饮得胜盏,我在此专候捷报。"杨沂中举盏把酒一饮而尽,然后上马,带兵出征。张俊等杨沂中走后,又发付张宗颜、田师中等五军出城。张俊当然不肯亲上战阵,他认为,这样的军事部署就完全可以向皇帝和都督府交账了。

杨沂中本是一员勇将,他得知并无金军,更增强了克敌制胜的勇气。他接到探报,说是刘猊军破定远县后,向滁州进兵,准备夺取宣化镇,威逼建康府,决定率军南下,阻截敌军。杨沂中军在离滁州城西不远的越家坊首先与伪齐军前锋接战,打败了伪齐军。

败兵遁回,向刘猊报告。刘猊的谋主李谔对刘猊说:"此回刘相公出师,势如破竹,然而淮西刘大王底大兵尚在淮北,切恐自家们便成孤军深入之势。若是赵氏人马自后掩击,岂不是腹背受敌?下官底意思,不如飞报刘大王,以两军人马会攻庐州,占夺首府,然后另议用兵方略。"刘猊说:"此说甚善,你可速写札子,关白大王。"

李谔又说:"闻得杨沂中甚是骁勇,他既已在越家坊得利,必是统军进逼定远,自家们不如在此城守,以逸待劳,乘隙破敌。"刘猊却表示了反对意见,说:"主上命自家统一路大军,如今前锋已是受挫,若是不得破一杨沂中,我又有何面目见得主上与大王?"

刘猊不听李谔的劝告,统五万人马南下,迎战杨沂中。两军在定远城东南藕塘镇相遇。刘猊军背靠山丘列阵,在阵前部署强弓硬弩,杨沂中军则列阵在敌军之南。杨沂中先派十五名骑士掠阵,伪齐军立即发射骤雨般的乱箭,结果只有四骑逃归。

杨沂中见到这种情势,就对摧锋军统制吴锡说:"敌兵多,官军少,若是教刘猊窥知我军情,以众击寡,便成败势。如今正宜先下手为强,你可统五千精骑突击刘猊底左翼,我以步兵为正军,另出奇兵径攻其立大纛处,必可取胜。"吴锡在绍兴二年,曾临时隶属岳飞,参加征剿曹成,如今正式改隶杨沂中。他只应了一声:"会得!"就率领五千骑兵驰击敌人。

伪齐军的箭雨无法阻遏宋军骑兵的攻势,吴锡军支付三百多人伤亡的代价,还是突入敌阵。伪齐的步兵遭受宋军骑兵蹂践,顿时发生混乱。杨沂中就乘机指挥步兵,进行正面冲击,他骑一匹大白马,手持茅叶枪,亲自率领剩余的三百骑,抢先向敌阵设立大纛的所在突击。刘猊见到敌方一个长髯骑将,连刺几名军士,所向披靡,就对李谔惊呼:"此髯将军锐不可当,必是杨沂中!"他见杨沂中率骑兵向自己所在的方位冲杀而来,就顾不得全军,只率数名亲卫骑兵,与李谔率先逃遁。此时,张俊派遣的张宗颜、田师中等五军也正好赶到藕塘参战。

杨沂中命令军士大喊:"尔们皆是赵氏百姓,何不速降!"在主将逃遁,群龙无首的情势下,伪齐军纷纷卸甲弃兵,坐在地上投降。宋军大获全胜。

藕塘之战成了决定淮西胜负的关键性一战。刘麟听说刘猊失败,也从顺昌府撤退。孔彦舟军正围攻光州,听到败报,也率军退遁。于是刘豫发动的攻势就全面瓦解。

事后,宋廷将杨沂中由密州观察使升保成军节度使,其差遣也取消权主管殿前司公事的"权"字,另加殿前都虞候的头衔。杨沂中成为继岳飞之后,又一个升节度使的大将。张俊尽管未到战场,也由开府仪同三司升少保,由崇信、奉宁军两镇节度使升镇洮、崇信、奉宁军三镇节度使。

但是,宋军的追击战却并不成功。张俊得知藕塘之战大胜,就亲自与杨沂中合军,打算乘胜攻占寿春府。结果接连攻城三天,损兵折将,只能无功而返。

刘光世原先呆在庐州城里,根本不上前沿。如今他也怀着与张俊同样的心态,准备亲自带兵,渡过淮水,直奔顺昌府。当然,他还是按照惯例,由王德和郦琼统兵在前,直至接到前锋部队占据颍上县的捷报,刘光世才在亲兵部落军的簇拥下,渡过淮水。部落军有三千人,由他挑选的精锐战士组成,实际上是随主帅享福,从不上战场,其中又有三分之一的人从事回易,做生意,所以日常参加护卫的仅有两千人。

这支衣甲鲜明的军伍在淮北平原行进，刘光世还是儒巾儒服，腰悬宝剑，骑着一匹栗色骏马，面露得意之色。队伍距离颍上县城约二十宋里，突然响起了一阵急促的鼓声，伪齐的伏兵从四面八方向部落军袭击。部落军仓促迎敌，但是，这支平日娇生惯养的队伍其实并无战斗力。刘光世遭遇此种紧急情况，首先就率四百亲骑策马狂逃。王德的弟弟王徕是刘光世的亲将，他的勇悍颇似王德，手持一杆狼牙棒，一马当先，为刘光世杀开一条路。刘光世与近三百名亲骑算是逃遁了，而王徕却被敌人乱刀劈死。等到王德和郦琼闻讯赶到，胜利的伪齐军已经退出战场。部落军战死了七百多人，其中包括平时专为刘光世背负交椅的卫兵。刘光世狼狈逃过淮水后，下令把王德、郦琼等前锋部队撤回淮南。

于是，宋与伪齐又恢复到战前隔淮相持的局面。

[叁捌]
再援淮西

自从绍兴二年征剿曹成以来,接连五年,岳飞的眼病不断发作,而这次最为厉害。他返回鄂州后,只能终日卧病在床,不仅卧室用双重麻帘遮蔽光线,有时房里点灯,就必须用麻布蒙上眼睛。眼睛的痛楚,使他无法正常进食和睡眠,只能吃一些稀粥。李娃等亲人,还有张宪、薛弼、李若虚等部属都十分着急,可是偌大的鄂州城里,竟找不到一个专攻眼科的名医。一时之间,吃药和敷药都似乎全然无效。岳飞在世上已生活了三十四个年头,这是一次最重的疾病。他到此才明白了英雄只怕病来磨的道理,只能成天卧床。李娃与张宪、薛弼、李若虚等人商议,为保证养病,决定一切军情和军务都暂时不告诉病人。

一天,急递传到了李纲给岳飞的一封书信,薛弼、岳雲等人认为,李纲的来信就不能不报告岳飞,他们找李娃商议之后,才决定由李娃亲自开拆。大家看了信中的内容,又推举薛弼、李娃和岳雲三人到卧室见岳飞。李娃首先说:"今有李相公寄书,自家们计议,此不比他人书翰。只为鹏举目疾,自家们计议,薛参谋与李相公有旧交,今烦劳薛参谋为你念诵。"岳飞半卧在床上,说:"既是恁地,便烦劳直老。"薛弼接着为岳飞读信:

> 屡承移文,垂示捷音,十余年来所未曾有,良用欣快。伊、洛、商、虢间不见汉官威仪久矣,王灵乍及,所以抚循之者无所不至,想见人情之欢悦也。继闻驻军襄、邓,其所举画,想益宏远。朝廷遣使臣降赐轻赍者,络绎于道,本路漕司亦竭力办集钱粮,转达郢、鄂,比来想不至匮乏。所愿上体眷注,乘此机会,早建不世之勋,辅成中兴之业,

深所望于左右也。

岳飞听后，不由感喟长吁，说："下官此回虽是举兵北向，而未得与虏、伪大军决战，亦是深负李相公底厚望。恭请直老便以此意回书李相公，然而亦不得说破下官底目疾，以免贻李相公底忧心。"薛弼说："鹏举且请安心养疴，下官自当与李相公覆信，不说破你底目疾。"

岳飞的眼病又延挨几天，到十月十五日半夜，李娃和岳飞都已安息，却有岳云叩门进卧室，他低声对李娃说："今有金字牌递到御前文字，薛参谋言道，须是阿爹行遥拜跪领礼，即时开拆。"李娃自然懂得官场的规矩，只能马上安排其实并未睡着的岳飞起床，穿戴整齐，向皇帝所在的方向行礼，接受诏旨。

这是赵鼎为宋高宗草拟的一份手诏，下令岳飞立即率领全军，东下支援淮西。岳飞接到手诏后，只能不顾眼睛昏痛，他让李娃给自己蒙上一块麻布，马上请张宪、薛弼、李若虚等人连夜到卧室。大家围坐在一盏油灯之下，而岳飞则坐在床上。张宪首先说："此回无疑是刘豫虚张声势，诡称与虏人同共出兵。下官已自体探得，犯淮西底敌军并无虏人，龙虎大王唯是屯兵东、西二京，四太子亦是提兵在河北黎阳观战。淮西底王师有刘、张二相公与殿前杨太尉三军，其实足以抵御。襄阳府等处唯有王太尉等四军，若是要勾抽，切恐虏、伪乘机进犯，商、虢等州底寇太尉后军便难以支捂。"李若虚立即附议说："张太尉所言深中事理。"其他人也纷纷表示同意，有人还主张按张宪的建议上奏。

岳飞虽然蒙着眼睛，但他还是听得出，只有薛弼和黄纵两人没有表态。他问道："直老与黄机宜有甚计议？"黄纵说："君命召，不俟驾。淮西虽非紧切，若是岳相公在此养疴，便不是事主之道。官家圣训道：'想卿不以微疾，遂忘国事。'"孙革说："然而岳相公抱病，又如何出征？"岳飞说："你们只须计议，下官自当扶病理会国事。"薛弼并没有多话，只是说："岳相公须忆得，在江州见李相公时，李相公说岳相公用兵有三难。"

岳飞立即应答说："下官敢不奉李相公与直老底教诲。若是在鄂州整顿军马，分发钱粮，俵散衣装，须是多少时日？"张宪还是希望岳飞多养几天病，说："须是七日。"岳飞说："七日甚缓，五日后出师。"张宪仍然坚持说："待下官统前军、游奕军五日后先行，岳相公七日后亲行。"岳飞斩钉截铁地说:"五日后,自家们同行。依圣上底诏令,可将屯驻襄阳底董太尉踏白军亦勾抽前来。"

军事会议虽然做出了决定,但最不放心的当然是李娃。她担心丈夫的眼病。平时处理事情,李娃一向颇有主意,如今倒有一种束手无策之感。病急乱投医,她只能到鄂州所有的寺庙进香,祈求神佛保佑丈夫早日康复。被病痛折磨的岳飞也只能强进饮食,加紧服药。

出师前夕,张宪会同众将和幕僚,与岳飞进行又一次军事会议,他向岳飞提出:"此回援淮西,顺江东下,水军同行。岳相公不如坐大车船,以便养病,亦不妨军事。陆行诸军,便交付下官主张。"眼睛蒙着麻布的岳飞明白,这其实绝不是张宪个人的意见,而是众人的主意,就说:"国步维艰,军务鞅掌,做大将底,岂可不与将士同劳苦,而优养于船中。可依平杨么时底旧例,教岳机宜牵马,与军伍同行。"薛弼、李若虚、黄纵、孙革等幕僚纷纷以文士的身份劝说,岳飞平时最礼敬文士,但他们今天的劝说终归无效。

十月二十一日,岳飞亲统背嵬军、前军、左军、右军、游奕军、破敌军和水军出发,水陆并行,而董先的踏白军还正在从襄阳赶往鄂州的途中。岳飞眼睛蒙上白麻布,李娃泪汪汪地扶着丈夫,千叮万嘱,但她绝不愿意让外人见到自己的儿女情长,只是率领家眷将岳飞送到门口,然后由岳雲和岳雷扶父亲出门。岳飞上马后,嘱咐岳雷回家,自己由岳雲牵马,四名亲兵护卫,来到队伍之中。

大军抵达江州,得到消息,说伪齐军已经战败退遁。岳飞与部属们都明白,此次兴师动众,已成无谓的虚行。岳飞一方面命令孙革赶紧为自己上奏,向宋高宗报告大军已到江州,请求朝廷指示,另一方面又召开会议,讨论下一步的军事行动。

徐庆说:"如今自家们已是空自奔波忙碌一回。不如乘机渡淮,径攻顺昌府城。"牛皋马上附议说:"刘麟伪封淮西王,亲驻顺昌府。官军再援淮西,岂得不厮杀,便自退兵,取消于天下。"大家纷纷表示同意,薛弼却说:"淮西是刘相公底分地,自家们既是客军,便不宜喧宾夺主。如是得自朝廷指挥,方得稳当。董太尉踏白一军既是未到江州,可教他们速归襄阳。切恐伪齐袭扰新收复地界,缓急亦可照应。"岳飞最后说:"可依直老所议,教董太尉率本军急速返回襄阳。自家们连日行师,便在江州安泊一日。依朝廷底指挥,本军当自江州前去江南东路池州。如今可自江州渡江,径到光州固始县,候朝廷指挥,然后渡淮收复顺昌府。"

接连多日劳心劳力,岳飞的眼病又加剧了,他乘着休兵一天的机会,暂住江州州衙卧床养病,岳雲不离左右,照顾和服侍父亲。黄纵突然带着一名医生和一位僧人来找岳雲,原来两人是朝廷特派的眼科医官、保安大夫皇甫知常与和尚中印。两人奉命,乘驿骑昼夜兼程,来到军中。岳雲得知情由,又见两人面带饥疲之色,急忙长揖,说:"保安皇甫大夫与长老此回到军中,亦是阿爹不幸之中底大幸。然而你们兼程到此,须是午饭后休息两个时辰,方得与阿爹会诊。"皇甫知常说:"久闻岳相公忠勇,国之柱石,自恨无缘得见。今日得为岳相公医治,亦是自家们三生有幸。请目即便见岳相公。"岳雲却是坚决阻拦,坚持请黄纵陪两人午饭,并且让两人午睡。

傍晚时分,皇甫知常和中印由黄纵和岳雲陪同,来到卧室。他们与岳飞互相行礼毕,不让岳飞介绍病情,先让岳飞半卧在床上,仔细观察岳飞的眼睛,并且为他切脉。岳飞问道:"下官苦于此目疾,已有五年,不知可得愈否?"皇甫知常和中印互相望了望,中印示意由皇甫知常回答。皇甫知常说:"岳相公所病,便是肝热。"

岳飞不解地问:"下官唯是病目,而非病肝,此是甚说?"皇甫知常又对中印使个眼色,于是中印说:"肝为目之本,目为肝之窍。肝阳上亢,便致使岳相公面红目赤,口苦咽干,睡时易惊醒,前溲常赤,后溲常干。"岳雲说:"长老所言,深中阿爹底病理。不知当怎生医治?"皇甫知常说:"依此病理,治目必先治肝。须是祛除肝热,理顺肝气,除瘀开窍。"两个医生商量后,给岳飞开了煎汤药和洗眼药的处方。

岳雲看了处方,又不解地问道:"保安皇甫大夫与长老所用底药,如黄芩、决明子、木贼草、羌活、菊花、龙胆之类,阿爹亦早已服用。"皇甫知常笑着说:"用药之要,在于君药、臣药、佐药、使药,互相宣摄,合和得宜,各臻其妙。下官料得,岳相公服用自家们底药,五日之内,必是有效,一月之中,必是痊愈。"中印补充说:"贫僧底意思与保安皇甫大夫相同。"两人的话,至少已对岳飞起着巨大的心理安慰作用。

按照朝廷的旨意,皇甫知常和中印须要随军,直到岳飞完全痊愈,方才可以返回行在交差。翌日,各军集结和整顿队伍,按计划依次渡江北上。岳家军在淮西行军途中,又先后接到御前金字牌传递到宋高宗的手诏。第一份还是发布在得知岳飞自鄂州发兵前,说"淮西贼遁","卿之大军未须遽发"。第二份则是命令他收兵回鄂州,"其或襄、邓、陈、蔡有机可乘,即依张浚已行事理,从长措置"。

原来岳飞的奏疏传递到平江府行朝时,正值赵鼎和折彦质进行面对。宋高宗此时的心境颇好,他简直不加思索地说:"如今淮西已是无事,岳飞自不须再来。"说完,就命令宦官将岳飞此奏给两人传阅。赵鼎和折彦质的心境却与皇帝完全不同,他们的内心都不得不承认,非要让岳飞兴师动众,带兵到淮西,无疑成了一个馊主意。他们已经风闻到廷臣们对这次战事有各种各样的议论,有人开始指责他们在伪齐虚声恫吓面前,表现得惊惶失措,几乎败坏国家大事。据说有的台谏官还准备进行弹劾。岳飞此份奏疏,事实上是增重了被指责和弹劾的分量。

赵鼎到此只能自我解嘲说:"岳飞遵依朝廷指挥,已到江州,足以见诸将尊朝廷,凡所命令,不敢不从。"宋高宗也高兴地说:"刘麟败北,尚不足以教朕欣慰,而诸将知尊朝廷,方足以教朕欣慰。"

岳飞接到第二份手诏后,就统兵返回鄂州。军队将要离开江南西路兴国军的地界,有任士安奉命追上了岳家军。原来李纲终于得知岳飞的眼病,特别从洪州派他前来问候,并且也带来一位眼科医生。岳飞怀着十分感激的心情,再三对任士安表示谢意。那名眼科医生的诊治方案也与皇甫知常、中印相似。经过他们的治疗,岳飞的眼病开始好转。

[叁玖]
偏师退敌

刘豫本来就怀着孤注一掷的赌徒心理,他接到淮西的败报,反而没有太多的震恐,反正有龙虎大王完颜突合速为自己守东、西两京,黄河以北又有完颜兀术大军,如果宋军敢于北上,无非是同金军决战,万一再次战败,又大不了是随金军逃往河北。但是,另一件事又使他感觉难堪和担心,原来完颜挞懒以大金元帅府的名义,给刘豫递发一份措辞严厉的札子,斥责他大言不惭,轻率用兵之类。刘豫当然不愿意把这份公文出示臣僚们,只是与刘麟两人私下阅读和讨论。他已经听到过一些传闻,说是金朝有的女真贵族建议废除伪齐,另立宋钦宗的儿子赵谌,与南方的赵构政权对峙。刘豫一夜未曾安眠,他苦心思索自己的出路。最后,就披衣起坐,连夜在蜡烛下亲笔写就一份给完颜挞懒的谢罪信,用最卑屈的词句,向对方告哀乞怜。

翌日,刘豫在文德殿召集臣僚会议。他首先厉声宣布:"刘猊虽是朕底亲侄,然而此回淮西用兵,却是临阵先遁,岂得不惩治,以儆戒不用命者。可将他废为庶人。孔彦舟渡淮之后,进退合宜,可将他升擢三官。"群臣一时都感到难以对答。郑亿年想了一下,就赞美说:"陛下赏功罚罪,不问亲疏,煞是帝王底大德大度。"既然有人示范,于是群臣就一窝蜂式地为君主唱起赞歌。尽管大家心里都明白,贵为淮西王的刘麟没有越过淮水一步,而在仓皇逃窜时扔弃的运输车有七千辆,船有七百艘,另有大量的钱、粮、帛之类,如果真要罚罪,刘麟自然是首当其冲。当然,刘豫通过处分刘猊,以求在金人面前蒙混过关的深意,这又是伪齐群臣所不曾猜想到的。

刘豫倾听着臣僚们的赞辞,虽然明知他们无非是自欺欺人,内心还是有一种相当甜蜜的麻醉和安慰,愈是处境不利,他就愈需要这样的麻醉和安慰。他等臣僚们的讴歌进行到某种火候,就问道:"依众卿之见,后段便当如何?"李成说:"依臣之愚见,体探得岳飞目即勾抽人马,沿江东下,此正是收复商、虢等处底良机。"在再败之余,仍要发动进攻,这在文臣们看来,无异于痴人说梦,但大家还是要看刘豫的眼色说话,一个也没有表示反对意见。

李成的建议倒正符合刘豫父子的赌徒心理,刘豫简直就不加思索,说:"此议有理!"刘豫的亲弟、人称"五大王"的刘復,以淄川郡王的身份外任济南知府。此人正好近日来到开封,他当即慷慨地说:"微臣不才,愿统军收复商、虢、顺州,以洗雪失地之耻。"刘豫正为处分亲侄,感到脸上无光,现在有亲弟自告奋勇,使他颇受鼓舞,忙说:"既是恁地,你可有甚出师底方略?"他的话却把刘復问倒了,原来刘復是一个标准的酒囊饭桶式的人物,他所以主动请缨,绝不是打算亲临行阵,只是想当一个名义上的主帅,由众将出力出谋,自己坐享其成。但刘復也有他狡黠之处,他决不能承认自己根本没有任何计谋,只是说:"用兵是大事,须是集思广益,方得济事。微臣愿博采众议,秉承陛下圣断,然后出师。"

刘豫说:"众卿有甚奇谋妙策,可悉心开陈,朕愿虚心听纳。"廷臣们大抵是不知兵的文士,要他们拿出高明的军事计谋,当然是缘木求鱼。于是众人苦心焦思,却又面面相觑,最后却还是郑亿年抢先发言:"臣愚以为,可教大金人马助王师。"刘豫不解地问道:"大金明言不出师,唯是助朕守两京,又如何教大金出兵?"诡计多端的郑亿年说:"大金近年不比初起兵时,若是以钱财通关节,或可教龙虎大王麾下私自出兵。"一句话提醒了刘豫,他高兴得拍案起立,一时竟忘却了臣皇帝的尊严,说:"郑卿煞是朕底智囊!"

刘麟补充说:"臣观龙虎大王驻兵琼林苑、金明池,他与聂耳、秦欲二万夫长皆是粗鲁,难以通商量。然而驻西京底高、王二万夫长,一是渤海人,一是汉儿,颇可通关节。"刘豫说:"卿可去西京,与成秉科等人计议,教他们与大金军马同共出兵,破寇成一军,收复商、虢、顺州。"又对刘復说:"卿可去汝、蔡州,出兵到唐、邓州界,扬言径取襄阳府,教王贵首尾不得相顾,难以救援寇成。"刘豫所以另作一番部署,是希望儿子坐镇西京洛阳,如果成秉科与金军得手,则功劳无非记在儿子的账上,可以稍稍洗雪淮西之败的责任,对金人有所交待。如果在军事上再次失利,则又与坐镇西京的儿子无关。刘复本来是主动请缨,如今却改派他担任一个次要的角色。

刘复说:"臣出师,不可无将,愿求李太尉与臣同行。"刘复的盘算自然是让李成负军事成败的全责。刘豫说:"李成是朕底爪牙,且驻东京,以备缓急,可教商元、李序、郭德、马汝翼等将助卿,令帐前使唤。"郑亿年说:"依臣愚见,便是龙虎大王,亦可稍作试探。"刘豫说:"朕赐卿黄金三千两,卿可去琼林苑,见机行事。"

伪齐小朝廷部署已定,刘麟和刘复就分别行动。刘麟快马赶到西京城里,径入府衙,成秉科等官员连忙出迎。经历几次失败的刘麟也学乖了,他只是向成秉科等人布置任务,命令他们出面宴请高召和式与王伯龙,而自己不出面。成秉科等几名重要官员立即亲自到驻军城北的金人营寨,把高召和式和王伯龙请到府衙。

觥筹交错、歌舞侑酒的宴会进行得正热闹,成秉科吩咐仆从取来了两个黑漆木盘,每个盘铺上一块粉色丝绢,其上各有十个灿烂的金锭,每个重十宋两,当时是十六两折合一斤。成秉科注意观察高召和式与王伯龙的表情,只见两人都紧盯住这两个木盘,眉飞色舞,就屏退仆从,然后离席对两人说:"此是皇子、淮西王底至意,恭请二太尉笑纳。"高召和式的地位自然比汉儿王伯龙略高,他望了王伯龙一眼,然后说:"自家们感荷刘大王底美意。"

成秉科说:"下官唯是奉刘大王之命,欲以紧切底事相托,若是事成,刘大王另有重酬。"高召和式与王伯龙到此都明白,刘麟的二十个金锭当然是不想白送的。王伯龙说:"甚底紧切事,成大尹不妨直道来。"成秉科说:"刘大王只为淮西失利,欲乘岳飞举兵东下之机,收复商、虢、顺州,然而本朝兵力不济,欲恭请二太尉出兵相助。"

高召和式与王伯龙互相交换了眼色,都发出了略带尴尬的微笑。两人在金军中当上万夫长,自然地位不低,但仍有相似的苦恼。金军中女真人自然居于支配地位，其他民族的将领，惟有汉儿韩常，因为曾在富平之战救过完颜兀术的性命，最得完颜兀术青睐。两人在一般场合下，只能当忍气吞声的小媳妇，尽管内心不服。论私交，两人虽是不同民族，也说不上亲密，但由于处境相似，也还是过得去。高召和式说："刘大王若欲自家们出兵相助，便是龙虎大王亦是不得主张，须是乞元帅府底札子。"

成秉科说："若是乞元帅府札子，便不须烦劳二太尉。下官知得，如今大金底国事，亦比不得太祖郎主起兵之初，当时端的是令行禁止。若是得以瞒上不瞒下，刘大王直是不忘二太尉底功德。"说到这种地步，双方才正式开始一场钱权交易的讨价还价。成秉科等人不料两名万夫长还提出不少条件，而他们又无法作主，于是就干脆把刘麟请来，请他亲自主持谈判，以便拍板成交。

双方最后商定，这次私下出兵，至少不须报告龙虎大王，所以高召和式和王伯龙就不能亲自统军出战，他们率领少量亲兵，留守营寨。伪齐向高召和式和王伯龙另外贿赂黄金各一千两，每个千夫长贿赂黄金一百两，每个百夫长黄金二十两，每个五十夫长黄金十两。高召和式和王伯龙两部的金军共计有一万六千人，其中没有女真人，全是渤海人、契丹人、奚人、汉儿等，此次出动一万五千人，自千夫长以下，都临时归伪齐成秉科等人指挥。双方达成协议，已到半夜。刘麟还特别向两个万夫长赠送了四名美女，千恩万谢，将他们送回营寨。

于是伪齐军联合金军发动的新攻势很快开始，岳家军的防区，西自商州，东到信阳军，都遭受规模不等的攻击。

岳飞班师后，统制寇成率领后军，负责商、虢州和西京伊阳等四县的防守。由于后军副统制李山带走一千三百人马，还是在江南西路负责弹压盗匪，寇成所统仅有五千五百人。他按照岳飞的指令，动员上述地区的乡民组织队伍，守卫各处要隘，部署第一将戍守商州，第二将屯兵伊阳等县，本人率其余四将驻兵虢州州治卢氏县。

伪齐军两万人，另加金朝的高召和式和王伯龙所部，这次由成秉科和安抚使傅安平，还有韩汝弼和王大捷二将指挥，他们沿着洛水上游的方向，杀奔福昌、永宁、长水县，径攻卢氏县。凭借兵力上的优势，伪齐军和金军沿途杀戮归宋的乡兵,残害无辜百姓。到十月下旬,就进兵卢氏县北的险隘铁岭关。另外,陕西的一支伪齐军也配合成秉科大军的攻势,同时进犯商州。

寇成不断接到敌军进犯的报告,他知道此次敌人在兵力上占有很大的优势,福昌、永宁和长水三县转眼之间失守,又给他很大的精神压力。他派人飞驰襄阳府,向王贵求援,但最后得到的回报是,伪齐汝、蔡州一带也集结重兵,准备进犯唐、邓州和襄阳府,王贵仅剩中军和选锋军,难以调兵支援。寇成召集本军第三、第四、第五、第六将的将官会议,大家纷纷建议守卫作为州城门户的铁岭关,最后寇成还是力排众议,他说:"如今收复底州县已有失守,须是以破敌为上,州县底得失为次,不如诱敌深入,另作计议。"他果断地将本军四将所余兵力三千五百人撤出卢氏县城,退到南面设伏。另外,又命令高道和李通率第二将从伊阳出击,专门截取敌军的粮食供应,还派人到金州,请求邵隆出兵,支援商州的第一将。

再说成秉科的大军由傅安平率两千三百伪齐军和七百金军为前锋,兵临铁岭关。关上原有二百名当地壮丁组织的乡兵守卫。寇成为了使他们避免作无谓的牺牲,下令让他们解散,分别撤回自己的村庄。当伪齐军抵达时,关上已无人守卫。傅安平占领关口,派人报告成秉科。成秉科来到关口,只见一山横截,石色如铁,其中仅开了一条两人勉强并行的小道,一面是峭壁插入九重青天,另一面是断崖落入百丈深谷。

成秉科非常得意和骄狂,他用讥刺的口吻说:"此处是洛中第一险隘,人言岳飞用兵如神,寇成又是他底亲将,不料竟不守此关,足以见得他怯战。"傅安平说:"如今已是体探得,此关原有乡兵把截,闻得寇成军已自卢氏县城逃遁,他们亦是星散。"成秉科命令说:"你可率前锋先入卢氏县城,等候大兵。"成秉科接着又吩咐众将说:"虢州乡民不服大齐王化,竟是为亡宋宣力,煞是可恨。可分布人马,到各处村落搜捕,若遇降宋乡兵,悉与斩馘!"于是伪齐军和金军就深入附近村庄,进行新的屠杀。

二十八日,成秉科的大军进入虢州州治卢氏县城。他命令傅安平继续进兵,说:"此回可直捣邓州内乡县,与五大王军会师。"傅安平当即率三千人往东南方向进发。这支队伍涉过洛水,于二十九日来到横涧寨一带。

金军千夫长、渤海人窦保活里率领着七百金军走在队伍的前列。当时渤海人一般使用汉姓,而名字或是使用汉名,如高庆裔,或是使用女真等族的小名,如高召和式,或是两种名字兼用。保活里是女真语,意为侏儒。他部属的将士大多是渤海人,少数是契丹人等,一半骑兵,另一半是随从步兵阿里喜。窦保活里骑着一匹黑马,在马前则有骑兵举着一面绣白日的三角黑旗。他们在崎岖的山路中行进,未料到已经进入了岳家军的伏击区。

寇成在山上见到来者正是金军,而根据一面旗帜的方位,又很容易找到敌方的将领,就命令二十名神臂弓手,首先向敌将攒射。二十支利箭同时飞向目标,窦保活里本人和坐骑身中十箭,立时倒地毙命。在一阵急促的鼓声后,两边山上响起了喊杀声,后军四将的将士杀下山来,猛烈攻击金军。金军群龙无首,他们已无法组织有效的抵抗,只是在混乱中夺路逃窜。溃败的金军又冲动后面的伪齐军,双方在狭窄的山路中自相践踏。傅安平听说金军失败,更没有勇气再战,只是带头逃遁。

寇成的后军杀死敌人二百多人,夺到一百多匹战马,并且缴获窦保活里腰间的银牌,确认他是一名千夫长。他们抓住了八名重伤的俘虏,可惜都很快咽气,而得不到口供。寇成接着又得到探报,说是伪齐军与金军再次扑向横涧。

原来成秉科见到败逃回来的傅安平,得知金军千夫长窦保活里战死,就把傅安平责备一通,改派王大捷指挥前锋部队,包括伪齐军三千人和两名金军千夫长所部一千五百人,重新进攻,而他本人率领大军作为后继。三万余人的队伍,在山间小路从头到尾连绵几十宋里。

三十日时近正午,王大捷的前锋部队来到横涧寨。这里原是北宋后期修筑的巡检寨,寇成临时指挥军队用石块进行加高加固,成为一个小小的坚垒,他亲自率领后军第三将守寨,而部署第四、第五、第六将休息和设伏。担任硬探的三百伪齐骑兵直奔寨前,只见寨内似乎没有动静。突然,石垒上树立起一面红旗,上面用黑线绣着"後军寇"三个大字。旗帜就是信号,一阵乱箭,将最前列的敌人射倒了二十多骑。

王大捷一面飞报后队的成秉科,一面下令进行攻坚。于是岳家军与伪齐军互相以炮石、弓箭、弩箭进行对攻,但防守者依托石垒,使敌人死伤累累,却无法接近寨墙。成秉科和傅安平、韩汝弼等将到前沿观战,韩汝弼眼看难以攻破横涧寨,就对成秉科说:"依下官之见,山路隘狭,摆布不得大兵,强攻难以速胜,不如挥军绕道,将此寨包围。待寇成后军粮尽之后,必是成擒。"成秉科说:"此计甚妙,韩观察可率军五千,绕出寨后。"原来韩汝弼的官衔是左武大夫、熙州观察使,故称他为"韩观察"。

傍晚时分,正当韩汝弼率五千人准备绕道时,寇成却乘击退敌军又一次进攻的机遇,发起反攻。他手执宝剑,亲自率领第三将的将士突出寨外,追杀敌军,养精蓄锐的另外三将的将士,也适时分道进击。伪齐军和金军方面攻打横涧寨多时,兵疲意沮,他们的优势兵力成长蛇之势,在山区展不开兵力。前方的败军冲动后面的军队,使后面的军队也难以进行抵抗,于是很快举军崩溃。寇成自知兵力少,所以也在天黑前收兵。

成秉科率败兵逃回卢氏县城,又得到报告,说后勤运粮队在永宁和长水之间,遭受高道和李通所率后军第二将的袭击,全部粮食和辎重都被截获。成秉科命令调查一下军队的存粮,发现只够三、四天吃用,就只能下令退兵,逃归洛阳。

寇成的后军在横涧一战,杀敌六百多人,另外还俘虏了五百余人。寇成连夜审讯俘虏,了解敌情。十一月初一日凌晨,寇成首先召集四将的将官们会议,他说:"当职依众俘供通底敌情,煞是军马势重。若是依伪将韩汝弼底计议,绕道而行,横涧寨便成腹背受敌。自家们在此不可久驻,须是移军南向,择利下寨,待机破敌。"众人对寇成的意见都表示同意。寇成又说:"岳相公自来用兵,必是推广德意,歼敌首恶,而释放余党,以求恩结人心。然而此回成秉科率虏、伪兵前来,沿途屠戮忠义百姓与乡兵,极其凶残,亦不可不惩。"有人问:"当怎生处分?"寇成咬牙切齿地说:"须是将俘虏悉与斩馘,教他们知得王师亦是恩威兼行。"

寇成命令军士将五百多俘虏全部押到寨前的小片空地。寇成严厉谴责伪齐军和金军此次屠害无辜的罪行,最后宣布说:"往时王师好生之德,凡有俘降,悉与放行,不料你们怙恶不悛,肆意残害乡土底父老兄弟,此回便宽恕不得!"他一声令下,五百多名俘虏就被全部斩首,只保留五人性命,放他们回去报告。

寇成处理了俘虏后,就率四将人马南撤,抵达朱阳山的五里川一带,重新设寨。他很快接到探报,说是敌人的大军遁回洛阳,于是又再次率军重占卢氏县。

再说商州一带,是寇成派本军第一将驻守。正将边俊、副将李喜和准备将贾彦经过商量,决定由贾彦统兵三百人,驻守武关,边俊和李喜则率本将的大部分兵力屯守州治上洛县,而其他地区则是部署当地的乡兵守卫。

刘豫的堂弟、伪齐四川招抚使刘夔自从仙人关之战后,仍住在京兆府,在完颜撒离喝的卵翼之下生活,如今他又接到刘豫的密令,通过行贿,向完颜撒离喝请求到千夫长孛术鲁窝谋罕所统的六百人,另加一万伪齐军,算是组成了联军。刘夔本是草包,他选用了赵彬和慕容洧两将作为助手,统兵进犯商州。按照赵彬和慕容洧的谋划,尽管伪齐军有兵力上的优势,还是采取避实击虚的策略,他们从华州出兵,先攻最北的洛南县,再攻位于武关和上洛县之间的商洛县,切断两支岳家军的联系。然后破武关,截断东方的援军来路,再消灭驻守上洛县的孤军。到十一月初一日,这支军队就占领了商洛县城。

屯守武关的贾彦得到消息,一面派人飞报寇成,请求支援,一面激励部众,准备死守关城。他对将士们说:"虏、伪军有一万余人,自家们唯是三百余人,难以出关厮杀。然而须是誓死把截,与关城共存亡。我料得寇太尉、王太尉等,必不坐视武关沦陷,须是前来救援。"

刘夔的军队在商洛县休整一天,于三日出发,进攻武关。贾彦指挥三百壮士,依托关城,进行顽强抵抗。伪齐军在四日又发动更猛烈的攻城,当天上午,伪齐军曾经三次登上城头,却都被贾彦军杀退。刘夔眼看攻势受挫,就亲自邀请金军千夫长孛术鲁窝谋罕。窝谋罕的女真名,意为鸟卵。孛术鲁窝谋罕所统六百人,一半是女真精兵,一半是汉儿等组成的阿里喜。他命令三百女真人披戴厚重的兜鍪和重甲,冒着敌方的矢石,居然冲上城头。

贾彦仍然率领部队拼死抵抗,本人多处受伤,还是挥舞两把手刀力战,接连劈死五名金军。但因双方兵力相差悬殊,三百人战死了约一半。正当贾彦军处于十分危急的关头,董先的踏白军及时赶到武关。前面已经交待,踏白军本来是按宋廷命令,从襄阳抽调到淮西,岳飞又命令此军中途折回。董先率本军抵达襄阳府后,王贵命令他赶紧率军救援商、虢州,由于虢州的寇成后军已经逐退敌人,于是就急行军,前来武关。统领李建和张玘指挥第一将首先到达武关,接着其他各将的人马也先后赶来。援军的参战,顿时扭转了战局,岳家军将已经攻入关内的金军和伪齐军逐出武关。李术鲁窝谋罕在混战中死在关城里,他腰间的银牌被踏白军军士发现,因而确认了他的身份。

贾彦扶伤参见董先,董先执手慰劳说:"贾太尉忠心赤胆,此回血战,极是艰难,下官当上申岳相公,为你请功。"他接着又和众将商讨明天的战斗部署。李建说:"关前山路狭隘,摆布不得兵力,不如……"他言犹未了,有军士前来报告,说刘夔的大军开始撤退。原来刘夔在当天战斗受挫后,本无斗志,突然又接到探报,说是邵隆统兵到上洛县,与边俊、李喜合军,正在向洛南县进兵。刘夔担心自己的后路被切断,慌忙带兵逃遁。董先让贾彦与部兵在关城休整,自己马上率精锐军马追击。

刘夔的军队在岳家军的追击下,四散逃窜,溃不成军。董先与邵隆两军会师后,按照宋廷的规定,邵隆就以知州的身份接管商州的防务,董先带领本军和后军第一将撤回邓州。

刘復集中了五万伪齐军,另加金军一千三百骑,驻扎在汝州叶县、鲁山县和蔡州遂平县,不断放出风声,说金、齐联军要进攻唐、邓州,直取襄阳府。原来郑亿年还是买通了龙虎大王和两名女真万夫长,他们私下命令两个千夫长,带兵助战。这类风声是起了作用,王贵始终将中军和选锋军集中在襄阳府,不敢移军支援孤军苦战的寇成所部。

刘復其实也闲着无事,只是成天吃喝,他的口腹之欲特别强,从前已是胖人,如今更加肥胖。商元、李序、郭德、马汝翼等将虽然隶属刘復,但刘復自视甚高,总是显示居高临下的姿态,不与他们亲近。与刘復亲近的,是一个幕僚,名叫路崧。路崧是北宋时的落第举子,但喜欢兵法,夸夸其谈,深得刘復赏识。刘復只要没有事,就与路崧对饮,一醉方休。

十一月初,两人又在开怀畅饮,却接到了成秉科的败报。刘復感叹说:"成秉科等人煞是不成人物,以数万大军迎敌寇成数千人马,犹自败折了空回。"路松笑着说:"成大尹等败绩,却是成全了五大王底立功良机。"刘復问:"怎生底?"路松说:"五大王乘机击破王贵,岂不是为国立功?"

刘復听了路松的鼓动,立即召集众将,他颇带醉意,乜着醉眼,口喷酒气,说:"如今西京成大尹败了回去,此正是你们为大齐江山立功底良机。若是出战取胜,当职自当上奏,圣上岂得吝于封赏。"商元、李序、郭德、马汝翼等人其实没有斗志,却谁也不敢唱反调,大家互相望着,郭德第一个表态,说:"小将自当遵依五大王底指挥。"于是众人纷纷附和。刘復说:"既是恁地……"他正想按路松的主意照本宣科,不料因为酒醉,竟已遗忘,他只能转头望着路松,说:"便请路朝奉代我面授机宜。"路松没有实际职务,但刘復为他弄到一个朝奉郎的文官官衔,故称"路朝奉"。

按照路松的主意,这支伪齐军兵分三路,刘復率领商元、李序,带兵三万和两名金军千夫长所部,进犯唐州的新州城,即比阳县北的何家寨与刘家寨;马汝翼带兵一万,进攻唐州方城县;郭德带兵一万,进攻邓州。后两支部队是从侧翼配合刘復的主攻部队。

王贵自从得知前沿军情紧急,就命令李道率选锋军三将守卫襄阳府,自己率中军和选锋军三将出屯邓州城,以便及时了解和配合前沿的战事。王贵得知敌人三路进犯的情况,正筹划反攻,而岳飞紧急派遣的张宪前军与牛皋左军,也经过急行军,及时赶到邓州,随军的还有干办公事于鹏和书写机宜文字岳霱。王贵得到援军,自然非常高兴,当即与张宪、牛皋分三路迎战敌人。

王贵部署选锋军第四将守邓州,自己与副统制郝晸、统领苏坚指挥中军和选锋军八个将的兵力,向唐州的新州治何、刘家寨进兵。军队行进到距新州治约三十宋里,却正遇知州高青率四百人的队伍。原来高青得知伪齐大军进逼,认为自己兵力太少,难以抵御,就带兵撤退。王贵素来宽厚,他并不责备高青,只是命令高青随军返回州城。

李序率领五千伪齐军充前锋,兵不血刃,占领了何、刘家寨,并且向刘復虚报战绩。但这个襄汉之战的败将相当怯战,他听说岳家军大队人马前来,又连忙放弃何、刘家寨。他的部队刚逃入蔡州遂平县界,又遇上刘復亲统的大军。刘復其实已不习惯骑马,本想坐轿,但听了路松的劝说,只能将臃肿的躯体压在马上,稍骑了一程,已显得疲惫。他听说李序不战而遁,不由火冒三丈。他让李序跪在马前,破口大骂:"这厮鼠辈,胆敢临阵逃脱,须知军法不容。"李序与刘復相处了一段时间,已经摸熟了对方的脾性,他只是用额头不断叩碰冬月冰冷的地土,等刘復骂声稍低,就用哀求的语调说:"乞五大王恕罪,下官愿执鞭随镫,在马前伏侍,戴罪立功。"刘復说:"你且随大兵进发,王贵些少兵力,何足为忧。你若是上阵不用命,须是两罪并罚。"

刘復的大军再次进入唐州地界,他得到探报,说是王贵军正向自己的行军方向赶来,就在离何家寨约四十宋里的大标木,背山列阵,准备迎战。王贵也得到探报,十一月十日,他亲率一百骑充当硬探,先到战场,然后对众将说:"伪五大王虽是无能,然而此处摆布大阵,以房人为两翼拐子马。如今敌众我寡,王师先发制人,足以取胜。"他部署郝晸和苏坚统率步兵,分左、右翼掩护,而自己集中指挥中军和选锋军的全部骑兵两千人,首先发动突击,直捣敌阵核心。

王贵所率骑士,身披厚铠重甲,战马也披戴马甲,以排山倒海之势,向敌阵冲锋,伪齐军方面密集的箭雨,并不能阻挡骑士们的驰突奔冲,很快就突入敌阵,纵横驰骋,所向披靡。与此同时,金军的两个千夫长徒单斜哥和仆散蒲阿,也分统各自的六百五十骑兵,从左、右两翼迂回侧击岳家军的骑兵,却遭遇郝晸和苏坚指挥的步兵的顽强阻击,他们远则用强弓硬弩射击,近则用大斧、麻扎刀,专劈马足。这一套专门迎战女真骑兵的战术,在对付少量敌骑时,自然格外奏效,女真骑兵的攻势很快被击溃。刘復本人和路松自然躲在大阵的后部,眼看岳家军的进击锐不可当,就抢先骑马逃遁。金、齐联军全军奔溃。王贵军击败刘復大军后,乘胜追击,攻取了蔡州遂平县。

与此同时,统制牛皋和副统制傅选指挥左军,赶到方城县迎敌,于鹏也随军参战。伪齐马汝翼军抵达县城东北二十宋里,地名昭福,与牛皋的左军发生遭遇战。牛皋与傅选挥兵冲锋,很快就将敌人击溃。马汝翼率败军逃奔十余宋里,到达和尚寨,不料左军第一将早在这里埋伏,韩清、李德和何宗元指挥伏兵出击,在战斗中,马汝翼被斩。此战前后俘降的伪齐军达一千多人,缴获战马三百余匹。

战斗结束后,牛皋问于鹏:"伪齐底俘虏们屡次犯顺,当怎生处分?"于鹏明白,牛皋的意思其实是想斩杀俘虏,就说:"当年诸葛亮七擒孟获,方得服南人之心。此回俘降底并无番人,皆是中原赤子,尤须以宽厚结人心。此便是岳相公底至诚心愿,自家们须是遵依。"牛皋笑着说:"便依岳相公底旨意。"他让于鹏对俘虏们训话,凡是不愿从军者,一律释放。

张宪与副统制王俊、统领孙显等,统率前军来到邓州内乡县,岳雲也随军参战。张宪命令众将说:"贼兵穿行熊耳山山间小径,然后入内乡平原之地。官军若以轻兵诱敌,设伏,断其归路,必可大获全胜。哪个太尉愿以轻兵诱敌,哪个太尉愿断贼归路?"第一正将张应和第二正将李璋应声起立,同声说:"下官愿往!"张宪对王俊和孙显说:"王太尉可与张正将同去诱敌,而孙太尉可与李正将断敌归路。当职率四将人马部署伏兵。"岳雲说:"小将愿追随王、张二太尉同上战阵。"

王俊说:"诱敌须是马军,而不须第一将底马、步军同去。"王俊所说当然也有道理,其实却是害怕首当敌冲。第一副将王兰说:"下官愿统百骑前往诱敌。"岳雲踊跃参战,说:"小将愿与王太尉同往。"张宪表示同意。

王兰与岳雲两人,一个持浑铁枪,一个持四十宋斤双铁椎枪,率领一百轻骑,来到熊耳山的隘口,拦截敌军。郭德的伪齐军由施富带一千人为前锋,岳家军与敌人稍稍接触,立即回马退兵,施富却迟疑不追。郭德策马上前,责问说:"施太尉何以不进兵?"施富说:"岳飞军以轻骑前来,旋即退兵,下官疑他们是饵兵,饵兵勿食。"郭德说:"自家们有一万人马,便是饵兵,亦不足惧怕。你且向前!"

施富无可奈何,只能驱兵前进,追赶了约十多宋里,遇到王俊和张应指挥第一将军马在前列阵,狡猾的王俊让张应在阵前,自己却躲在阵后。施富见到对方严整的阵势,不敢轻敌,只能等郭德带领大队人马前来。郭德观望了一下,笑着说:"些少岳飞军,自家们有甚惧怕。"他下令左、右翼首先出战,准备对岳家军实施包围。突然,张宪指挥前军四将的伏兵一齐出战,而张应、王兰和岳雲也统军进行正面攻击。两军的兵力对比,虽然是伪齐军稍多,但显然不堪一击。施富当阵被擒,在"归正底不杀"的喊声中,伪齐军纷纷投拜。郭德带领几十骑,策马狂逃,他们回到来路的隘口,孙显和李璋指挥的第二将伏兵突出,将敌人一举围歼。郭德也当了俘虏。

此外,十一月六日,一支伪齐军也向信阳军窜扰。胜捷军同统制崔邦弼派遣第四将正将秦祐统兵出战,也一举击溃敌人,从长台镇一直追杀到望明港。

到此为止,伪齐军与金军的各路进攻,就全部被岳家军击破。

[肆零]
进 军 蔡 州

十一月十五日,岳飞在夜间带兵回到鄂州,却已来不及与李娃等家人见一面,他不进城里暂憩,就急于挥师渡江。岳飞率背嵬亲军、姚政的游奕军和王万的破敌军三军北上,而命令徐庆的右军与水军留守,由徐庆和薛弼处置后方事务。

岳飞抵达襄阳府,由李道出城迎接,李道向岳飞报告战况,说是前沿各军都已击退来犯之敌,而王贵一军已经突入敌占区。岳飞考虑到运粮的困难,就留下姚政一军在襄阳,自己率另外两军继续北行。由于眼病已经大致痊愈,岳飞赠送三名医生一些钱财,再三表示感谢,发付他们回去。

岳飞到达唐州后,就召集前沿各军将领会议。他首先对寇成说:"寇太尉此回以孤军力战强敌,其功非细。然而功不掩过,你不当杀俘五百余人,坏了主上好生之德。"寇成说:"下官岂不知他们皆是赵氏遗民,然而此回伪齐军所到之处屠害无辜忠义百姓,此恨难平。"岳飞说:"此皆是成秉科等乱臣贼子伤天害理,而与军兵无涉,杀了他们,岂不伤大宋皇恩。"他说到这里,转而用沉痛的语调说:"此亦是我不能及时勾抽军马,救援百姓之罪。"说完,竟忍不住落泪。寇成也用沉重的口吻说:"下官服罪!"岳飞说:"寇太尉与后军将士坚守新收复州县,历尽苦战,极是辛劳,可回鄂州安泊。前沿军务便请王太尉统破敌军前去主张。"王万说:"下官遵命!"

张宪说:"依目即军势,虽是教肪、伪败了回去,然而大举征讨,亦须深思熟虑,似以来年为宜。"岳飞环视众将和幕僚,看来别无异议,就说:

"王太尉屯军遂平县,等候大军进止。不如前去相度,若是蔡州可下,便破得蔡州,然后班师。我与郭太尉统背嵬军四千,牛太尉与董太尉各统本军四千,前去会合王太尉,同共进止。"郭青、牛皋、董先等将当然兴奋,纷纷表示从命,黄纵说:"今秋用兵,当以取商、虢等州为失计,明年用兵,便可自蔡州威逼东京,与虏、伪大军挑战。"

岳飞又对张宪等众将下令说:"边面应付军粮不易,难以久驻大兵。张太尉且统本军与背嵬军、左军、踏白军屯驻邓州,缓急得以策应。崔太尉底胜捷军留一将把截信阳军,一将防守随州,自余可到鄂州歇泊。张太尉可教李太尉率选锋军回归鄂州,留姚太尉游奕一军防拓襄阳府与唐、邓州。"大家明白,岳飞的部署是要轮换戍边的部队。张宪问道:"若是占夺得蔡州,教甚人防守?"岳飞说:"可待收复时另议。"他嘴上那么说,其实心里已经初步有一个人选,这就是背嵬军第三正将马羽。马羽本是宋廷任命的蕲州知州。

岳飞临时选拔了由背嵬军、左军和踏白军组成的一万二千精兵,在十一月下旬的寒夜发兵,二更吃饭,三更启程。天气奇寒,尽管全体将士都是穿着绯红色的绵服,而凛冽的朔风还是使他们感受到钻骨透髓般的冷意。将士们冻僵的手必须执持兵器,或掌握缰绳,骑马者则双脚很快冻得发麻。次日上午,在阴沉的天空下,烈风怒号,急雪飞舞,队伍只能冲风冒雪行进。经历了两天三夜的艰苦行军,岳家军终于来到溉水北岸的遂平县城,天色也开始晴霁。

王贵率中军和选锋军的将士将岳飞的队伍迎入城里。岳飞不等吃饭,就在县衙召集会议,首先听王贵介绍敌情。王贵说:"下官自追击伪五大王军到此,未曾有虏、伪军前来袭扰。体探得李成率伪军南下,增援蔡州。"牛皋兴奋地说:"自家们正宜在蔡州与伪军再战。"董先说:"战非所忧,下官所忧,是军粮不济。官军在此有两万余将士,而唯有十日军粮。大雪之后,粮运尤是艰难。"岳飞说:"此回与李成等贼将决战,亦只得速战速决。如是在蔡州获取军粮,方得有济。"

这次由岳飞与郭青、马羽、岳云等亲率四千背嵬军为前锋,仍然是半夜出发。王贵、董先、牛皋等军也依次启程,共计有两万人马。遂平县城则由选锋军第六将临时驻守。雪后奇寒,岳家军踏着坚冰,到溉水南岸,又沿着溵水,抵达蔡州州治汝阳县城下。岳飞亲自率百骑侦察蔡州的城防。在灿烂的冬阳下,到处是层冰积雪,然而宽阔的城濠却被凿破厚冰,裸露着浅黑色的濠水。岳飞只见城上的女墙植立着一面面黑旗,这当然是伪齐的臣皇帝不可能有独立的五行德运,只能跟随金朝,以水德取代宋朝火德的标志,但见不到一个人影。

岳飞对郭青和马羽说:"你们可抽摘一千官军,佯攻城池,且看城上动静。"于是郭青和马羽指挥将士在蔡州城的西门,开始佯攻。岳飞也随军观察,只见城上的一面大黑旗挥舞,顿时有一批伪齐军登城防守。岳飞又命郭青和马羽停止进攻,于是城上的伪齐军退下城去,城头又不见敌人的活动。岳飞对郭青和马羽说:"可知伪齐军把截严密,若要强攻,势必旷日持久,可令将士安泊,不须佯攻。"

等王贵、董先、牛皋诸军到来后,岳飞就在雪地召集军事会议。郭青首先介绍情况,王贵说:"观敌人底意思,是教王师顿兵在蔡州城下,然后伺机反攻。"董先接着说:"如今唯是以退军为上策。"牛皋却表示不同意见:"下官熟识蔡州地势,愿率本军强攻。"有人表示赞成,也有人表示反对,岳飞最后说:"自家们明年须大举用兵,如今又军粮鲜薄,蔡州便不是恋战之地。大军可自蔡州径回唐州,遂平县底驻军亦且教他们撤回唐州。料得李成等贼将或来追击,便可于退军之际,乘机歼敌。牛太尉等踊跃求战,必有用武之地。"王贵说:"须是飞报张太尉,教他移军唐州,紧切应副军粮。"岳飞说:"此说甚是。"岳家军就在傍晚时迅速撤退。

事实不出岳飞等人所料,蔡州城确是伪齐布置的陷阱。刘豫命令李成、李序、商元、孔彦舟、王彦先、贾潭、傅安平、王大捷、韩汝弼和徐文十将,每人预赏华丽的第宅一区,宫女十名,集中五万人马,准备等岳家军攻城失利,兵疲意沮之际,发动反攻,一举消灭攻城部队,如果有可能,就乘胜直下鄂州。李成和李序、商元、孔彦舟四军屯驻蔡州城,而其他六军则在城外埋伏。岳家军的及时撤退,就打乱了他们原先的军事计划。

李成马上召集其他九将,连夜会商,经历多次败仗的李序其实没有什么斗志,他只是说:"归师勿遏,穷寇勿追。"但徐文和孔彦舟却表示反对,孔彦舟说:"主上教自家们立功,如今一个首级未得,怎生归东京覆旨?"李成处于相当尴尬的地位,他的内心其实也是怯于与岳家军交锋,但作为刘豫最信用的第一员大将，又不能不考虑自己的体面。他说："自家们不如统兵尾追岳飞军，然后见机行事。"徐文和孔彦舟不服李成，认为刘豫对李成宠信太甚，就说："众太尉且统兵在后尾追，自家们愿率本部将士在前拦击，成前后夹攻底兵势。"按刘豫的规定，李成只是统本军五千，并且负责协调众将行动。李成心里想："亦只得教他们自取其咎。"就脸上带笑说："下官恭祝二太尉出兵成功，我自当与众太尉在后助成兵机。"徐文和孔彦舟感到自己兵力不足，又拉拢贾潭一军同行。

岳家军的撤退序列是王贵的中军和选锋军第五将在前，牛皋的左军其次，岳飞与郭青的背嵬军居中，而董先的踏白军断后。王贵的部队刚进入唐州地界的白塔一带，果然有孔彦舟、徐文和贾潭三军前来，从南、西、北三个方向发起攻击。王贵命令郝晸、苏坚各率中军第三、第四和第五、第六将，迎战南方和西方两路来敌，自己指挥中军第一将、第二将与选锋军第五将迎战贾潭军。他亲率全体骑兵，从侧后袭击贾潭军，一举击溃追敌，接着又乘胜横扫徐文和孔彦舟两军。等牛皋的左军赶到战场时，王贵的部队已经结束战斗。由于军粮不多，所以战场上的大批俘虏，都立即放行，只是将缴获的重要军械、干粮和战马带走。由于白塔一战的胜利，两万岳家军就全部撤回唐州地界。

孔彦舟、徐文和贾潭溃逃回来，见到李成不免有愧色，李成却说："胜负是兵家常事，三太尉若愿再战，须是有转败为胜底兵机。"孔彦舟不解地问道："怎生转败为胜？"李成说："岳飞已是退入唐州界，又在白塔一战获胜，必不虞大齐进兵唐州。自家们尚有四万余人，乘机进兵，必可大获全胜。"经他一说，其他九个将领都表示同意，孔彦舟尤其积极，自愿担任前锋，徐文也表示愿与他同行。于是伪齐军就突入唐州境内。

岳家军在战胜之后，其实并没有松懈戒备。董先得到了探报，就率领踏白军部署反击。孔彦舟和徐文率前锋部队来到一条小河边，董先单身匹马，独据一座小桥之上，腰悬宝剑，手持一面小红旗，显得威风凛凛。在他背后，是一片树林，插了一些红旗，其中有一面是用黑线绣成"踏白军董"四字，孔彦舟和徐文判断，此人可能就是董先，就命令一百名军士各人举一条麻绳，大声呼喊："岳飞在蔡州城下不战而遁，大齐军马此回大举南征，得一名亡赵遗孽，便用绳穿他底手心，每十人可成一串，行将南下鄂州,东取杭州!立马桥上底,可是董先?你休得逃走,自家们先来擒你。"董先哈哈大笑,说:"自家便是岳相公麾下底董先,我定不走,只恐你们先走!"

徐文当即部署和命令一百名弓箭手,说:"射死董先,便有重赏!"这一百人持弓箭向前,准备朝董先攒射。董先只是将手里的小红旗一挥,树林里突出踏白军将士,他们先发制人,抢先射倒一批敌人。其他没有死伤者慌忙后退,而董先却从容地回马下桥,走入树林。尽管小桥上空无一人,而孔彦舟和徐文却不敢贸然过桥,只是在河边呆望。李成等将从后面赶来,孔彦舟和徐文向他们通报情况,伪齐的十个将领都疑惑不定,处在进退两难之中,无法决断。

李成突然抬头,只见群山之中似乎推出一座银山,涌出一股银流,这是岳家军将士的兵刃和甲胄在阳光下闪光,喊杀声和鼓声自远而近。李成再也无法佯作镇静,说:"此必是岳飞大军前来!"他正想拨马逃遁,董先指挥四千踏白军将士从隔河的树林中突出,他们踩踏着小河上的坚冰,直扑伪齐军,与此几乎同时,岳飞和郭青也率四千背嵬军投入战斗。伪齐军根本没有能展开兵力,就被一举击溃,李成等将纷纷率先逃命。

伪齐军逃到一个地近唐州和蔡州交界,名叫牛蹄的地方,人困马乏,只能暂停休息。奔逃得大汗淋漓,经寒风一吹,就冷得浑身发抖,大家瑟缩着身体啃干粮。突然四围山冈上遍树红旗,王贵、牛皋、董先、郭青各军,还有自唐州州治泌阳县赶来增援的张宪所统各军,从四面八方分进合击,利用牛蹄的地形,进行一场围歼战。很多伪齐军纷纷扔下兵刃,坐在地上,表示投降。李成等伪齐将领则四散夺路而逃。

在混战中,王大捷被张宪所统的前军俘获。李序鞭马落荒而逃,不料在一条山路口突然出现一面"精忠岳飞"的大纛。李序困兽犹斗,大喊道:"岳飞,我便是大齐感义军节度使李序,你敢与我挑战否?"他言犹未了,岳雲就拍马抡双铁锥枪飞驰而前,他左手持枪格开李序的屈刀,用右手的枪向李序猛刺,李序急躲,正中右肩,岳雲举枪用力一甩,李序当即被挑下马来,军兵们一拥而上,将李序活捉。

牛蹄的包围战,总计俘降伪齐军达八千余人,缴获战马两千余匹。在打扫战场后,岳飞带着一批幕僚,来到敌俘之中,给每名俘虏发放五百文钱。他亲自对众俘虏说:"你们皆是中原百姓,国家赤子,不幸被刘豫驱掳到此。刘豫自做虏人底子皇帝与臣皇帝以来,不住屠害忠义百姓。后军统制寇太尉不胜愤恨,方是杀俘五百余人,当职不忍见自家们底父老兄弟被斩馘,已是上奏劾责,你们且安心,自今以往,再无杀俘底事。你们归去,见中原父老,可告知朝廷底恩德。待王师前进恢复,便各率豪杰,响应官军。驱除番人,与你们重享太平安乐,此是岳飞底宏誓大愿。"于是众战俘纷纷下跪叩头,说:"岳相公便是自家们底再生父母,自后决不与王师为敌。"言罢皆欢呼而去。

岳飞返回唐州城,与众将、幕僚又一次举行军事会议,大家断定伪齐军经过此番惨败,决无再次进犯的可能,而明年春有条件大举北伐,所以只在前沿部署王万和姚政两军,另加胜捷军的一将防守,其他各军全部撤回鄂州,进行休整和再次北伐的准备。岳飞大军正要离开唐州城,传来了宋廷的省札,命令将重要战俘押送到行在,于是岳飞请李若虚押解薛亨、满在、郭德、施富、王大捷、李序等人,顺江东下,前往平江府。

除了李道的选锋军和寇成的后军已经撤往鄂州以外,岳家军的前军、中军、左军、背嵬军和踏白军也依次离开唐州,沿着随州、德安府和汉阳军的官道南行。岳飞带领幕僚们,与背嵬军一同行进。

十二月上旬的凝寒天气,虽然大雪已经过去了多少天,而萧条的原野上还是保留着一些残雪余冰。岳飞突然在马上长吁一声,对幕僚们说:"如邓、唐、随州,王师收复,已是三年,然而此回行军所见,颓垣败屋尚是不少,可知战后民生凋敝,复苏极是不易。"孙革说:"凡事败坏甚易,复兴甚难。下官读史书,每见战祸连绵,赤地千里,百姓痛不欲生,亦未尝不掩卷长叹。唯愿战败虏人,直取燕云之后,神州之域便永不见兵革。"

黄纵说:"若要取中原,非奇兵不可。"岳飞问道:"黄机宜所说底奇兵,是甚意思?"黄纵说:"岳相公底兵马,凡十二军,皆是可知可见底,都是正兵。奇兵乃是在两河。"岳飞说:"依黄机宜所言,忠义军在两河底,便是奇兵。自家们此回出师,梁太尉、董太尉等在大河以北,虽亦是袭扰虏人,却是并不曾与大兵犄角。如今相州故土底父老子弟,已全是团聚成军。自襄阳以北到两河,关渡舟车、宿食邸店,皆已与王师联结,可以往来无碍,宿食有所。至于綵帛铺,亦是自家底人,一朝众人起义,便可缝制旗帜。"张节夫说:"今年用兵,只是小试锋芒。明年北伐,须是奇兵与正兵协同得宜,直取东京,破灭刘豫。"

岳飞仰望长空,激动地说:"我自从军与虏人交锋,已十一年。忆得靖康元年,亦是十二月冬日,我与王、张、徐太尉等在北京教场,宗元帅仅是以一万孤军救援东京,横挑强敌,慷慨誓师。他言道:'我今日当与诸君敌忾同仇,赴汤蹈火,有进无退!'自家们便高呼:'哀兵必胜!'光阴似箭,日月如梭,虽是屡挫强敌,稍快国仇家恨之万一,而至今中原未复,哀兵未胜。我家有手帕包裹二撮泥土,一是黄河北岸底,二是东京底。唯愿到绍兴九年,依我妻底言语,将此二撮土封于燕山之上。"孙革说:"此岂是岳相公一人之心,亦当是十万将士之志。"

听了岳飞的话,于鹏马上联想到另一位不朽的死者张所,他高声说:"宗留守与张招抚在天之忠魂怒魄,自当护佑官军一战破敌!"他说完,就在马背上引吭高歌,唱起了由他谱曲的《满江红》词:

怒发冲冠,凭阑处,潇潇雨歇。抬望眼,仰天长啸,壮怀激烈。三十功名尘与土,八千里路云和月。莫等闲白了少年头,空悲切!

靖康耻,犹未雪;臣子恨,何时灭?驾长车踏破,贺兰山缺。壮志饥餐胡虏肉,笑谈渴饮匈奴血。待从头收拾旧山河,朝天阙。

一唱万和,岳家军将士高唱本军的长歌,行进在祖先的土地上。